围棋局面的理解与判断

帆 ◎ 著

经济管理出版社 · 棋书中心

图书在版编目（CIP）数据

围棋局面的理解与判断/刘帆著．—北京：经济管理出版社，2015.5
ISBN 978-7-5096-3406-6

Ⅰ.①围… Ⅱ.①刘… Ⅲ.①围棋-对局（棋类运动） Ⅳ.①G891.3

中国版本图书馆 CIP 数据核字（2014）第 225071 号

组稿编辑：郝光明　史思旋
责任编辑：郝光明　史思旋
责任印制：黄章平
责任校对：陈　颖

出版发行：经济管理出版社
　　　　　（北京市海淀区北蜂窝 8 号中雅大厦 A 座 11 层　100038）
网　　址：www. E-mp. com. cn
电　　话：（010）51915602
印　　刷：保定金石印刷有限公司
经　　销：新华书店
开　　本：720mm×1000mm/16
印　　张：25. 5
字　　数：471 千字
版　　次：2015 年 5 月第 1 版　2015 年 5 月第 1 次印刷
印　　数：1-5000 册
书　　号：ISBN 978-7-5096-3406-6
定　　价：128. 00 元

序

在对局中，根据局面灵活地采取相应的手段，让自己的子效得到最大限度的发挥，限制对手棋子发挥子效，是每个职业棋手的追求，广大业余爱好者更是梦寐以求。要想达到这个目的，就必须对局面深入理解，作出判断。这种争胜负的意识，更成为优秀棋士们的本能。帮助广大业余爱好者在对局中逐步养成深入理解局面、准确判断形势、增强强烈的争胜负意识，是本书编写的初衷。

本书作者曾是湖北省围棋队运动员，现任湖北省围棋协会副秘书长、武汉市棋类协会常务理事、武汉市棋类协会技术部主任、武汉市清风围棋培训中心校长兼总教练、武汉市风帆围棋俱乐部总经理。多年来担任《棋艺》和《围棋天地》杂志特邀撰稿人，以及贵州广播电视台天元围棋频道特邀主讲老师。作者主讲的《局面的理解与判断》和《摆谱》等栏目深受广大业余爱好者的喜爱。

作者于1996年开始从事围棋教学工作，1998年开办围棋教室，2001年创办武汉市清风围棋培训中心，从事围棋教学工作近20年。

本书分为求道篇、悟道篇和品道篇三大部分，每部分都精选职业高手的经典对局和业余棋手富有代表性的对局片段加以深入浅出的剖析，力求使广大棋友在阅读本书的过程中既知其然又知其所以然，从而提高对局面的判断和掌控能力，提高棋力。

由于水平有限，书中难免存在疏漏和不足之处，希望广大读者和方家不吝赐教。

刘帆
2014 年 12 月 31 日

目 录

第一章 求道篇

1. 把握定型的时机 …………………………… | 1
2. 定式的精髓 ……………………………… | 10
3. 借力行棋 ………………………………… | 26
4. 棋子的效率 ……………………………… | 34
5. 弃子的运用 ……………………………… | 44
6. 实地的把握与转化 ……………………… | 52
7. 实战中的胜负手 ………………………… | 64
8. 势与地的转化 …………………………… | 74
9. 行棋的目的性 …………………………… | 84
10. 形势判断的重要性 ……………………… | 90
11. 一间高挂的变化剖析 …………………… | 99
12. 掌握全局的均衡 ………………………… | 116
13. 子效与配合 ……………………………… | 123
14. 拆三打入变化剖析 ……………………… | 132

第二章　悟道篇 ┈┈┈┈┈┈┈┈┈┈┈┈┈┈┈ | 145

1. 变通的思路 ┈┈┈┈┈┈┈┈┈┈┈ | 145

2. 攻击的效率 ┈┈┈┈┈┈┈┈┈┈┈ | 156

3. 局部服从整体 ┈┈┈┈┈┈┈┈┈ | 172

4. 牢记全局的观念 ┈┈┈┈┈┈┈ | 188

5. 平淡之中见真功 ┈┈┈┈┈┈┈ | 202

6. 取舍与得失 ┈┈┈┈┈┈┈┈┈┈┈ | 212

7. 局面的分寸感 ┈┈┈┈┈┈┈┈┈ | 220

8. 全局的配合 ┈┈┈┈┈┈┈┈┈┈┈ | 228

9. 识破对手意图 ┈┈┈┈┈┈┈┈┈ | 236

10. 势与地的对抗 ┈┈┈┈┈┈┈┈ | 248

11. 试应手的时机 ┈┈┈┈┈┈┈┈ | 256

12. 思路的连贯性 ┈┈┈┈┈┈┈┈ | 269

13. 停顿的思维方式 ┈┈┈┈┈┈ | 279

14. 作战的方向 ┈┈┈┈┈┈┈┈┈┈ | 293

第三章　**品道篇** ·· | 305

　1. 不拘常型 ·· | 305

　2. 打破常规 ·· | 312

　3. 大局制胜 ·· | 325

　4. 高效行棋 ·· | 335

　5. 巧妙弃子 ·· | 344

　6. 舍小就大 ·· | 357

　7. 整体构思 ·· | 365

　8. 转化概念 ·· | 372

　9. 着眼大局 ·· | 377

　10. 超一流的局面理解 ·························· | 385

棋友的话 ·· | 398

第一章 求道篇

1. 把握定型的时机

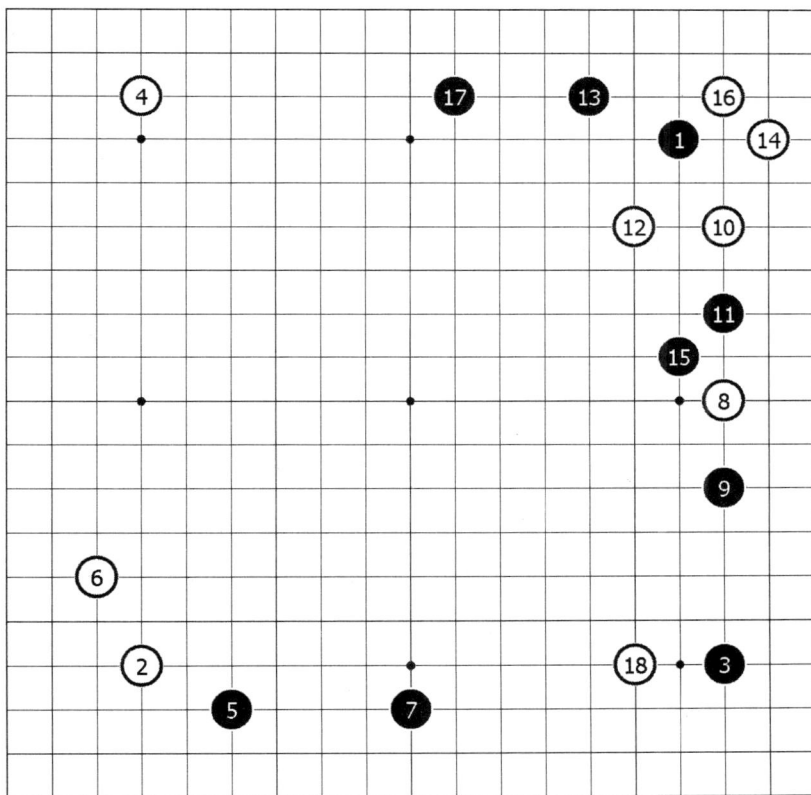

基本图：本局取材于晚报杯选拔赛上两位业余棋手的对局。双方都具有强5段的实力。黑7低拆三比较少见，由于黑7的位比普通的"迷你中国流"离右边要远一路，因此实战白18挂到右下角后可以满意。那么黑棋有没有更好的选择呢？

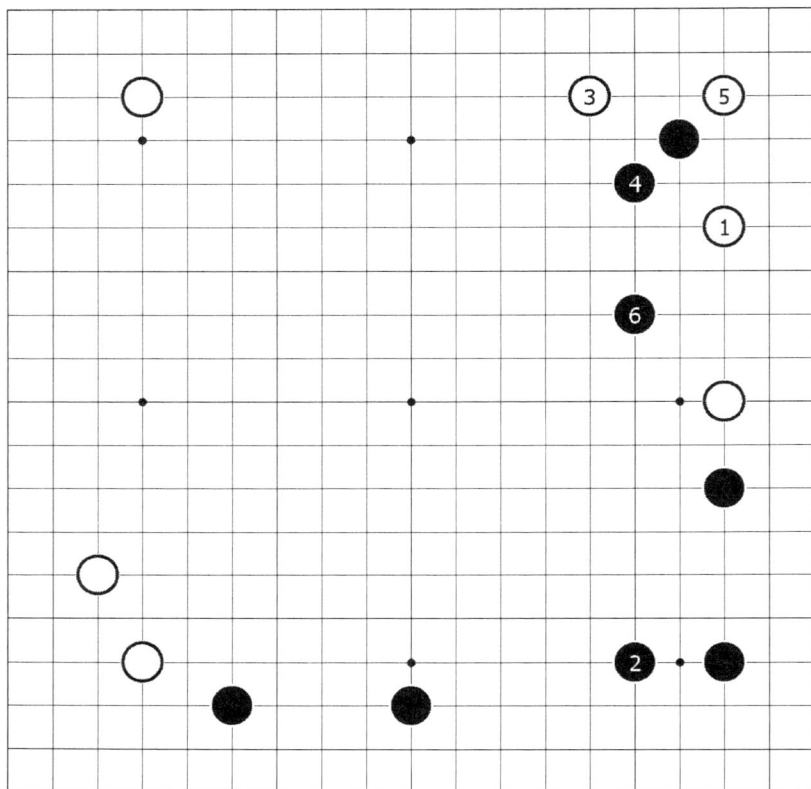

变化图1：白1拆三挂时，黑2可以考虑脱先，在右下单关守角。白3"双飞燕"后，至黑6跳出，是黑棋充分利用自己先着效率的一盘棋。

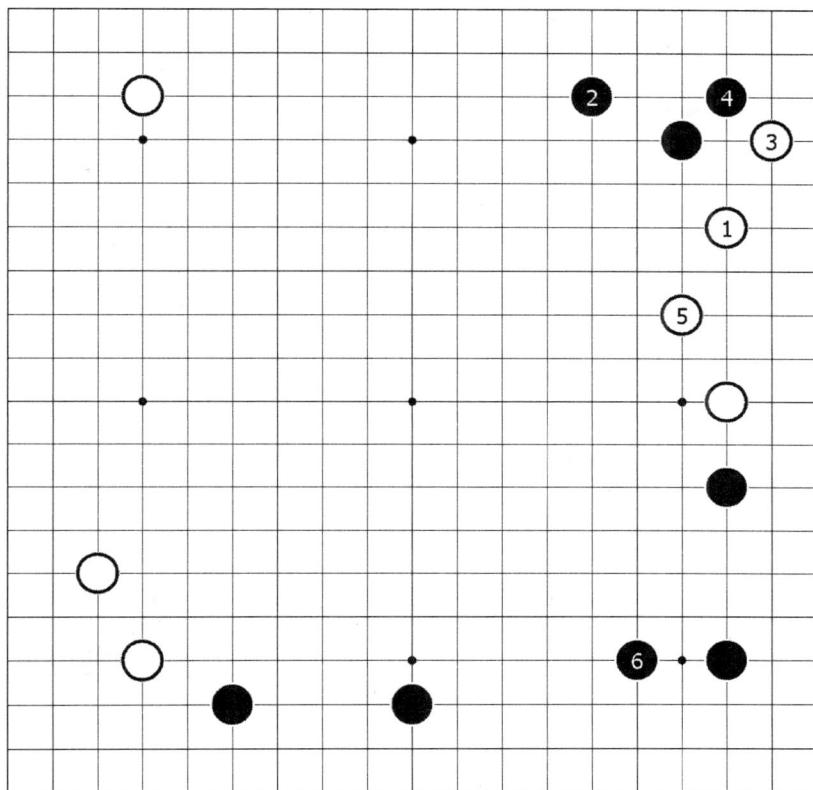

变化图2：白1挂时，黑2小飞守角，以下黑6争得先手抢到右下守角，也是黑棋不错的局面。

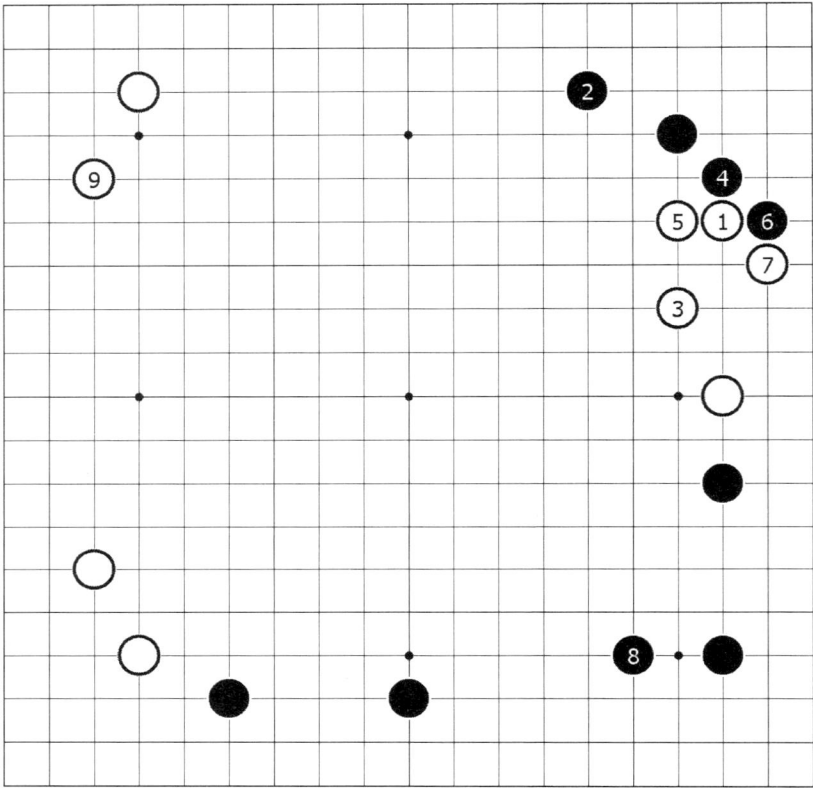

变化图 3：黑 2 守角时，白 3 若直接补回，黑 4 尖顶与白 5 长，黑 6 扳与白 7 挡交换后，仍然抢到右下守角的大棋。

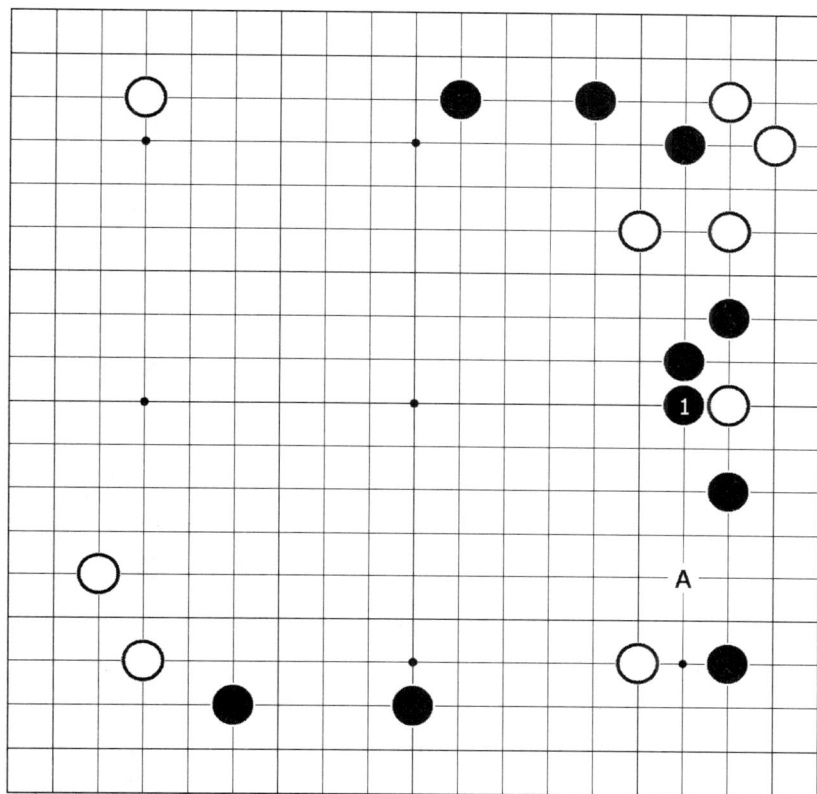

变化图 4：实战当白棋抢到右下的挂角时，黑 1 压吃住一子，这手棋忽略了右下定型的重要性，是一步明显的缓手，此时在 A 位飞一步是可以考虑的下法。

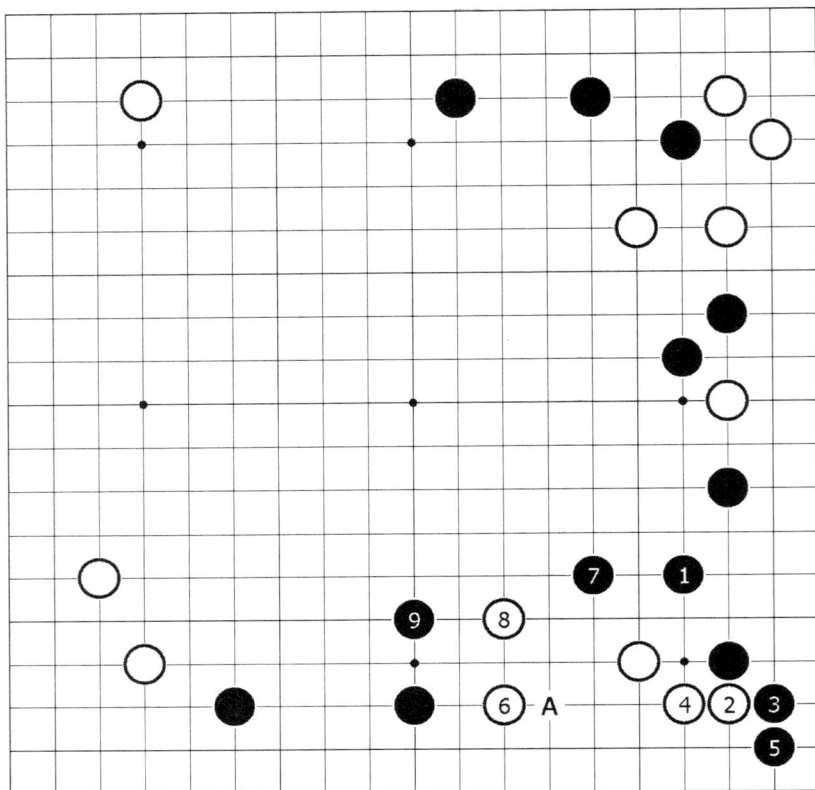

变化图5：黑1飞后，白2托角必然。以下至黑9跳起是双方正常的应对，以后黑棋还留有A位碰。此局面下，当黑7跳起后，白右边一子的活动余地已经不大。黑棋这样下节省了一手棋，而且子效得到了最大程度的发挥。

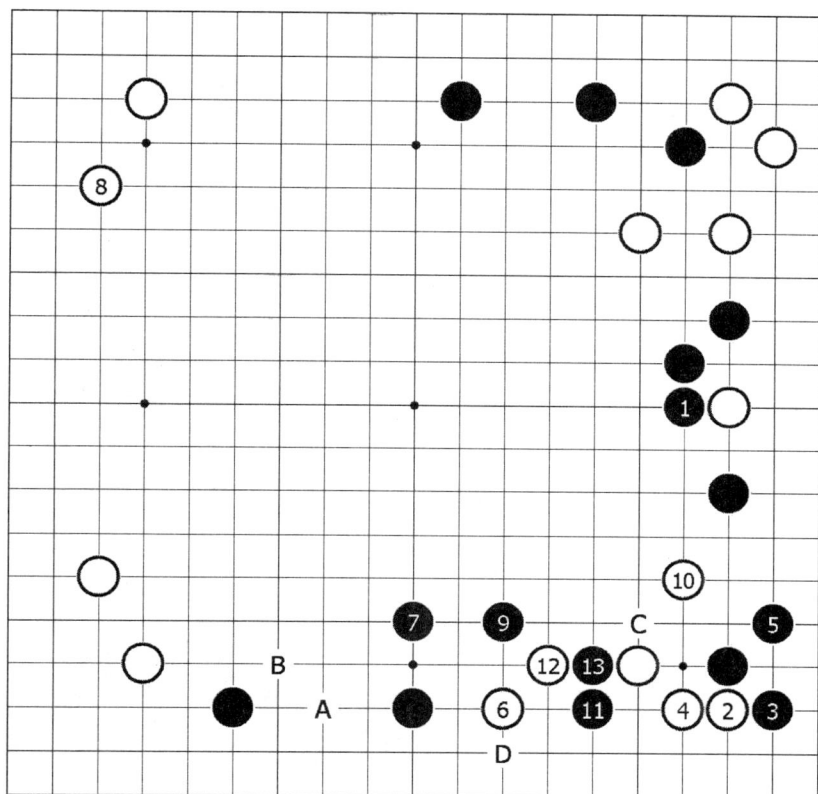

变化图6：实战黑1压，白2托，至白6拆是普通下法。至此，白棋已经成功打开局面。黑7跳起后，白8守角稍有疑问。此时应该先在A打入，与黑B尖交换一手后再去守角，这两手棋的交换可以起到保护右下白棋的作用。黑9镇后，白10飞是问题手，应该在12位本手尖补。黑11直接点入攻击略有疑问，应该在C位靠。黑13冲次序有误，应该先在D位托。

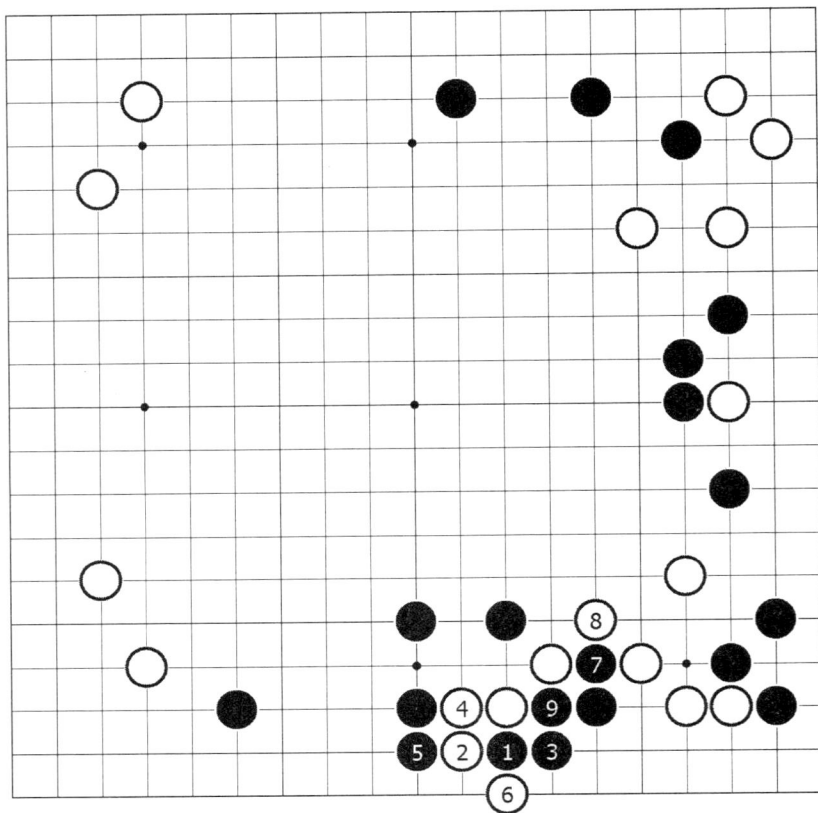

变化图7：黑1托，白2扳，以下至黑9挤，简单出棋，白明显不行。

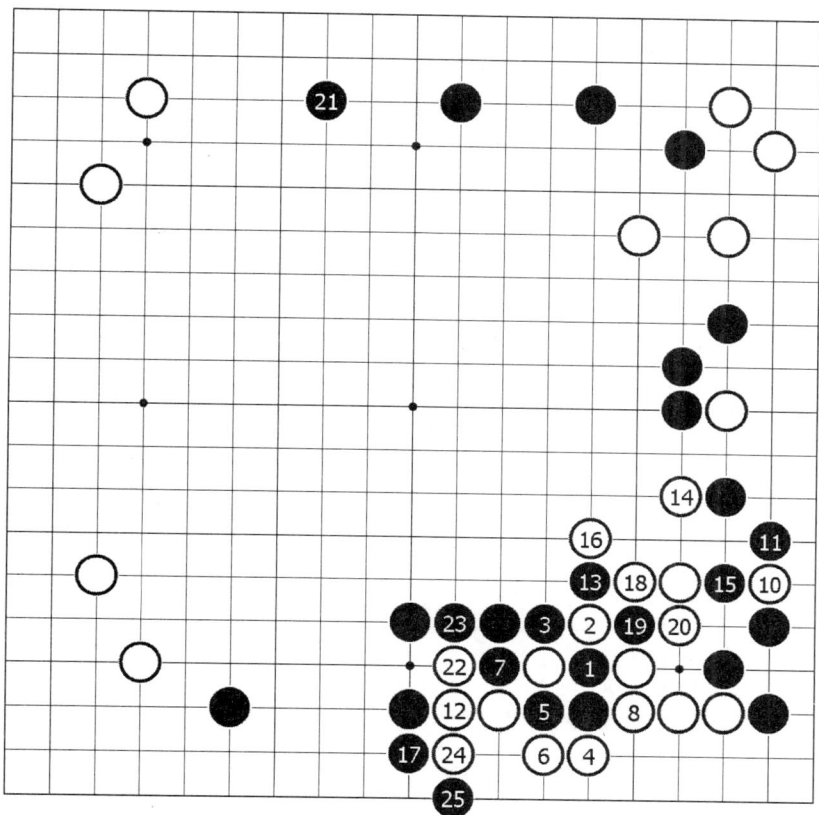

⑨ N4

变化图8：实战黑1、3冲断后，白4托，好手，以下至白12顶，是双方正常应对，黑13打吃是问题手，这手棋在17位立下价值更大。白16不好，拘泥于局部，还是应该在17位扳。黑17立下后，白棋在右下未见便宜。以下至黑25扳，白棋虽然在局部稍亏，但是从全局来看，道路依旧漫长。

小结：通过本局，我们不难看出，在对局中牢牢把握住定型的时机，利用先手巧妙定型是掌握全局主动的关键。

2. 定式的精髓

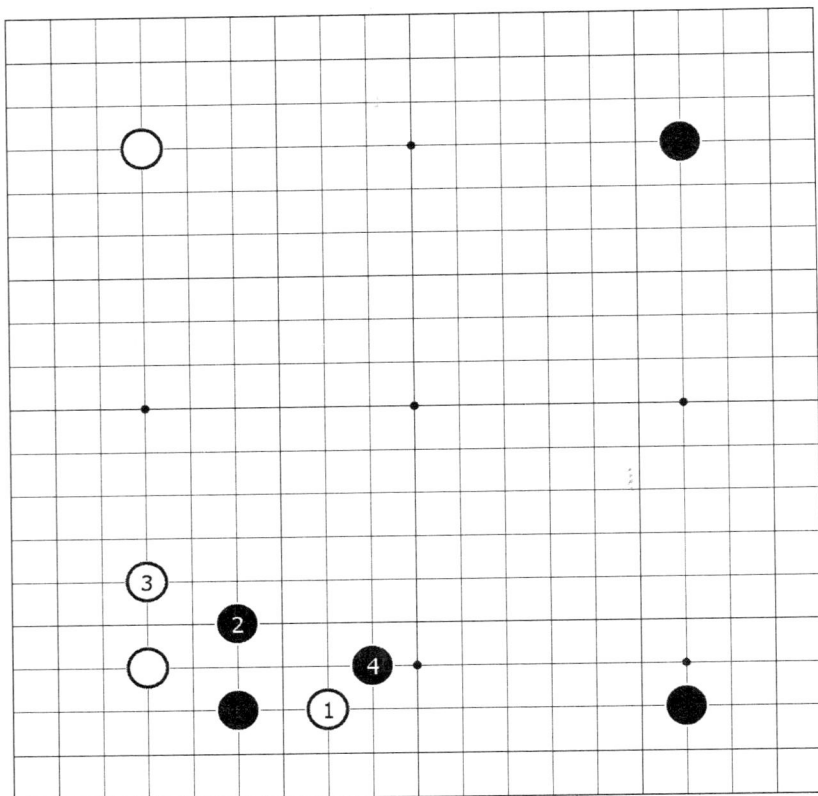

基本图：取材于两位业余棋手的实战。白1一间夹是避免黑棋下成"小林流"的一种下法。黑2跳出，白3守角，黑4罩住后形成一种常见的局面。本节就围绕着一些常见的变化展开。

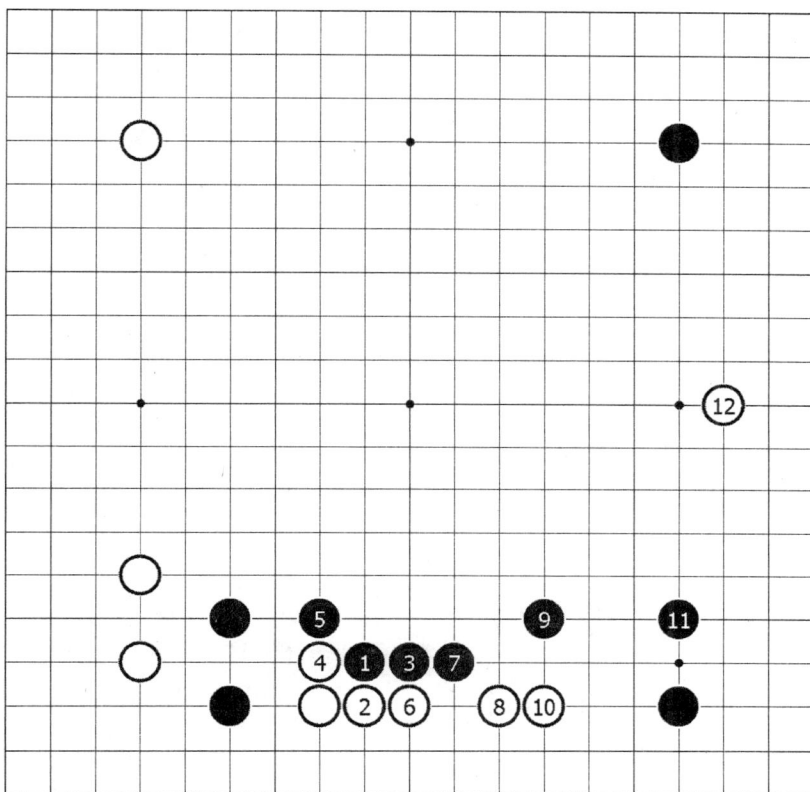

变化图 1：黑 1 罩住后，白 2 爬是比较普通的下法。以下至白 8 跳出后，业余棋手下得比较多的是黑 9 飞，以下白 10 并，黑 11 守角。但是这个变化黑棋不是太紧凑。由于黑棋损失实地在先，而且被白 12 简单地分投后，黑棋的外势很难发挥，因此这个变化黑棋不能满意。

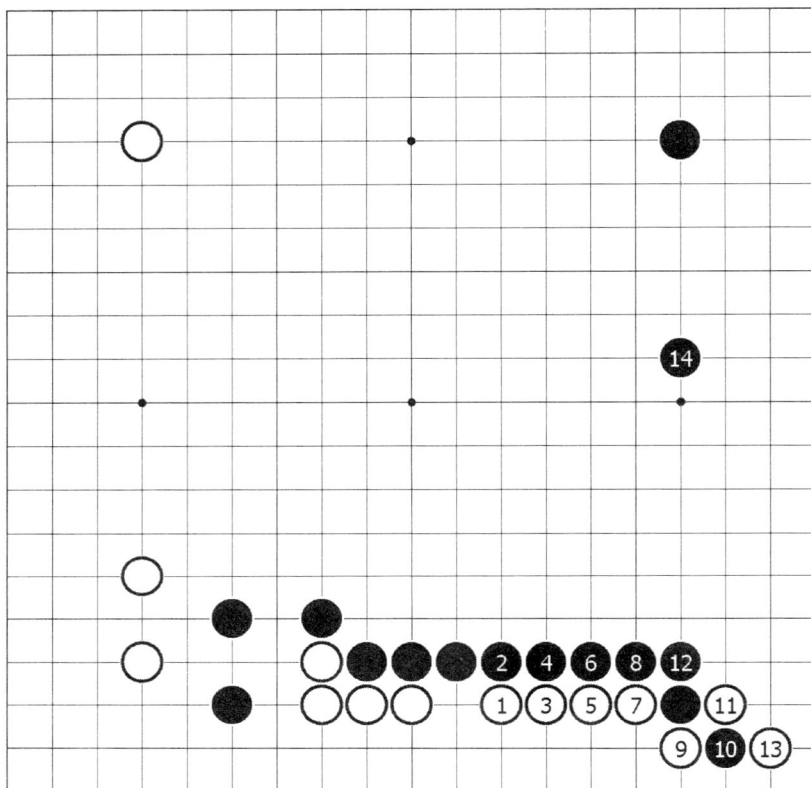

变化图 2：白 1 跳时，黑 2 压是非常紧凑也是非常常见的下法，以下至黑 14 开拆是一种普通的下法。在此局面下，黑棋彻底把边空拱手送给白棋，从而换得一个巨大的外势。

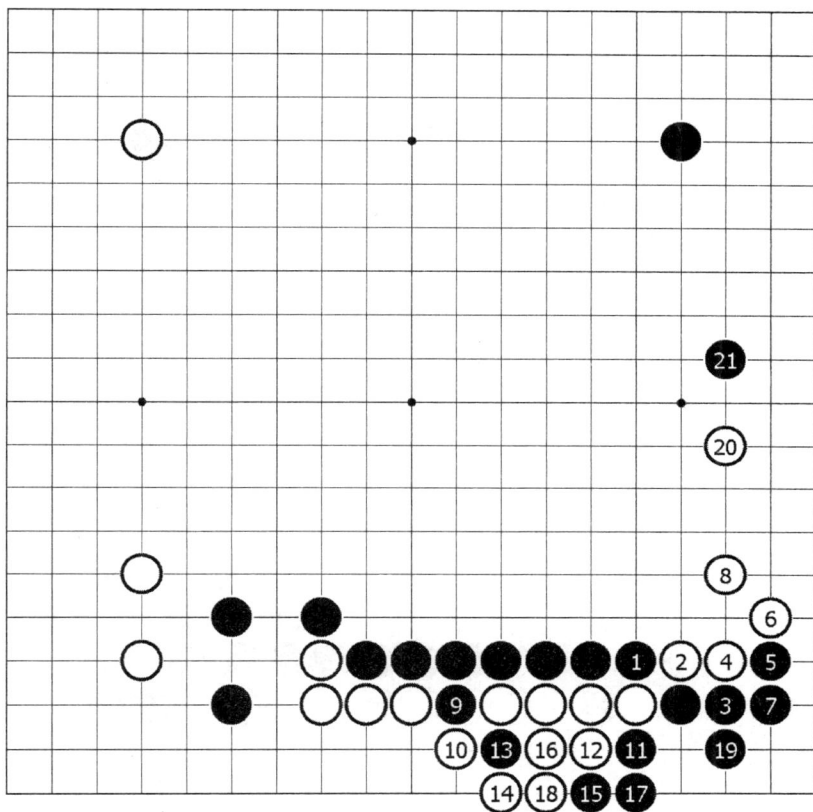

变化图3：当黑1挡住时，白2断也是一种下法，以下至黑19同样是一种常见定型。之后白20拆二，黑21逼住，通过对右边的白棋施加压力使黑棋右上两子的效率倍增。这种局面也曾是很流行的一种下法。

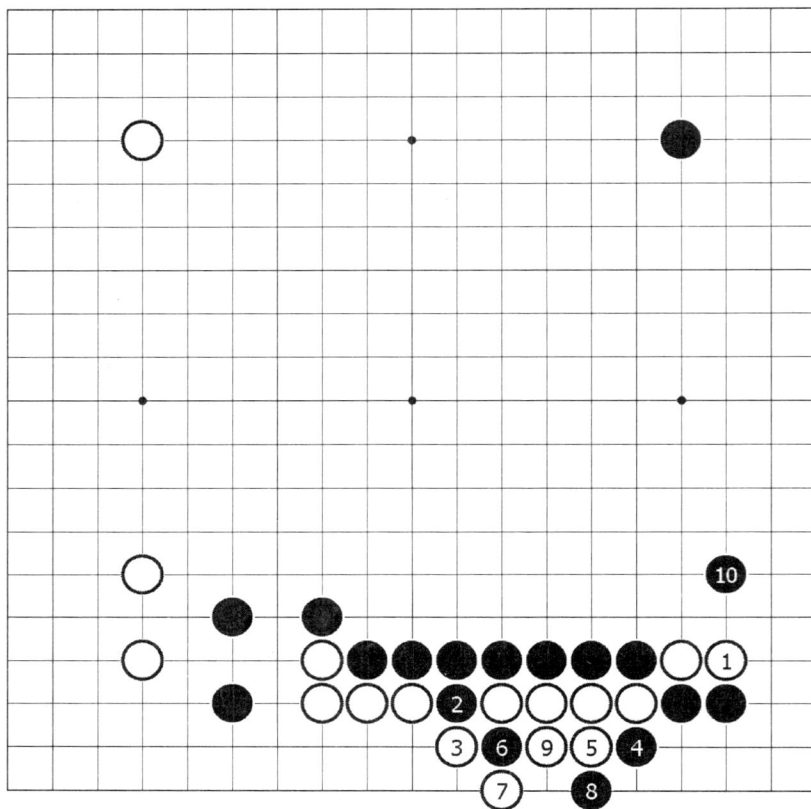

变化图4：当白1压时，黑棋经过研究有更严厉的下法，黑2先冲，以下至白9提均为双方必然的应对。此时，黑10逼住是很有玄机的一手。

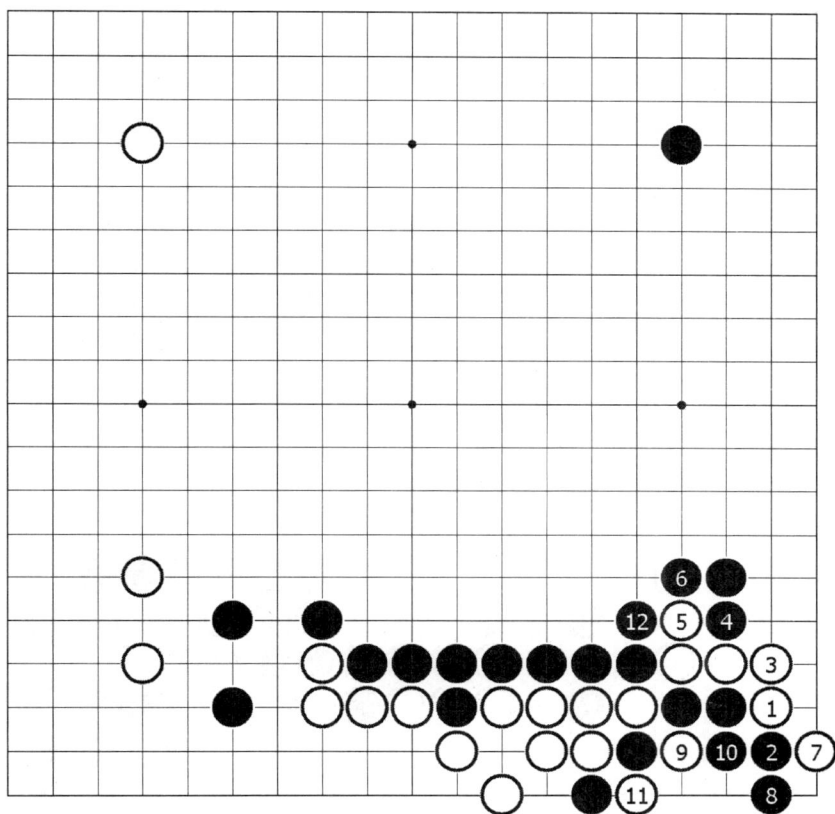

变化图 5：在此局面下，白 1 扳是第一感。黑 2 挡，白 3 接。此时，黑 4 顶住是最严厉的下法。以下至黑 12 挡，双方在右下角形成劫争，白棋明显不行。

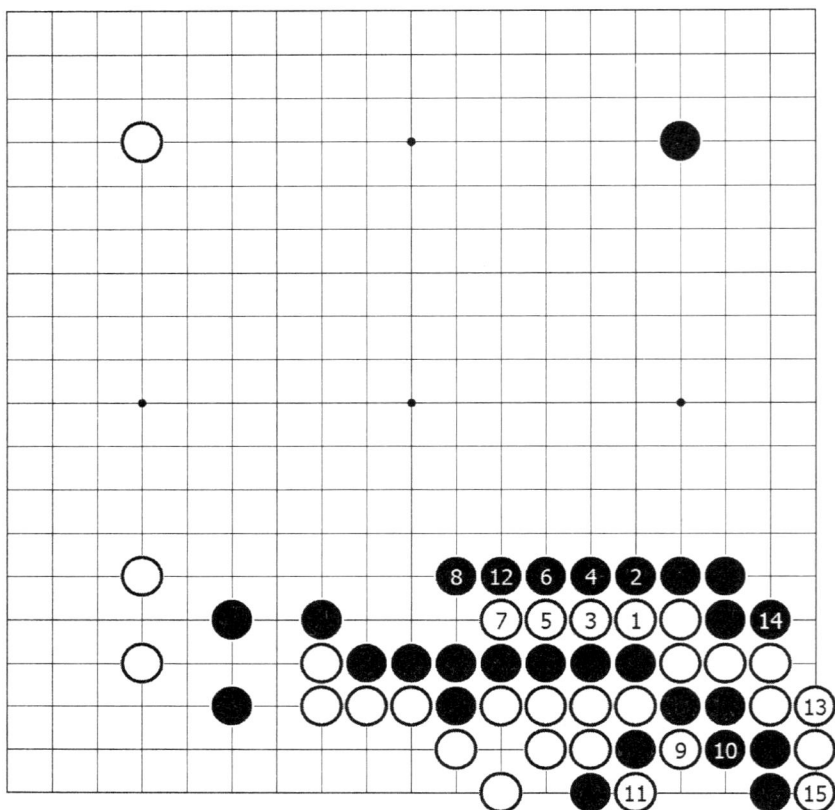

变化图6：如果白1拐长气，以下至黑8跳封，白9开始在角上收气吃黑，以下至白15，白棋虽然吃住角上黑棋，但是黑棋的外势太厚，白棋同样呈大败之势。

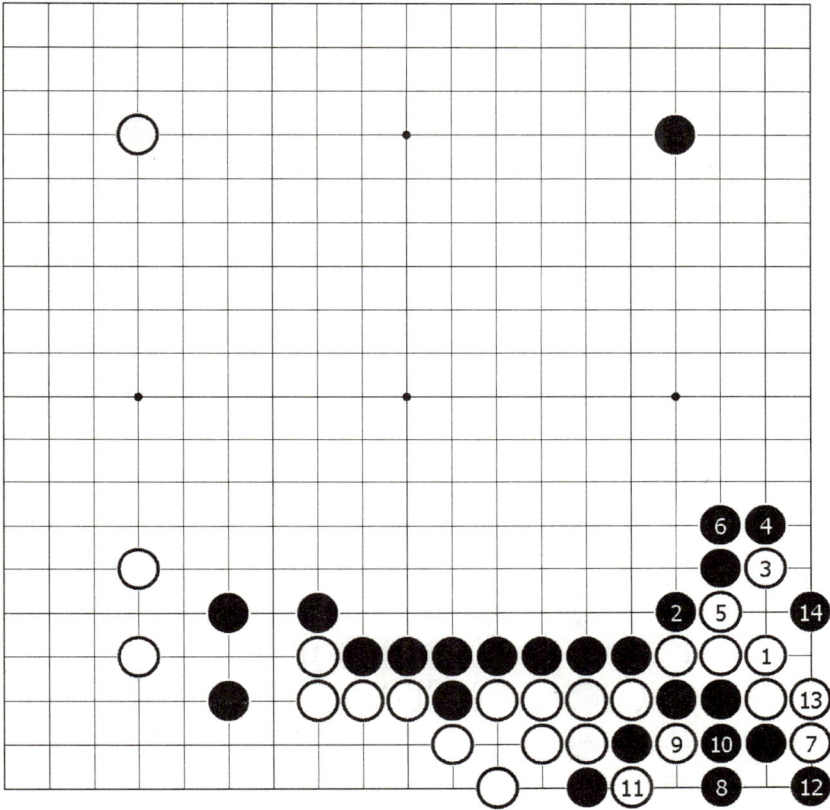

变化图7：当白1接时，黑2扳住也是一种下法。白3托，黑4扳，白5挤住，黑6接上，当白7扳时，黑8虎是局部的妙手。以下至黑14点，双方在角部形成劫争，白棋不能接受。

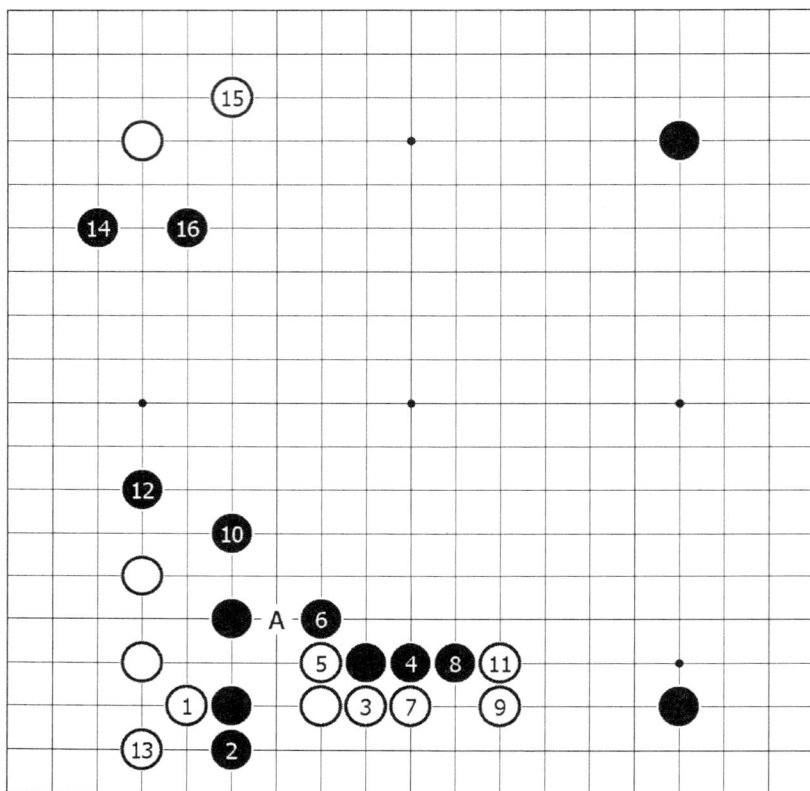

变化图 8：基于以上几图有落入黑棋圈套之嫌，白棋必须想办法化解。白 1 尖顶是化解的第一步，黑 2 若下立，则白 3 可以爬，以下至白 9 跳出，黑 10 跳防住 A 位的挖。白 11 贴针锋相对，以下至黑 16 跳起，是黑棋不错的局面。

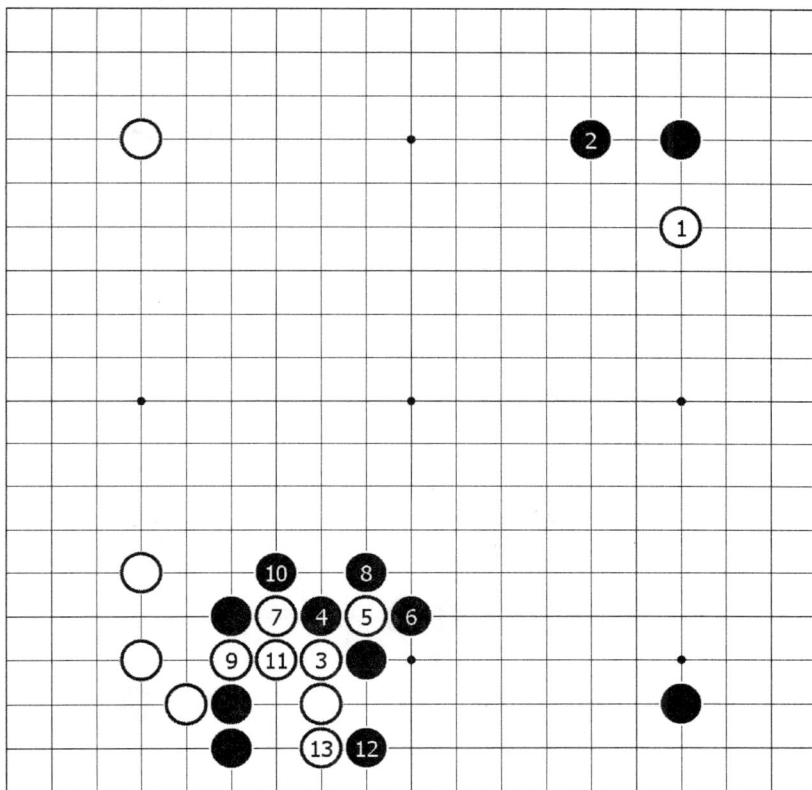

变化图 9：白 1 先挂是为了引征。黑 2 应后，白 3 冲，黑 4 扳，白 5 断，黑 6 打吃是最强的下法。如果白 7 打，则黑 8 提，以下至白 13，明显是黑好的局面。

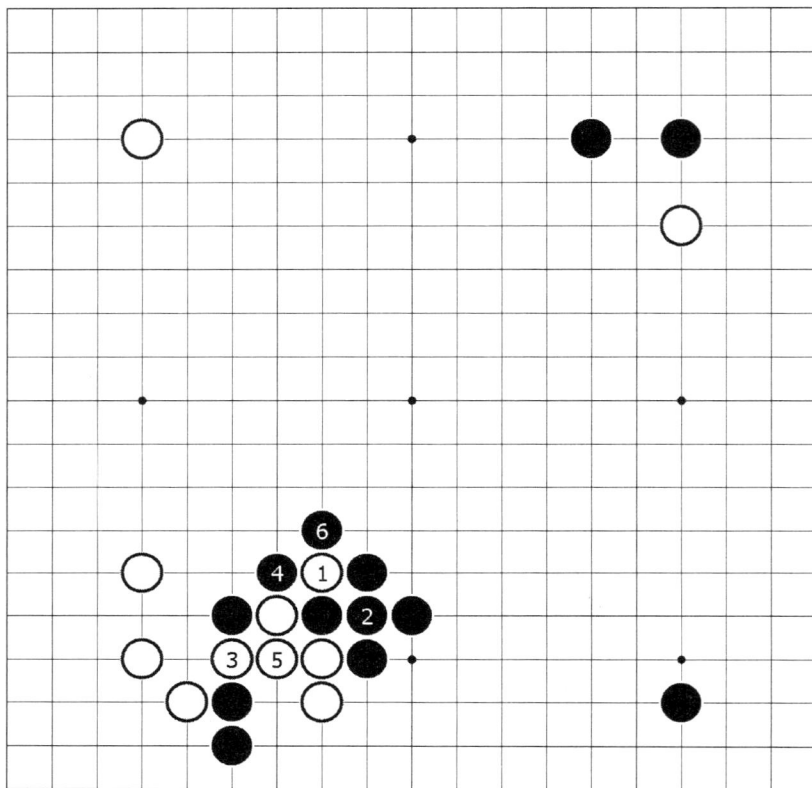

变化图 10：由于前图白棋不满，所以白 1 奋力打吃。黑 2 若粘住，至黑 6 提，虽然黑棋依旧很厚，但由于落了后手，所以不能满意。

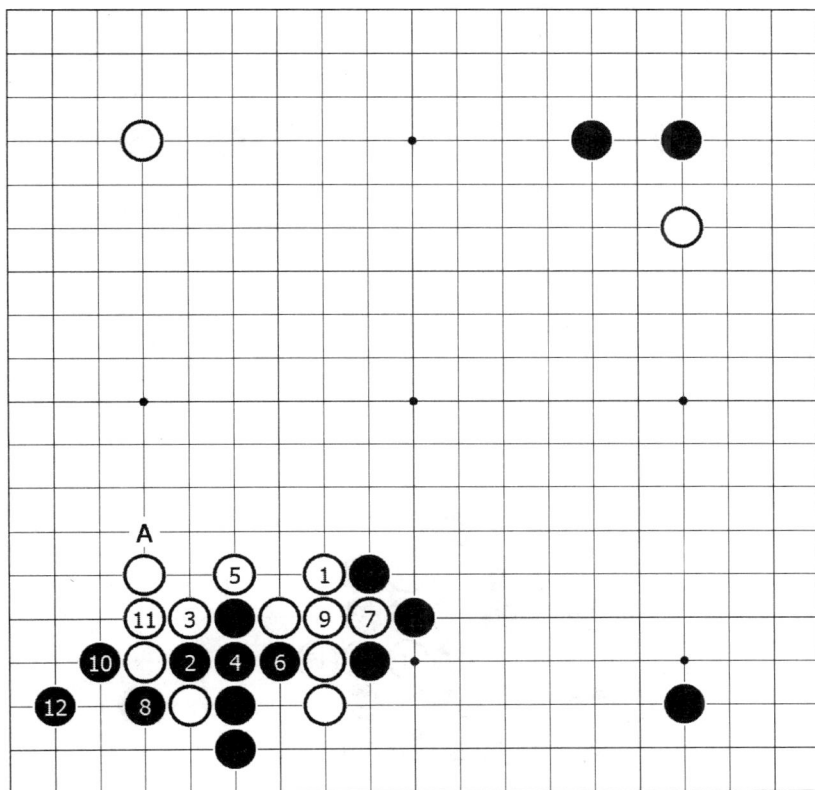

变化图 11：由于前图黑棋不满，因此，黑 2 先挤为打劫做准备。以下至白 7 双方形成劫争。黑 8 找劫，白 9 消劫。以下至黑 12，黑棋获得巨大的实空，白棋则取得外势。不过黑棋以后有 A 位顶的手段，因此这个局面总体来说黑棋不错。

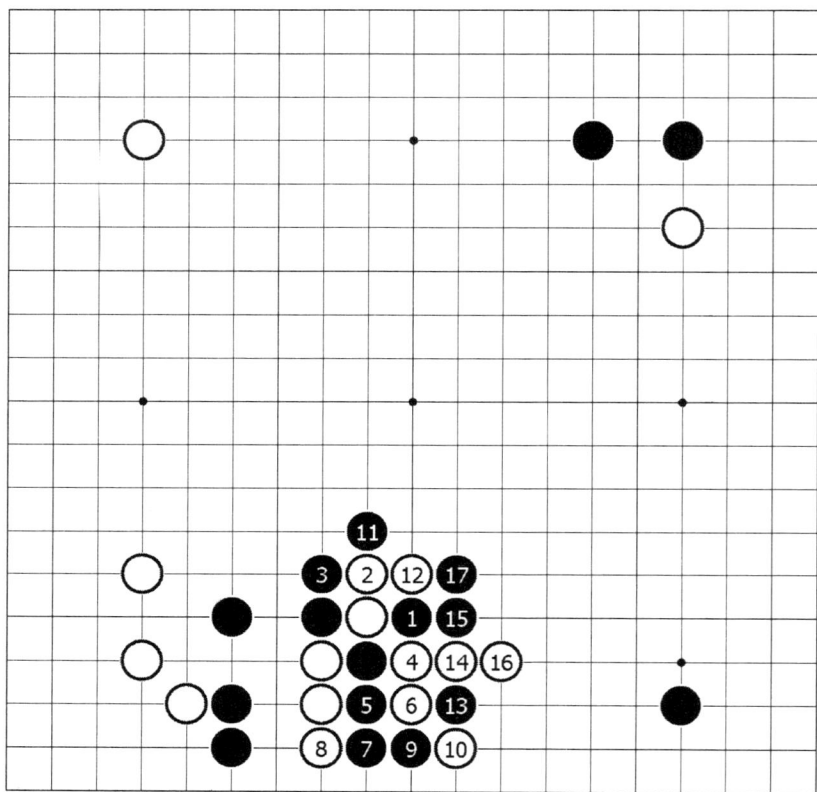

变化图 12：黑 1 打吃时，白 2 若长，黑 3 贴，以下至黑 17，形成白棋有利的征子局面，黑棋明显不行。

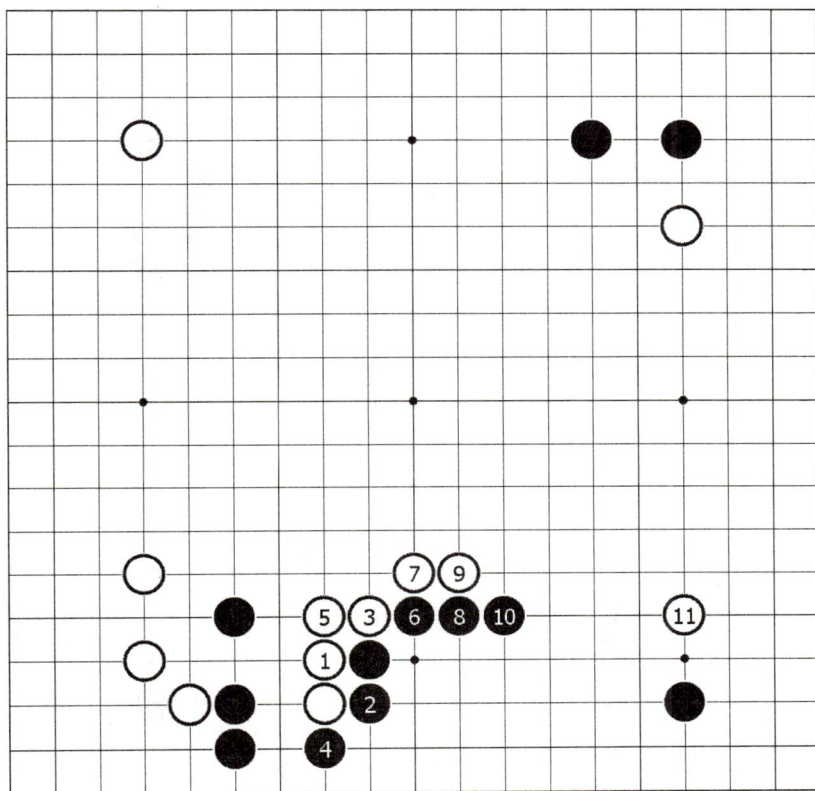

变化图 13：当白 1 冲时，黑 2 贴是曹薰铉与李昌镐师徒在韩国"头衔战"中的手段。白 3 扳住，黑 4 扳，白 5 粘住，以下至白 11 挂，形成双方都能接受的局面。

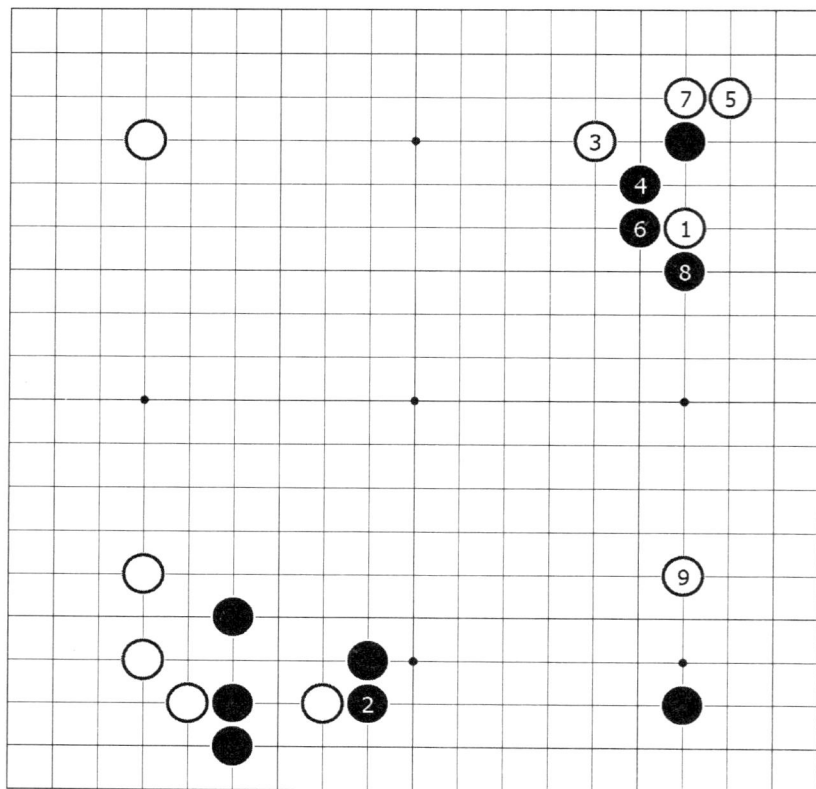

变化图 14：白 1 挂引征时，黑 2 脱先贴是一种妥协的下法。以下至白 9 挂，是白棋主动的局面。

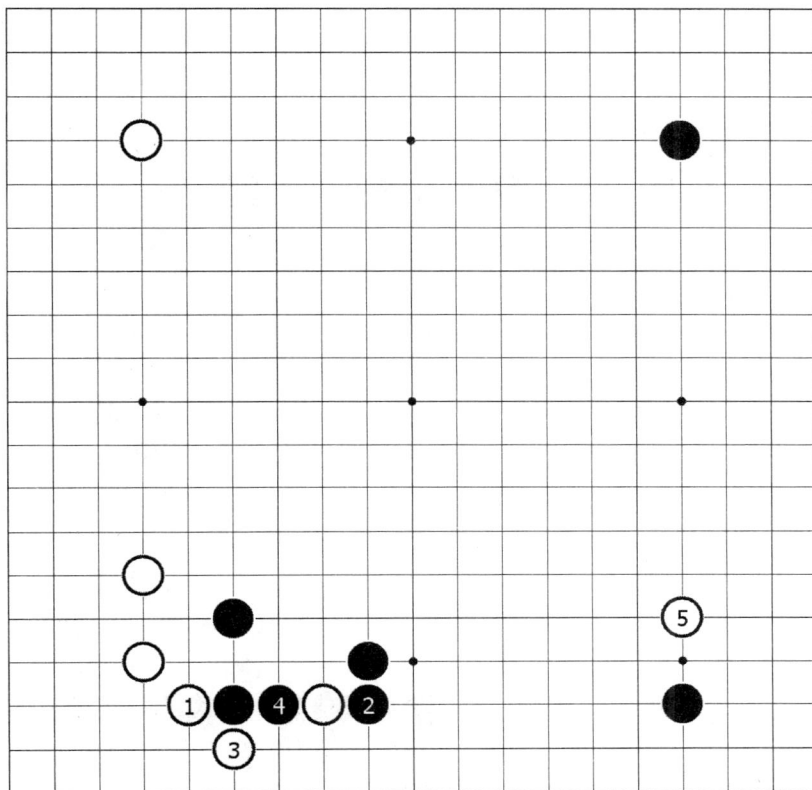

变化图15：当白1尖顶时，黑2挡住是另外一种下法。白3扳，黑4退后，白5挂，形成很普通的局面。

小结：在此局面中，图15白1尖顶是这个定式的精髓所在，希望大家能够牢记。

3. 借力行棋

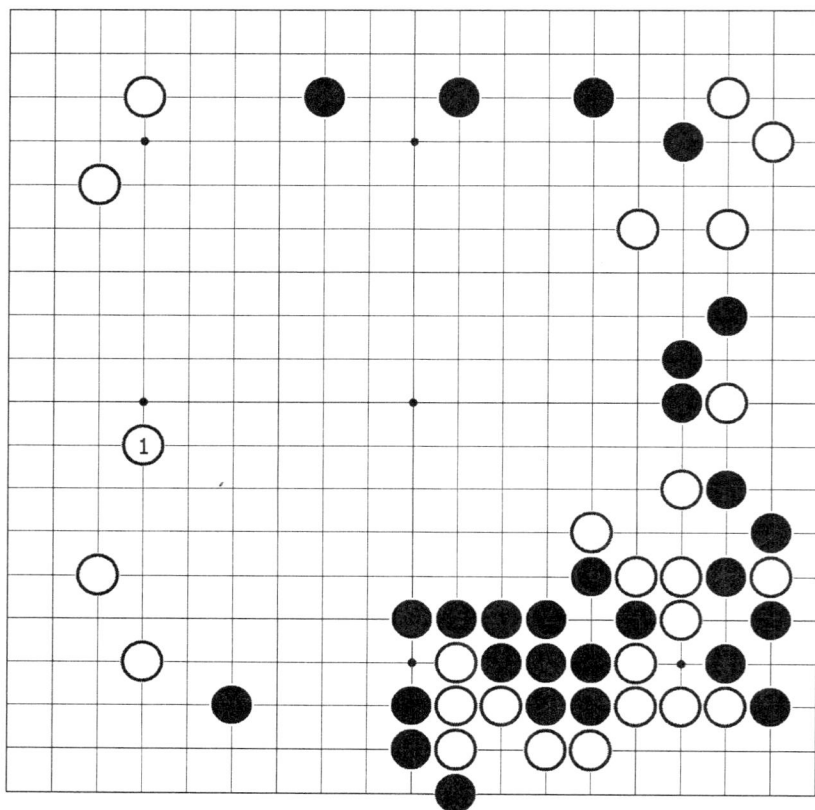

基本图：取材于两位业余棋手的实战。目前的局势相当，道路还很漫长。实战白 1 飞是问题手，那么在此局面下白棋应该如何着手呢?

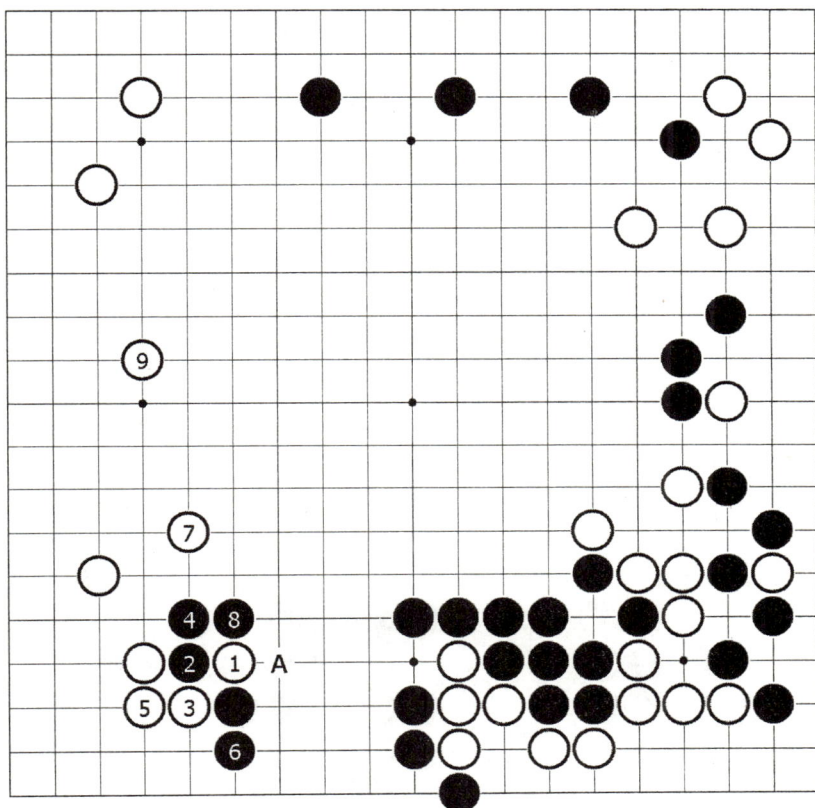

变化图 1：白 1 靠压是使黑棋厚上加厚的下法，黑在 A 位扳的下法显然不可取，因此黑 2 挖，以下至白 9 拆，白棋既取得了角地，又兼顾到了边空，黑棋不能接受。

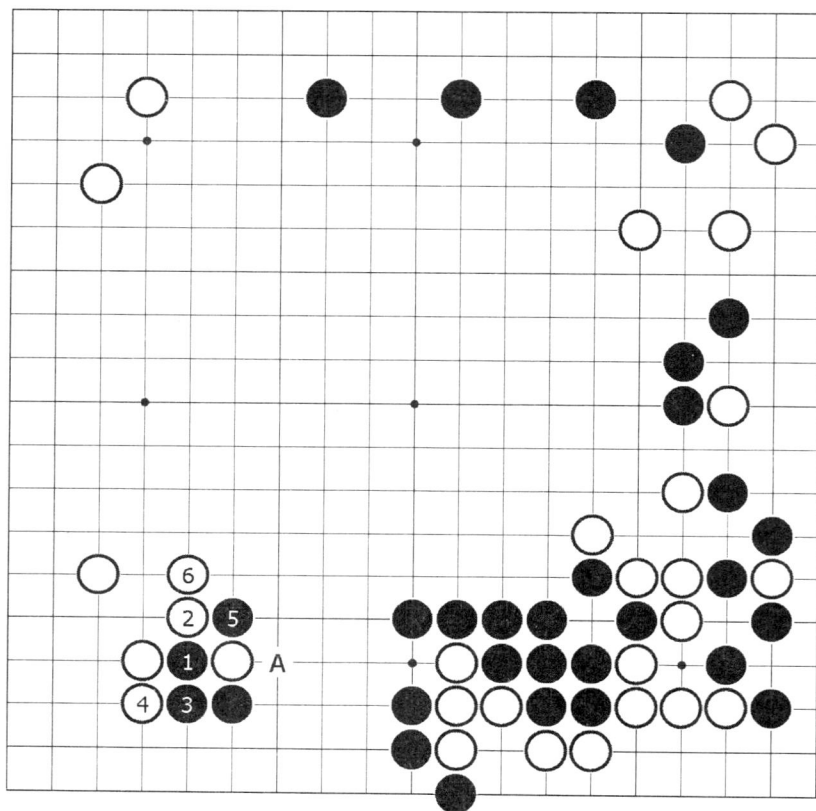

变化图 2：黑 1 挖时，白 2 从上面打吃也是可以考虑的下法。白 6 长后，白棋角上的实地很饱满，未来还留有 A 位长出的手段，白棋可以满意。

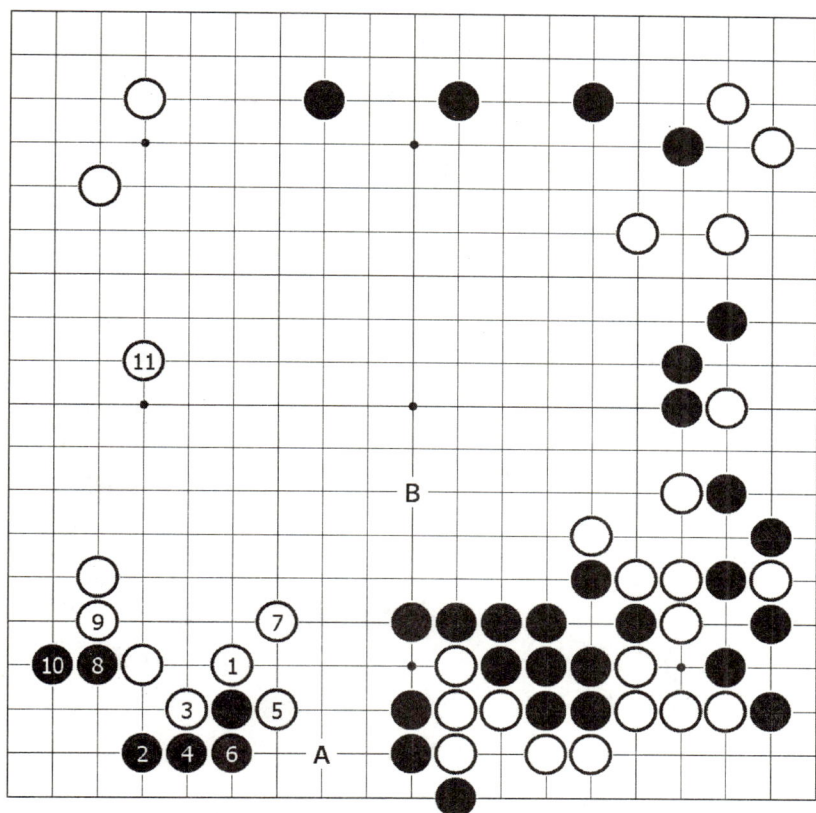

变化图 3：白 1 靠压时，黑 2 若飞，以下至黑 10，黑棋虽然获得角上实地，但白 11 抢到左边拆的大场，未来还留有在 A 位或 B 位攻击下边黑棋的手段，因此白棋可以满意。

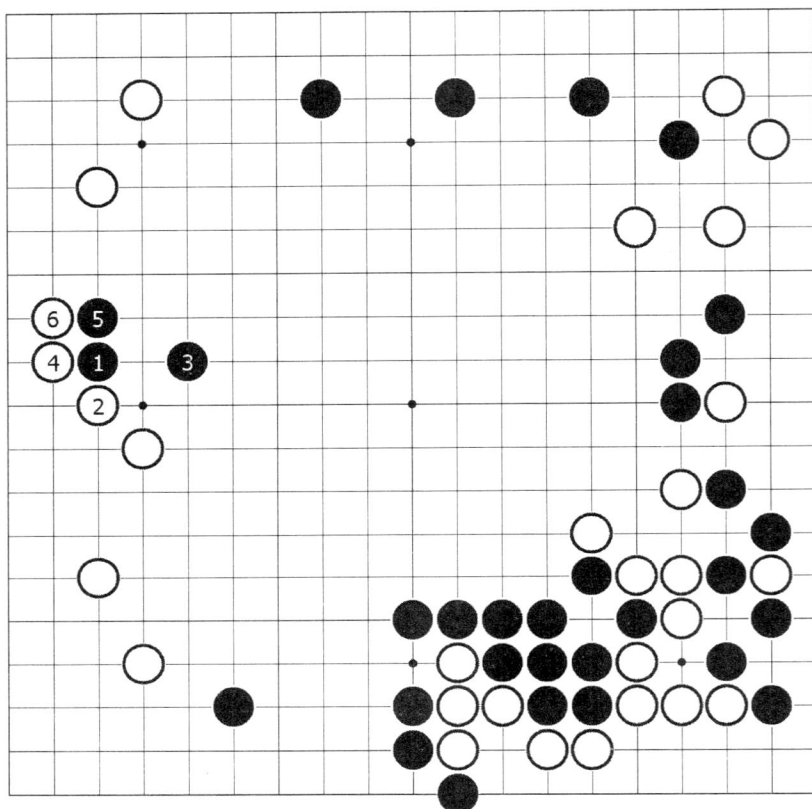

变化图4：实战白棋大飞拆边时，黑1打入，以下至白6爬，看似黑棋成功地打破白棋的模样，但实际上在此局面下黑棋有更好的下法。

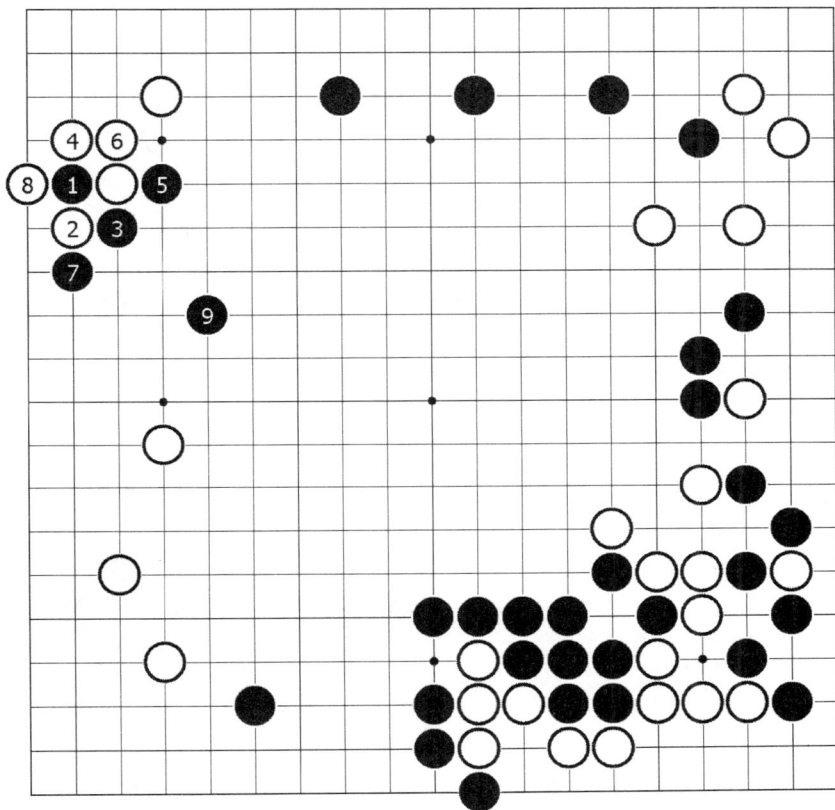

变化图 5：此时黑 1 托是漂亮的下法。白 2 若扳，则黑 3 断，以下至黑 9 出头，黑棋轻灵地破掉白棋的模样。

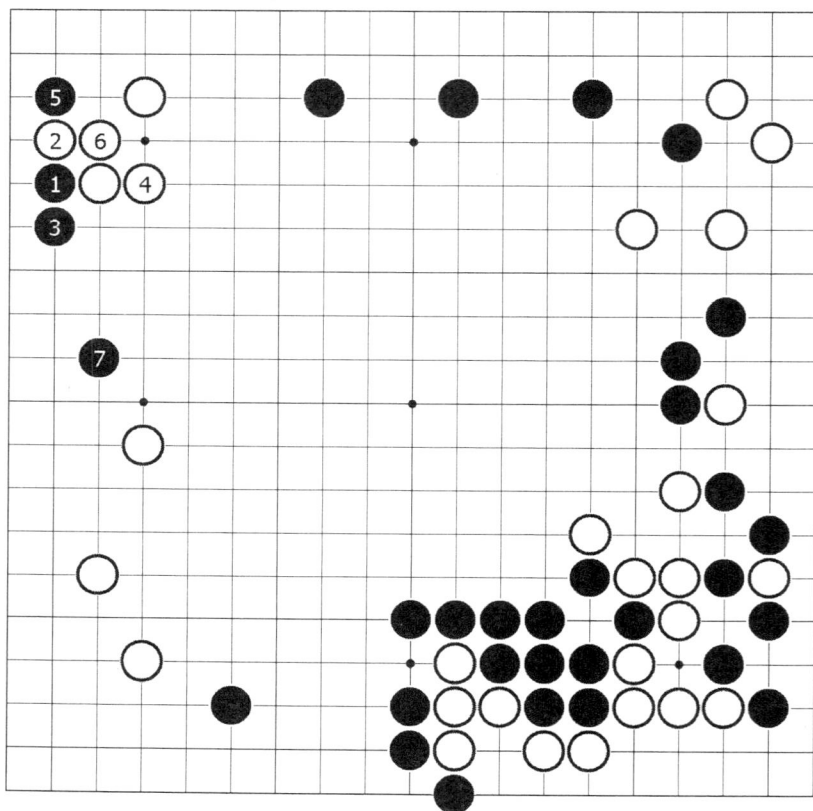

变化图 6：黑 1 托时，白 2 若内扳，则黑 3 长出。此时，白 4 并是好棋，以下至黑 7 拆，黑棋所取得的战果明显比直接打入要大得多。

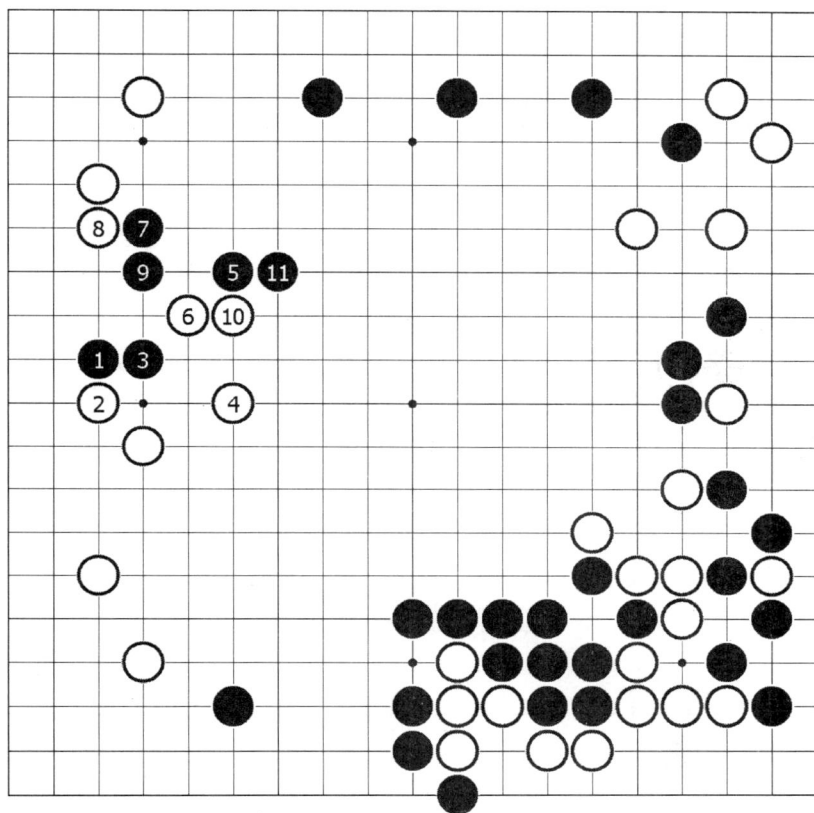

变化图 7：实战黑 1 打入，白 2 尖顶，黑 3 长是正确的下法，白 4 若飞攻，黑 5 象步是棋形的要点。白 6 若穿象眼，黑 7、9 采用 "四两拨千斤" 的下法，至黑 11 长出，轻松化解白棋的攻势。

小结：子力之间的配合要强调目的性。在对方非常厚实的时候，要尽可能使对方厚上加厚，使对方子效不高。

4. 棋子的效率

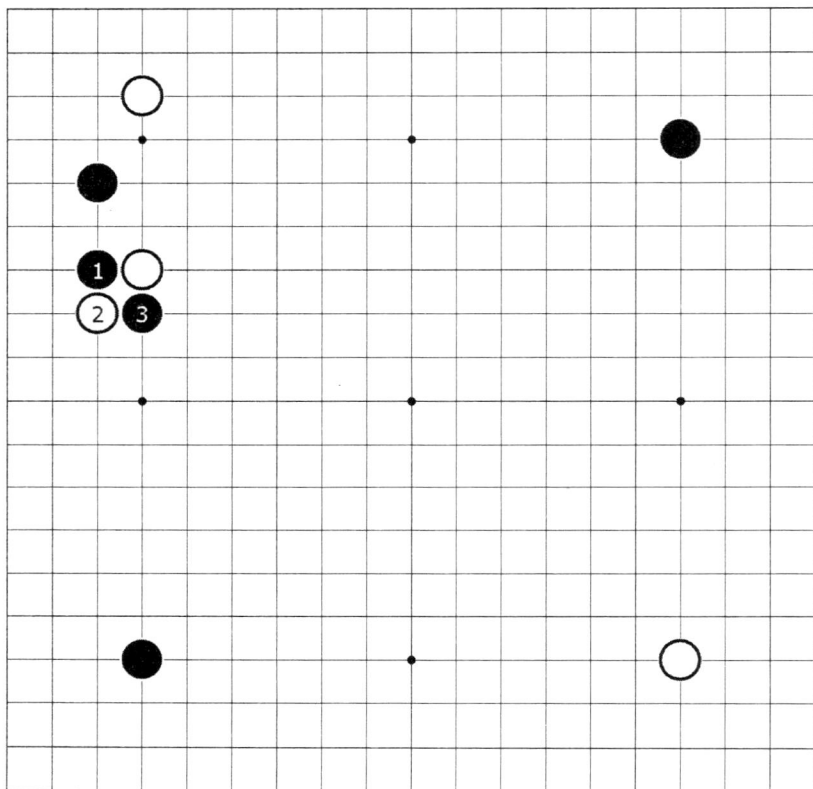

基本图：取材于笔者的一盘指导棋，这盘棋我执黑比正常贴目多贴 10 目棋（黑贴 17 目半）。对角星在 20 世纪 50~60 年代以前比较流行，是古代座子棋的一种延续，也是力战型的代表布局。对于现在的棋手来说，执白的一方在面对对角星布局时总是想去打散局面。在此局面上我选择黑 1、3 托断是一种重视实地的下法。

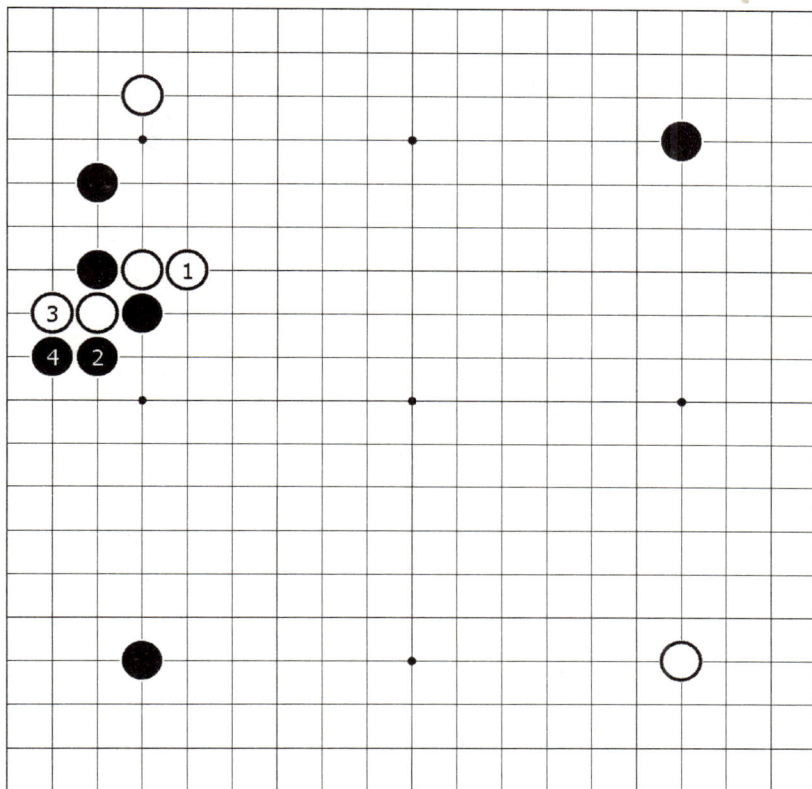

变化图 1：此时白 1 若长，黑 2 则打吃，当白 3 立下后，黑 4 再挡住是正常的下法，这一变化有一种转换的意味。

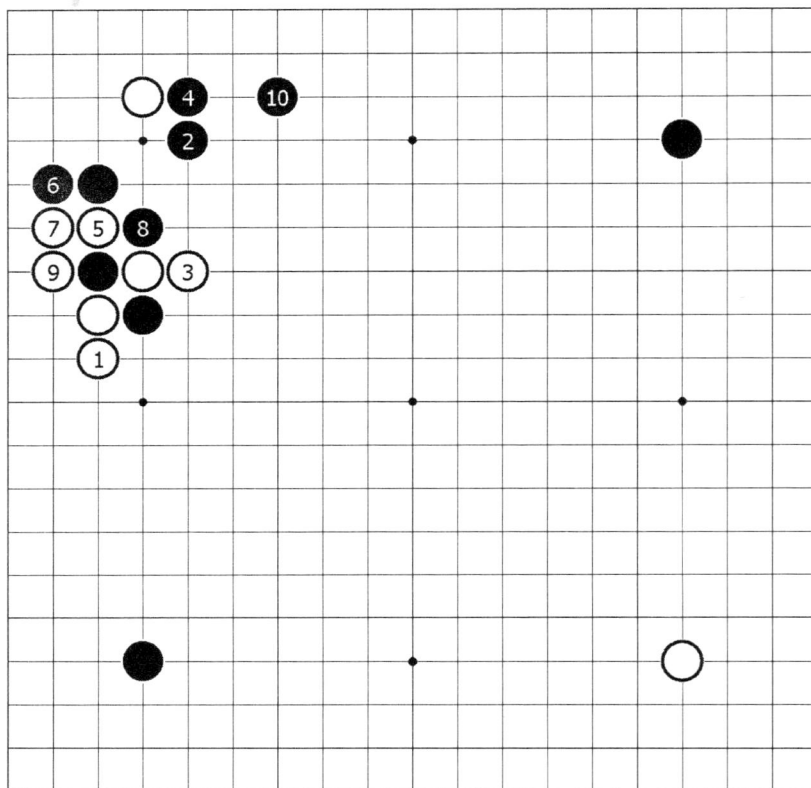

变化图2：白1单长是实战的下法，以下至黑10跳是当时流行的下法，也是双方实战的下法。

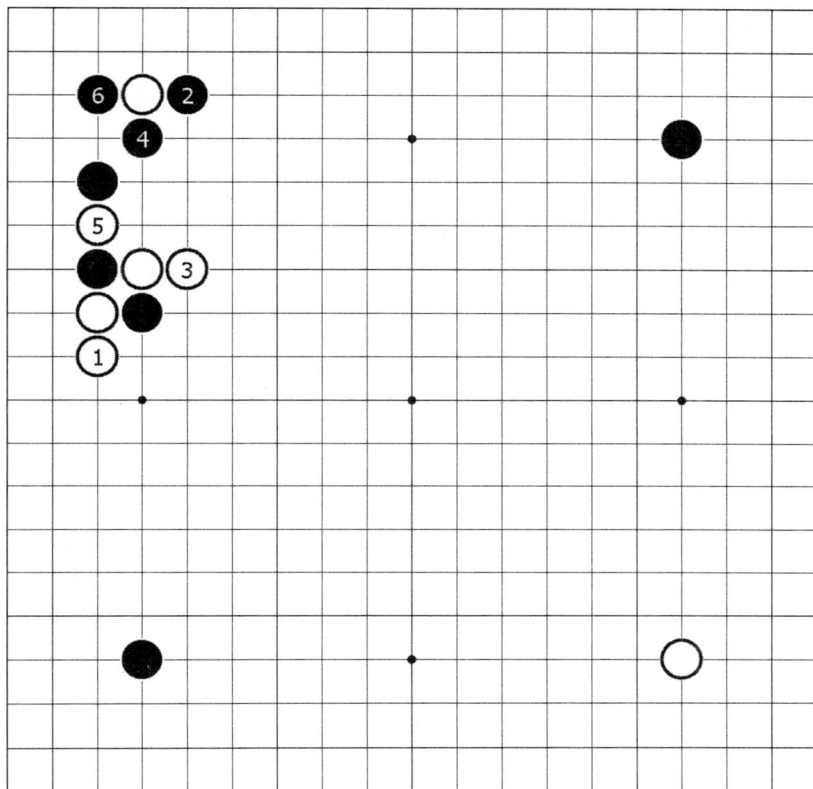

变化图3：白1长后，黑2碰是比较常用的下法。以下至黑6，是双方正常的应对，此时由于角上黑棋没有借用，因此是黑棋不错的下法。

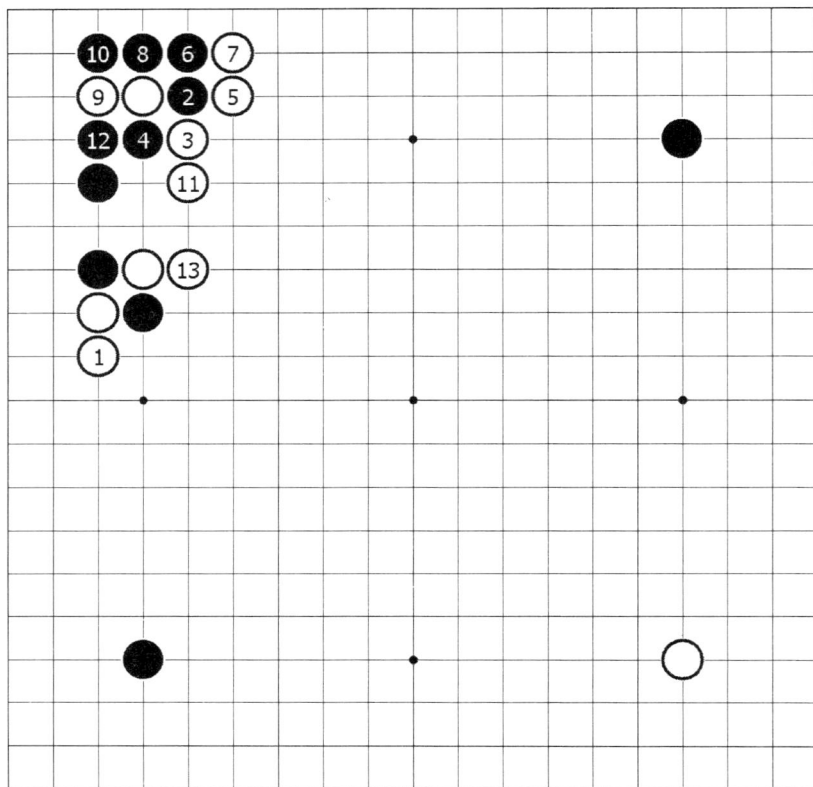

变化图4：黑2碰时，白3扳是最强的下法。以下至白7挡时，黑8若拐吃，以下至白13长，白棋外势广阔，双方优劣一目了然。

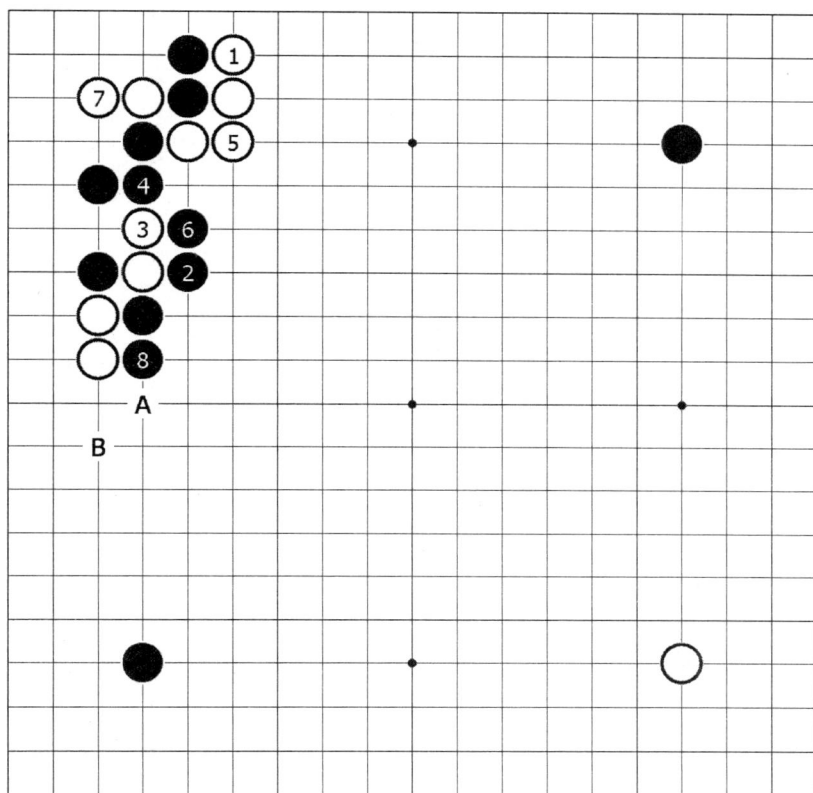

变化图 5：由于上图黑棋不能满意，因此，当白 1 挡下时，黑 2 打吃反击。黑 4 之后，白 5 单粘是冷静的一手。黑 6 若吃住两子，白 7 则补角，当黑 8 压时，白在 A 位扳或 B 位跳均可，此时是白棋稍稍有利的局面。

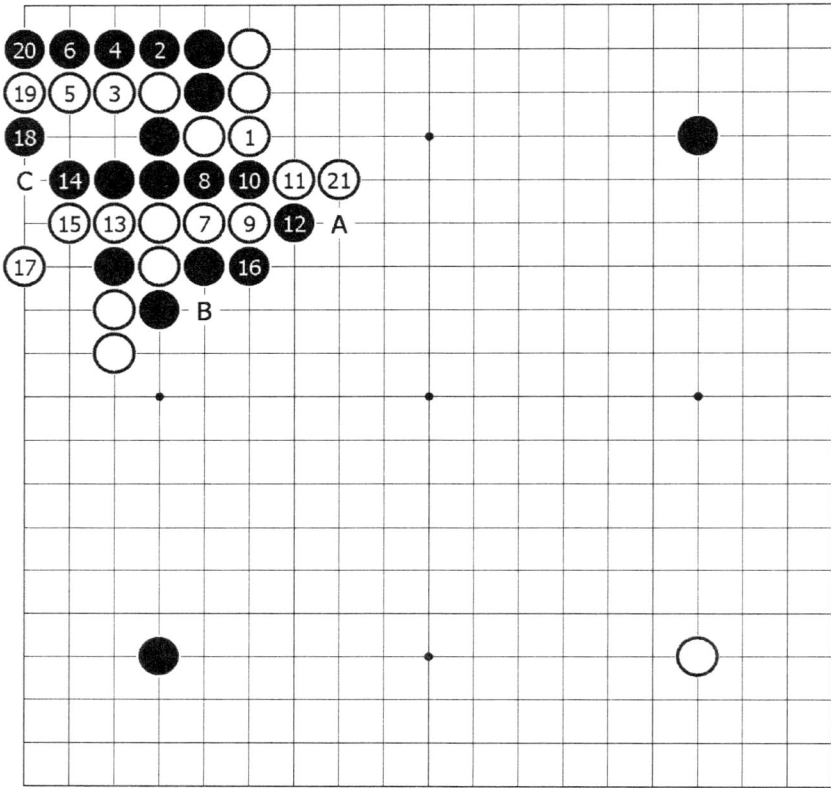

变化图 6：由于上图黑 6 吃两子的下法黑棋不能满意，因此当白 1 粘时，黑 2 拐吃角上一子也是一种正常的思路，以下至白 15 是双方正常的应对。黑 16 挡是为了保持外部棋形的完整性。此时，白 17 一路小尖是不易察觉的妙手。黑 18 要吃住角上 3 子也只有在一路尖。白 19 与黑 20 交换以后，白 21 长又是冷静的一手。由于白棋有在 A 位和 B 位等吃住外围黑子的手段，因此将来白棋在 C 位扑劫就显得非常严厉。因此这一变化无疑是白棋有利。

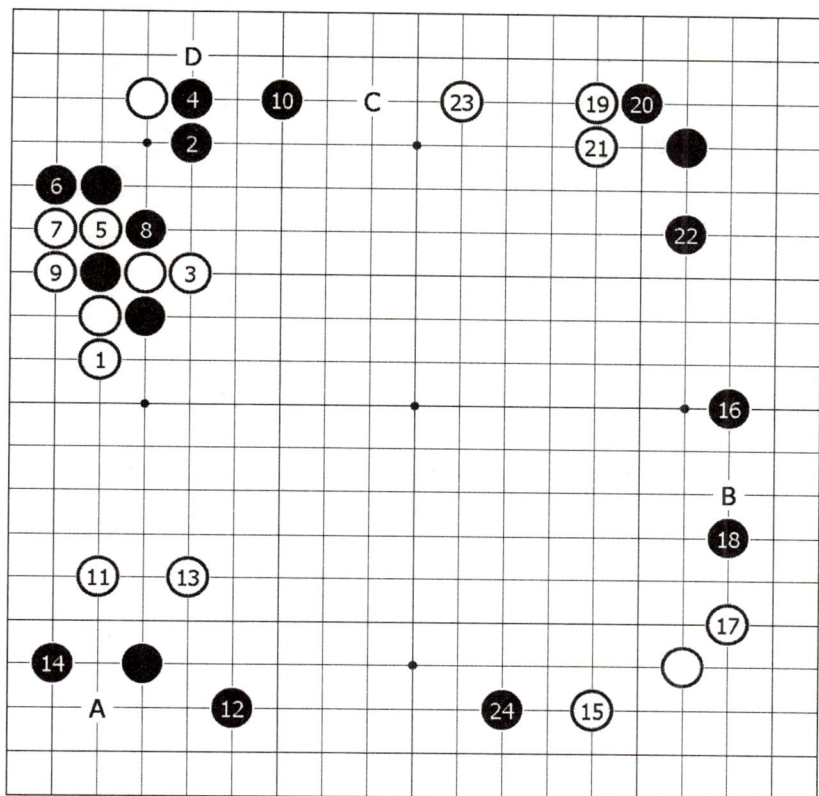

变化图7：综上所述，黑2碰的变化不能成立。因此，当白1长时，黑2飞是此局部定式的改进版。以下至黑10拆一是此局部双方正常的下法。白13跳时，黑14单关守角是此局面下的急所，因为黑棋如果不走的话，白棋A位的点角将显得十分严厉。白15守角稍缓，未能与左边白棋形成呼应。此时在16位拆可能更好。黑16抢占大场必然，实战白17小尖补角缓手，此时应该在B位逼住。黑20尖顶优劣不明，白23稍缓。此时若在C位逼住后，白棋在左上角还留有D位扳的严厉手段。黑24逼住以后，双方已经拉开距离。

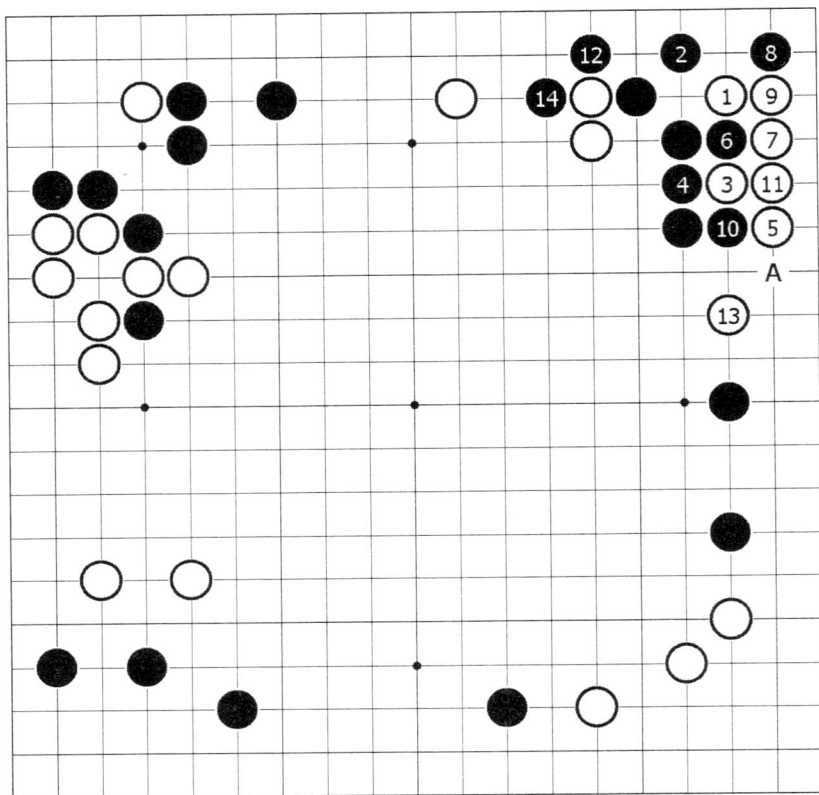

续变化图7：当白1点角时，黑棋普通的下法都不能满意，因此实战黑2我采用了一种比较柔和的下法。黑10打吃以后，由于黑棋在A位扳不能成立，因此黑12虎是我的预想图。以下至黑14，双方形成转换。

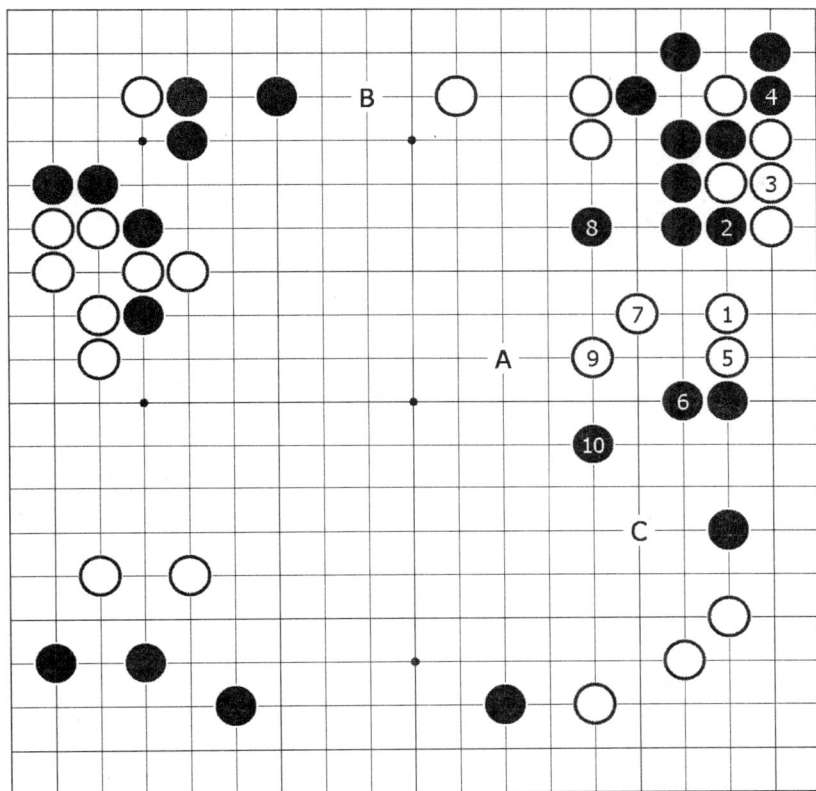

变化图 8（实战图）：实战白 1 飞选择妥协。以下至黑 8 跳，黑棋虽然在角上损失了 15 目左右的虚空，但由于白棋没有安定，因此黑棋可以通过攻击来弥补实地上的损失。黑 10 飞后，白棋 A 位跳出头，B 位拆和 C 位镇都是可以考虑的下法。棋局至此，双方的差距越来越大。

小结：这盘棋白棋在行棋的效率、补棋的方法和手段的发掘方面都有一定的欠缺，这也是广大业余围棋爱好者需要注意的问题。

5. 弃子的运用

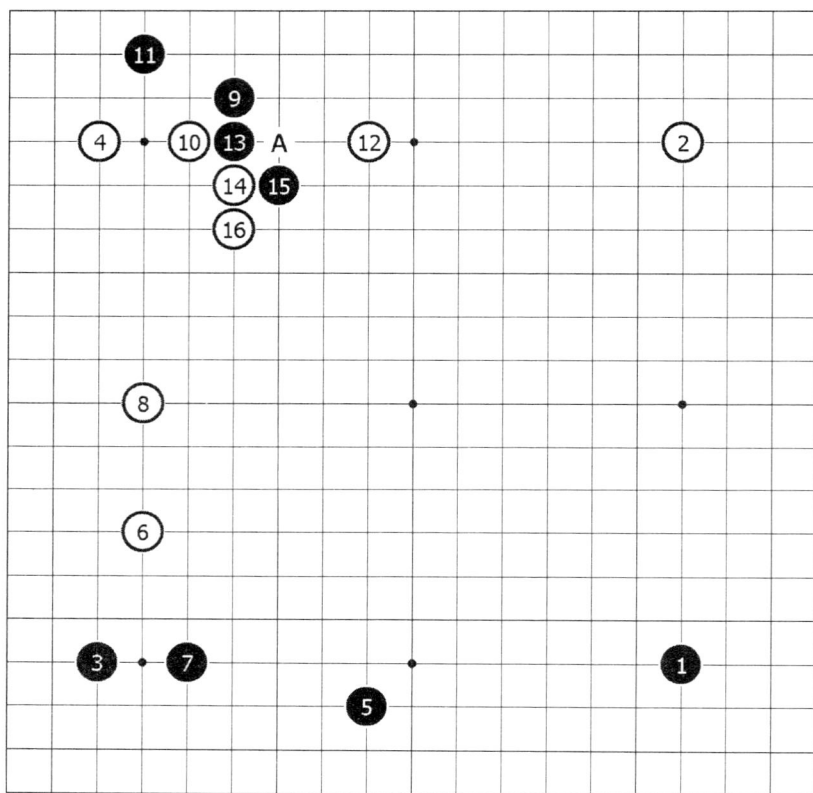

基本图：本局取材于两位年轻棋手在全国比赛中的一盘棋。黑9大飞挂时，白10尖冲比较积极。黑11飞后，白12二间高夹比较少见。黑13贴起后，白14扳，黑15扳时，白16退。此时，白16若在A位断，则……

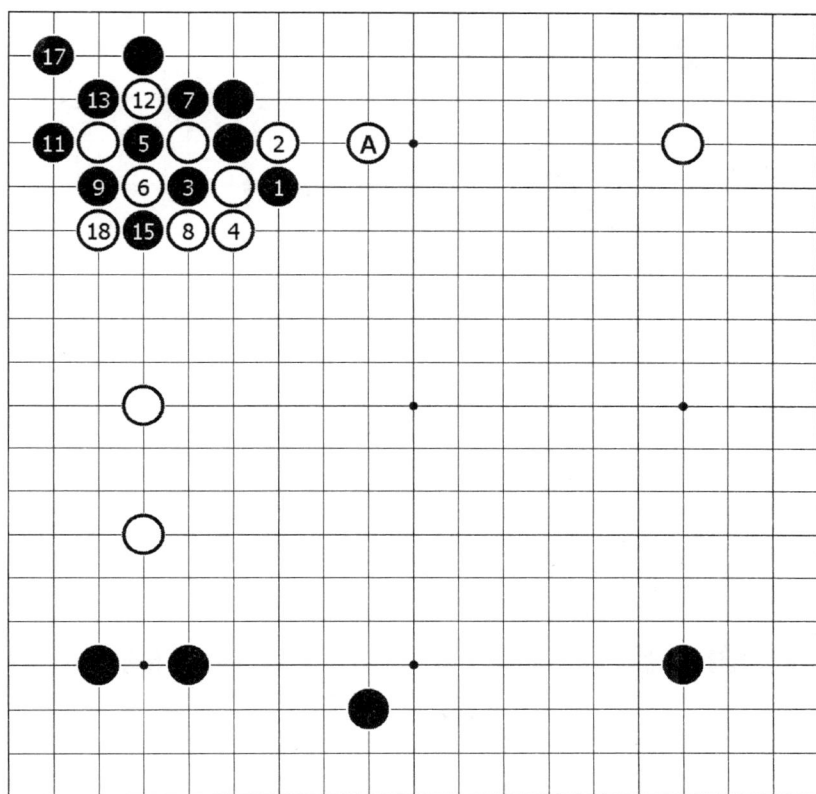

⑩E16 ⑭D16 ⑯E15

　　变化图1：黑1扳时，白2若断，以下至白18打吃，是双方正常的应对，此时由于白A一子的位置关系，留给黑棋的选择余地比较多，因此直接断的下法不太可取。

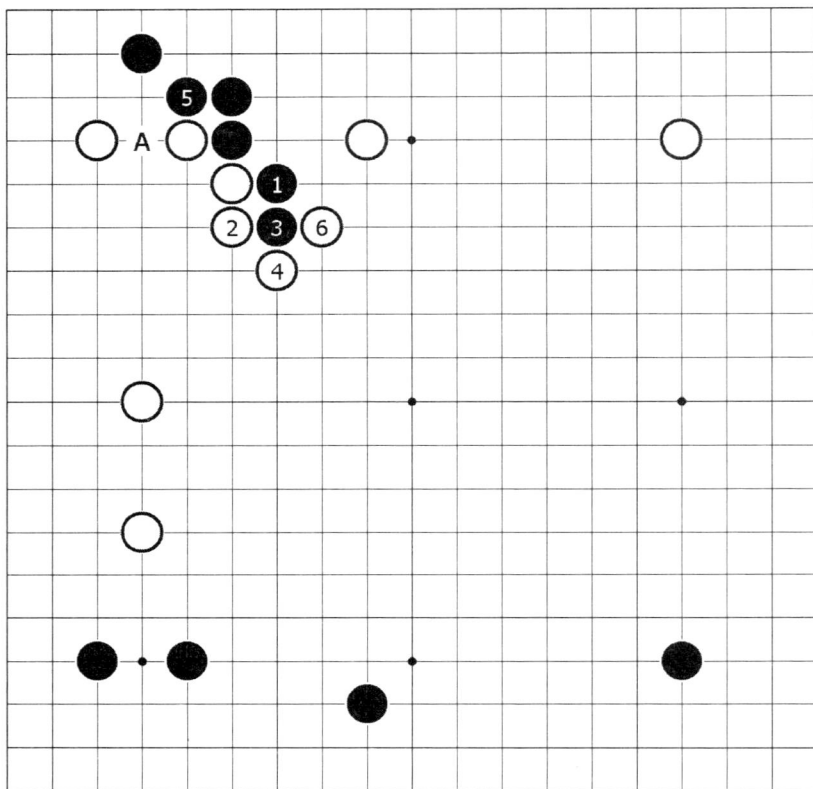

变化图2：黑1扳，白2退后，黑棋普通的下法是在A位跳，以求得安定。实战黑3贴起，白4扳，黑5拐是俗手，目的是为了防断。实战白6扳是问题手，此时在A位接才是正确的下法。

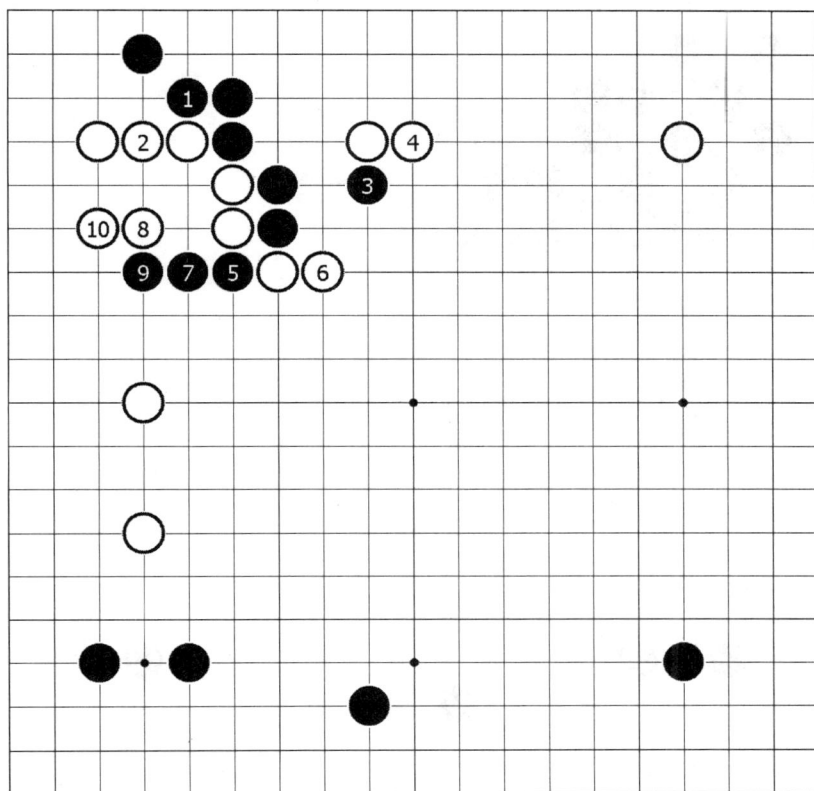

变化图 3：黑 1 拐时，白 2 接，黑棋自身棋形有缺陷。黑 3 只能靠，黑 5 断至白 10 退，双方形成战斗。在此局面下，黑棋的两块棋很难兼顾。

⑧ E16 ⑫ D16 ⑭ E15

变化图 4：实战当黑 1 拐时，白 2 扳选择了一种比较保守的下法。黑 3 打吃后至白 16 打吃是双方正常的应对。此局面下白棋虽然厚实，但与左边两子的配合略显重复。黑 17 拐，白 18 只有退，此时黑若继续冲的话，缺乏必要的时机与条件。

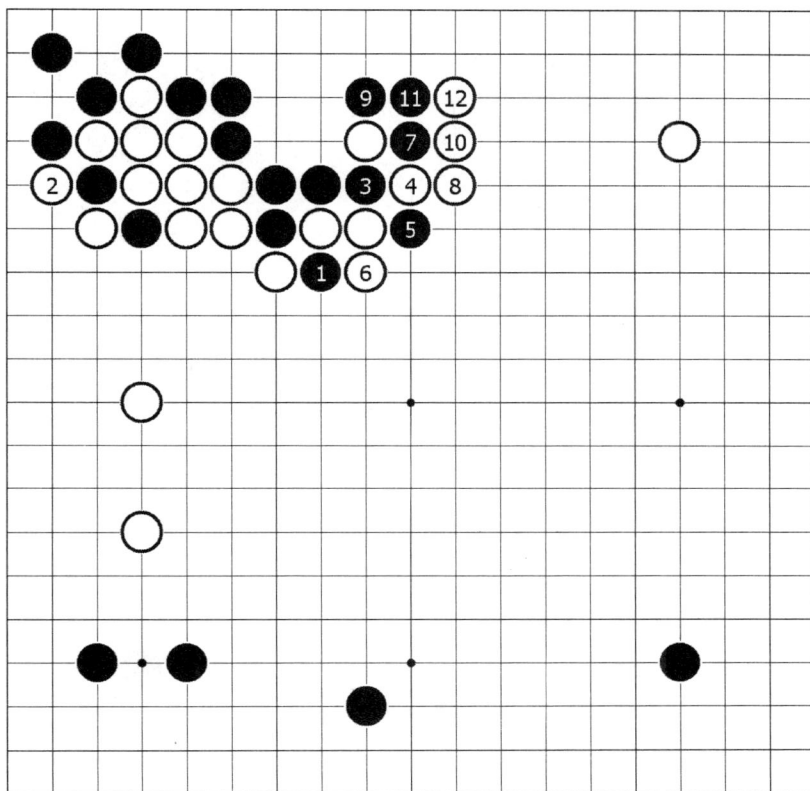

变化图 5：黑 1 断，为冲创造条件。白 2 提以后，黑 3 冲，以下至白 12 挡，黑棋虽然取得了一定的实地，但把白棋外围撞得很厚，黑棋明显得不偿失。

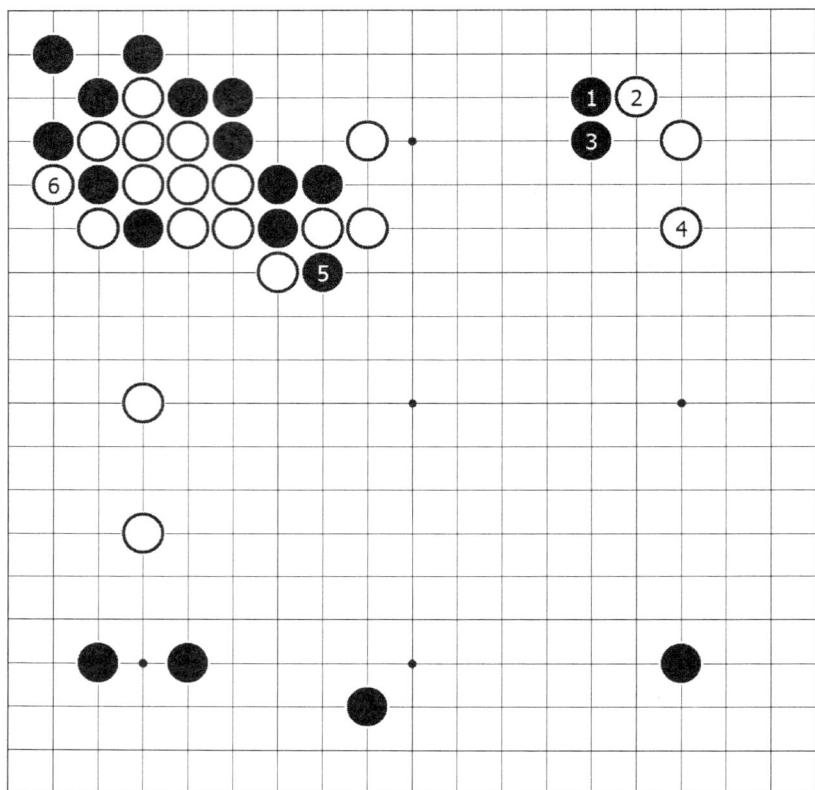

变化图6：实战黑1选择挂角，为冲断做准备，白2尖顶是问题手，此时应该在6位提。这手棋不仅使白棋外围变得很厚实，而且是价值很大的逆收官子。

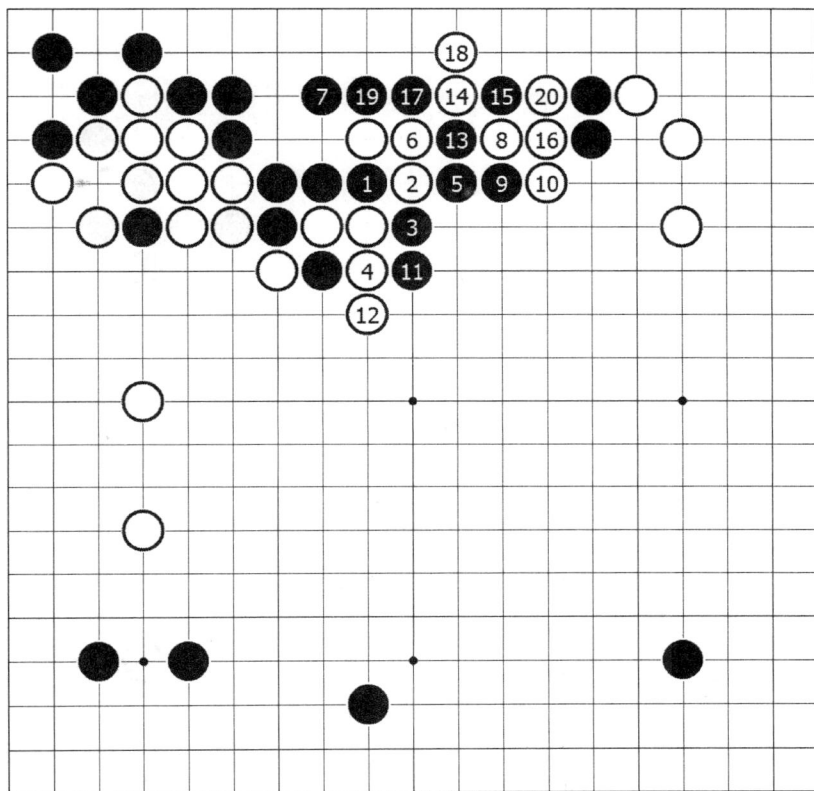

变化图7：黑1冲，黑3断是黑棋的预定手段，以下至白20吃，战斗告一段落。白棋通过弃子走厚了中腹，而且取得了不少实地。此时是黑棋比较困难的局面。在此局面下，黑棋在自己围空的同时，还要最大限度地去压缩白空才有望取得最后的胜利。

小结：在对局中，主动放弃一些价值不大或很难处理的棋子和局部利益，往往会成为打开局面，取得全局主动的关键所在。

6. 实地的把握与转化

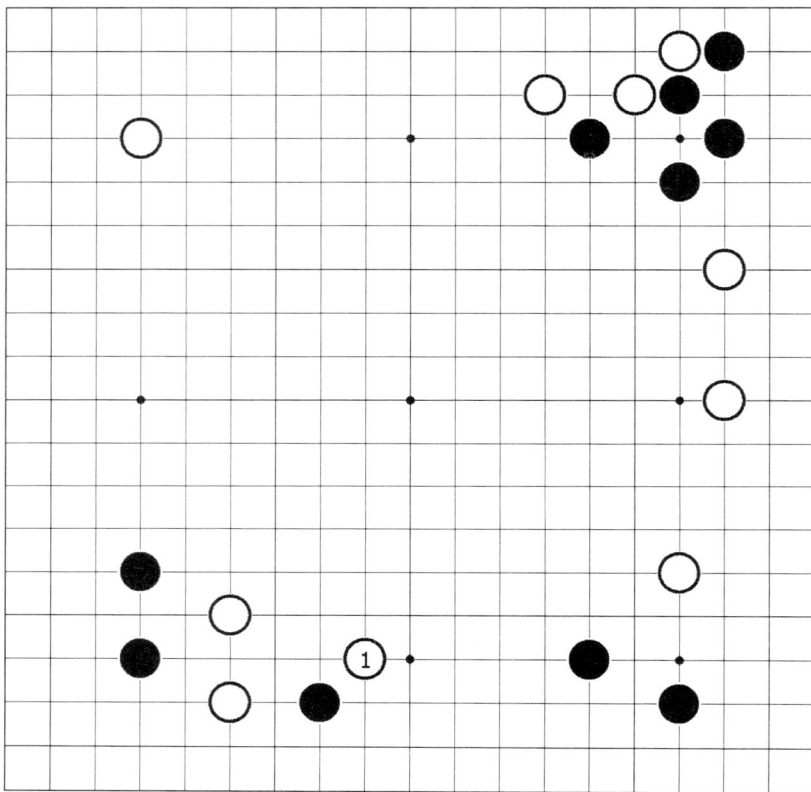

基本图：取材于黑龙江职业棋手韩钢三段与武汉的一位围棋爱好者的对局。棋份是白棋让先倒贴 10 目。实战进行至白 1 尖冲，黑棋面临选择。

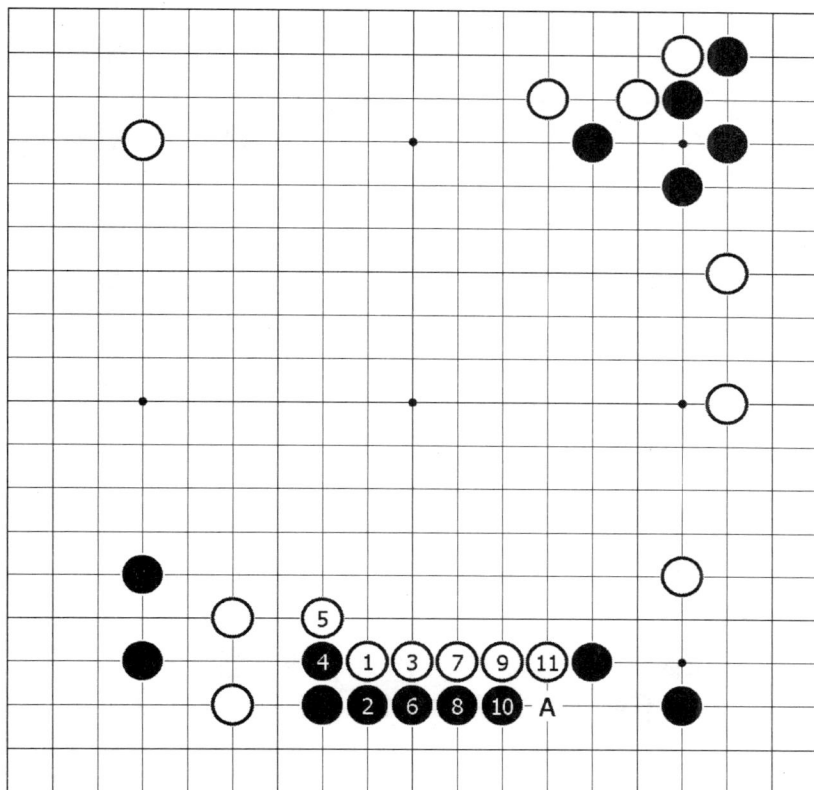

变化图1：黑2爬是普通的下法，黑8若在10位跳，则白有A位碰的手段，因此黑8只有爬，以下至白11长，黑棋明显亏损。

变化图 2：黑 2 尖顶也是常见的下法，但是被白 3 逼住以后，黑棋右下需要补棋。

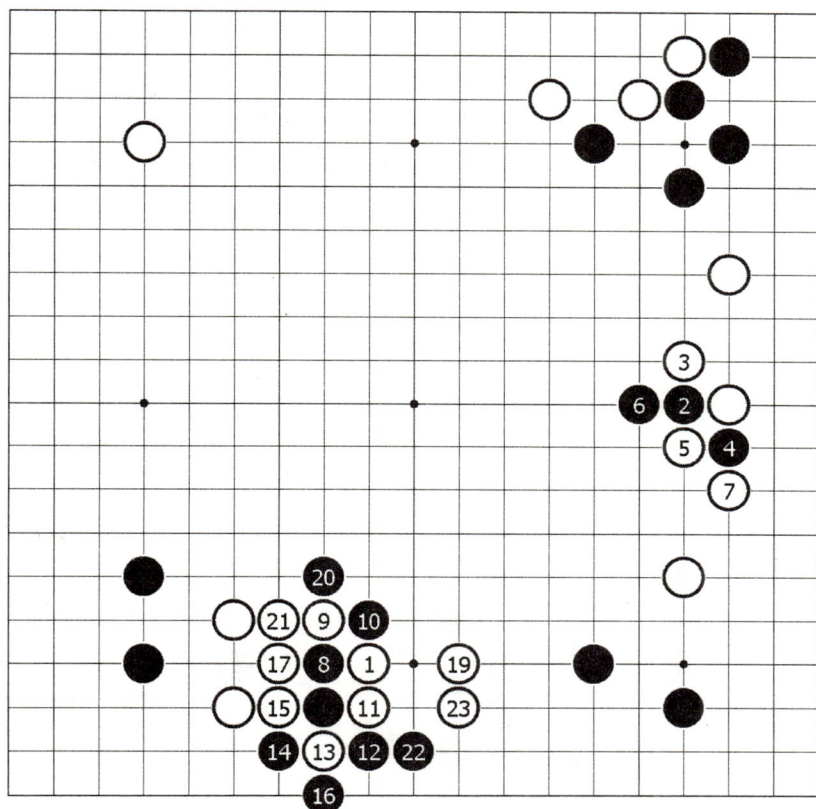

18 H2

　　变化图3：当白1尖冲时，实战黑2碰是比较少见的下法。白7打吃后，由于黑6一子起到了引征的作用，因此黑8、10选择冲断的下法。白11贴下无奈，以下至白23双是双方正常，下一手黑棋如何选择成为局面的焦点。

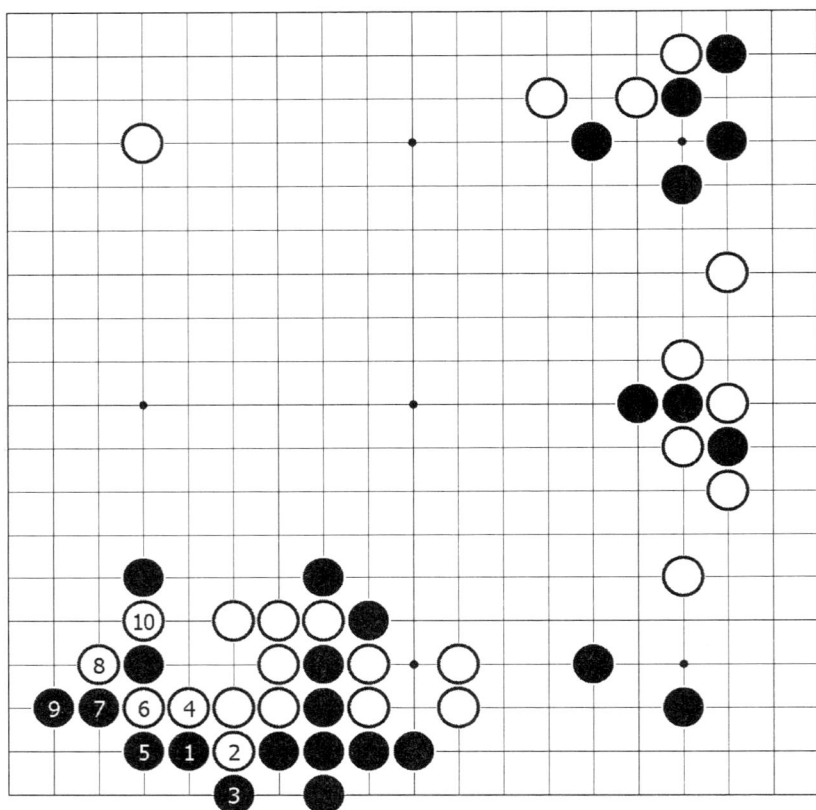

变化图 4：实战黑 1 跳是问题手，使白棋在角部留有手段。白 2 冲后至白 10 吃住一子，黑棋明显不能满意。此局面下黑棋的本手应该是在 2 位爬。

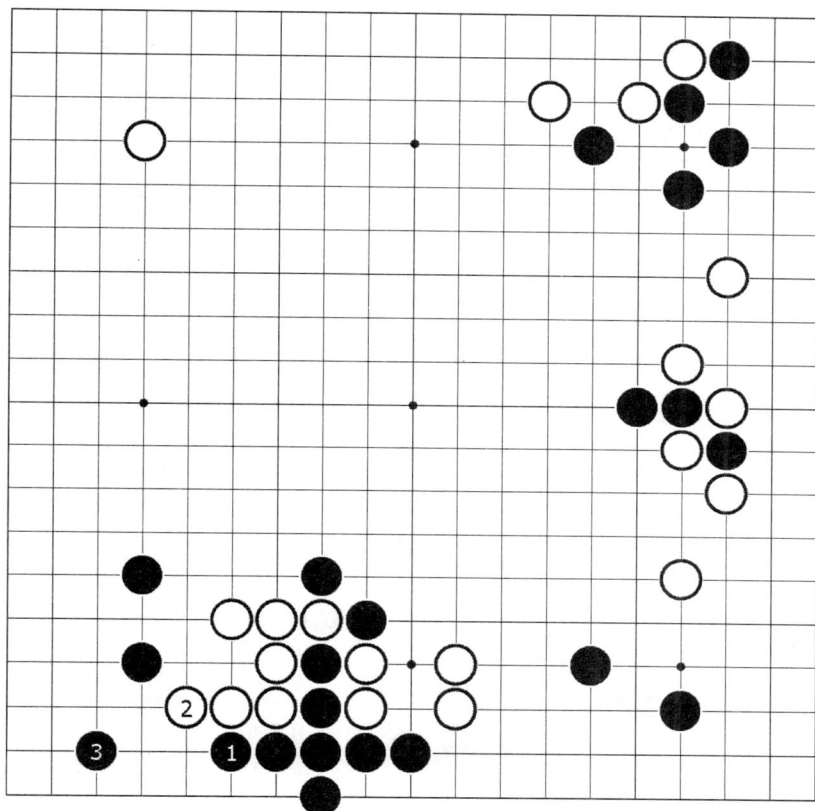

变化图5：黑1爬后，白2若长，黑3飞守角也是一种可以考虑的定型方法。

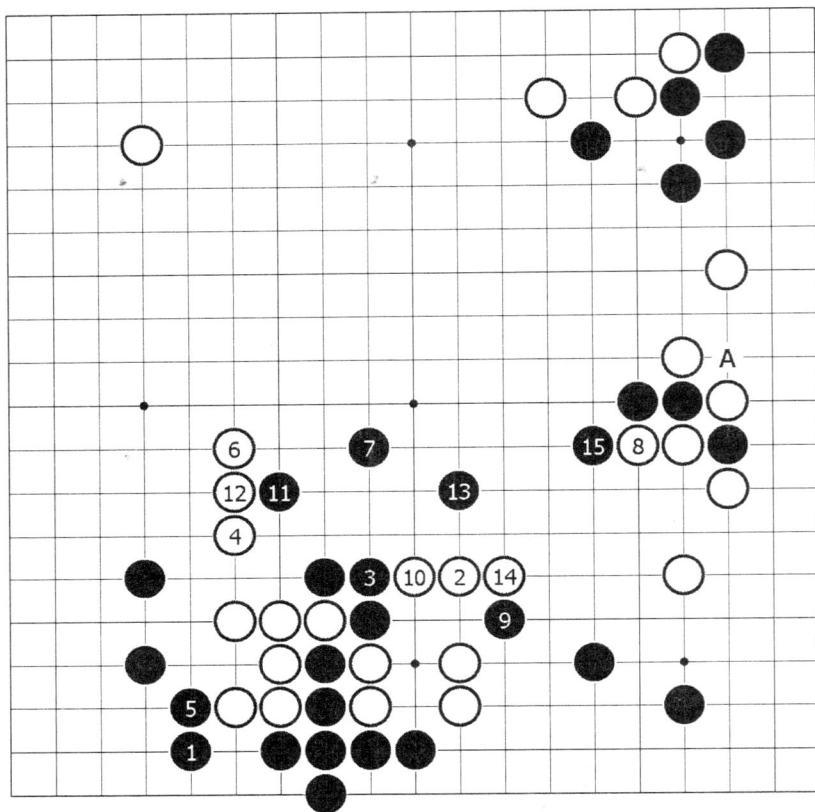

变化图6：实战黑1跳后，白2跳出头，黑3接贯彻意图。白4跳后，黑5补回，以下至黑15扳是双方实战的进程。黑15稍有问题，可以考虑在A位打吃。

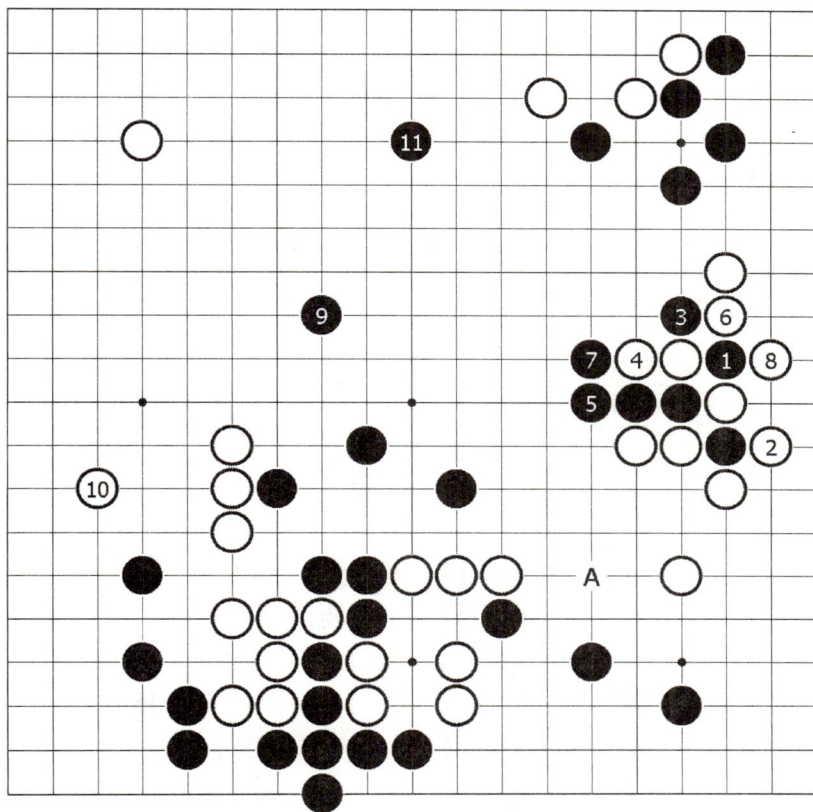

变化图7：黑1打吃，白2提掉，以下至黑11夹击上边白棋。黑棋不仅走畅了自身，未来还留有A位跳出攻击下边白棋的手段，明显优于实战。

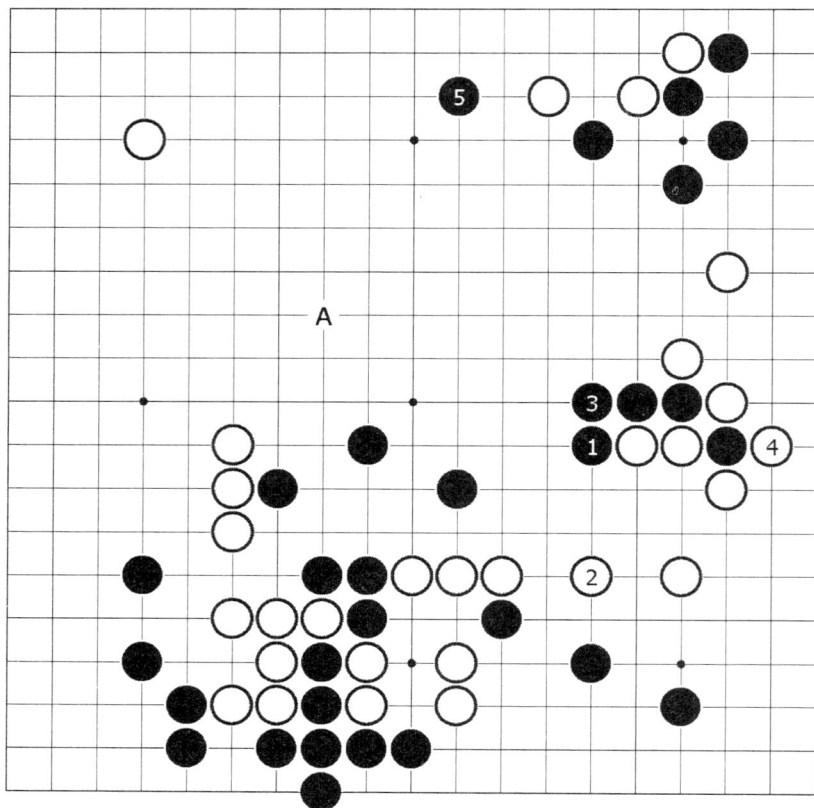

变化图 8：实战黑 1 扳住，白 2 跳回，黑 3 接上，黑 5 紧逼稍有疑问，此时应该占据 A 位的制高点。

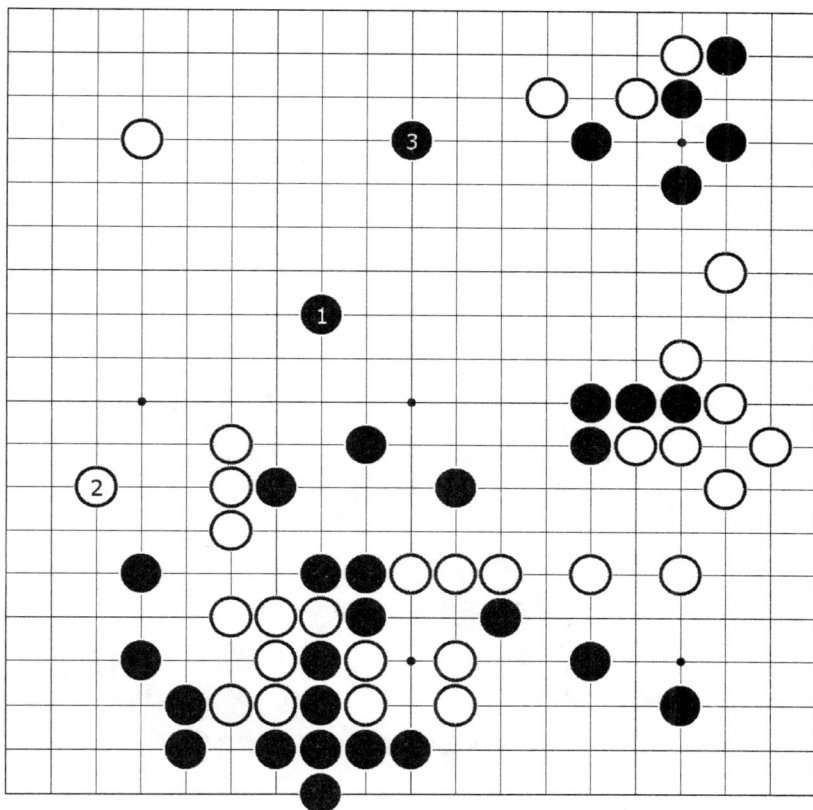

变化图9：黑1占据中腹制高点，白2只得防守，此时黑3再宽夹右上黑棋，这样黑棋全局就显得非常生动。

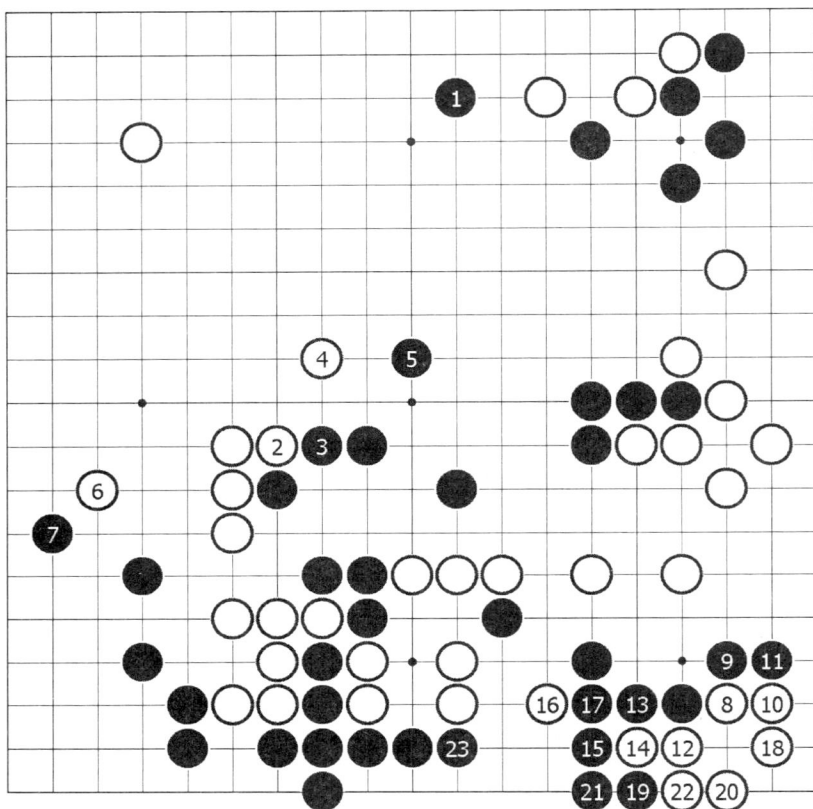

变化图10：实战黑1逼住后，白2拐试黑应手，黑3顶住是疑问手，应该考虑脱先在左边或者上边补棋，这样黑棋实空明显领先。白6拦下后，黑7飞稍缓，应该脱先在上边挂角。白8托是角部残留的手段，黑13退是问题手，应该在14位连扳，以下至黑23爬回，双方在局部告一段落。此时，白棋要在左上净围20目才能在倒贴10目的情况下争胜。

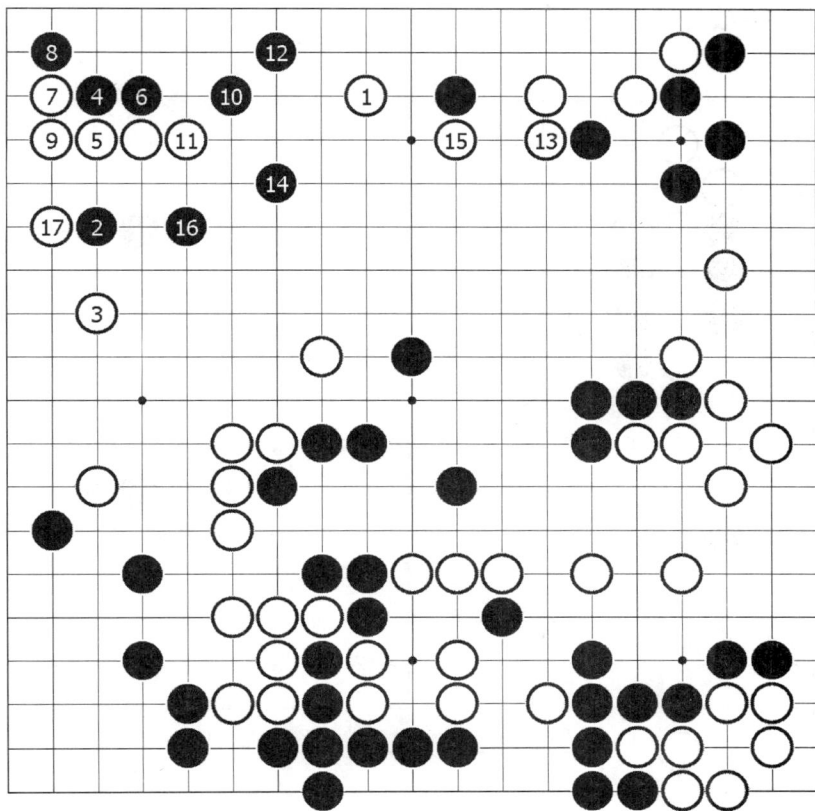

变化图 11：实战白 1 逼对黑棋是一个考验，黑 2 挂角是很有想法的一步棋，白 3 一间夹后，黑 4 点角是必然的一手。黑 6 爬时，白棋一般是在 11 位长。此时白棋意识到目数紧张，因此白棋实战选择了在 7 位扳角的下法。以下至黑 12 小尖，白棋虽然在左上取得了不少实空，但是黑棋也有所收获，因此白棋的目数依然紧张。实战白 13 贴出是不得已的下法，黑 14 飞冷静，以下至白 17 托过，在倒贴 10 目的情况下，依然是黑棋优势的局面。

小结：虽然最后黑棋由于求胜心切产生低级失误输掉了这盘棋，但是这位业余棋友清晰的思路，对目数的把握和转化依然值得广大围棋爱好者学习和借鉴。

7. 实战中的胜负手

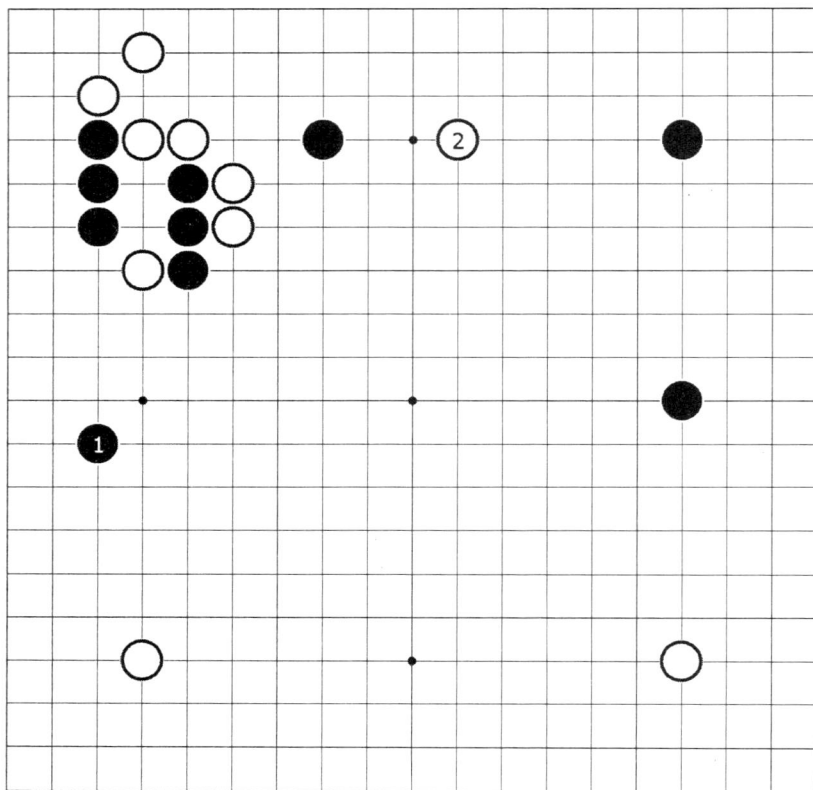

基本图：这盘棋取材于网络对局。对局双方在网上的级别是 7D。在此局面下，黑 1 拆后，白 2 夹是明显的问题手。

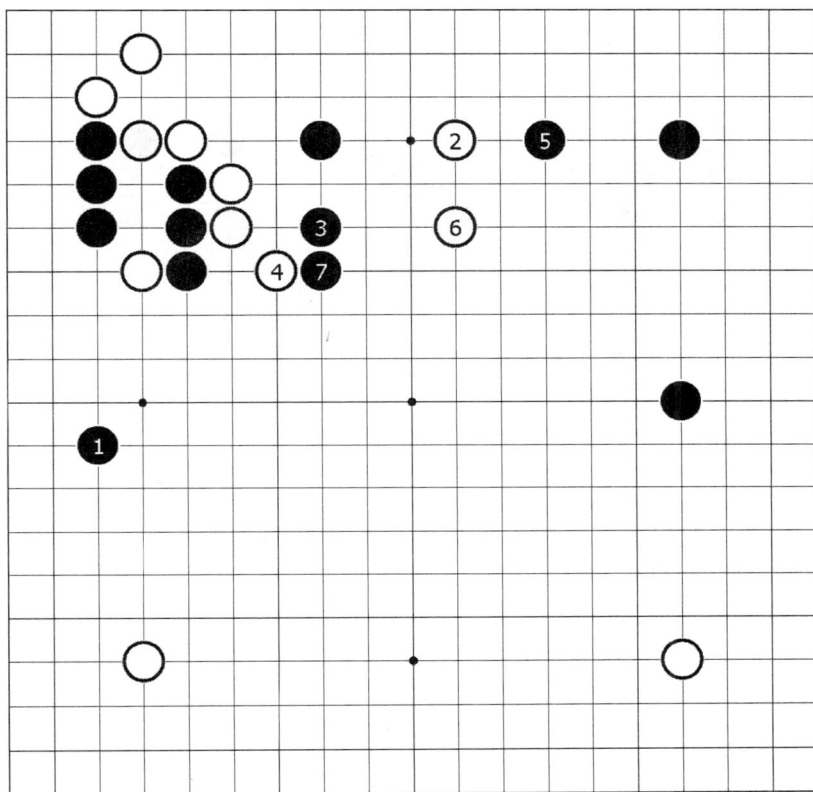

变化图 1：白 2 夹击以后，黑 3 可以跳，这样白棋比较难受。以下至黑 7 贴，白棋走出一块孤棋，不能满意。

变化图2：白2夹击以后，黑3也可拐住，白4跳后，黑5飞出，以下黑7顶是好手。白棋非常难受，只能在8位接，以下至黑11逼，白棋明显不好。

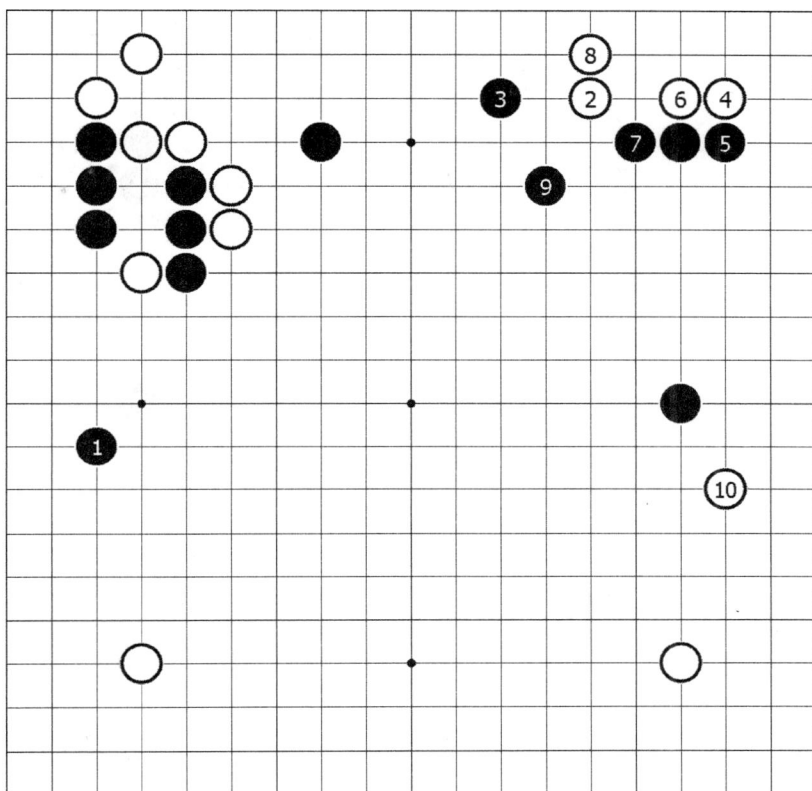

变化图 3：黑 1 拆时，白 2 挂角是此局面下正常的下法。黑 3 一间低夹后，白 4 可点角。以下至白 10 逼，黑棋实空损失不小，不能满意。

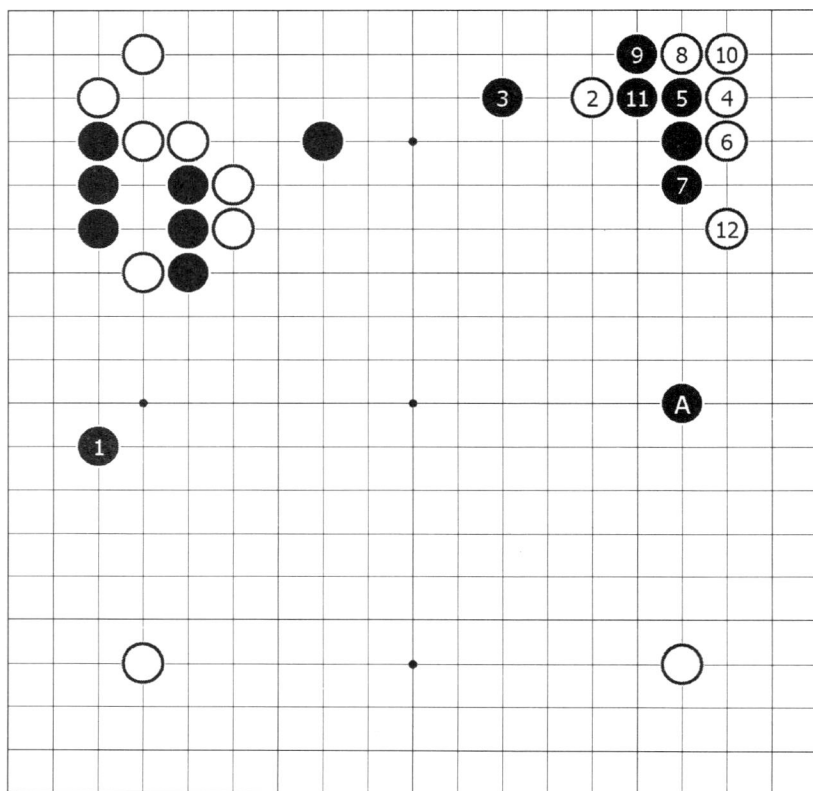

变化图4：白4点角时，黑5如果从另外一边挡，以下至白12跳，局部告一段落，此局面下，黑A一子显得效率不高，黑棋不能满意。所以当黑1拆时，白2挂角是一种不错的选择。

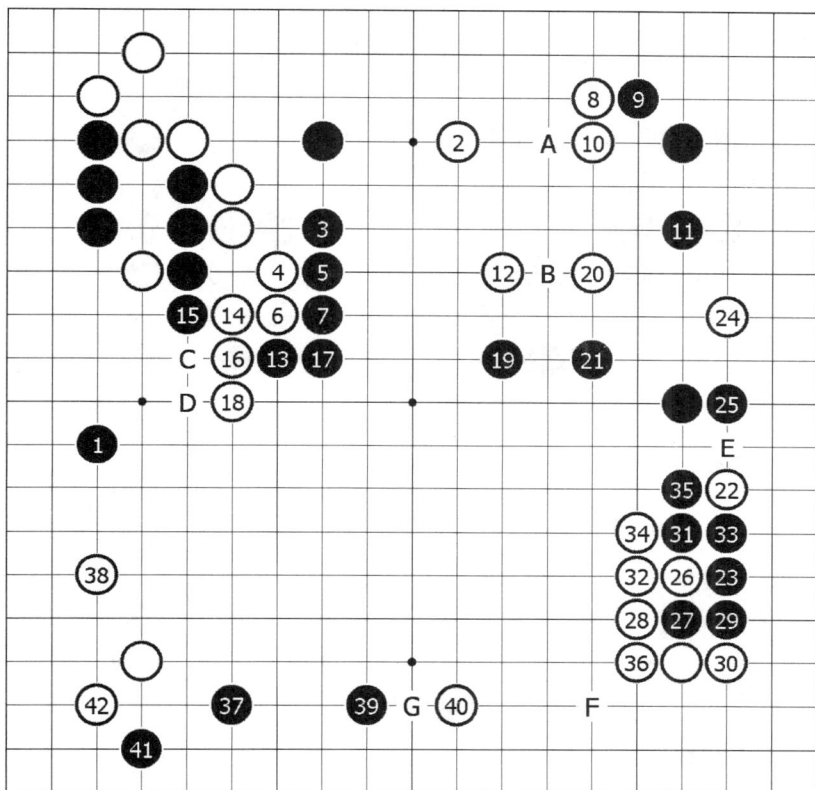

实战图1：以下是双方实战的进程。白6长后，黑7继续贴是问题手，此时应该在A位一带夹击白棋。白12大飞稍有疑，应该在B位补才是正型。黑17接时，白18长是问题手。此时可以考虑在C位拐或在D位尖，也可以考虑直接脱先。白24是很有想法的一手，黑25立是疑问手，应该在32位跳起或者在E位尖顶反击。白36接虽然厚实，但是效率较低，此时在F位飞补效率更高。黑37挂角不好，此局面下明显应该分投。白38小飞守角也是问题手，此时应该在G位一带夹攻黑棋。以下至白42小尖守角，明显是黑棋有利的局面。

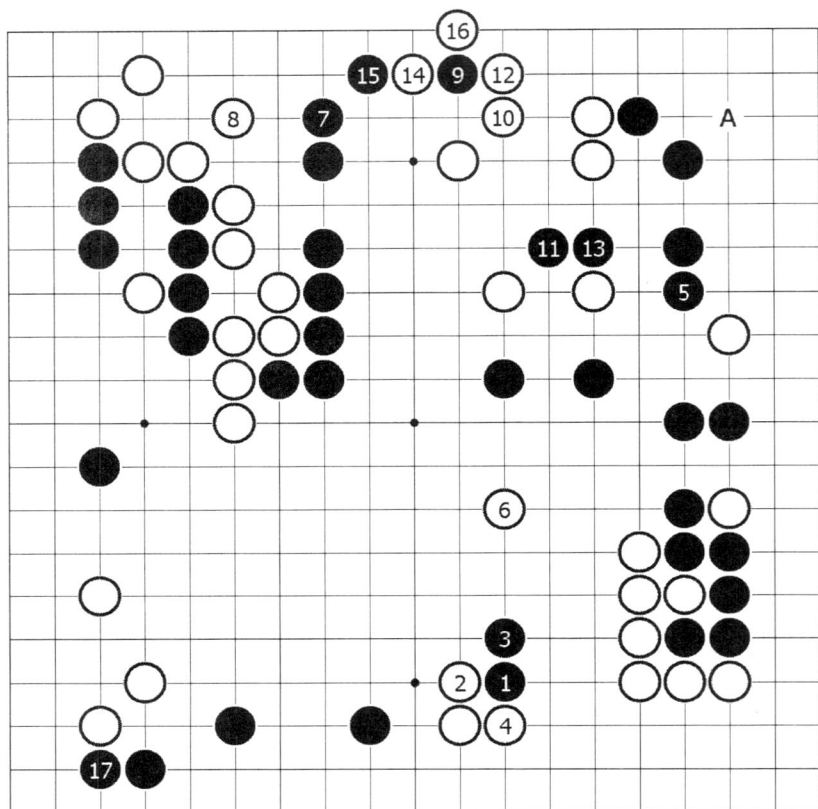

实战图 2：黑 1 尖冲没有必要。白 6 不好，这手棋价值不大，此时应该
在 A 位点角。黑 7 立时，白 8 补断太缓，此时应该如变化图 5。黑 9 大飞，
疯狂搜刮白棋，至黑 17 爬，黑棋实空明显领先。

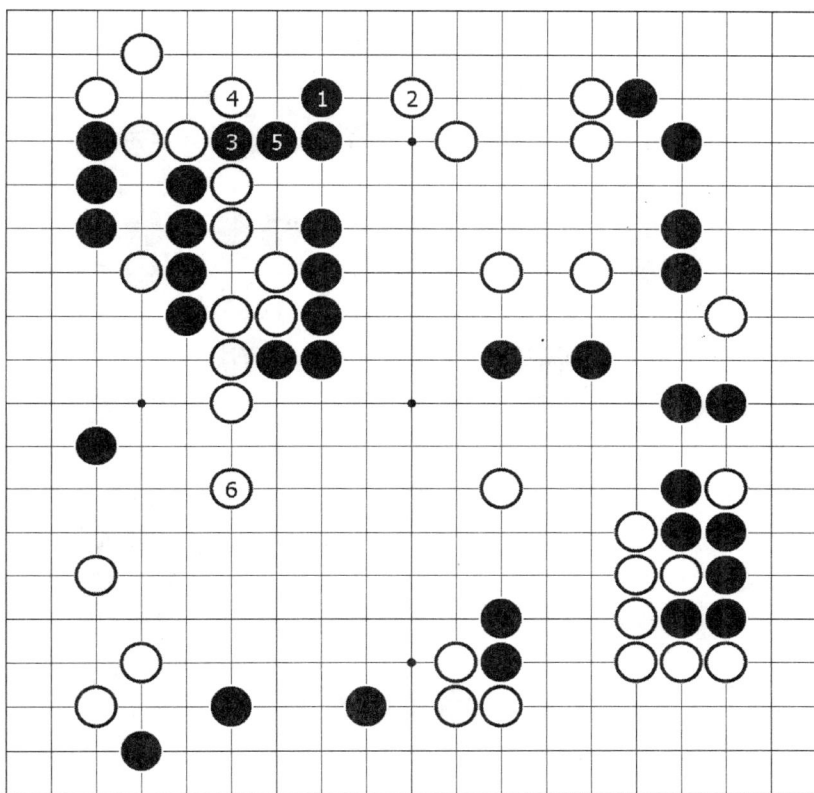

变化图 5：黑 1 立时，白 2 尖防止黑棋搜刮，是争胜负的一手。如黑 3 断，白 4 以下简明处理，这样白棋的目数便宜不少。

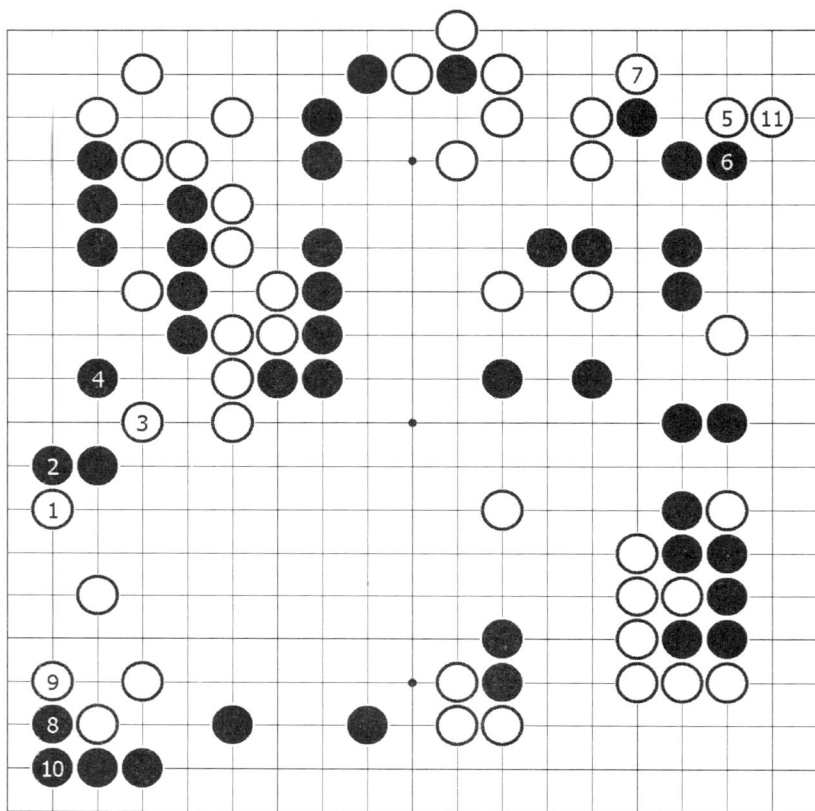

实战图3：白1飞，在先手补强自身的同时获得一定实空。白5点角抢到全盘最大的官子。在此局面下，当白7扳时，黑8应该在右上角扳，以下形成变化图6。黑8、10扳粘后，由于此时白棋的局面依然不容乐观，因此不能继续在左下补棋，所以白11脱先抢占了一个价值23目的大官子，一举扭转了颓势。

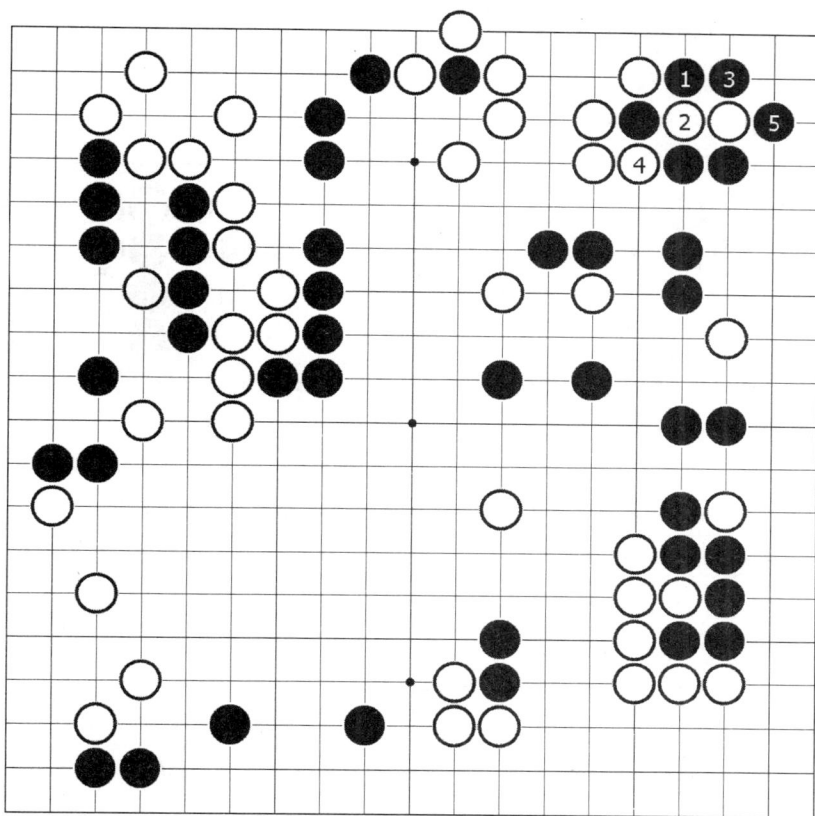

变化图6：黑1扳后，白2断，以下至黑5定型，黑棋明显优于实战。

小结：在局面不利的情况下，通过合适的时机下出胜负手往往是逆转局势、反败为胜的不错选择。

8. 势与地的转化

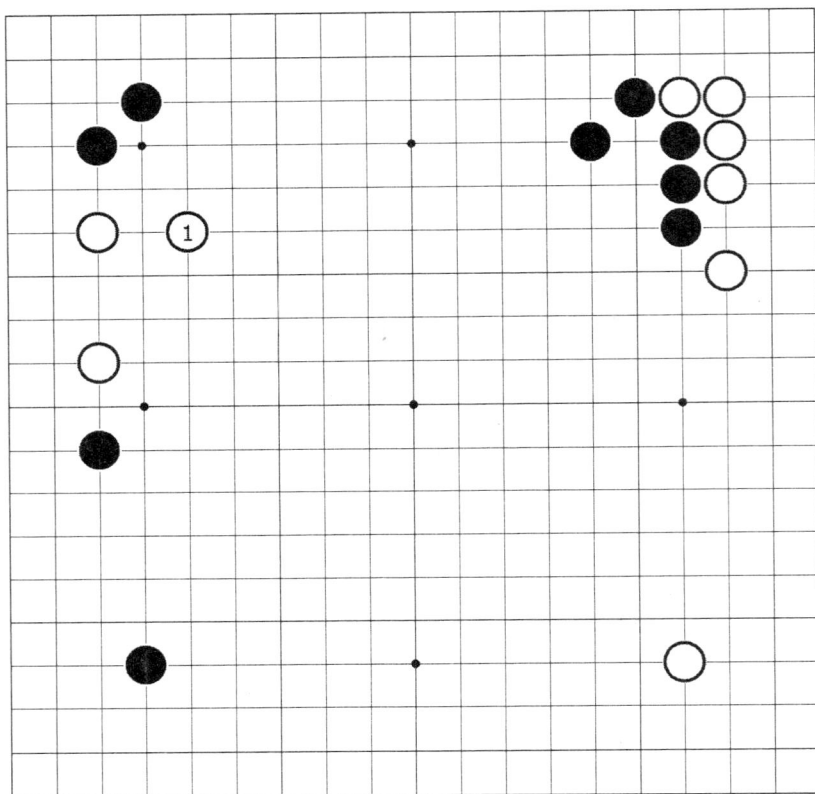

　　基本图：这是在青岛举行的全国团体赛上两位女棋手下的一局棋。实战至白1跳是在对局中经常遇到的局面。

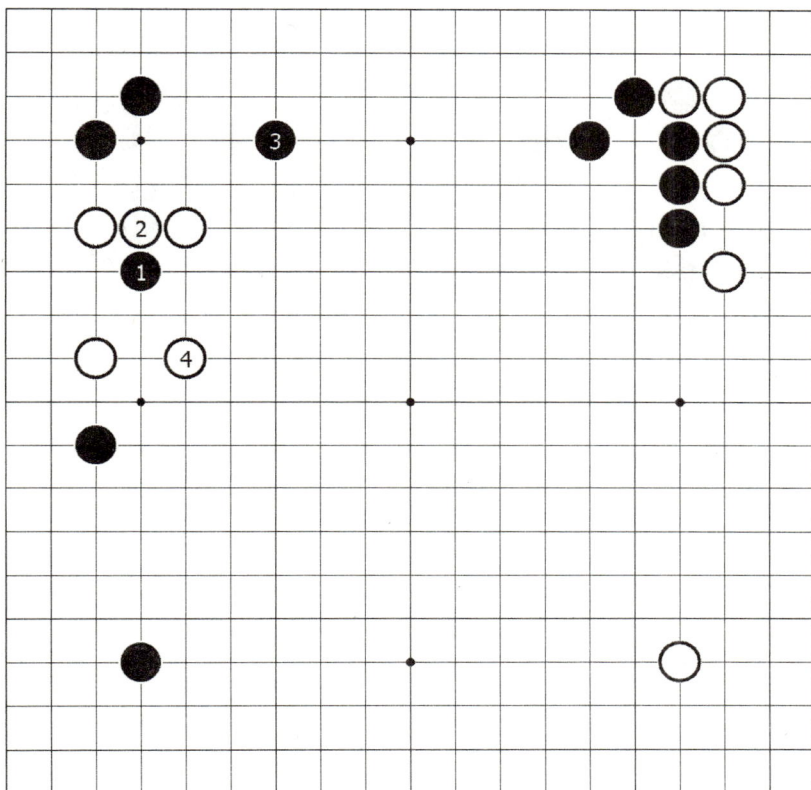

变化图 1：黑 1 刺是此局面下常见的下法，有试应手的意味。白 2 若接上，黑 3 争得先手在上边飞起，白 4 跳不可省略。

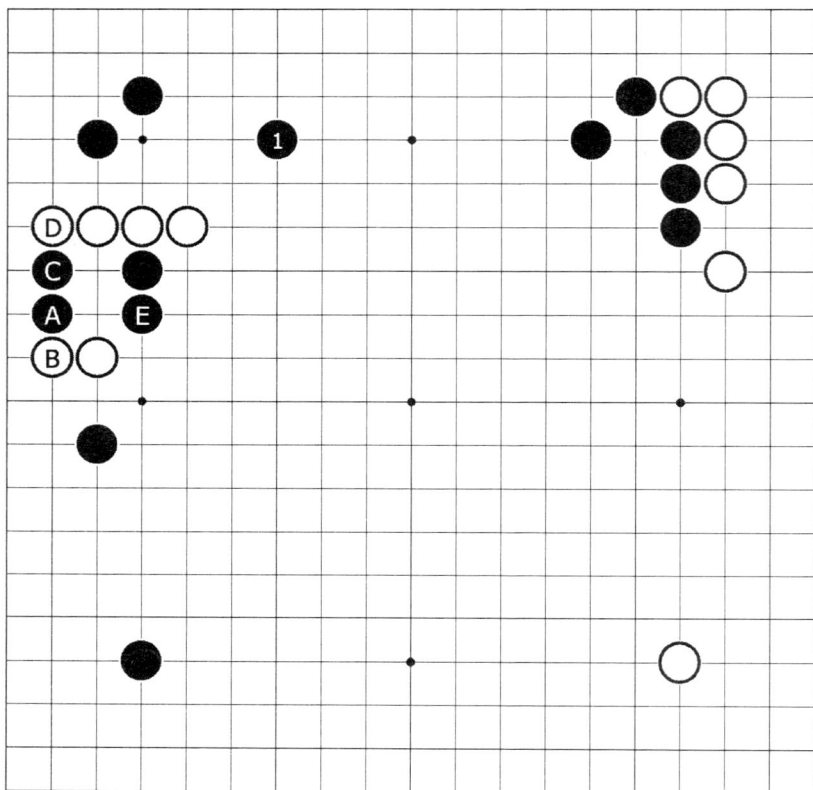

变化图2：如果白棋不跳，则黑在 A 位飞，若白 B 挡住，则黑 C 双，白 D 再挡，黑 E 双。如果白棋吃不掉这 4 个黑子的话，则呈崩溃之势。

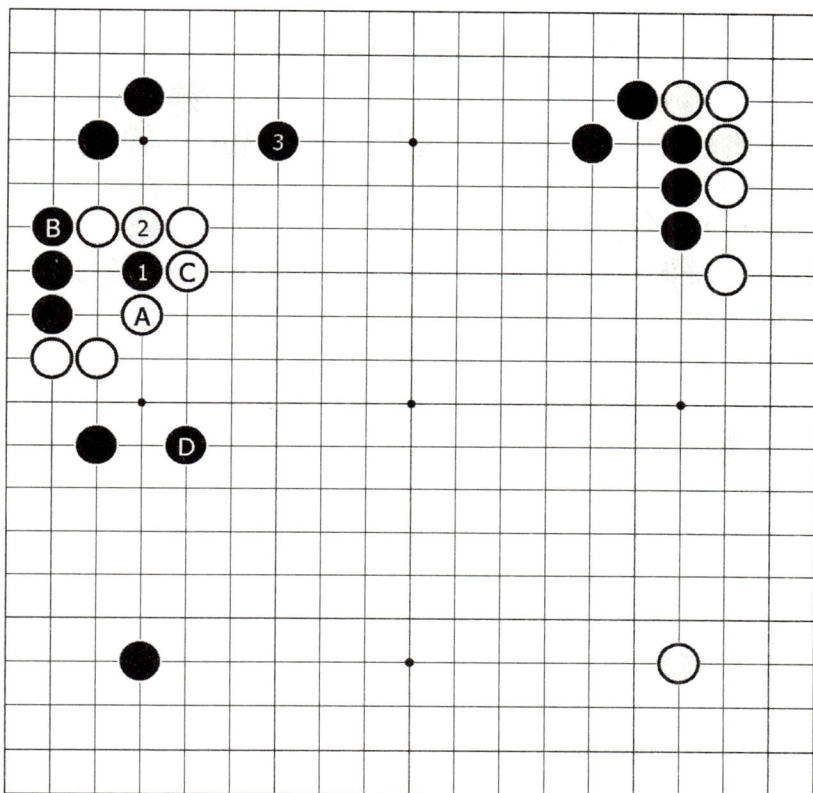

变化图3：白A如果尖住，则黑B爬回。白C打吃后，黑D跳起。白棋左边看似子力众多，但其实是一块孤棋，白棋不能满意。所以变化图1中，白4跳是必然的一手。

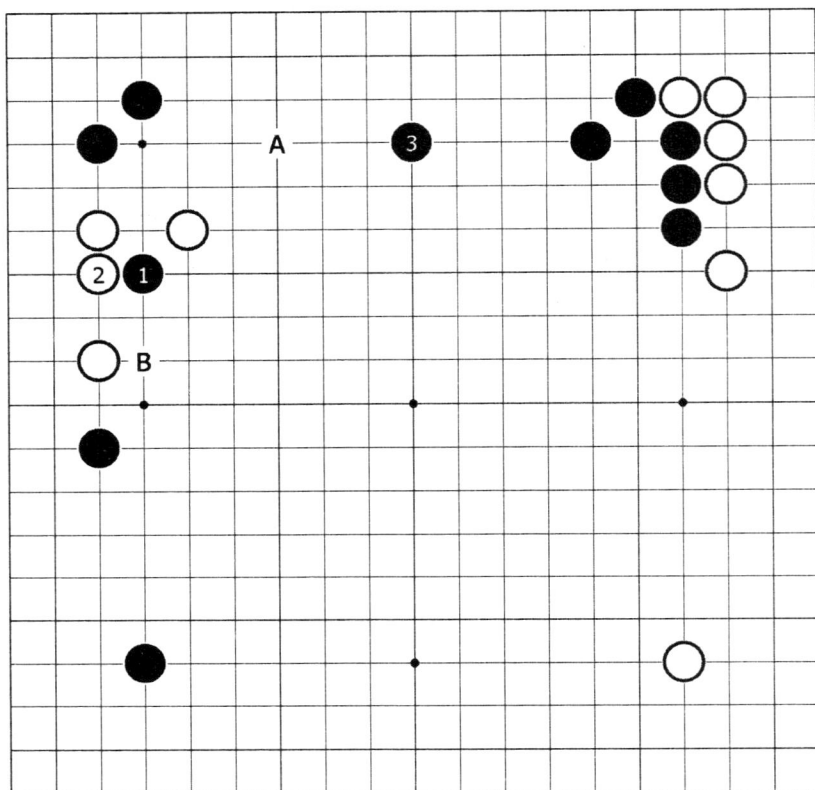

变化图 4：当黑 1 点时，白 2 爬回也是一种选择。实战黑 3 拆是带有挑逗性质的一手。这手棋在 A 位飞起是正常下法，以后留有在 B 位压迫白棋的手段。

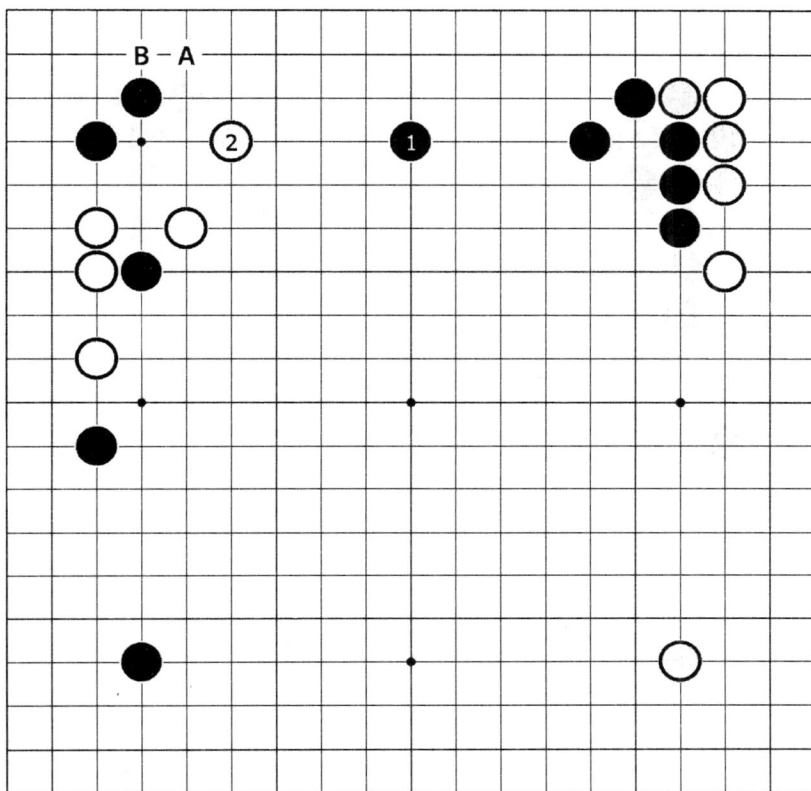

变化图 5：实战黑 1 飞是有问题的一手。此时白 2 飞下只此一手，以后白 A 位飞与黑 B 位挡后，在左边隐隐形成厚势，大大降低了黑棋右上这块棋的效率，黑棋不能满意。

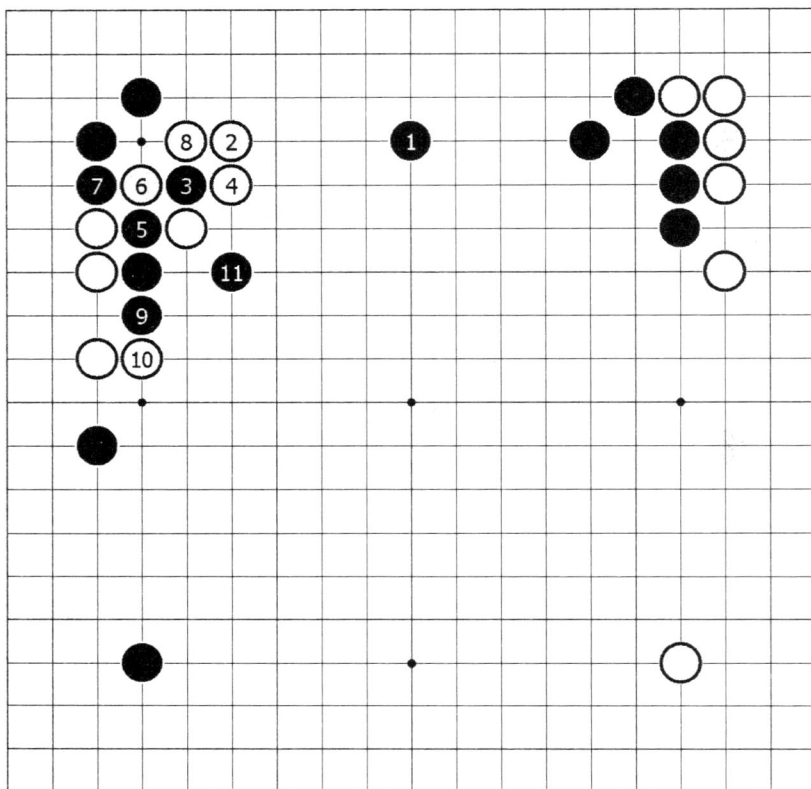

变化图 6：白 2 飞时，黑 3 碰是此局面下黑方准备的特定手段。黑 7 打吃时，若白 8 提掉一子，黑 9 长，白 10 贴起，黑 11 跳后，白棋被分断，形成苦战的局面，不能满意。

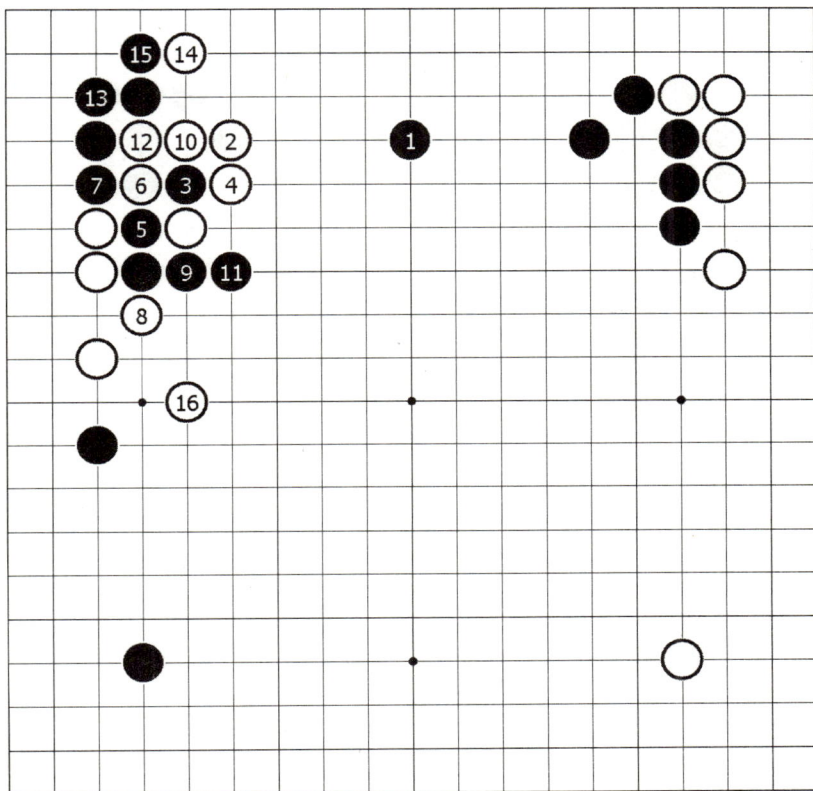

变化图7：黑7打吃，白8反打是正常下法，黑9拐打必然。白10提掉一子后，黑11长出，此时，白12团是很大的一手，不可省略，以下至黑15挡，是白棋不错的局面。

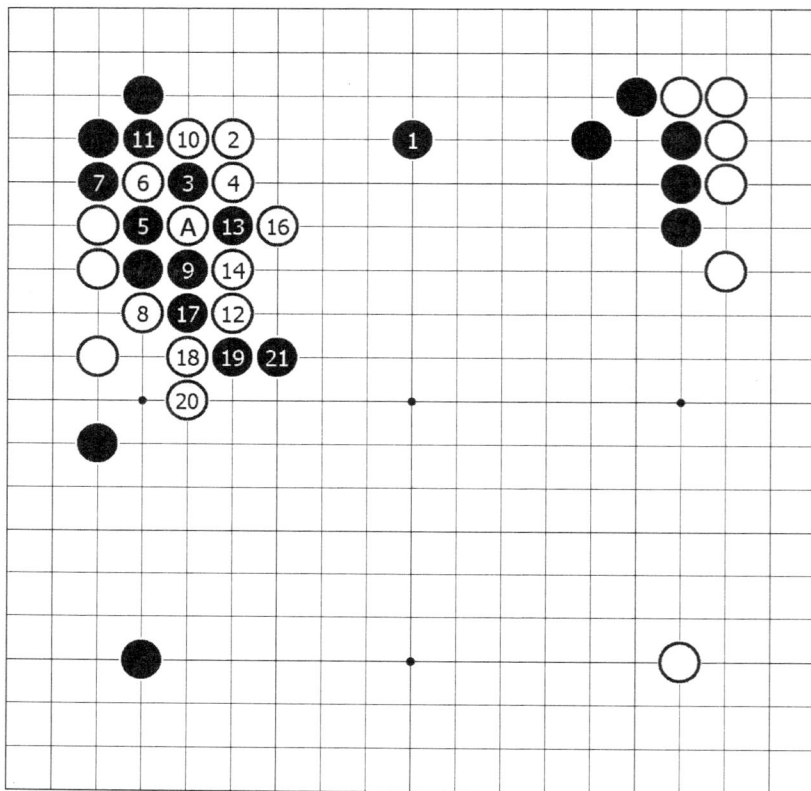

15 E15

变化图 8：白 10 提时，若黑 11 打吃，白 12 单枷一手可以通过弃子战术来打破黑棋的意图。以下至黑 21 长，由于白棋有 A 位提的先手，因此黑棋很难对白棋形成有效的攻势。

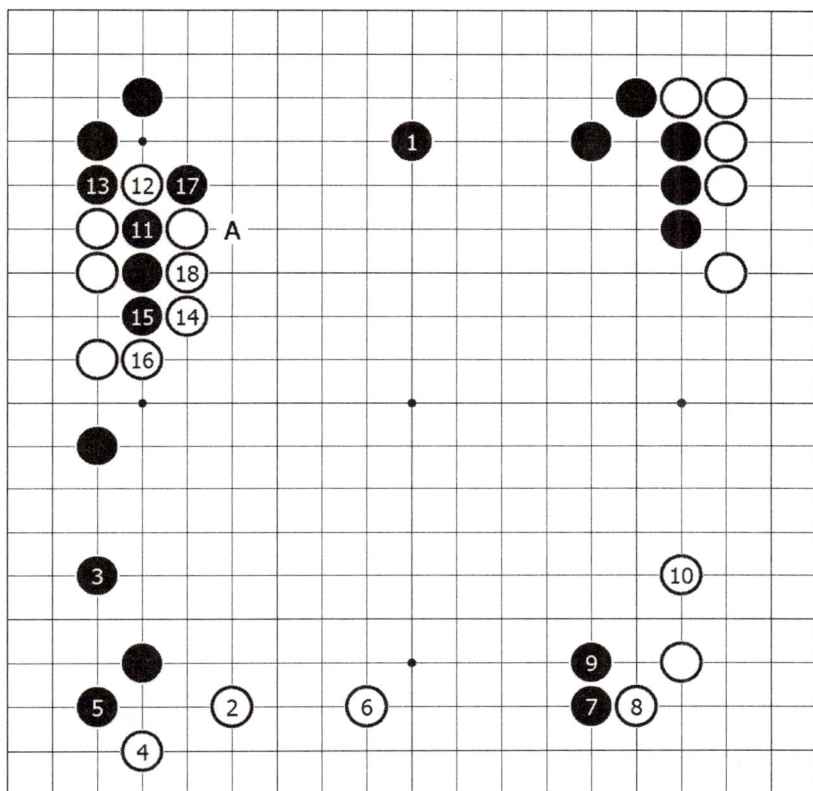

变化图9：当黑1拆时，白2在下方挂角。黑7挂角是有趣的构思，白8尖顶是必然的一手，白10跳后，黑11选择脱先在左上冲是出人意料的一手，这手棋的意图是最大限度的使上方的模样实地化，黑13断以后，白棋选择了在14位枷的折衷下法。以下至白18打吃，此局面下黑棋使上方最大限度的实地化，以后还留有在A位扳起围空的手段，因此黑棋得利。

小结：在一盘棋中，实地和外势是不断转化的，如何把这种转化导入对自己有利的局面，最终取得全局的胜利是一个需要大家不断学习和总结的过程。

9. 行棋的目的性

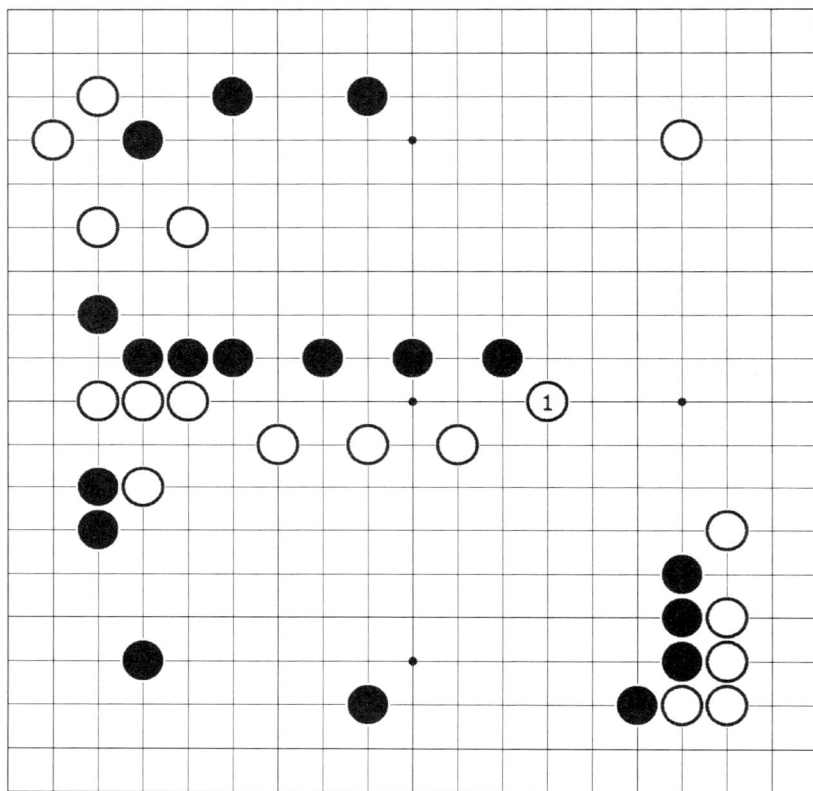

基本图：取材于两位业余高手的对局。实战至白1飞，明显是白棋有利的局面。下面我们就来剖析一下双方的着法有哪些问题。

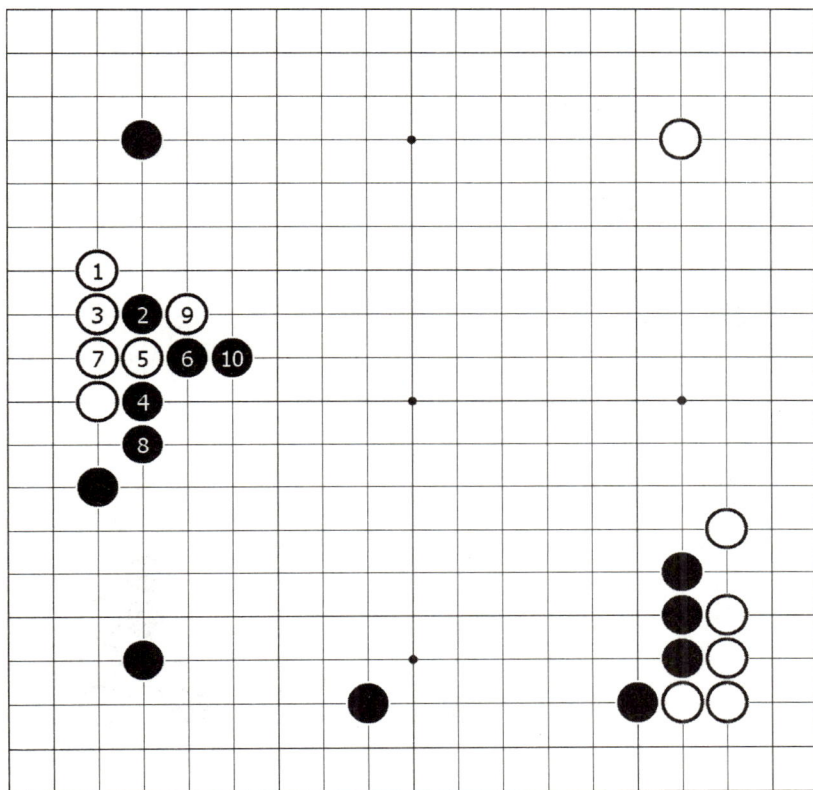

　　变化图 1：若白 1 拆二，黑 2、4 点、压的下法是为了照顾下方阵式，以下至黑 10 长，双方优劣一目了然。

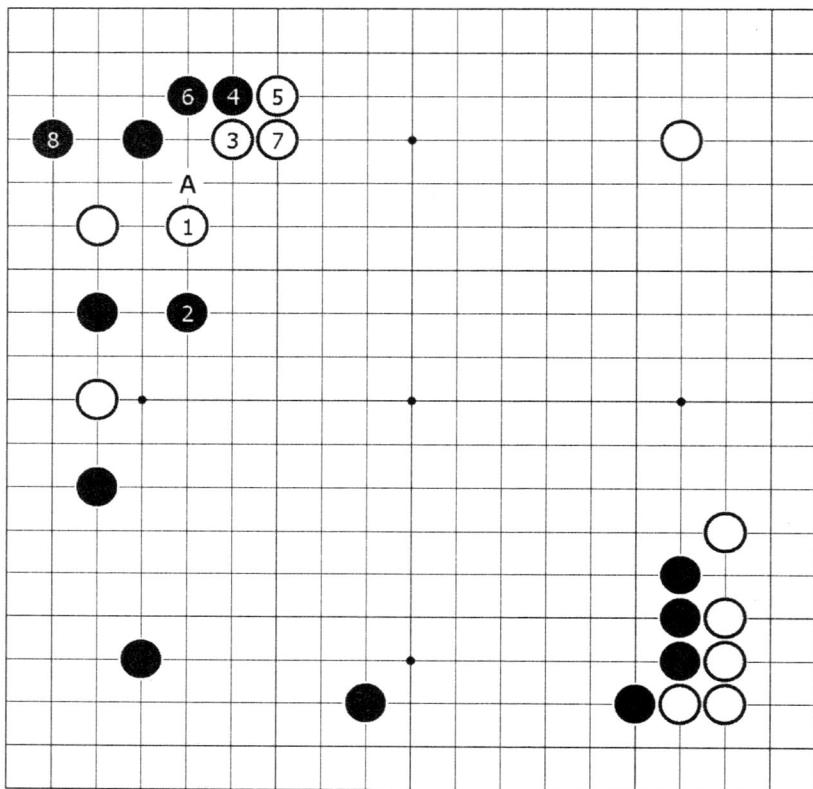

变化图 2：当白 1 跳时，黑 2 弃角于不顾，看似违背常理，但此时却是照顾大局的场合下法。以下至黑 8 跳守角，黑棋全局配置不错，以后还留有 A 位尖断白棋的下法，黑棋可以满意。

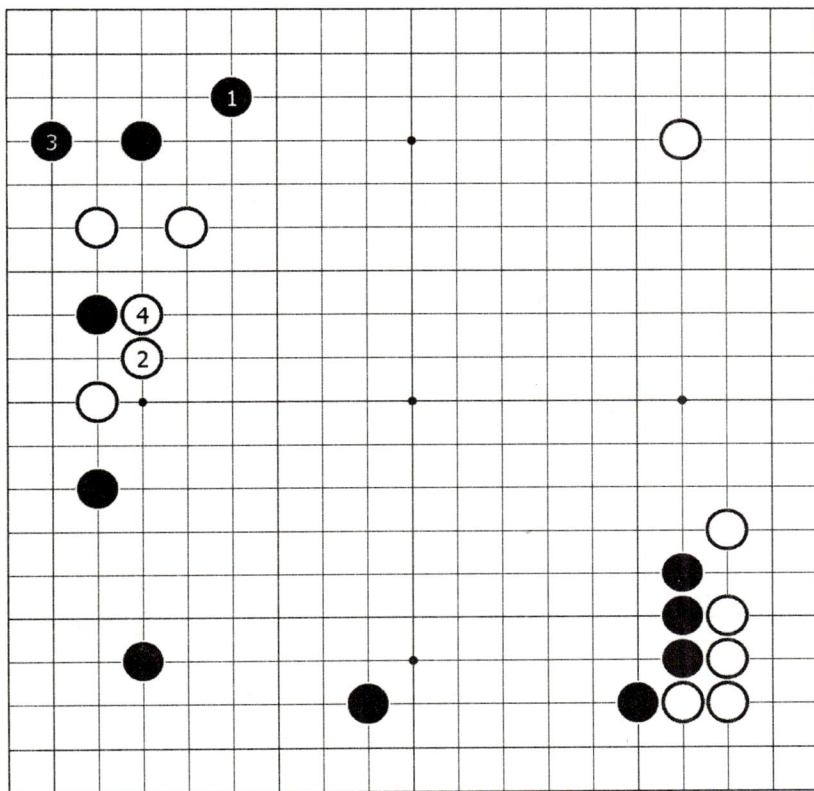

变化图3：当黑1小飞守角时，白2可以考虑小尖，若黑3跳守角，白4就牢牢吃住一子。在这样的局面下，白棋的厚势可以大大限制黑棋下方模样的形成。

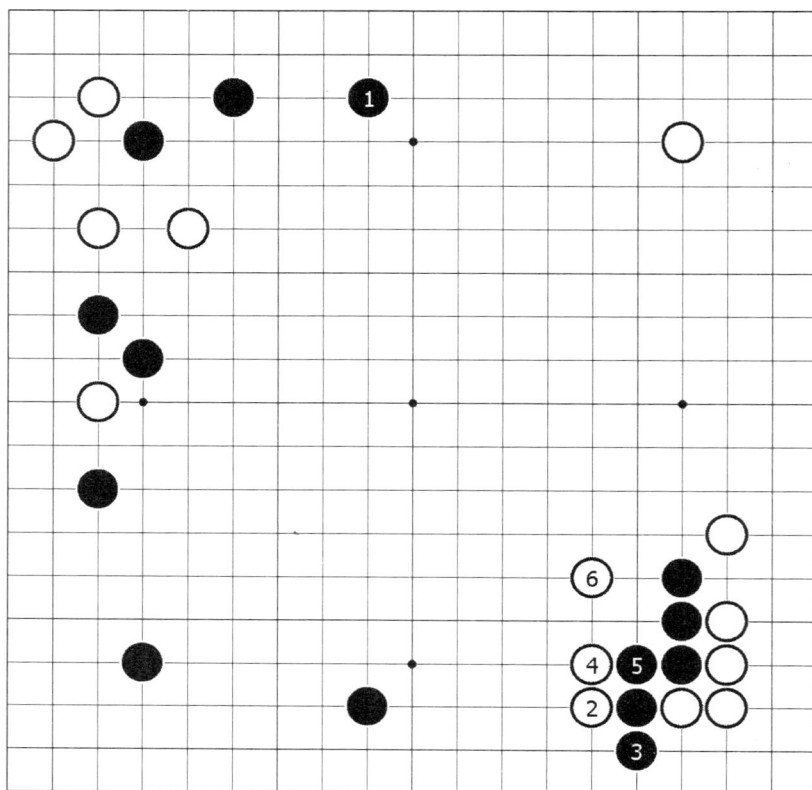

变化图4：当黑1拆时，白2改在右下夹也是一种不错的下法。以下至白6跳，白棋可战。

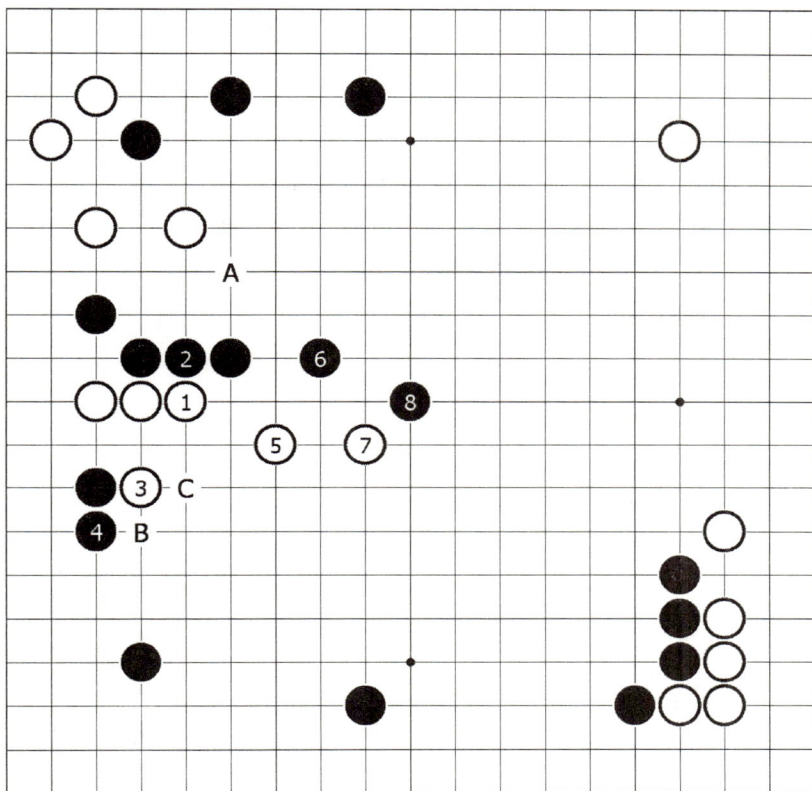

变化图 5：当白 1 长时，黑 2 接虽然坚实，但在 A 位跳显然更好，可以起到一子两用的效果。白 3 压时，黑 4 退是明显缓手，应该在 B 位扳住。如果白棋在 4 位断，黑棋可以顺势弃掉一子，走厚外面。如果白棋在 C 位退的话，黑棋可在 4 位接，这样的话黑棋棋形更加厚实，借用更少。当白 7 跳时，黑 8 飞，占据天元的制高点是必然的一手，这样是黑棋可战的局面。这盘棋黑棋行棋的效率和目的性不强，导致了全局落后。

小结：对于广大棋友来说，在对局中明确行棋的目的性，保持思路的连贯性是取胜的关键所在。

10. 形势判断的重要性

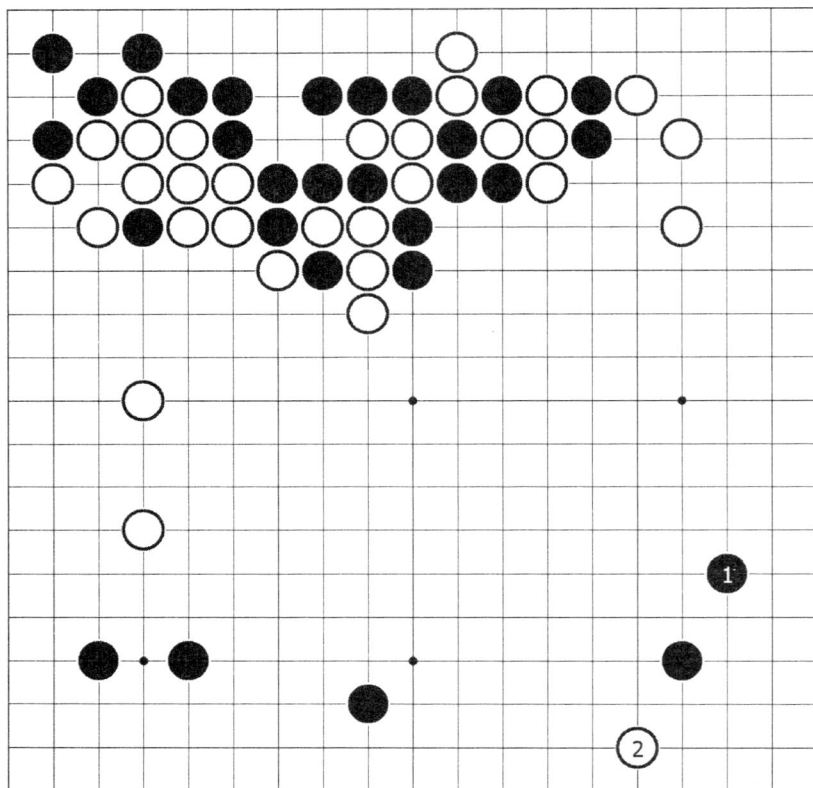

　　基本图：取材于两位年轻棋手在全国比赛中的一盘棋。此时局面的焦点是白棋如何防止黑棋在围空的同时压缩自身实空，把握住全局的优势。实战黑1小飞守角时，白2二路侵分是明显的问题手。那么白棋此时争取的下法是什么呢?

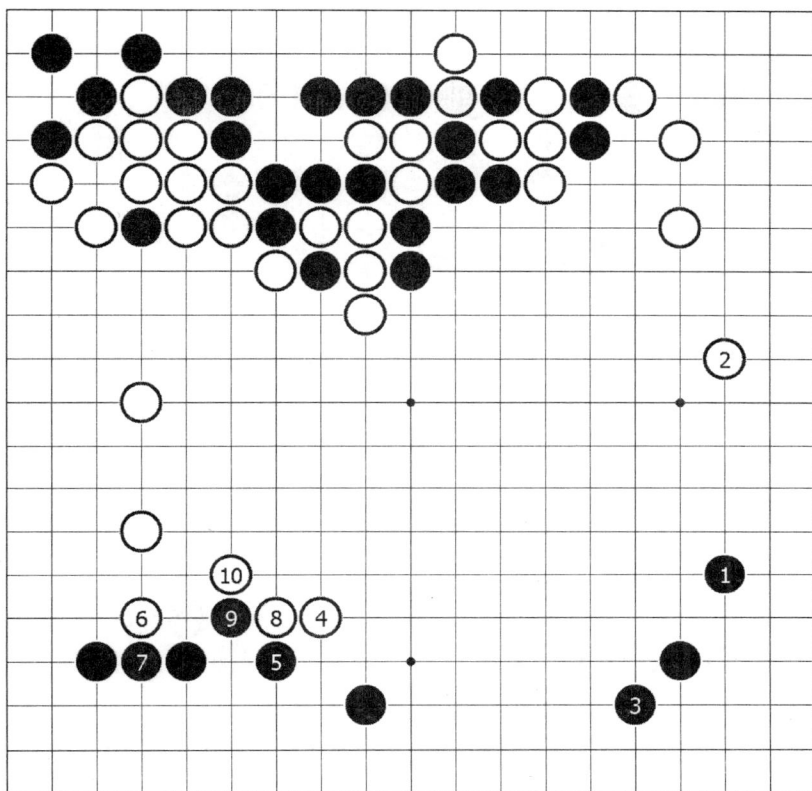

变化图 1：黑 1 小飞守角时，白 2 大飞是正确的下法。黑 3 小尖守角以后，由于黑棋在中腹一带有种种先手利用，因此白 4 吊、白 6 刺看似损空，但其实是重视全局的好手，以下至白 10 扳住，将是白棋大优的局面。

变化图 2：实战黑 1 小飞时，白 2 二路侵分黑角。黑 3 靠下后，白 4 挖，以下至白 18 是双方正常的应对。黑棋争得先手再 19 位逼住后，局势已经开始步入逆转的轨道。白 22 打入是意识到局势不利后下出的胜负手。以下至白 30 飞，白棋看似轻松获得了下边的实空，但使黑棋走厚了中腹，此前白棋的优势已经不太明显。黑 31 断是有问题的一步棋，此时应该依托厚势在 A 位吊。

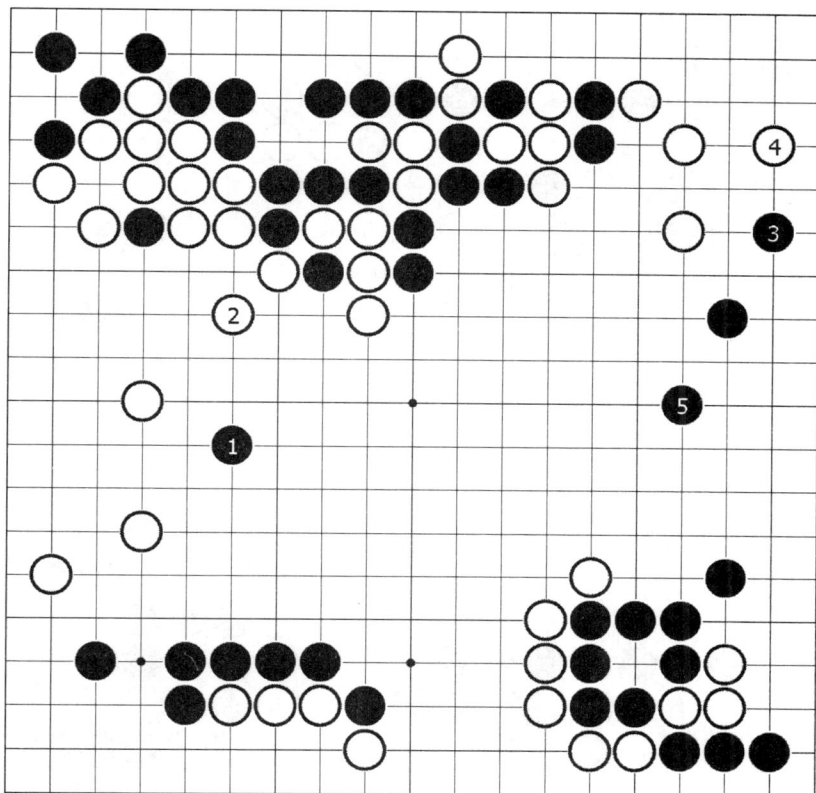

变化图 3：黑 1 吊，白 2 虎住，以下至黑 5 飞回。黑棋在压缩白棋的同时，自己还获得了不少实地，此时的局面已经非常接近。

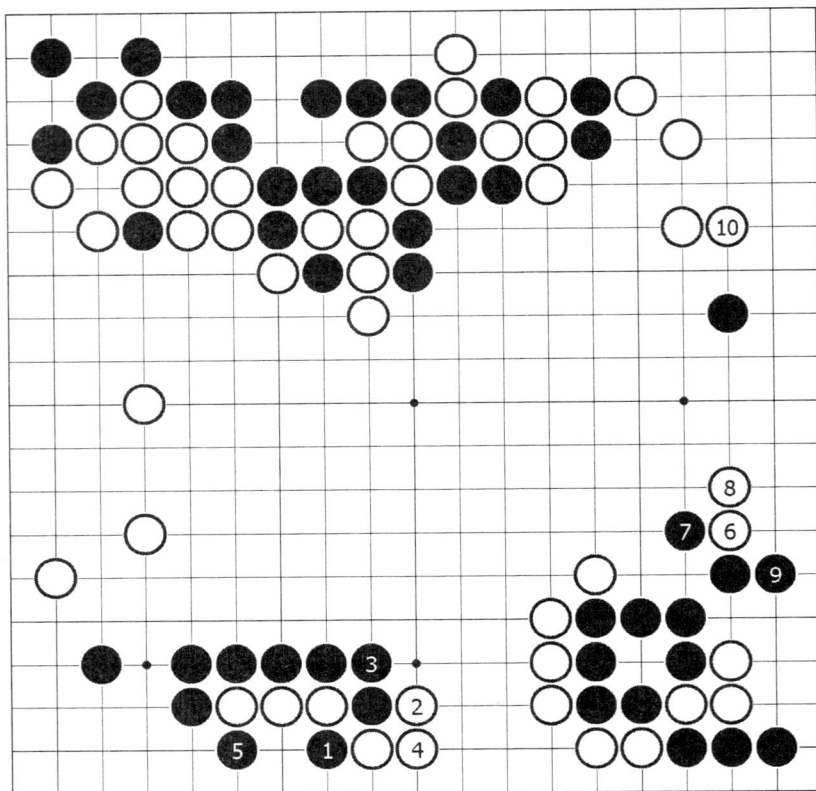

变化图 4：实战黑 1 断，白 4 接住后，黑 5 吃住三子是缓手，此时在中腹或者右上角动手都比这手棋的价值大得多。白 6 碰是手筋。黑 9 立下后，白 10 立机敏，不过此局面下白棋有更细腻的下法。

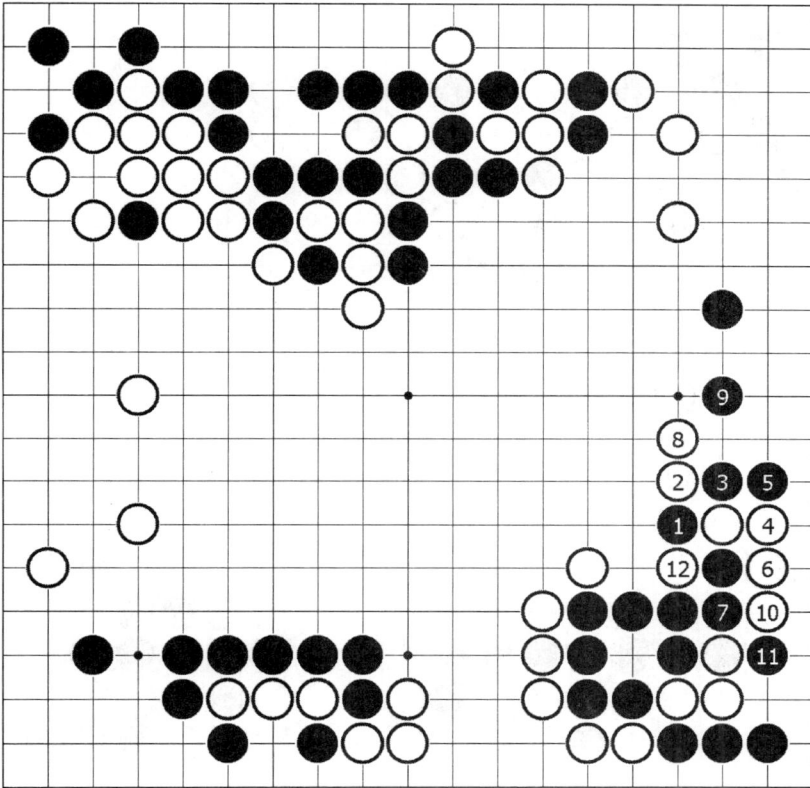

变化图 5：黑 1 虎时，白 2 扳是细腻的下法。如果黑 3 断，则白 4 立，以下至白 12 扑，白棋留有打劫的手段，黑棋不能接受。

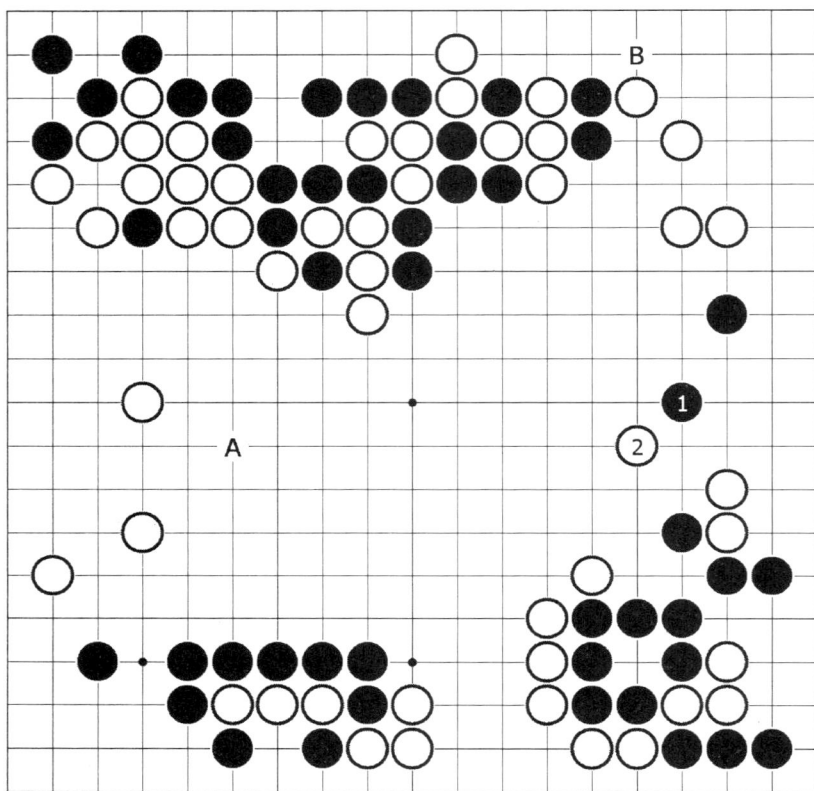

变化图6：实战黑1飞，企图攻击白棋右边两子。白2从容地飞出，黑棋一无所获。此时黑棋还是应该在A位一带先动手，也可考虑在B位扳试应手。

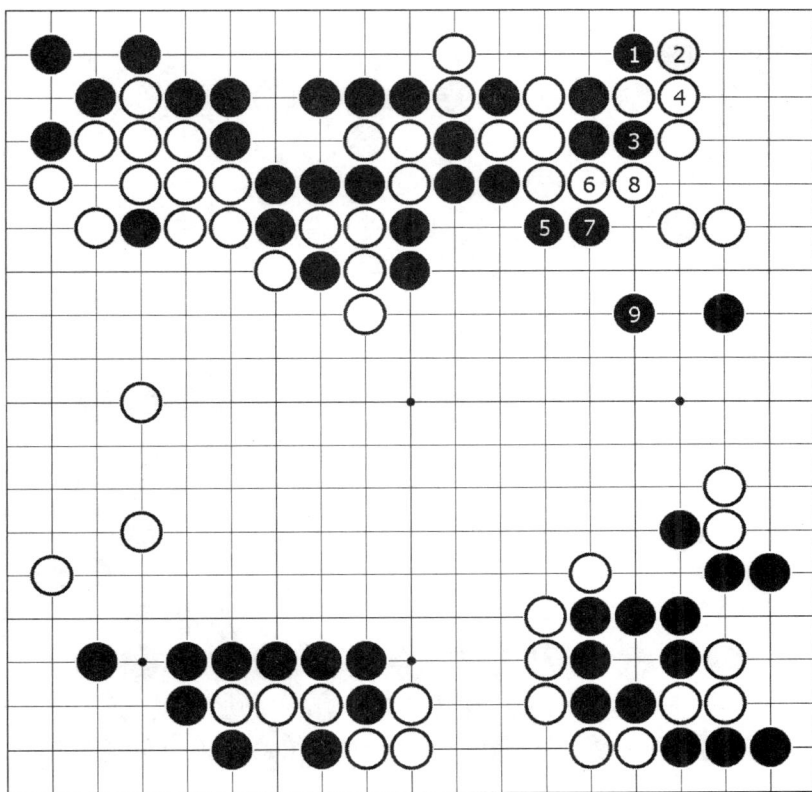

变化图 7：黑 1 扳，白 2 只有挡住。在此局部，黑棋充分利用死子的余味，以下至黑 9 飞，不仅自身无后顾之忧，而且对白棋右边两子带来不小的压力。这样下的话，黑棋将会彻底扭转序盘带来的不利形势。

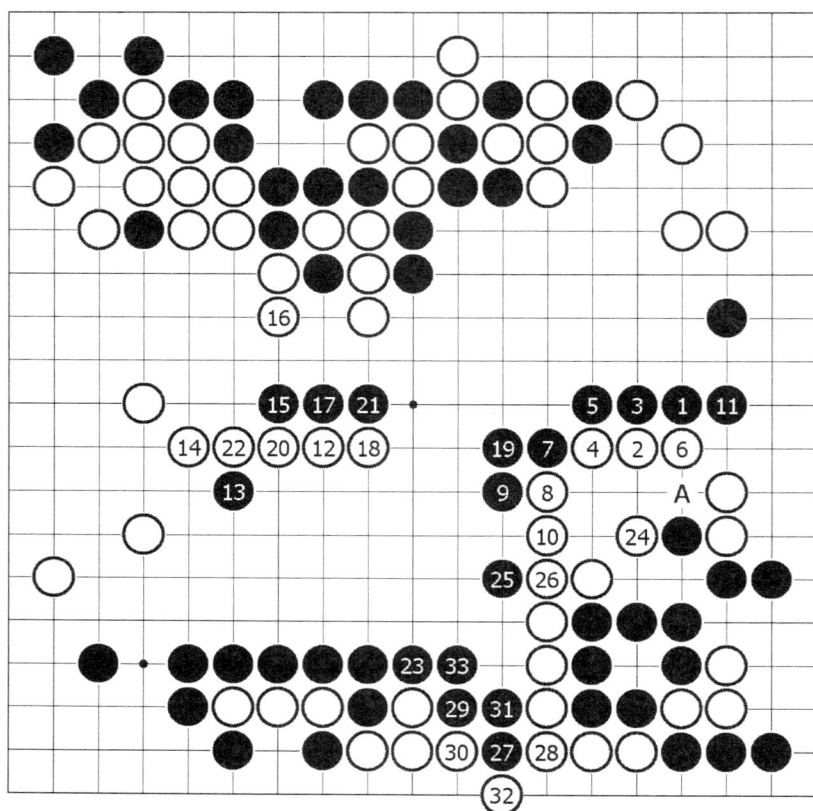

变化图 8：白 2 飞出后，由于黑棋不能冲断，因此黑 3 只好贴出。白 4 和白 6 是问题手。白 4 应该在 A 位拐，与 24 位长交换后，再于 4 位贴，以下至黑 11 立，局部战斗告一段落。白 12 围一手，选点有问题，应该在 15 位围，或者在 19 位打吃后大围。实战至黑 23 位贴，局势已经非常细微，白 24 应该在 33 位扳住，这样还是胜负难料。实战白 24 失去了最后的机会，被黑 27 机敏的点之后，至黑 33 接，黑棋明显取得成功，并最终赢下了这盘棋。

小结：通过这盘棋可以让大家了解形势判断的重要性，具体的着法、手段要与全局的形势紧密地结合起来才能取得最终的胜利。

11. 一间高挂的变化剖析

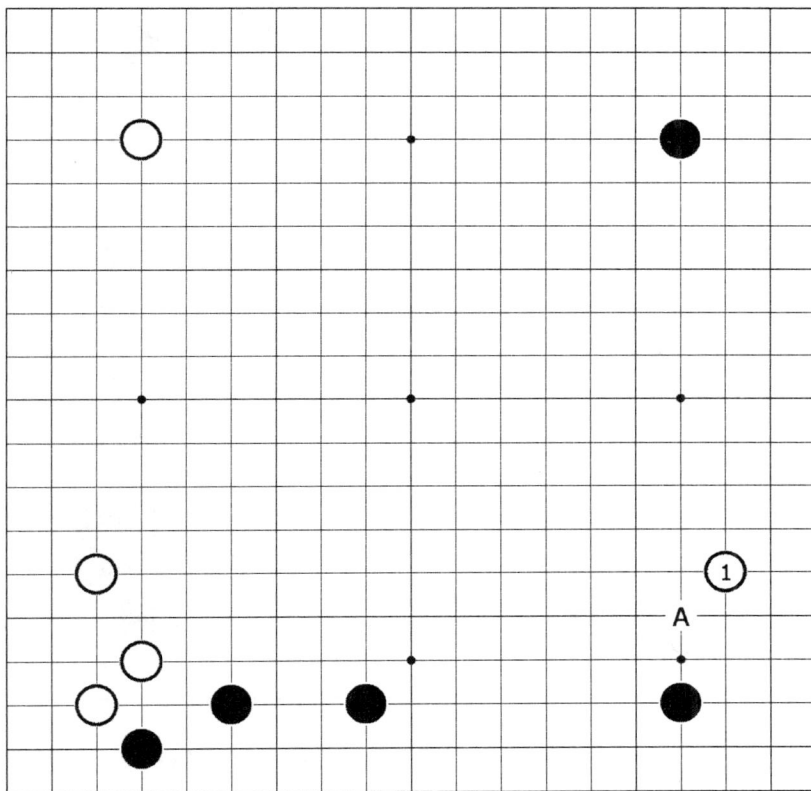

基本图：我们下棋通常来说不是以围空为目的，下到一定程度对棋的理解和认识就会不断拓展和深入。在这样的局面下，现在流行的全是白1大飞挂。原来很早的时候都是在 A 位高挂。业余棋手很喜欢高挂。但是在这种局面下，很容易落入黑棋的陷阱。

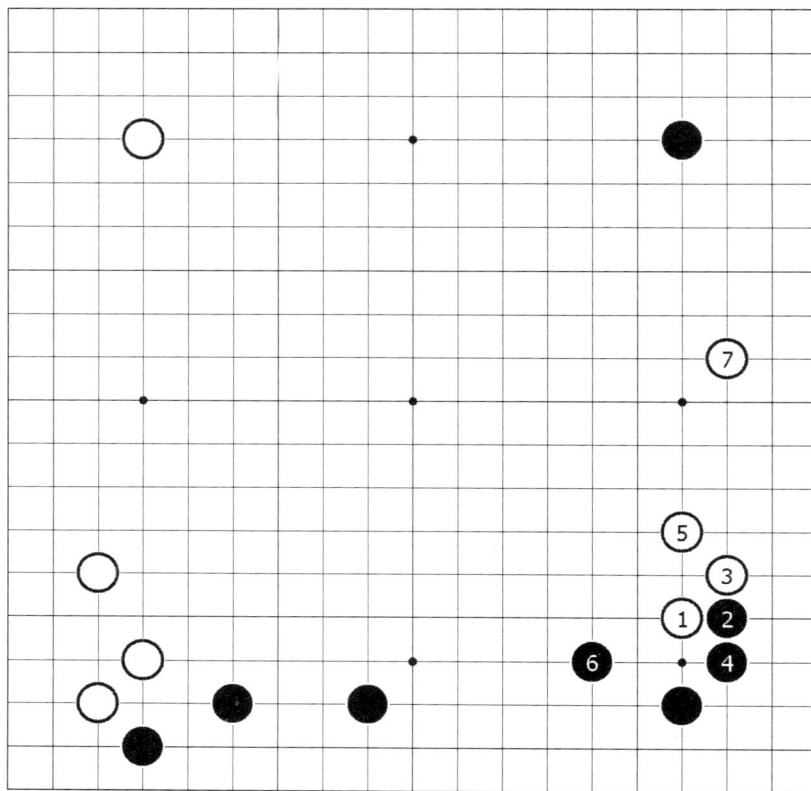

变化图1：以前高挂比较常见。高挂托退以后，黑棋得地，白棋速度快。但是这个理解有一定的偏差。

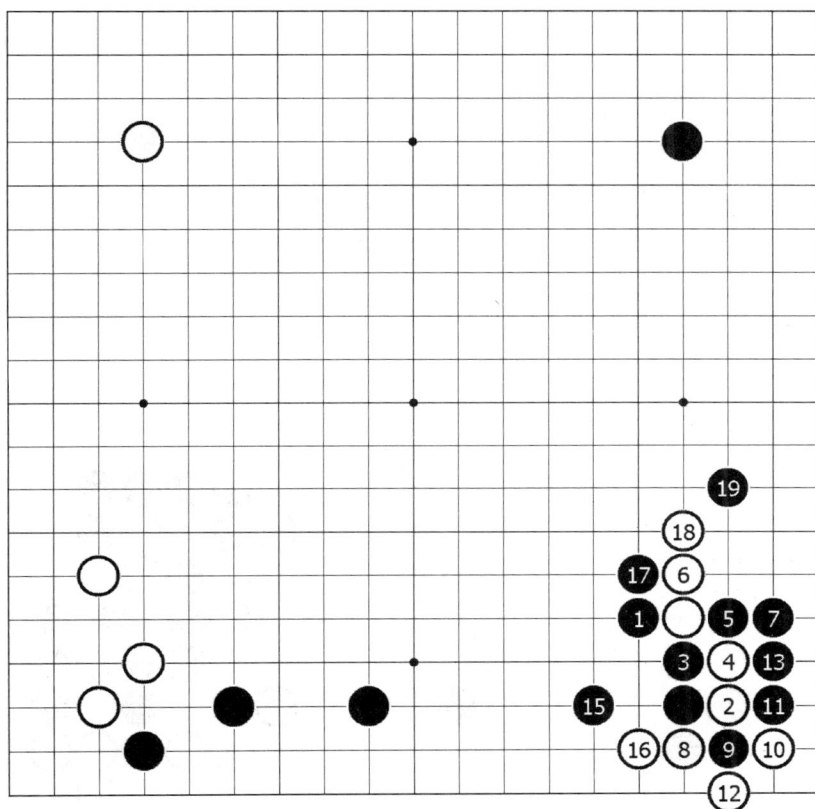

⑭ R2

变化图 2：黑 1 靠，有一定棋力的棋友一般会选择白 2 托，以下大致会形成这样一种变化，作者也在实战中运用这个变化取得过胜利。至白 16 是一种定式，但是接下来的变化完全出乎意料。

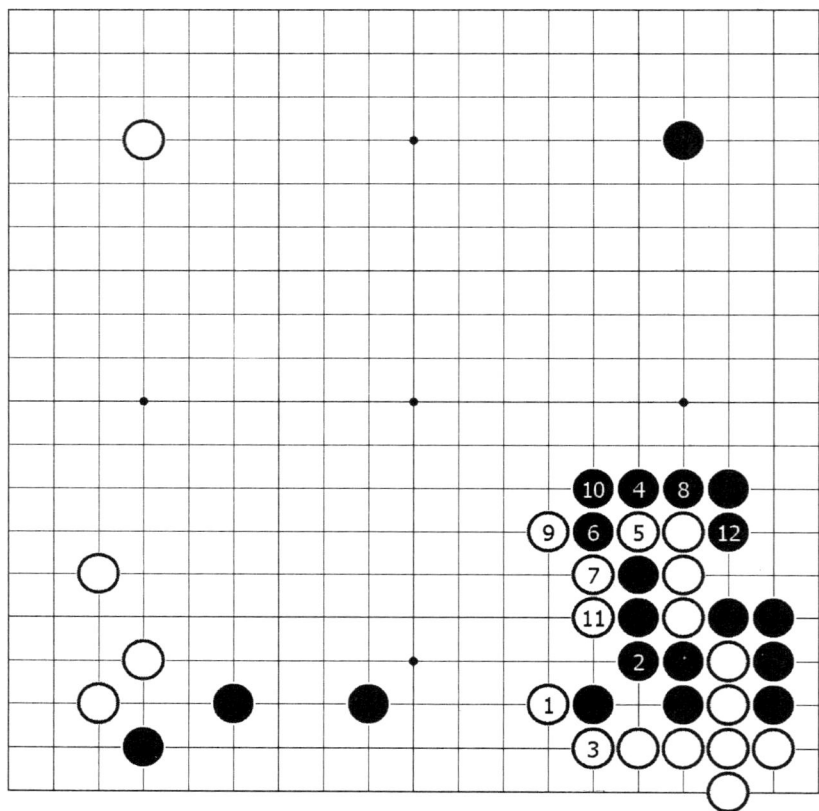

续变化图 2：白 1 靠是局部的手筋。黑 4 枷，手筋。至黑 12，形成一个意想不到的图形。现在的局面是白棋争先手，黑棋吃掉 4 个子，取得外势。定式书上说，这个局部两分。但从局部来说，左下黑棋的拆二正好限制住白棋的发展。明显白棋不利。

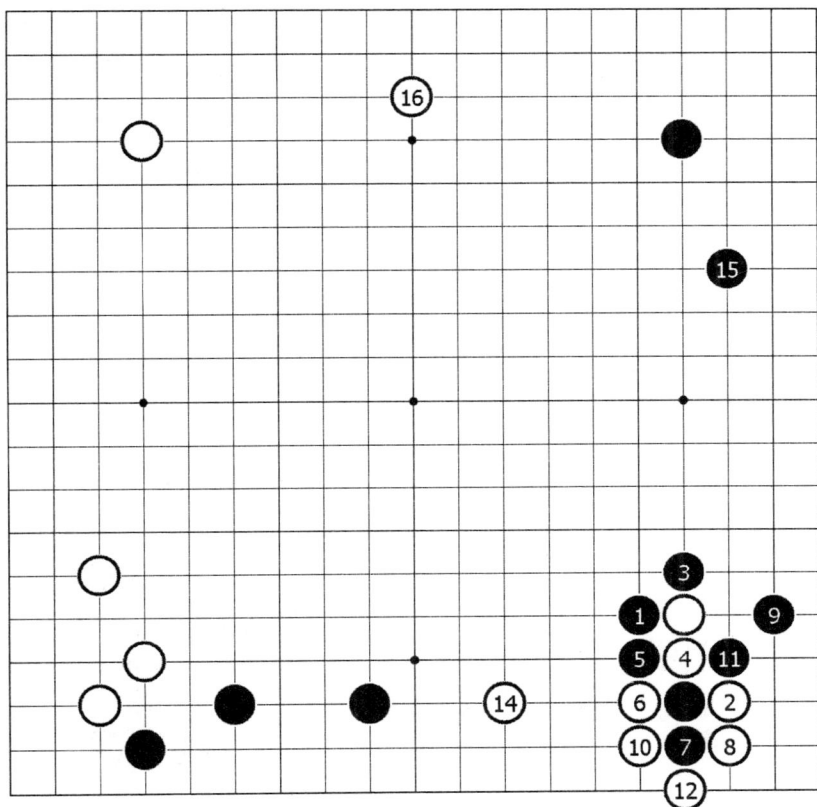

⚫13 Q3

变化图 3：黑 1 靠时，白 2 之所以托是认为以下几种变化都对白棋有利。黑 3 扳，至白 14 是双方对等的一个局面，以下黑 15，白 16 互占大场是双方正常的进行。但由于黑棋大贴目的缘故，此种局面无疑是白棋满意。

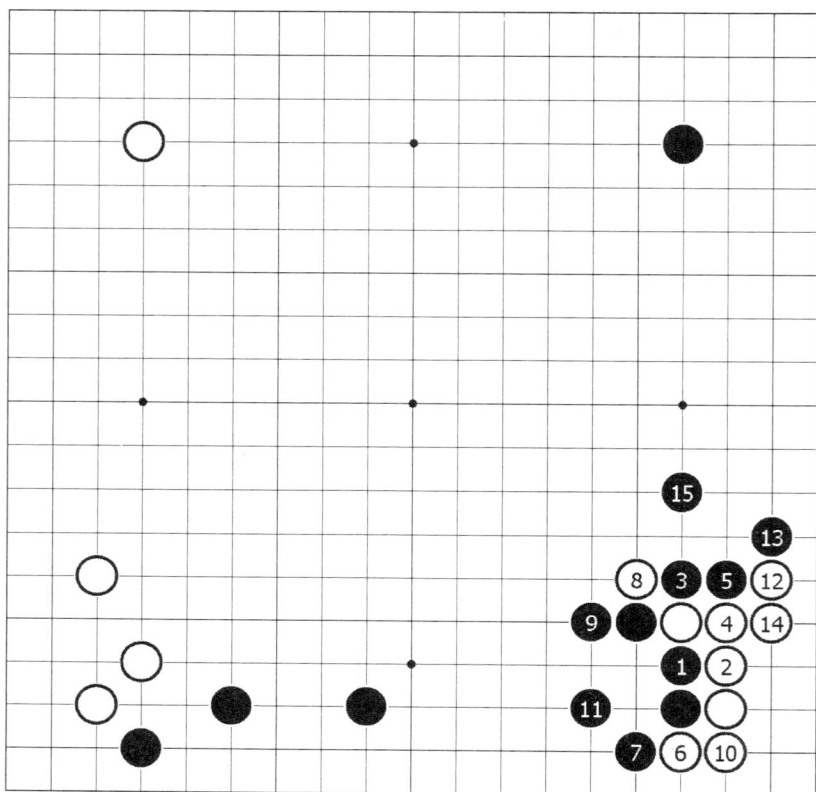

变化图4：必须把局部的所有变化算清楚，这是一个职业棋手必须具备的条件。黑1顶，白2挡后，黑3打吃是另外一种下法。以下至黑15是双方正常的应对，这样就形成一种白得实地、黑取外势的局面。但是从棋的发展来说，棋下在外面更有发展的潜力。就这个局面来说，黑棋全局的配合比较生动，形成了一个势力范围圈，效率倍增。这样发展下去是白棋所不能接受的。

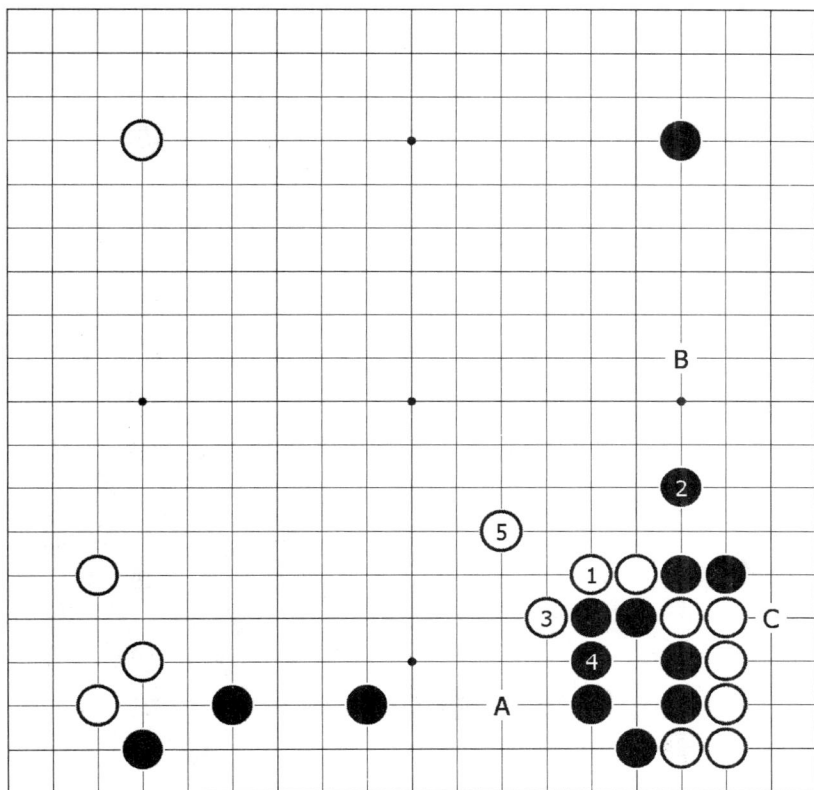

变化图 5：白 1 贴是白棋求变的下法。黑棋如果担心受攻，黑 2 可以平易地跳一手，白 3 扳，黑 4 接。当白 5 飞的时候，就出现了两个见合的好点，A 点飞下，让黑棋的效率变低，B 点夹击，让右边 3 颗黑子受到牵制，不能使外势发挥作用。黑棋唯一可以满意的地方就是 C 位扳粘是先手。但是对于全局来说，局部的便宜无济于事。这个下法黑棋不能满意。

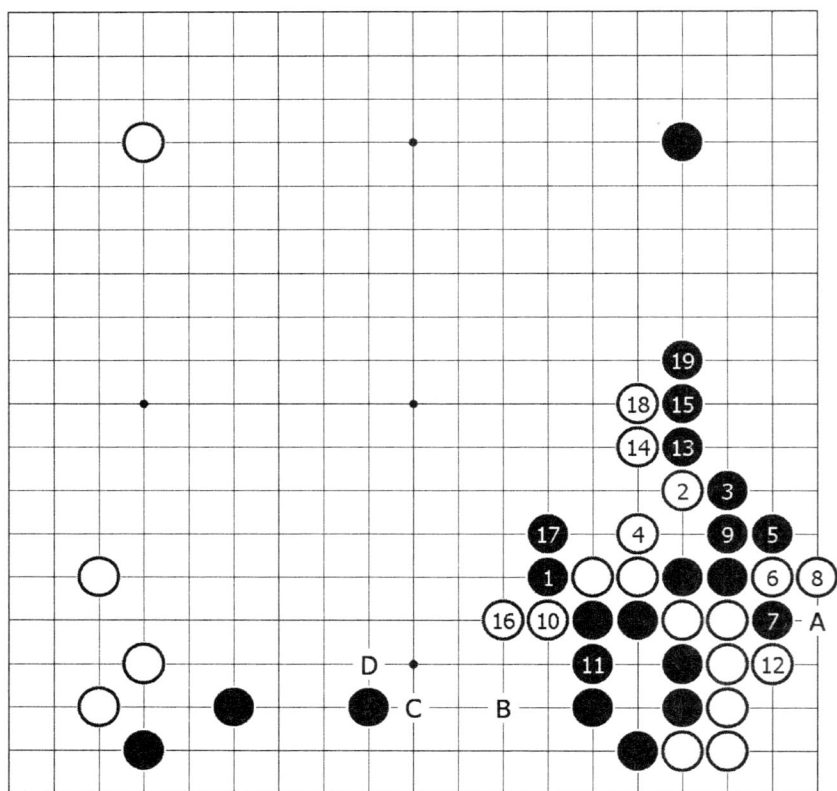

变化图6：黑1强行扳住，寻求变化。在黑棋征子不利的情况下，白2飞是局部的好手。黑9在A位打不成立，所以只有粘住。白10断，试应手。至白16长，很多人都认为这种局面是黑棋作战有利，理由是黑17长以后，白棋两块孤棋呈受攻之势，其实不然，白18压，黑19退，白棋再压还是先手。此时，白棋在B位跳，C位或者D位碰，都可以轻松腾挪。所以，在这种局面下，白棋作战是无忧的，这一变化黑棋也不利。

以上白棋考虑的三种变化都对黑棋不利。

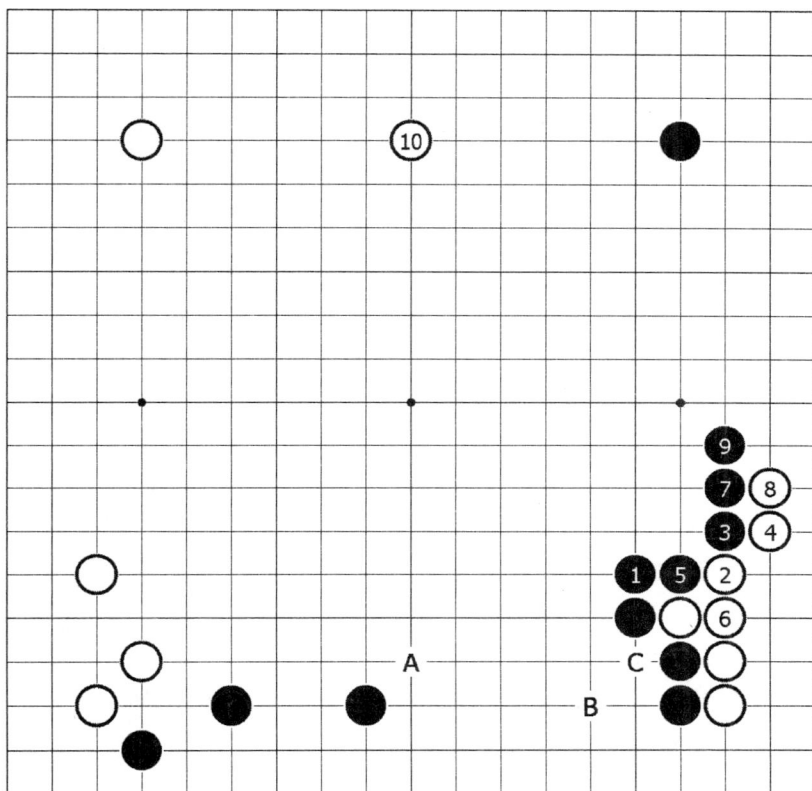

变化图 7：黑 1 长是另外一种变化，以下至黑 9 是定式下法，白 10 抢占上边大场以后，形成一种新的局面。在这种局面下，黑棋左下拆二的配置明显不好，给白棋留下了 A 位尖冲，B 位点和 C 位断的种种手段，所以说此时的局势依然是白棋有利。

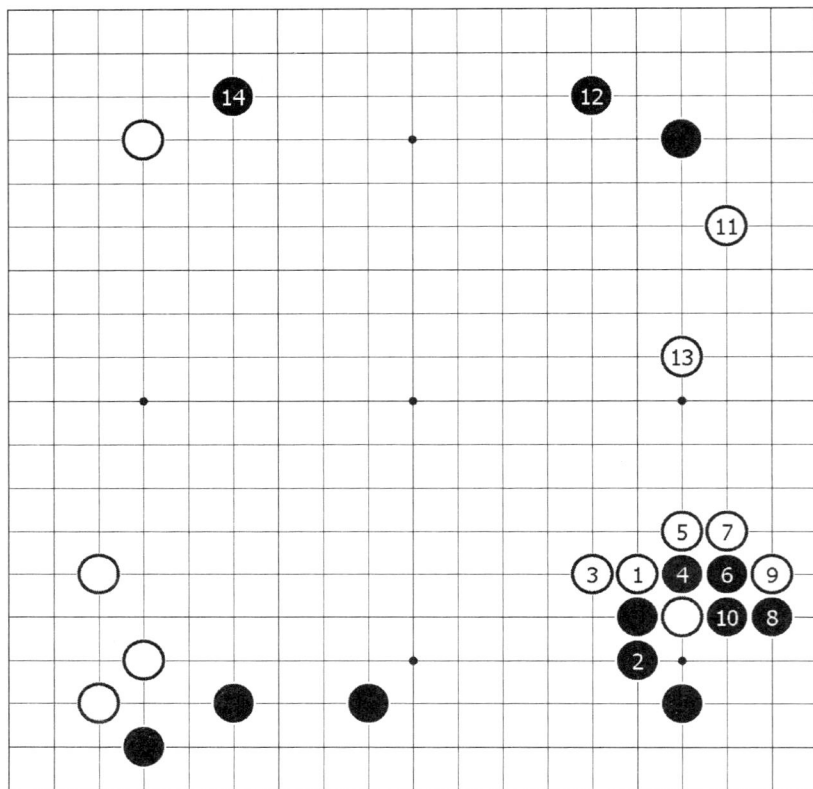

变化图 8：白 1 扳也是一种下法。黑 2 退后，如果白 3 长，黑 4 就断，继续贯彻自己捞实地的方针。以下至黑 14，黑棋右下的实地很饱满，速度也很快。

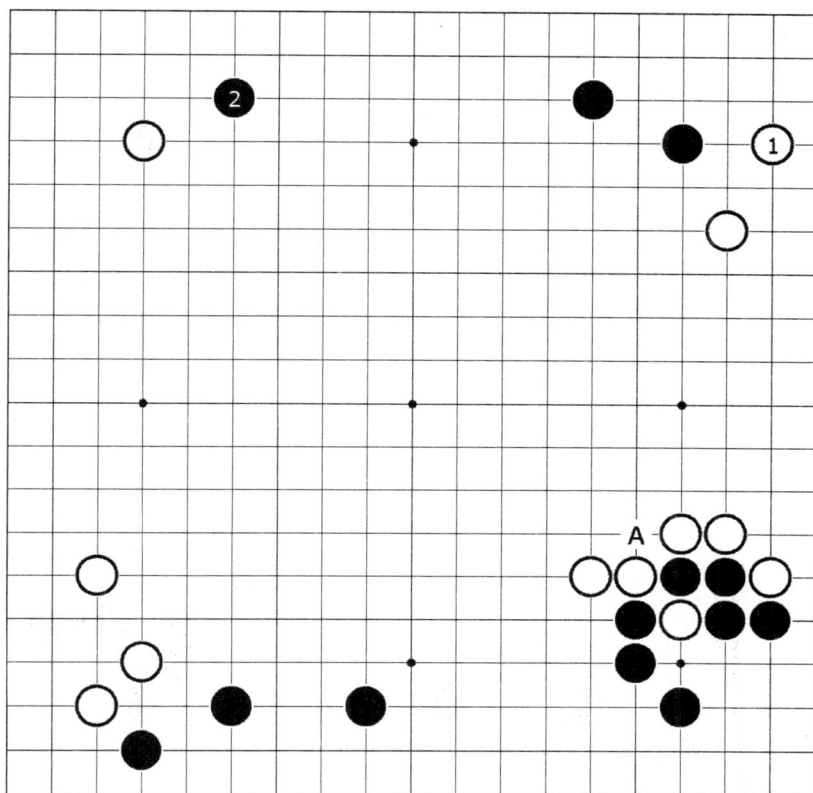

变化图 9：如果白 1 飞进角，黑 2 还是挂。在此时的局面下，A 位的断显得很严厉。

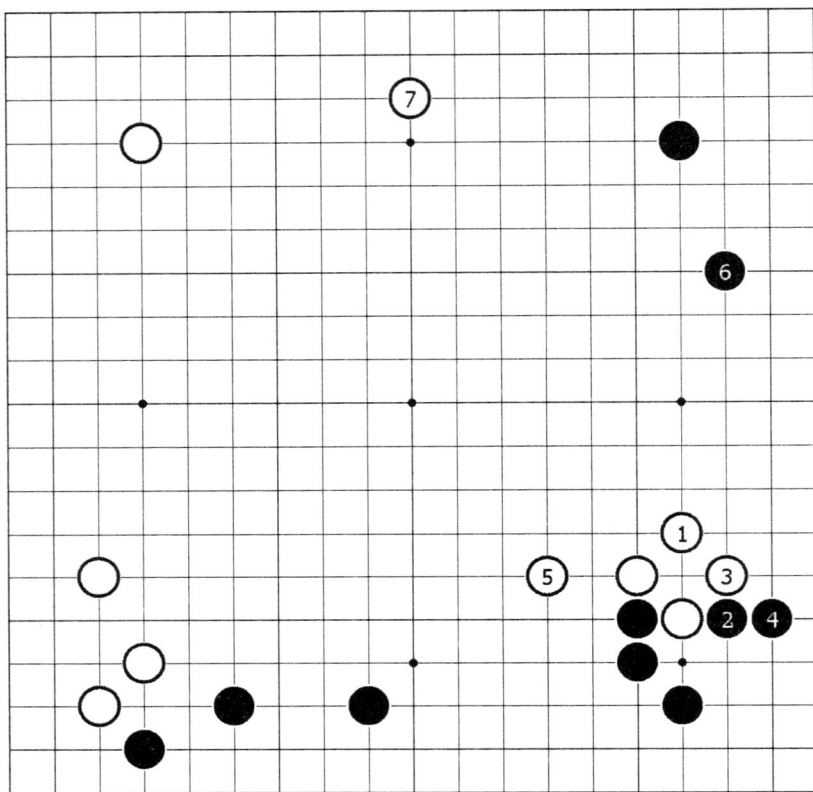

变化图10：如果白1虎，黑2托，至白7拆，是双方正常的下法，形成一种很平常的局面，很容易下成细棋。

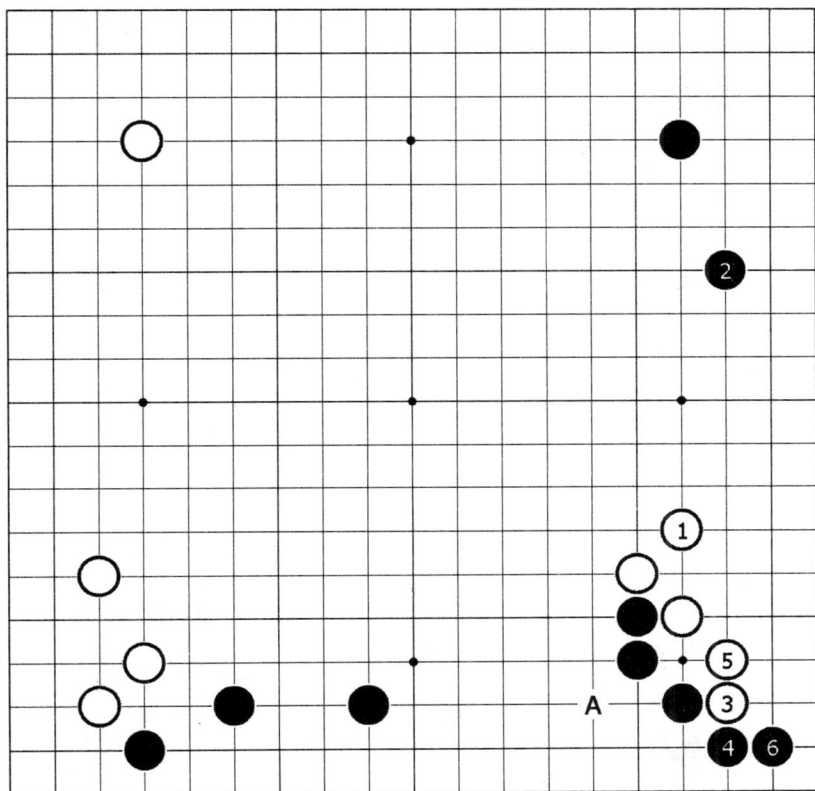

变化图 11：当白 1 虎时，黑 2 不托，单大飞，限制白棋发展，给白棋留下一个陷阱。如果大家都明白定式以后的下法，白 3 就会毫不犹豫地托。如果黑 4 扳，白 5 退，黑 6 长，那么这个下法白棋大便宜，因为右下留有 A 位点的余味。

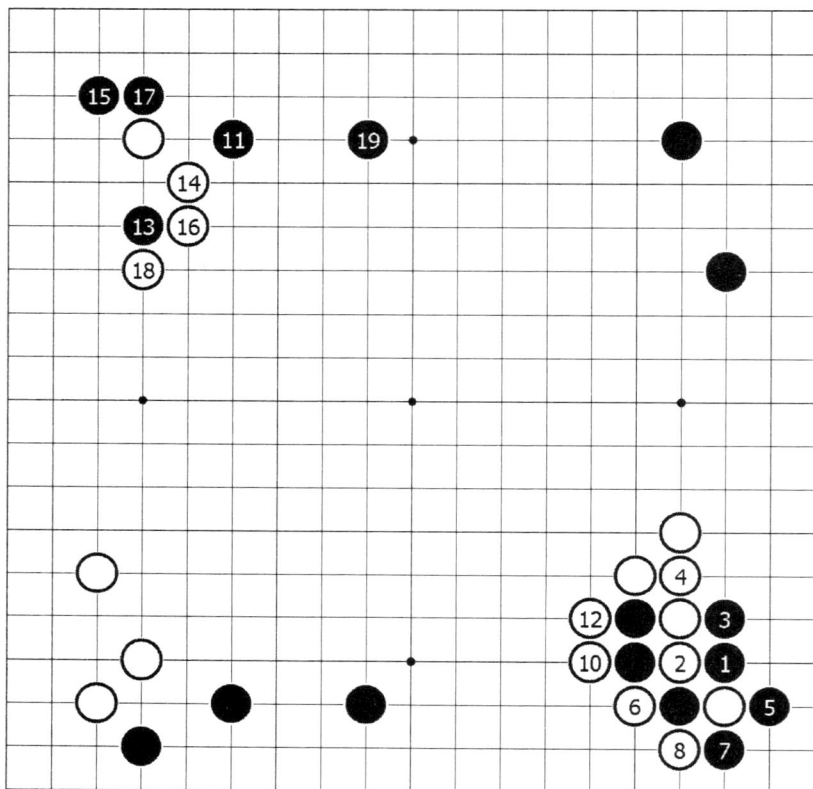

⑨ R3

变化图 12：由于上图黑棋不满意，当白托时，黑 1 扳，以下至白 10 征吃两子，看似很满意，但是黑 11 引征，白 12 只有提掉。黑 13 夹击，白 14 尖出，以下至黑 19 拆，出现一种意想不到的局面。白棋右下提掉两子虽然很厚，但是由于黑棋全局的子力配置非常合理，因此白棋厚势的发展受到限制。反观黑棋，不仅布局的速度快，而且全盘的目数也多，这是黑棋容易掌握的局面。

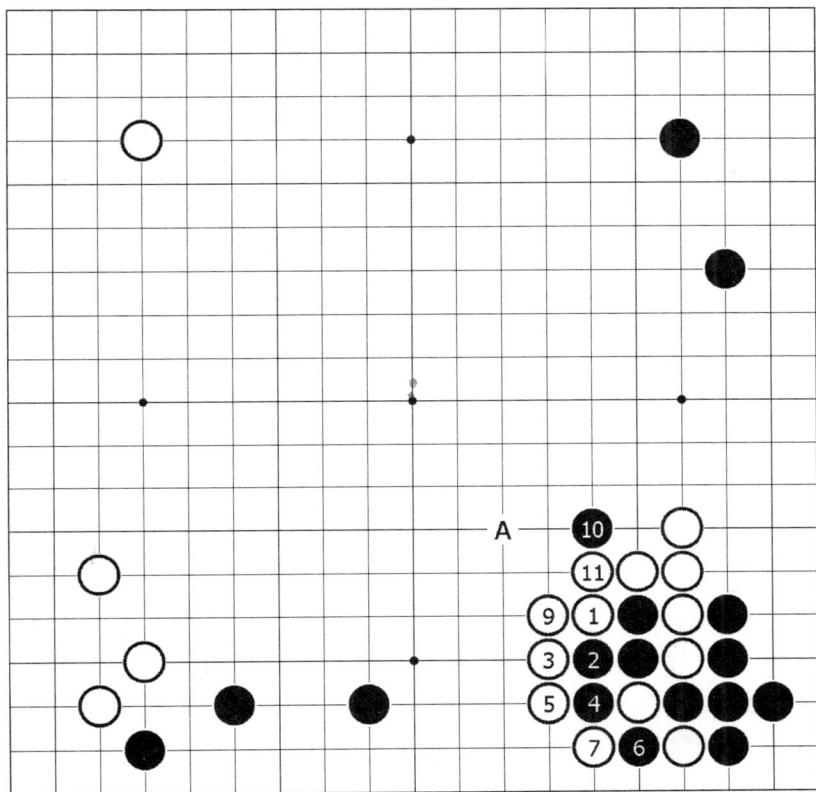

8 P3

变化图 13：白 1 打在这里是妥协的下法。以下至黑 10 点，白 11 接以后，白棋形成一道外势，但是这样的外势并不等同于厚势，将来甚至还有受到牵制的可能。以后黑棋在 A 位跳后，白棋还有成为孤棋的可能。因此，这样的结果白棋断然不能接受。

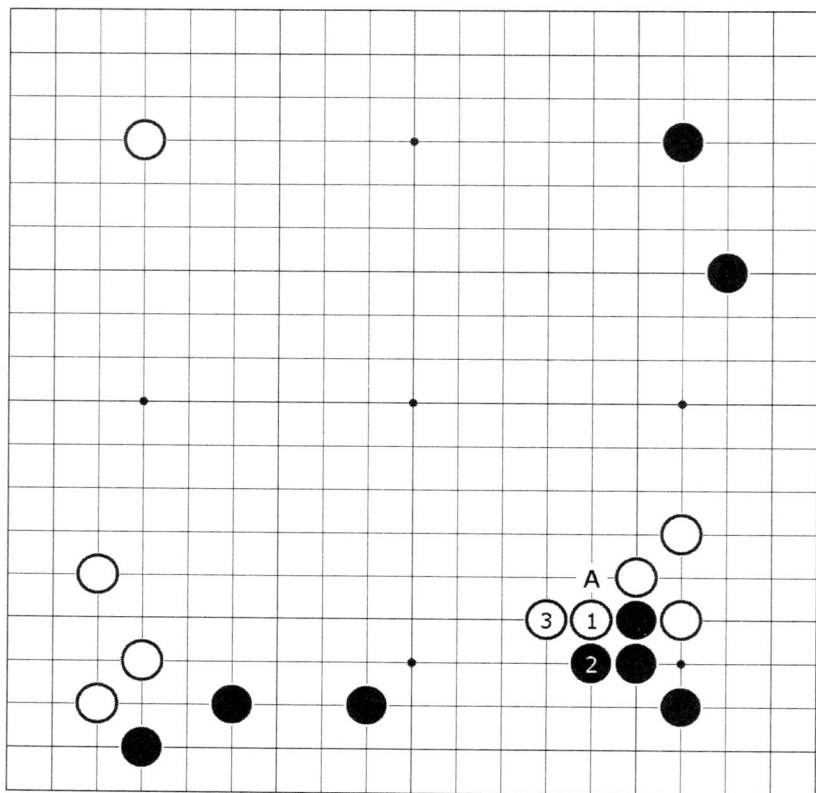

变化图 14：基于以上种种不满意的变化，白 1 扳是一种强烈的下法，有可能形成比较复杂的局面。如果黑 2 简单地拐，白 3 长后，白棋明显便宜。但是，如果黑 2 在 A 位断后，将会形成复杂的战斗局面，这里的战斗黑棋稍稍有利。

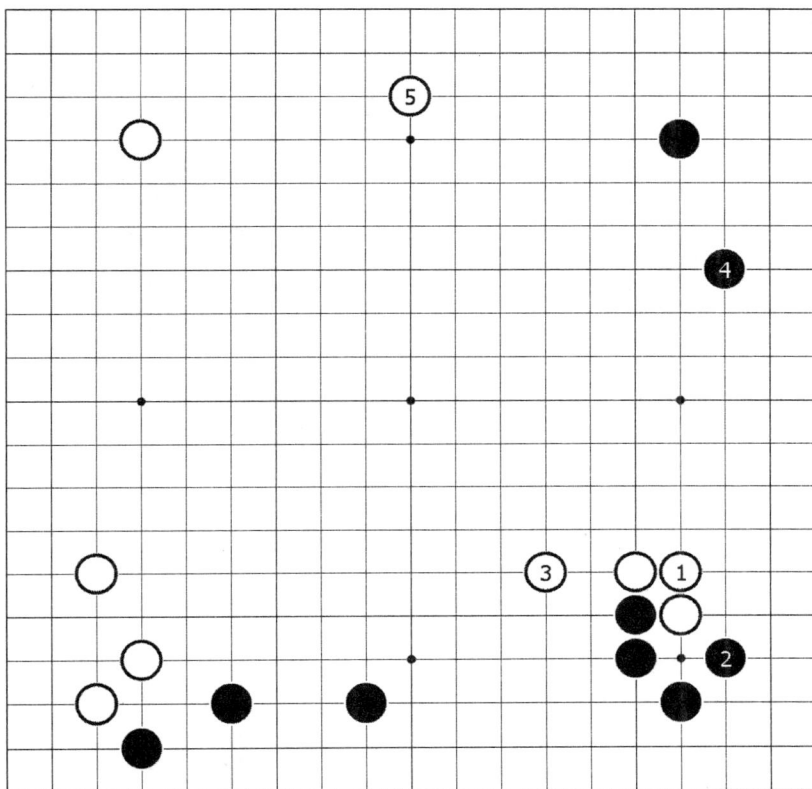

变化图 15：白 1 粘是白棋的另外一种选择，黑 2 尖贯彻捞取实地的意图。以下至白 5 拆，虽然可以化解黑方的陷阱，形成细棋局面，但是黑棋依然没有不满。

小结：在此局面下选择一间高挂的棋友一定要了解这一局部的种种变化，结合全局的子力配置，选择对自己最有利的下法，避免落入对手的陷阱，导致全局被动。

12. 掌握全局的均衡

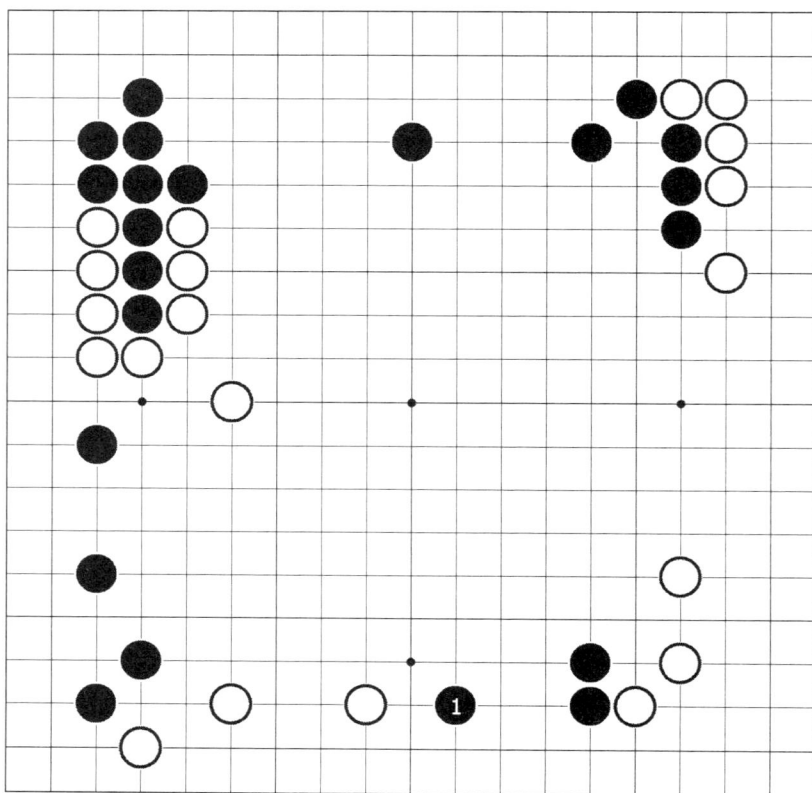

基本图：黑1拆后，白棋的下一步如何选择是此时局面的焦点。

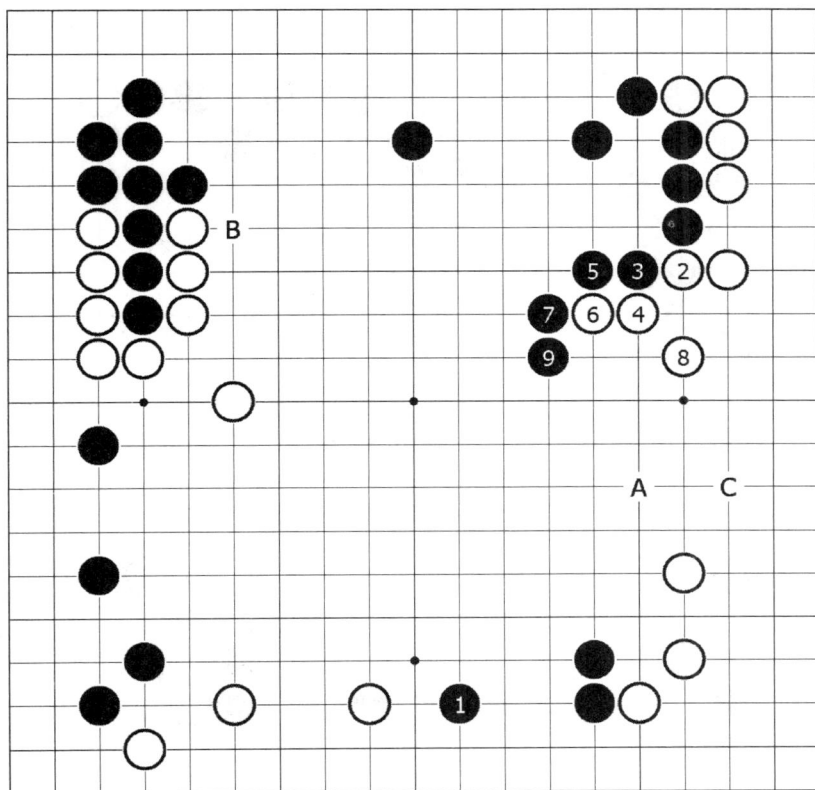

变化图1：实战白2选择贴起，以下至黑9长出，若白在A位围，护住右边实空，则黑B扳起，此局面下黑棋上方所成实空远远大于白棋右边的实空。如果黑9长出以后，白棋不在A位围，以后，黑棋留有在C位打入的手段，因此白2贴是明显的问题手。

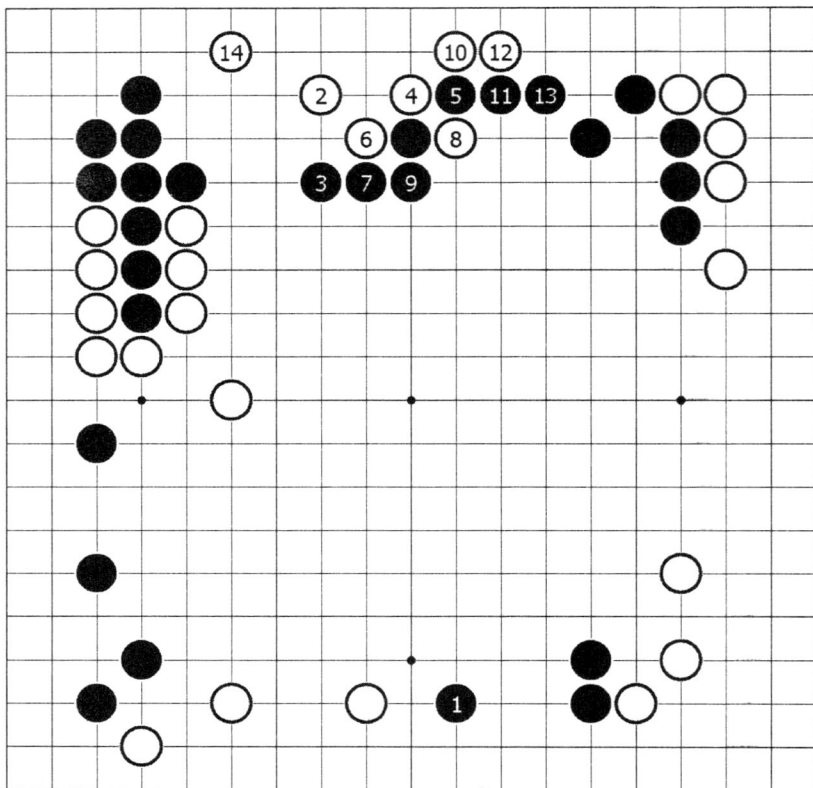

变化图2：黑1拆时，白2打入是此局面下最好的选择。如果黑3镇来攻击白棋，白4托后至白14飞，白棋在上边获利不少，黑棋明显不能满意。

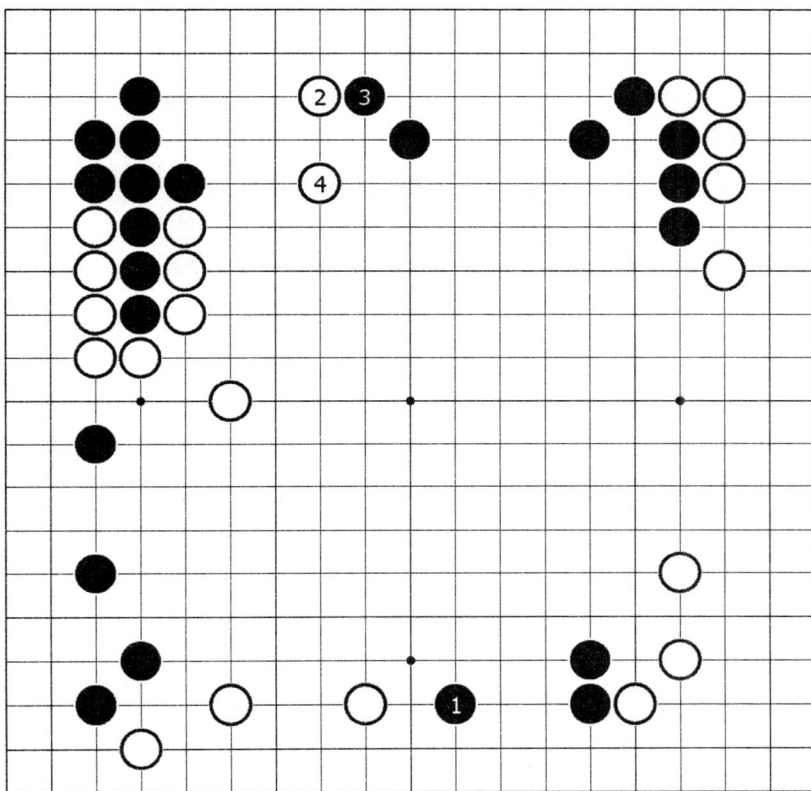

变化图 3：白 2 打入后，黑 3 尖顶，白 4 跳是双方正常的下法。

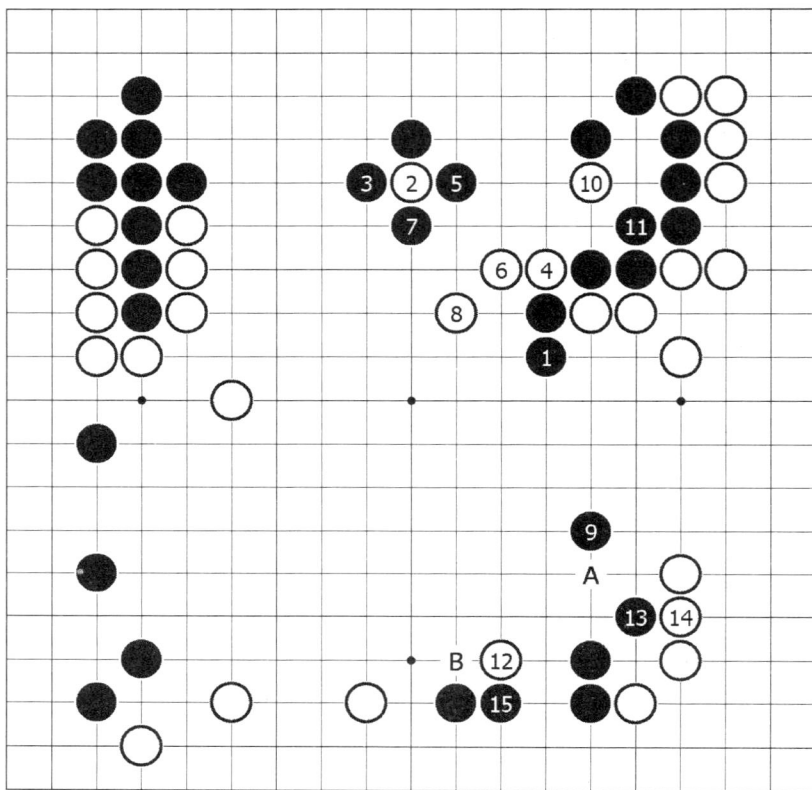

变化图 4：黑 1 长出后，实战白 2 选择了碰的下法。黑 3 扳后，白 4 断，黑 5 打吃选择妥协，此时若在 6 位打吃，白棋在劫难逃。黑 7 提掉一子是明显的缓手，此时应该在 8 位跳攻击白棋，实战给了白棋喘息之机。黑 9 大跳松缓，白 10 靠是机敏的一手，黑 11 接住无奈。白 12 点时，黑如果直接挡住，白有在 A 位靠出的手段。黑 13 刺是为了防止白棋靠出，但很损。黑 15 挡住是问题手。应该在 B 位贴出，这样左下白 3 子立显薄弱，黑有种种攻击手段。

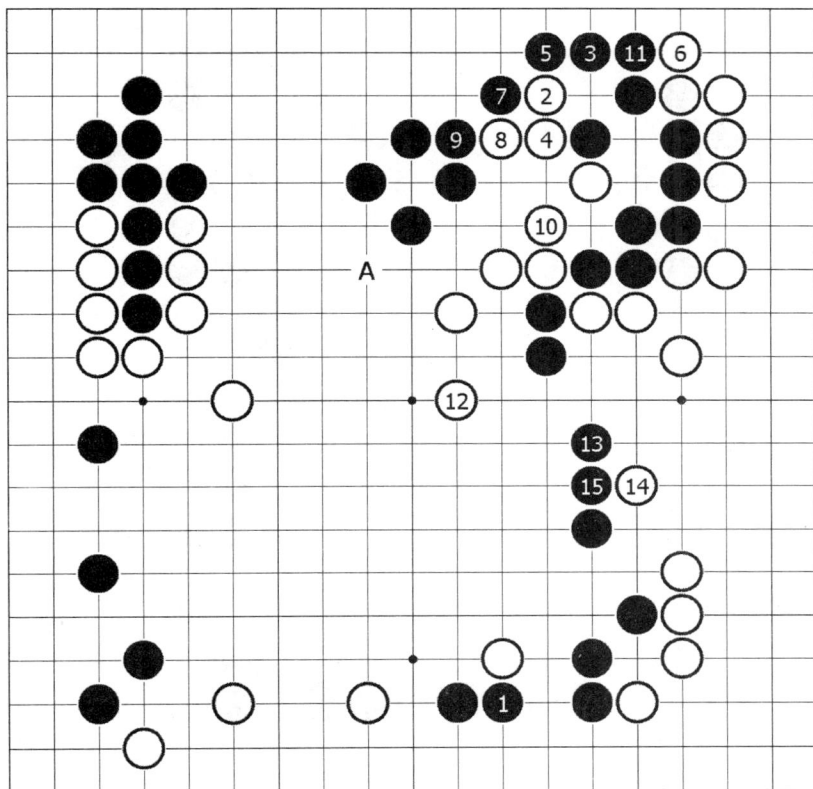

续变化图4：黑1挡住后，白2点是好手，以下至黑15接后，迎来了本局最后的胜负关键处，此时白棋若抢占A位飞的急所，应该是优势的局面。

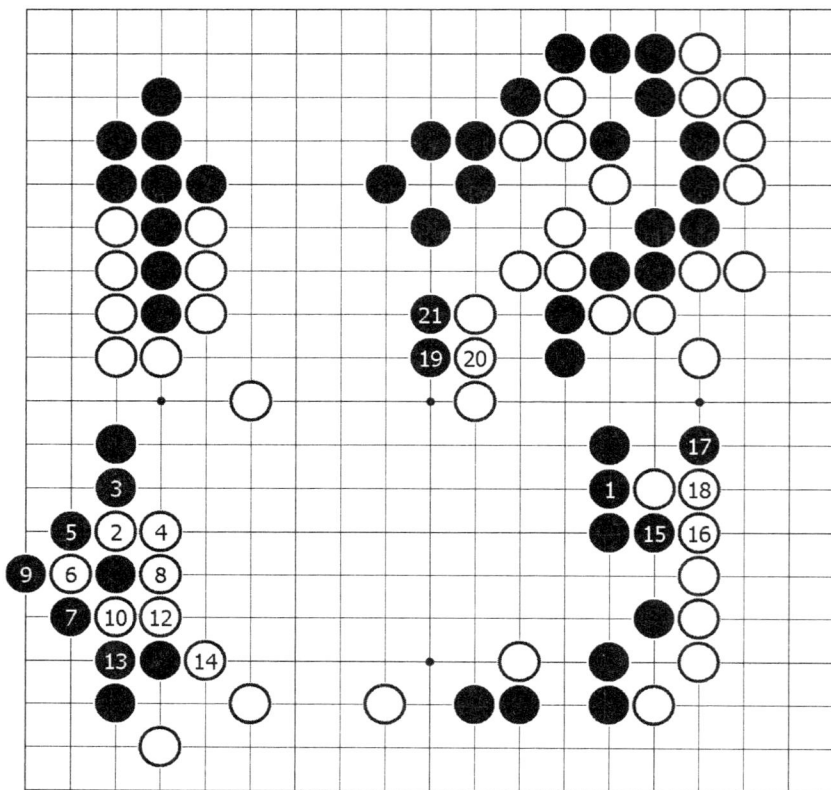

11 B6

变化图5：实战黑1接时，白2碰，以下至白14扳住，白看似将黑棋压缩了一些，自己也形成了一定的外势，但实际收效不大。黑19、21以后，白棋原来的厚势变成孤棋，黑棋右下的厚势开始发挥作用，胜负的天平又开始摇摆。

小结：在自己围空的时候，要考虑是不是使对方也获得了比较大的利益，另外还要认识到对局中先后手问题和对厚薄理解问题的重要性。

13. 子效与配合

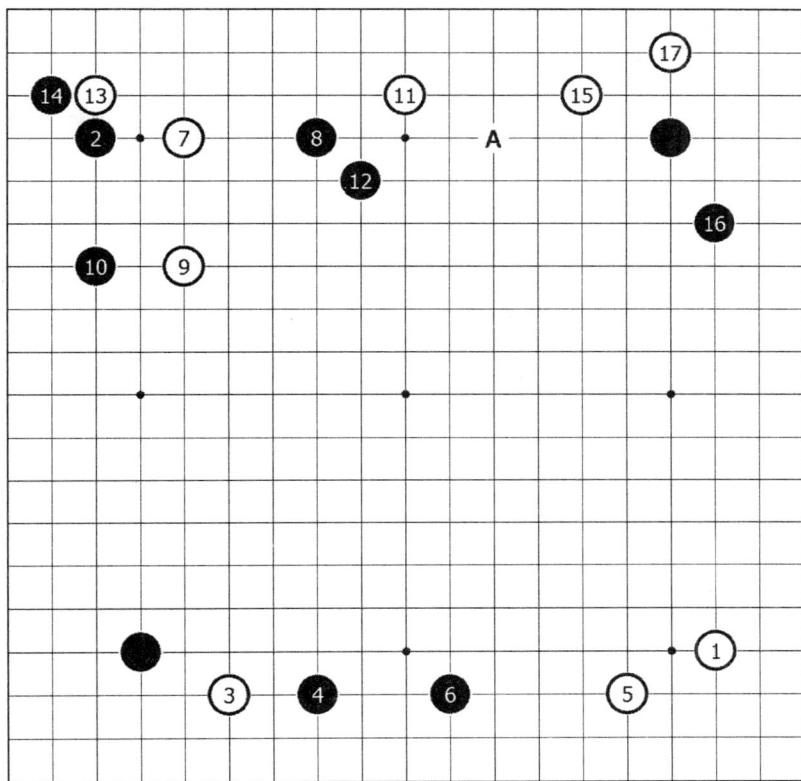

基本图：本局取材于笔者与东北的一位业余 5 段少年棋手授二子的指导棋。白 9 大跳比较少见，是一种轻灵的下法，便于争先手，以下至黑 14 小飞守角是普通的下法。白 17 飞是积极的下法，本手是在 A 位补回。

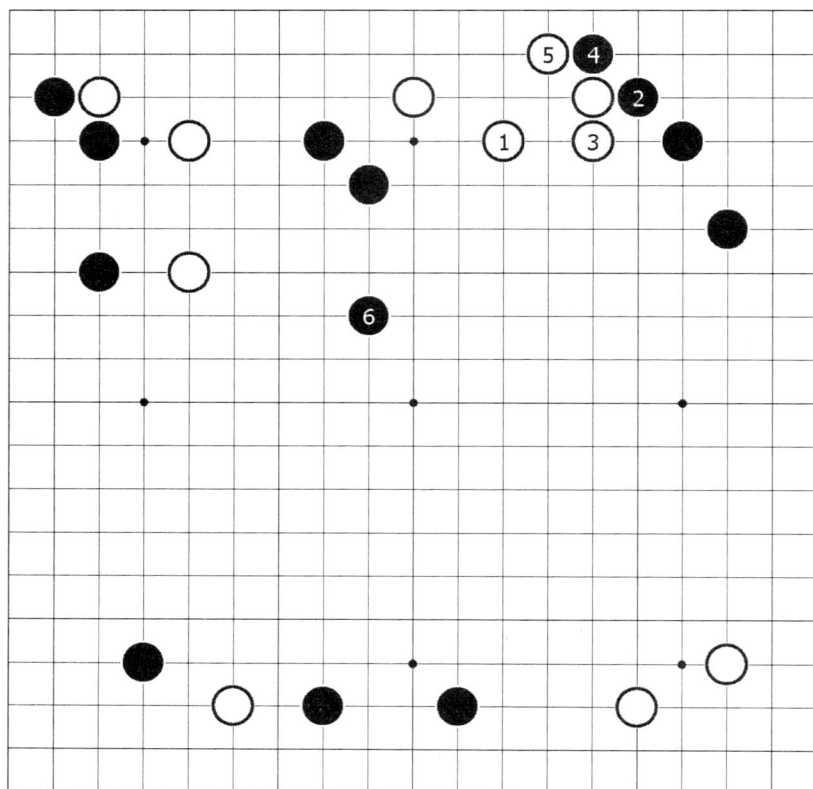

变化图 1：白 1 补回后，黑 2 尖顶，至黑 6 大跳出头，白棋上方的厚势无用武之地，而且有实地不足的担心，因此实战采用了更积极的下法。

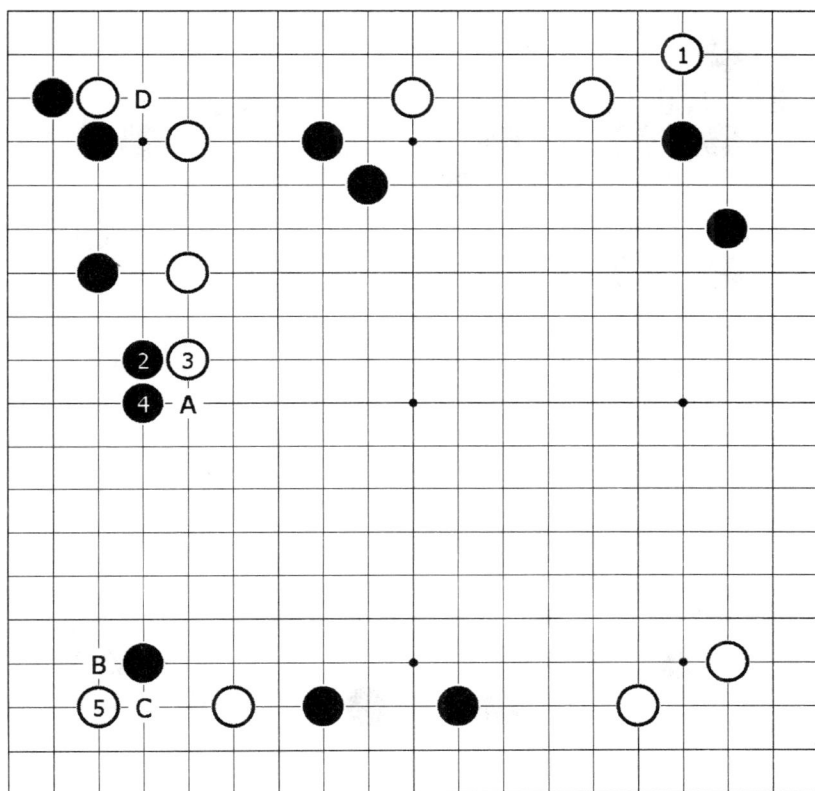

变化图 2：实战白 1 小飞进角，黑 2 飞起，当白 3 靠时，黑 4 退是问题手，应该在 A 位扳。白 5 点角是预定的下法。此时，黑棋无论是从 B 位挡还是在 C 位挡都不能满意，由此可以反推黑 2 飞是有问题的一手，这手棋可以考虑在 D 位吃。

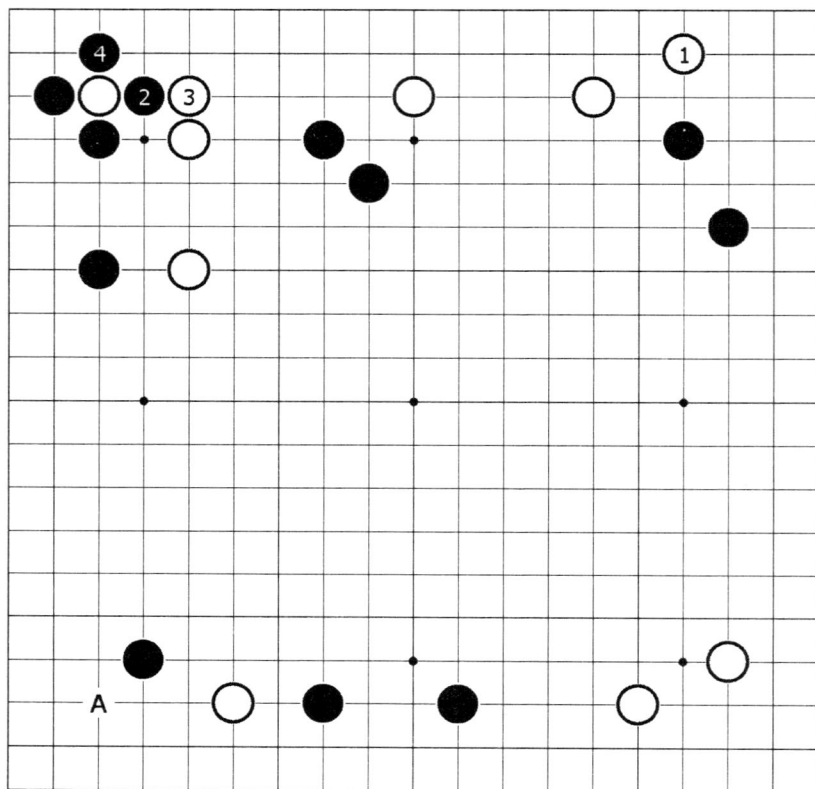

变化图 3：白 1 飞时，黑 2 打吃，白 3 贴下，黑 4 提掉后，黑棋以静制动，对白棋左上三子形成威胁。未来，黑棋还可以在 A 位尖三 3，攻击白棋下边一子。

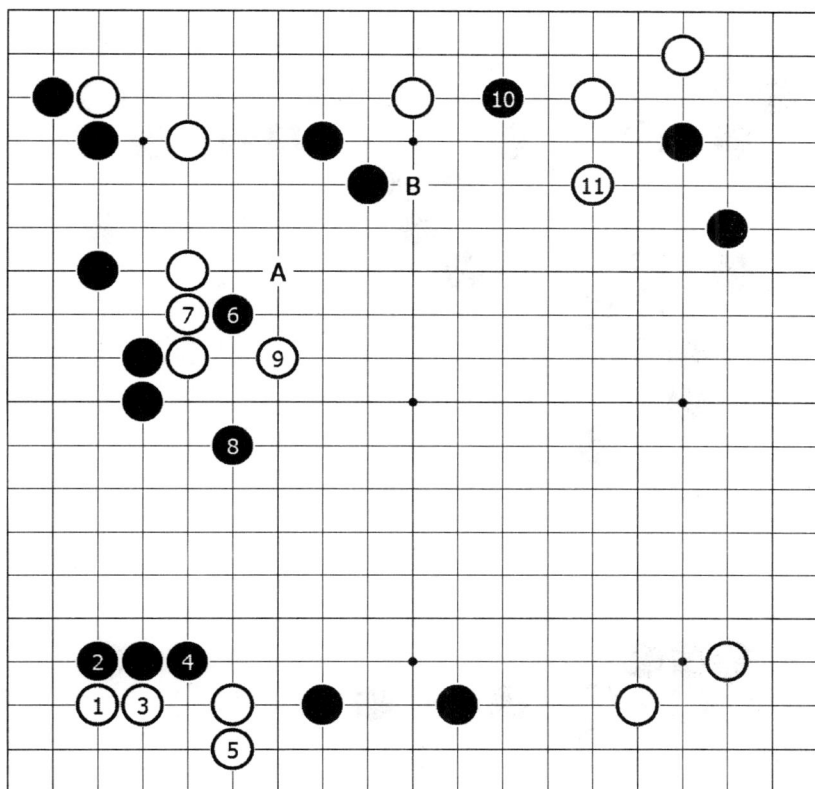

变化图4：实战白1点角后，黑2挡，白5活角后，黑6刺是问题手，这手棋应该在A位瞄住白棋棋形的弱点。黑10打入后，实战白11跳起，此时白在B位靠出也是一种下法。

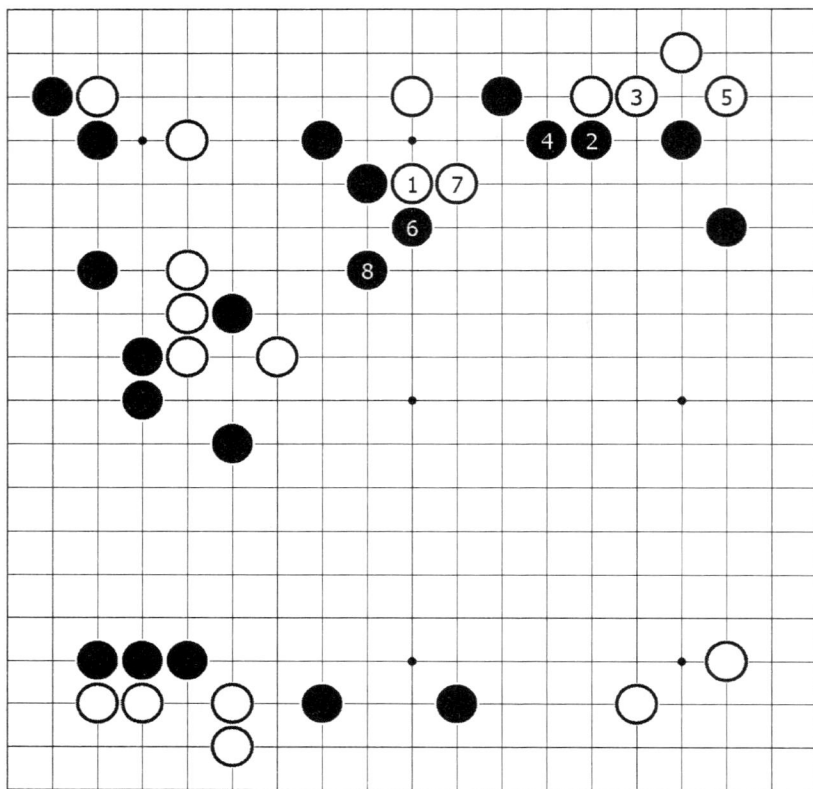

变化图 5：白 1 靠起，黑 2 脱先在右上角先动手是机敏的下法。以下至白 7 退，两边都被黑棋走到。白棋不满，因此实战白棋直接跳出。

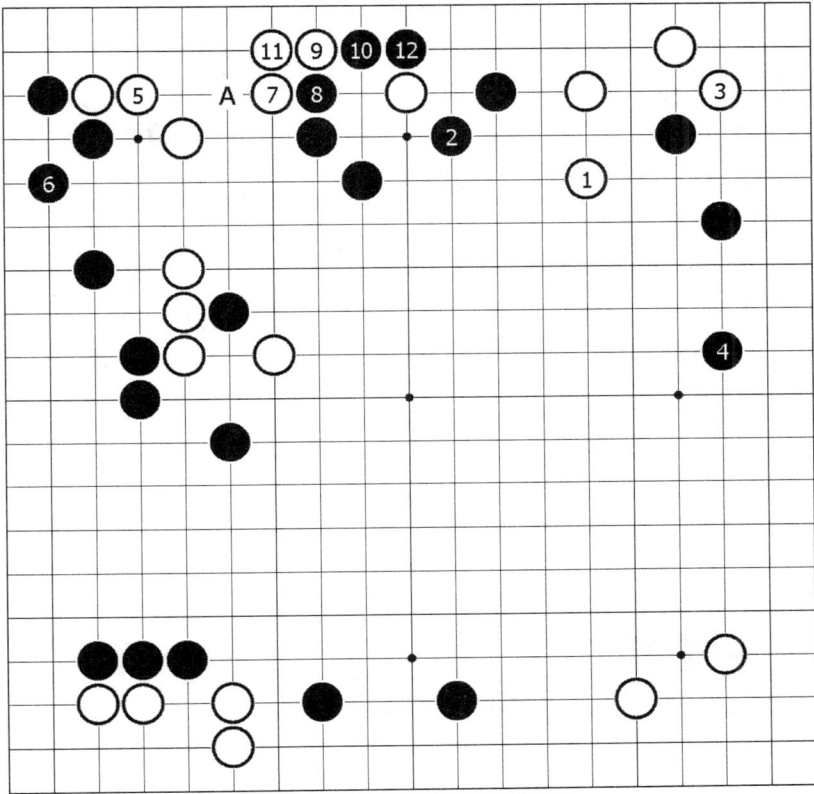

变化图6：实战白1跳起，黑2尖吃住一子，以下至黑12退，由于黑棋子效不高，二子的优势已经不太明显。黑6虎是问题手，应该于A位飞。

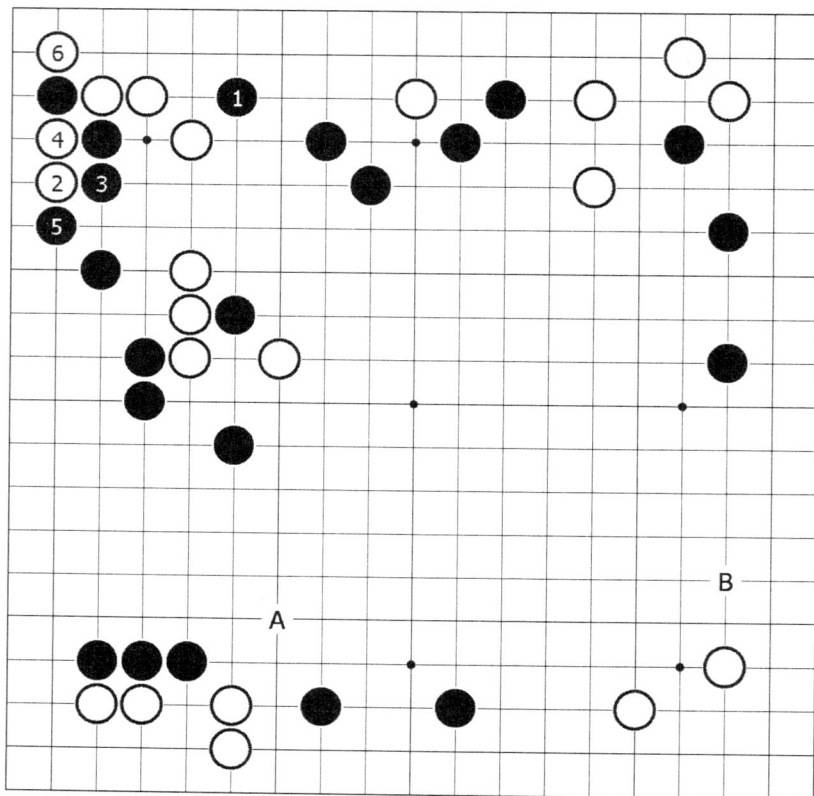

变化图 7：黑 1 飞价值很大，属于逆收官子，以下至白 6 吃住一子，双方目数得失大致相当，但黑棋取得了宝贵的先手。此时，黑棋获得先手在 A 位飞或者在 B 位逼住，两子的优势还可以继续保持。

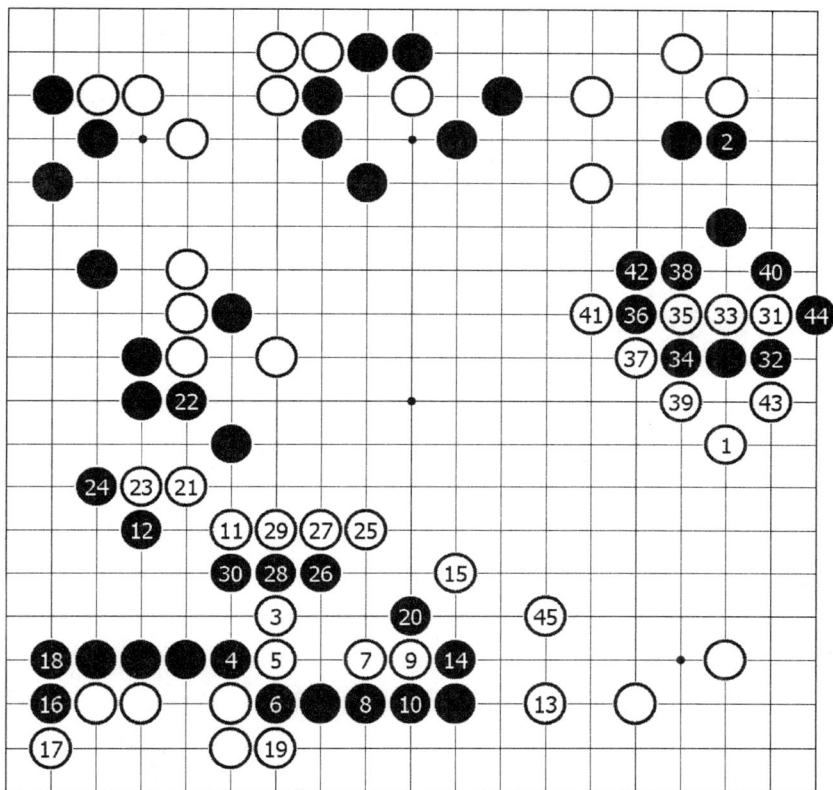

变化图 8：实战白 1 逼住是当前局面下最大的一手棋，黑 2 挡住后，白3 飞出，此时的局面虽然黑棋的目数稍稍领先，但由于白棋全盘厚实，因此是白棋好下的局面。实战白棋在下方和右边灵活采用弃子战术，至白 45 跳，已是白棋大胜的局面。

小结：通过这盘棋我们可以认识到全局子力配合的重要性。一盘棋决定胜负的往往不是具体的手段，而是要考虑到先后手、厚薄、全局的配合等综合方面的因素。

14. 拆三打入变化剖析

基本图：取材于两位业余棋手的实战，白1打入比较严厉，黑方该如何应对呢？

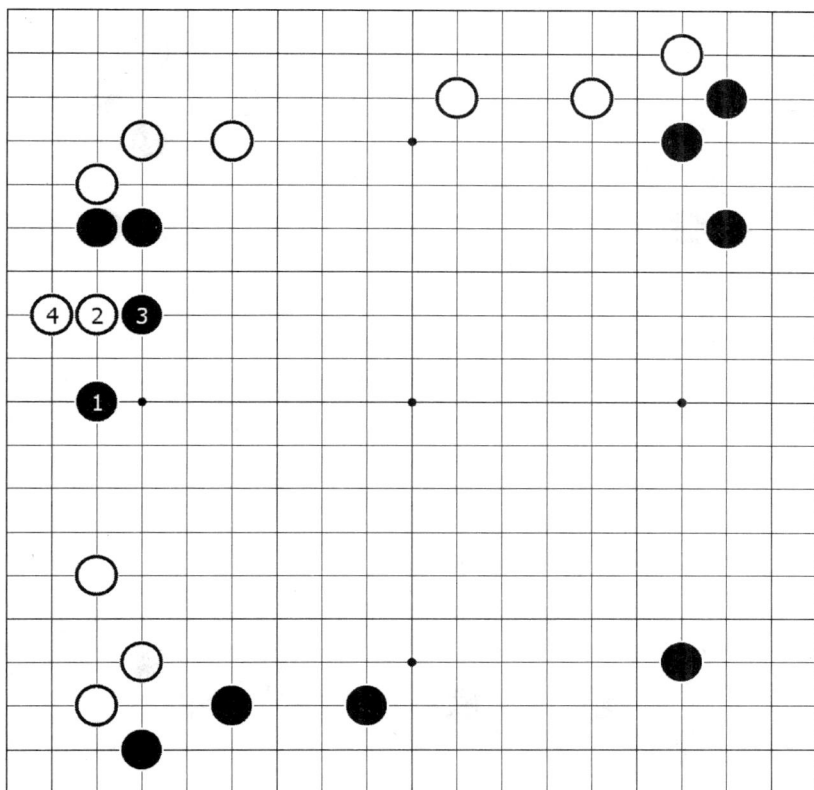

变化图 1 ：在前面的专题里讲解到如果白棋尖顶黑棋拆三后被打入是一件很难应对的下法。

那么很多棋友都很困惑：白棋尖顶就没有着了吗？

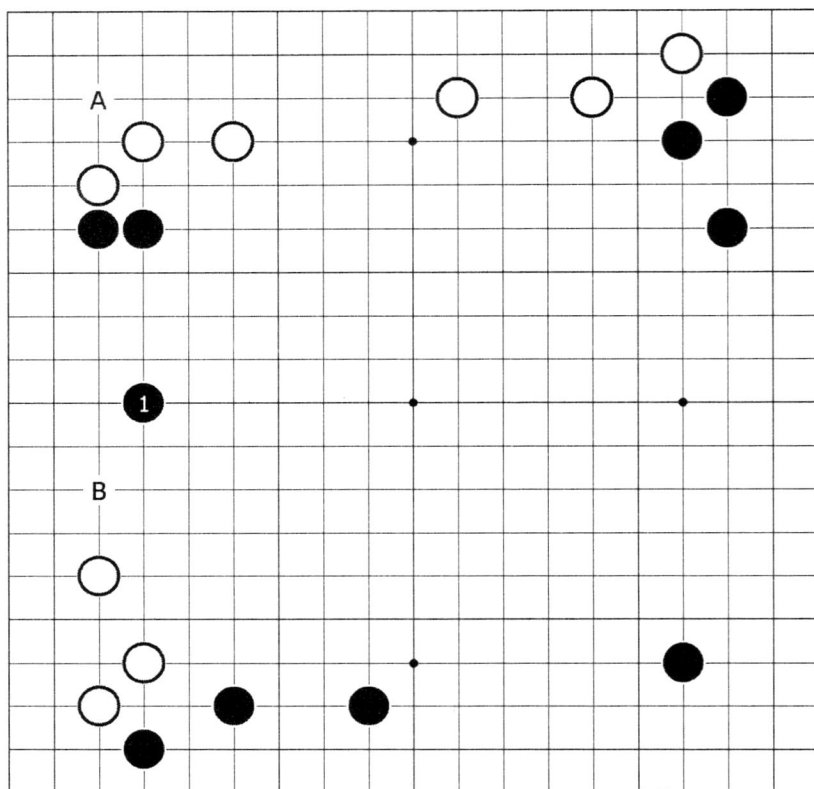

变化图 2：黑棋高拆三是简明化解白棋"陷阱"的一种很好的下法。这是职业棋手的理解，保留了 A 点角与 B 逼住的手段。但是白棋也有相对应的手段！

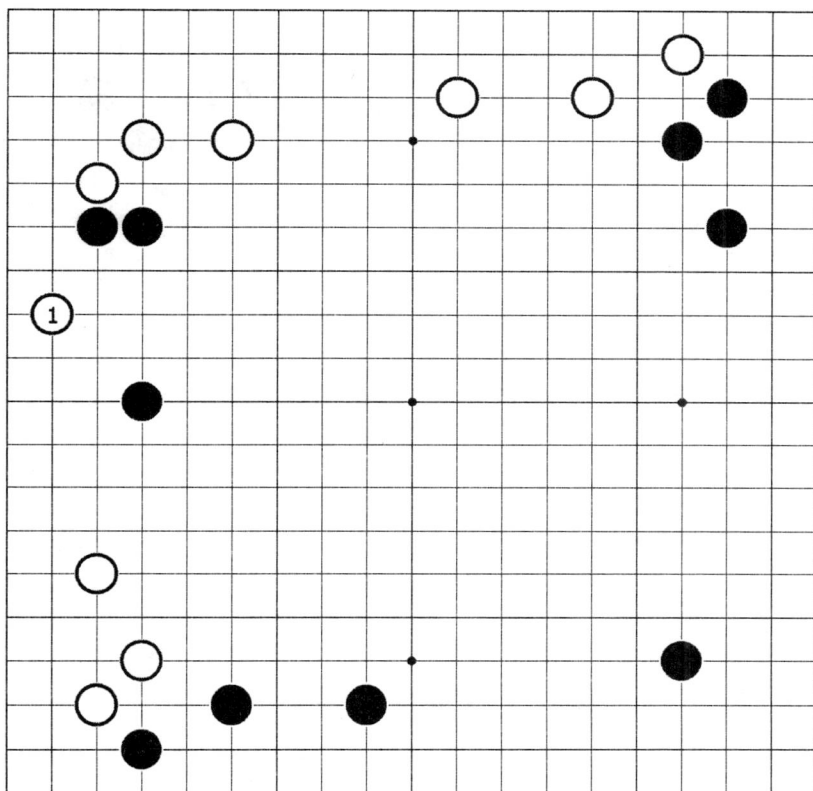

变化图 3：白棋 2 路 "偷袭" 是什么意思呢？不理解的话一般爱好者很难应对。

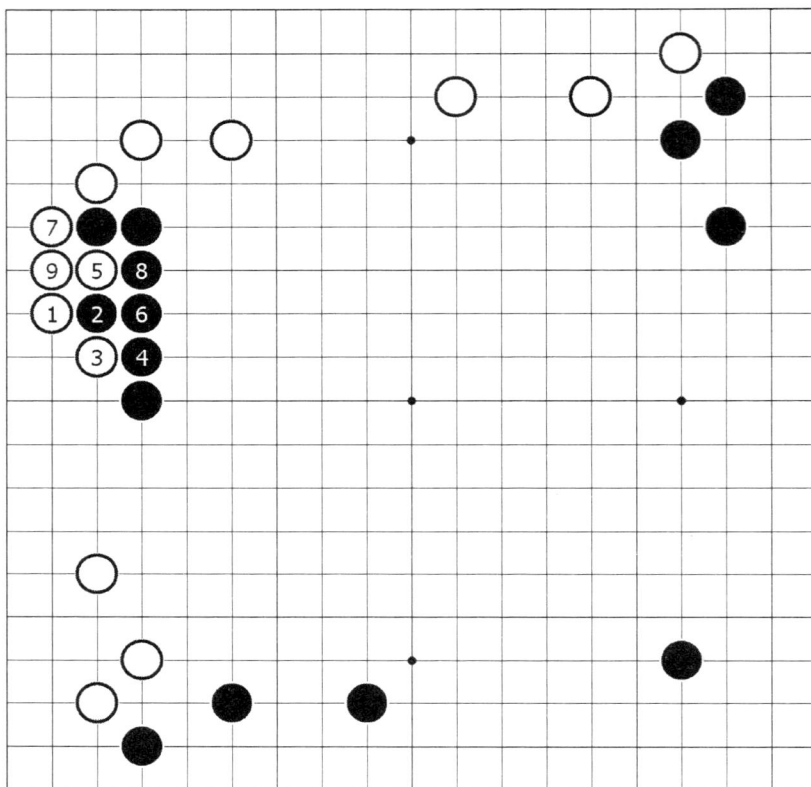

变化图4：这种下法在业余爱好者对局中经常出现，认为黑棋很"厚"，其实这是大亏的下法，黑棋送实空给白棋，自己没"根"就是孤棋。

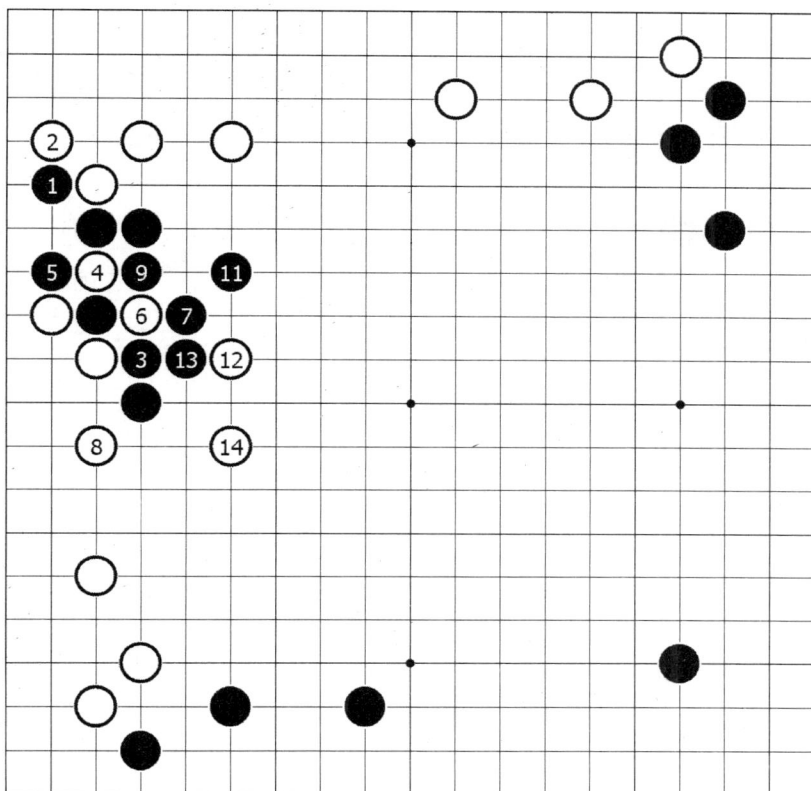

⑩C12

变化图 5：黑棋努力改变了一下思路，在 1 先扳，这样不让白棋完整渡过，但是被白棋 12 点、14 跳，黑棋依然是被牵制的孤棋。

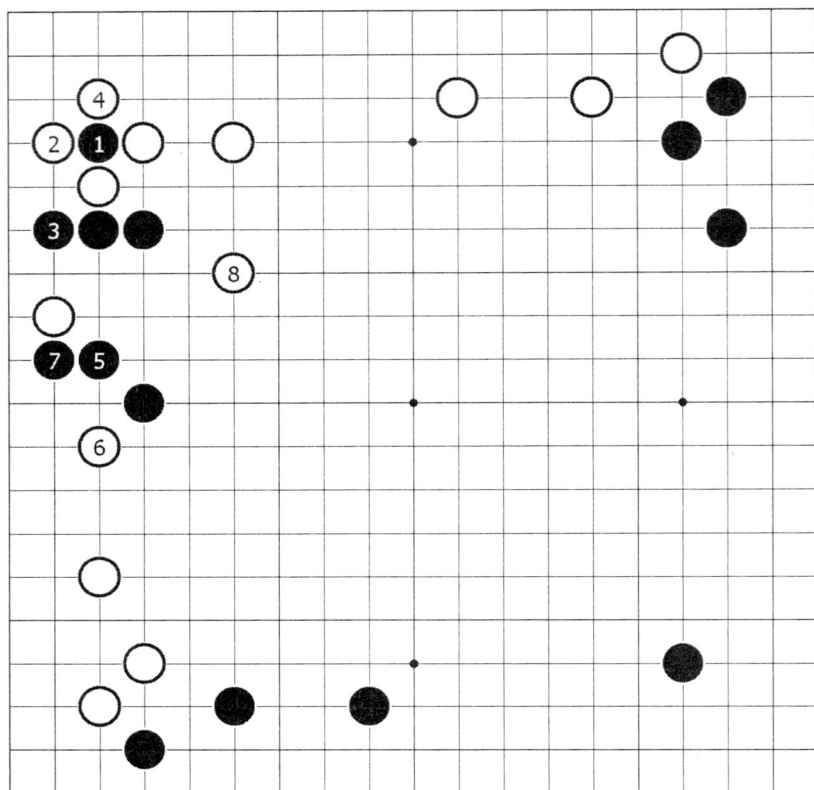

变化图 6：黑棋 1 卡也是很有思想性的一步试应手！白棋简明 2 打把角吃住，黑棋要补只能在 5 尖补，6 点便宜，8 大跳，黑棋难受。

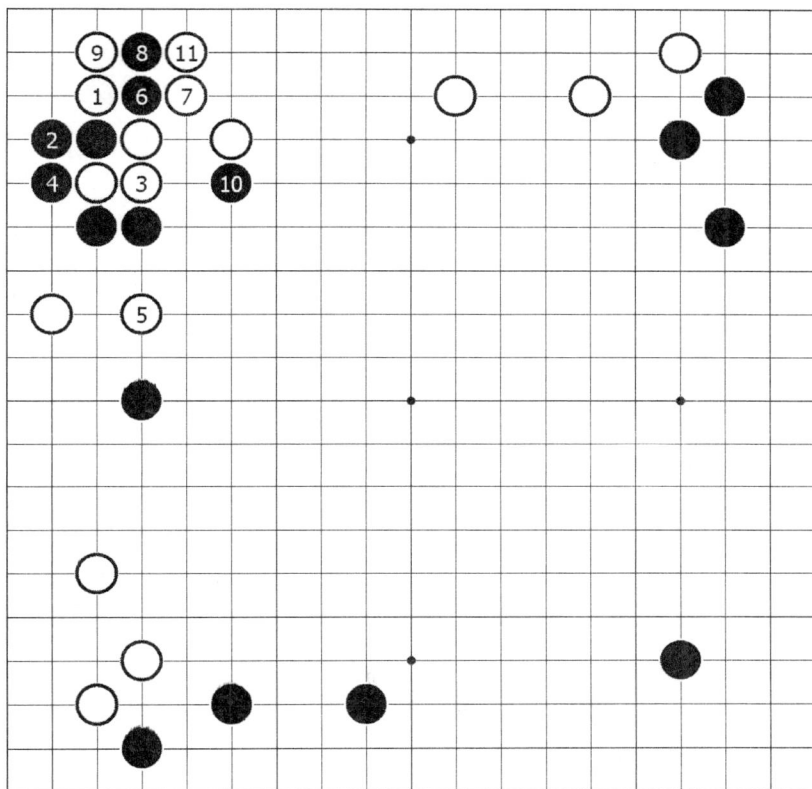

变化图7：白棋还有直接攻击性下法，1打吃，黑棋2立，白棋放弃角局部的利益，但是争得5跳起来，黑棋也是比较困难的。

那么黑棋高拆三好吗？怎么办呢？是否有问题？等等疑惑都会充斥着棋友的大脑！我们一起来欣赏两位顶尖职业高手的思考方式。

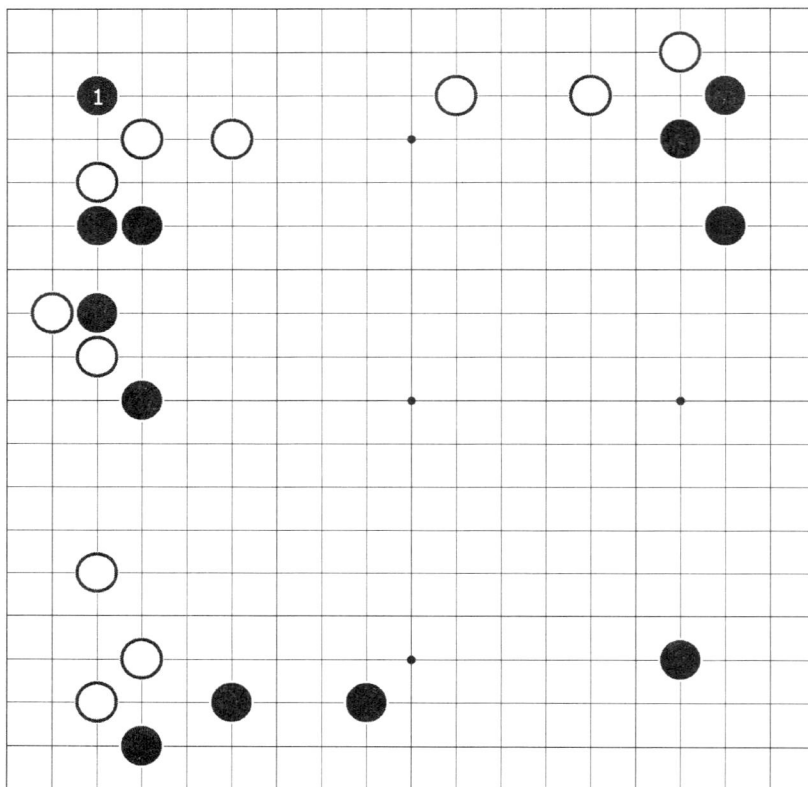

变化图 8：答案是 1 点角。大家想不到吧，这就是职业高手给出的答案！

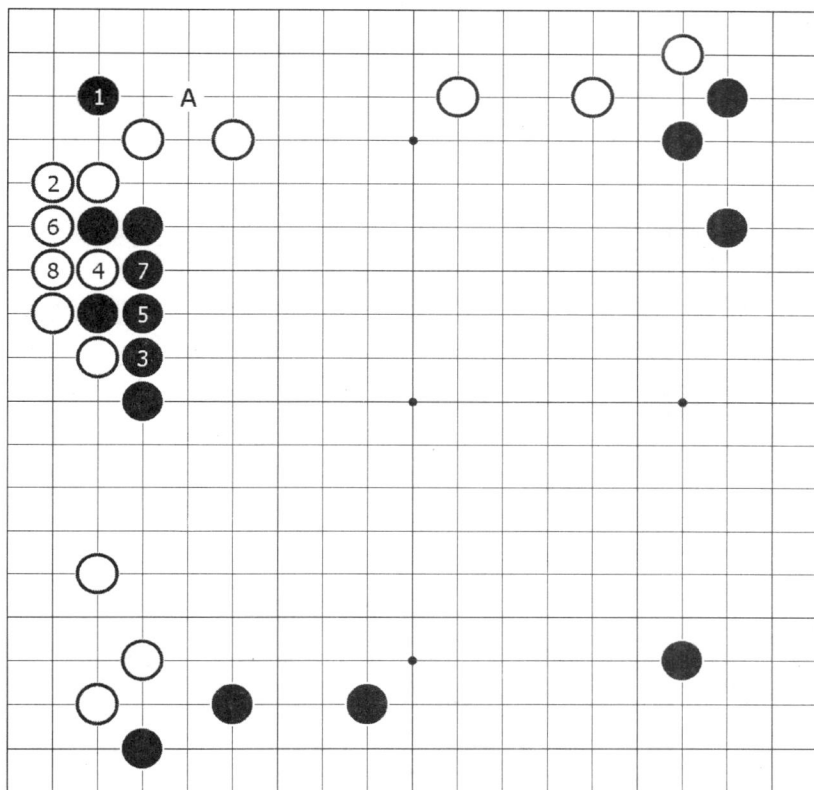

变化图 9：这图与图 3 有区别吗？当然有，黑棋 1 点与白棋 2 粘交换，黑棋就留下一个点角，明显便宜。

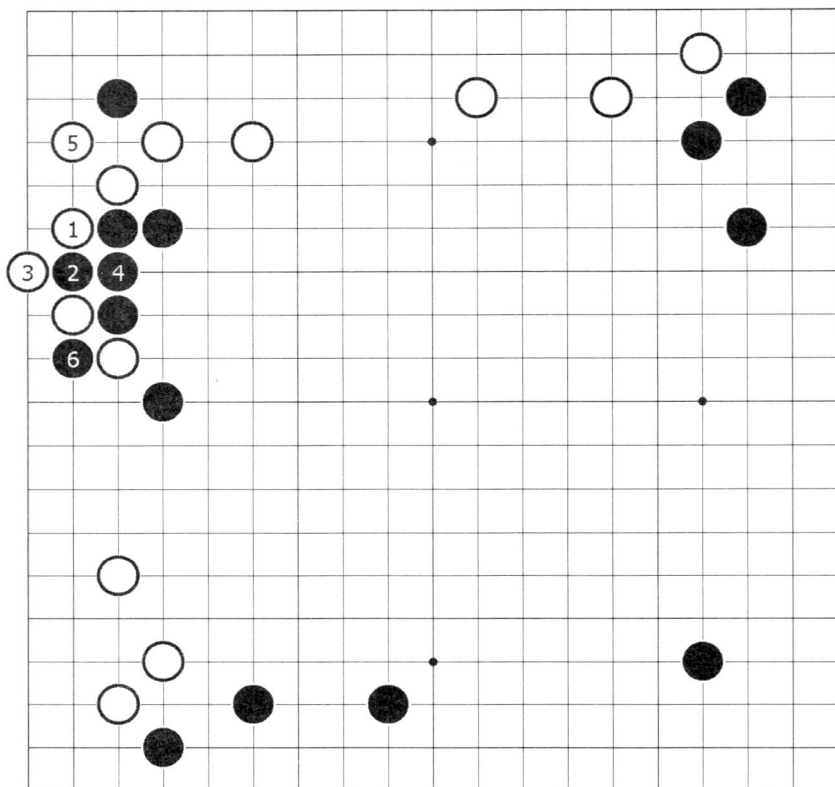

变化图 10：白棋要是 1 扳呢，黑棋就简单地挖。当白棋补角，黑棋 6
打吃，棋形太厚啦！完美！

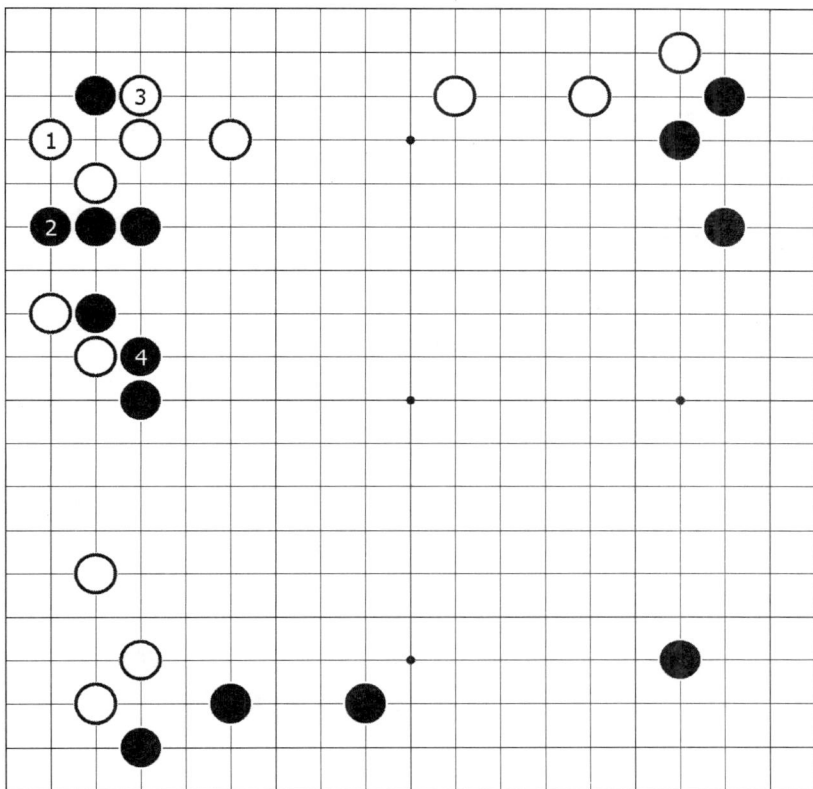

变化图 11：白棋 1 尖，黑棋 2 立，先手，再 4 挡住，白棋大亏。

那么黑棋点角就没办法了吗？围棋转换思路就是这样来破解这道难题的。

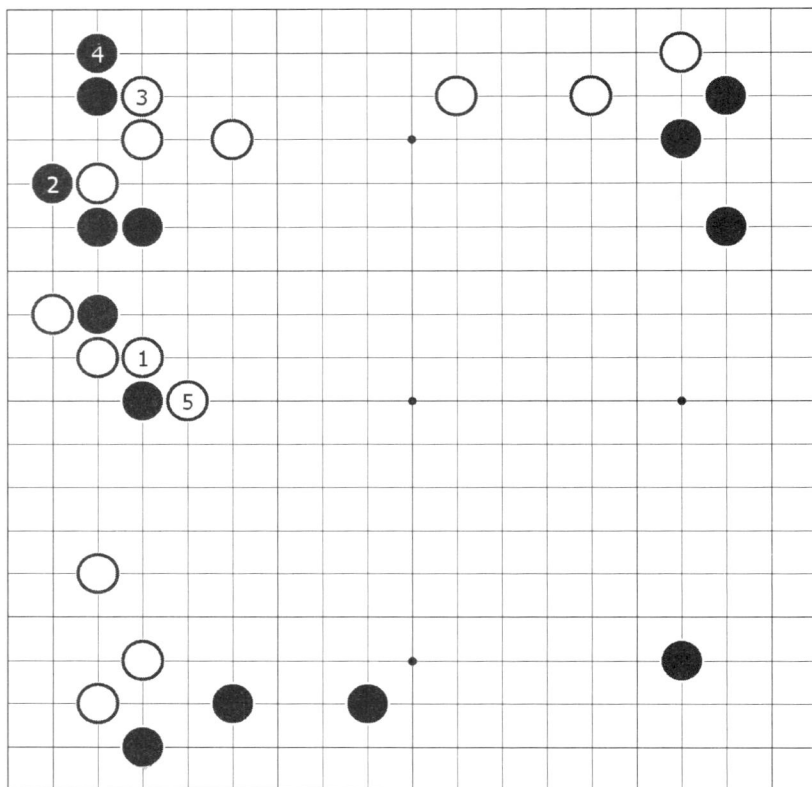

变化图 12：白棋 1 冲出，黑棋 2 扳得角，白棋 5 扳后形成了双方势力转移的情况，体会职业棋手思考的方式还是很有趣的。

第二章 悟道篇

1. 变通的思路

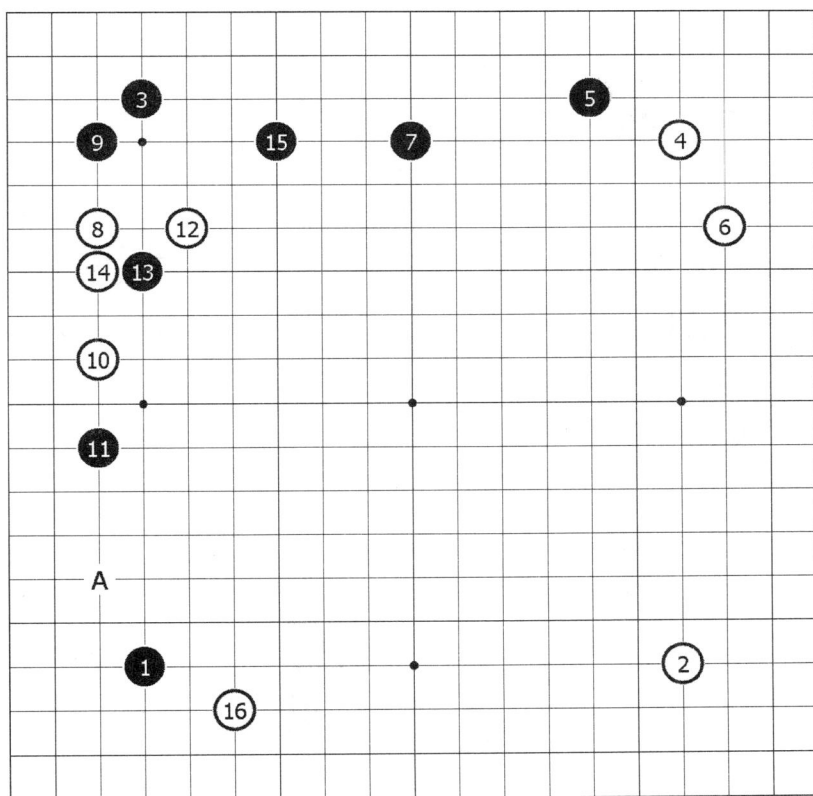

基本图：取材于一位学生的对局，实战至黑15拆是"小林流"的常见开局。白16挂角是普通下法，此时在A位挂也是一种下法。

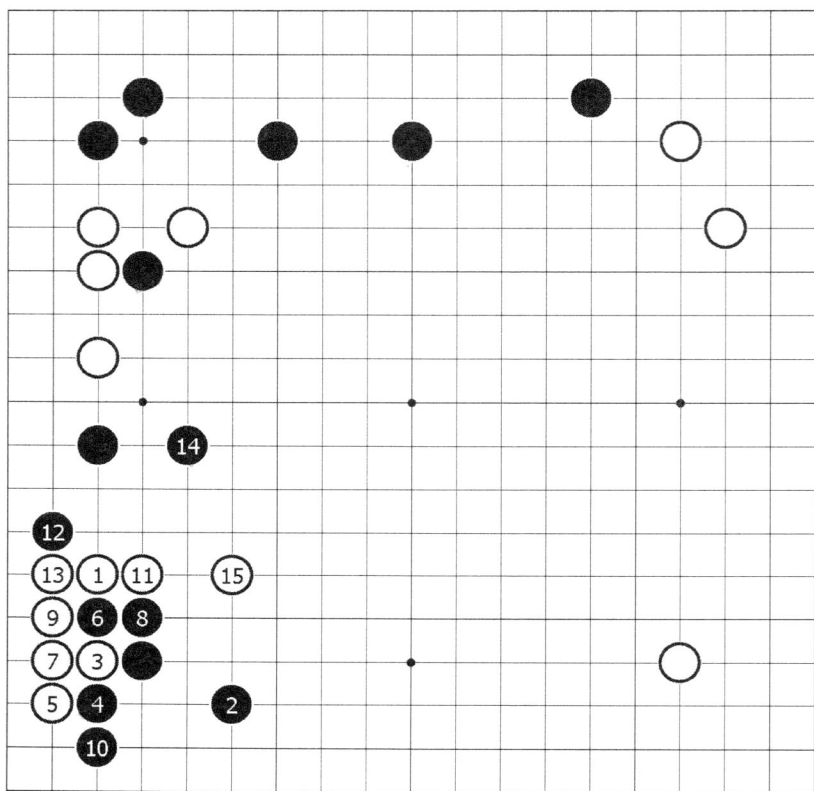

变化图 1：白 1 挂角，黑 2 若小飞应，则白 3 托角，以下至白 15 跳是双方正常的进行，由黑 14 一子跳起对左边两块白棋均有牵制，因此白棋稍有不满。

变化图2：实战白1选择了从外侧挂角，黑6挂角是此时的疑问手。以下至黑10拆，黑棋显得比较局促。此时在A位挂是不错的选择。

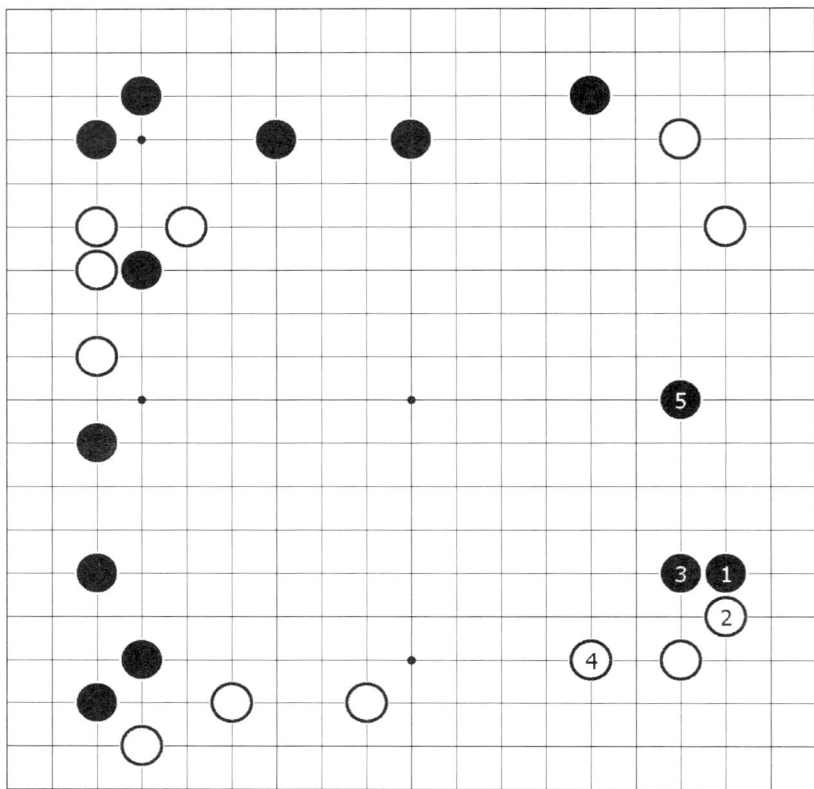

变化图3：黑1从另一个方向挂角，白2还是选择尖顶，以下至黑5拆，黑棋棋形要舒展得多。

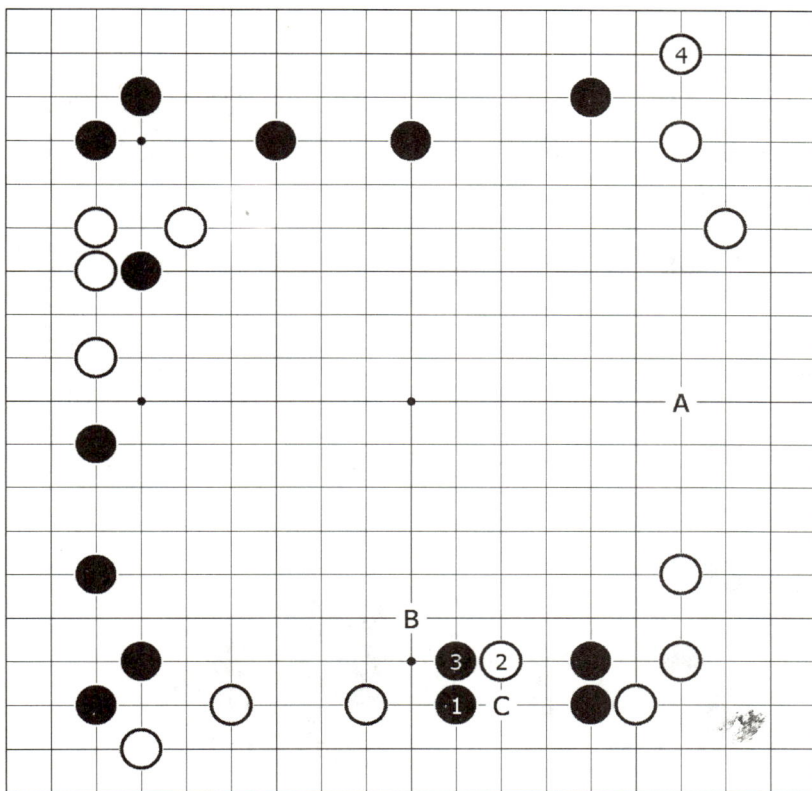

变化图4：实战黑1拆后，白2点是问题手，这手棋应该在 A 位拆或者在 B 位佯攻补强自身。黑3贴起后，白4脱先守角，此时白棋若是在 C 位贴下将会形成下图的局面。

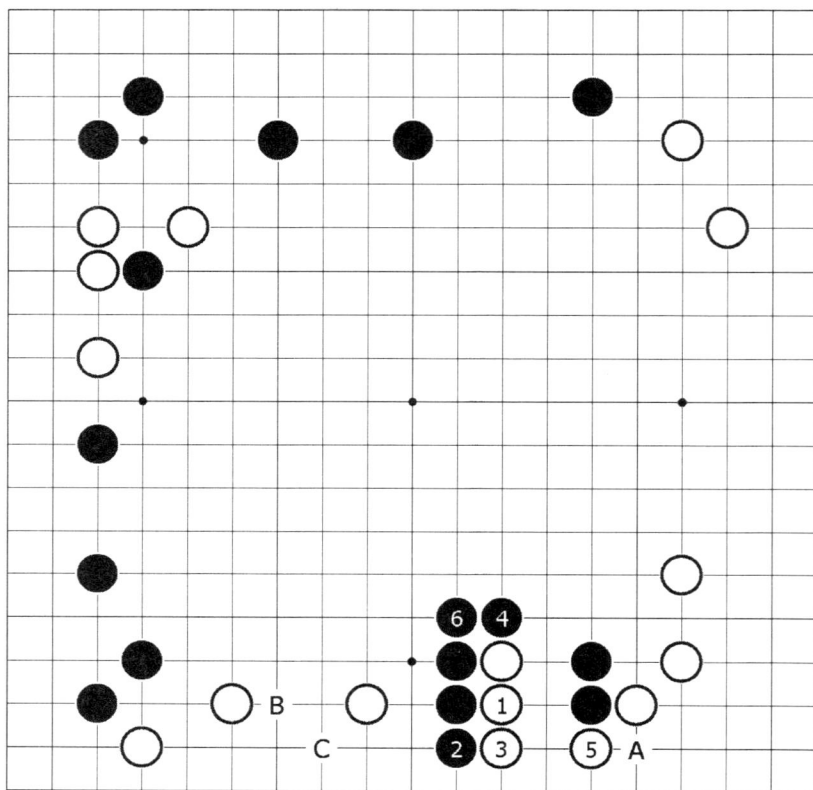

变化图 5：白 1 若贴下，黑 2 立是棋形的要点，以下至黑 6 接上，未来黑棋有 A 位断和 B 位碰后 C 位连扳的手段，因此这种下法白棋并不便宜。

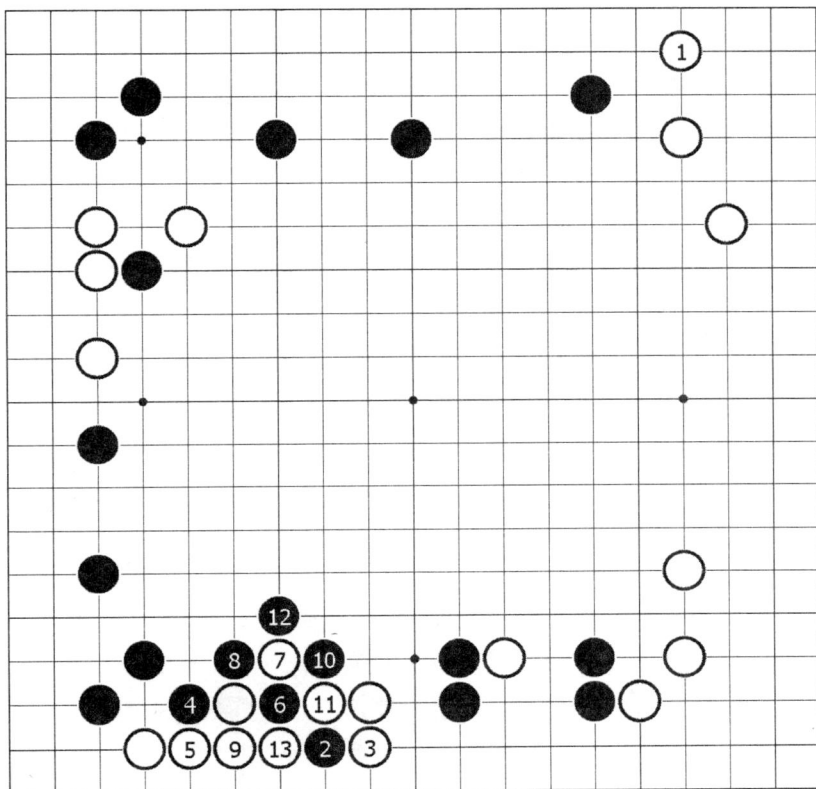

变化图 6：实战白 1 守角后，黑 2 点是好手，白 3 挡下必然，黑 4 尖顶是连贯的手段。以下至白 13 断打，白棋全部被压缩在二路，明显大亏。那么此局面下白棋应该如何处理呢？

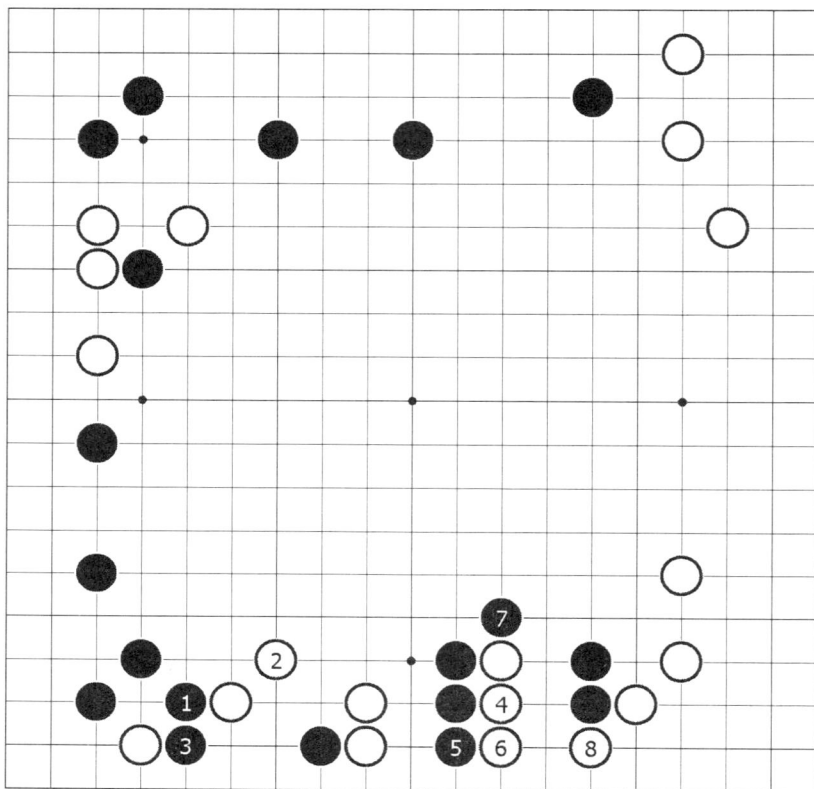

变化图7：黑1尖顶时，白2尖是变通的下法，以下至白8扳过，结果明显要优于实战。

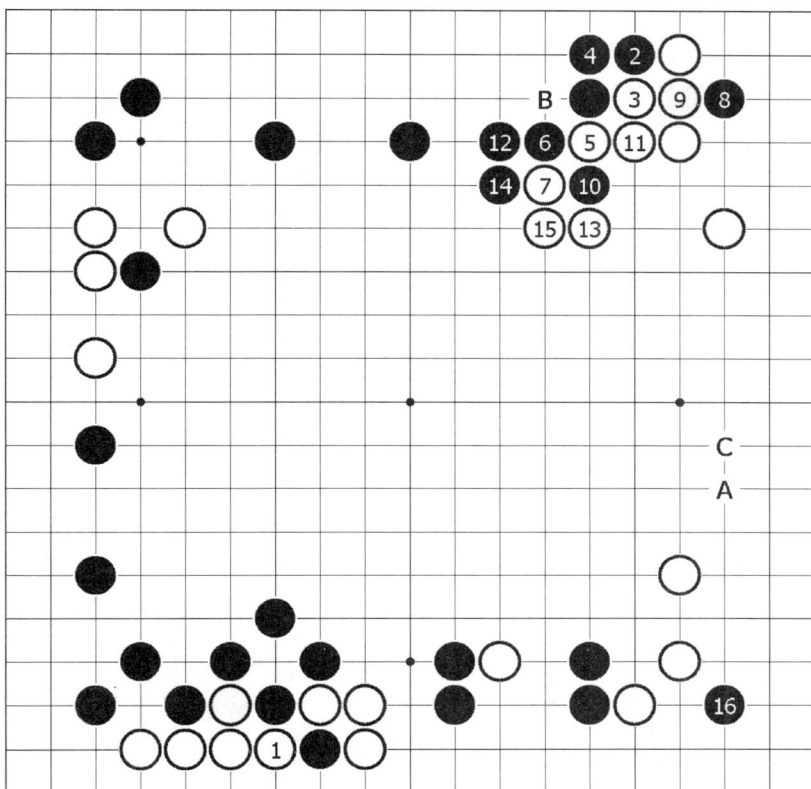

变化图 8：白 1 断打后，黑 2 在右上尖顶稍有问题。这手棋正常的下法是在 6 位尖、10 位跳或者是在 A 位打入。黑 12 退时，白 13 吃不太细腻，此时在 B 位断试黑应手是好时机。白 15 接后，黑 16 点角是缓手，此时在 C 位打入是不错的选择。

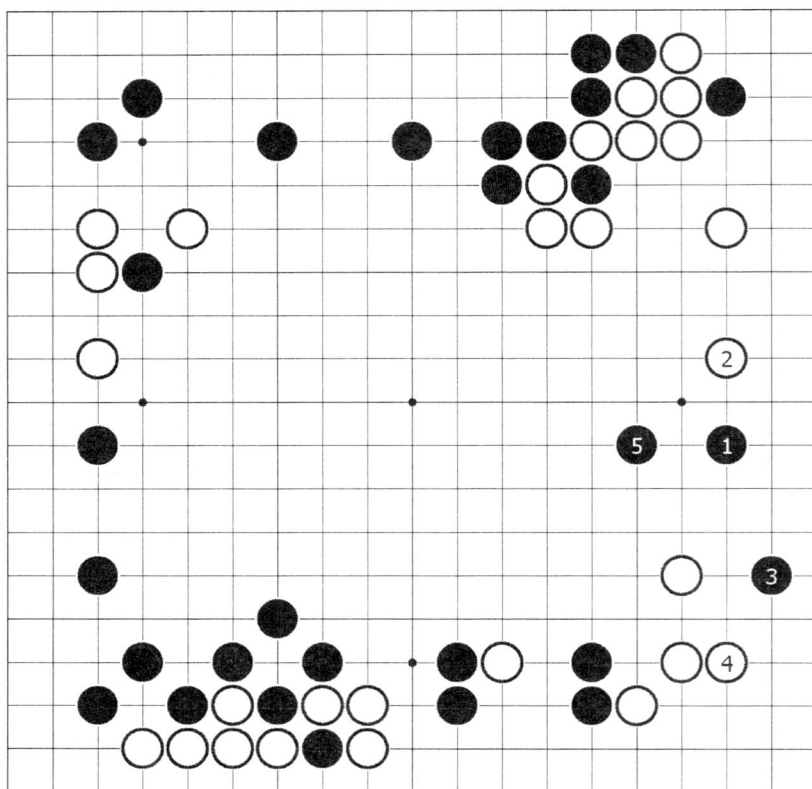

变化图 9：黑 1 打入，白 2 逼攻击黑棋，以下至黑 5 跳出是黑棋简明优势的局面。

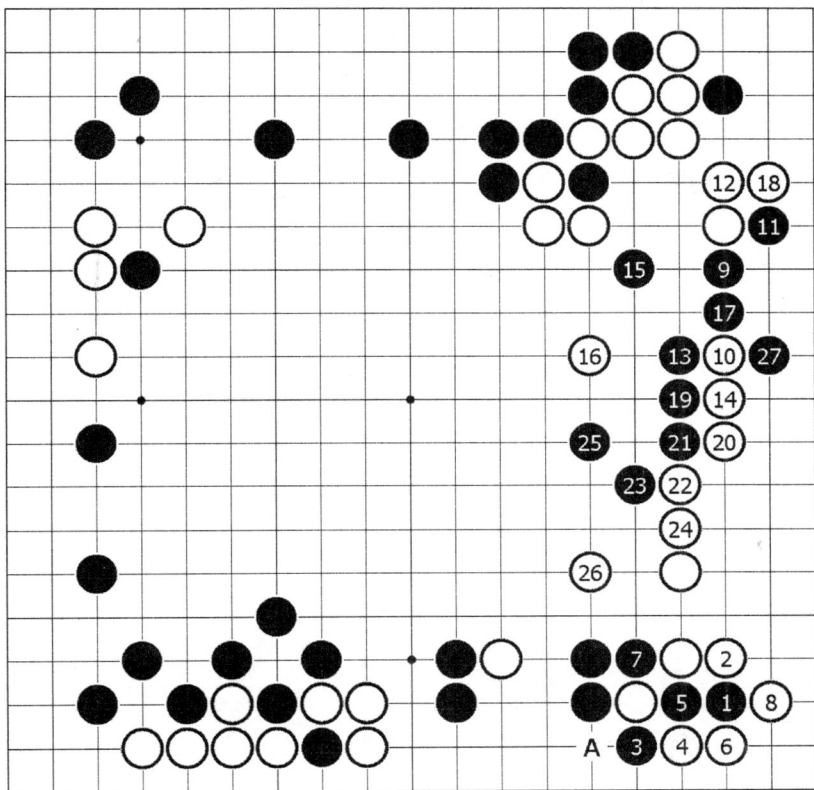

变化图10：黑1点角后，白2直接挡住不好，应该考虑在 A 位扳争先手的下法，在角部简单定型后去抢占右边的大场，实战白棋在右下角落后手，被黑棋抢到右边的打入，以下至黑27扳，已经是黑棋简明优势的局面。

小结：当常规的思路和下法不能满意或者不能达到预期的目的时，就需要变通一下思路，换一个角度去思考。在实战中，根据具体的局面采用灵活变通的思路和着法是应该时刻牢记的。

2. 攻击的效率

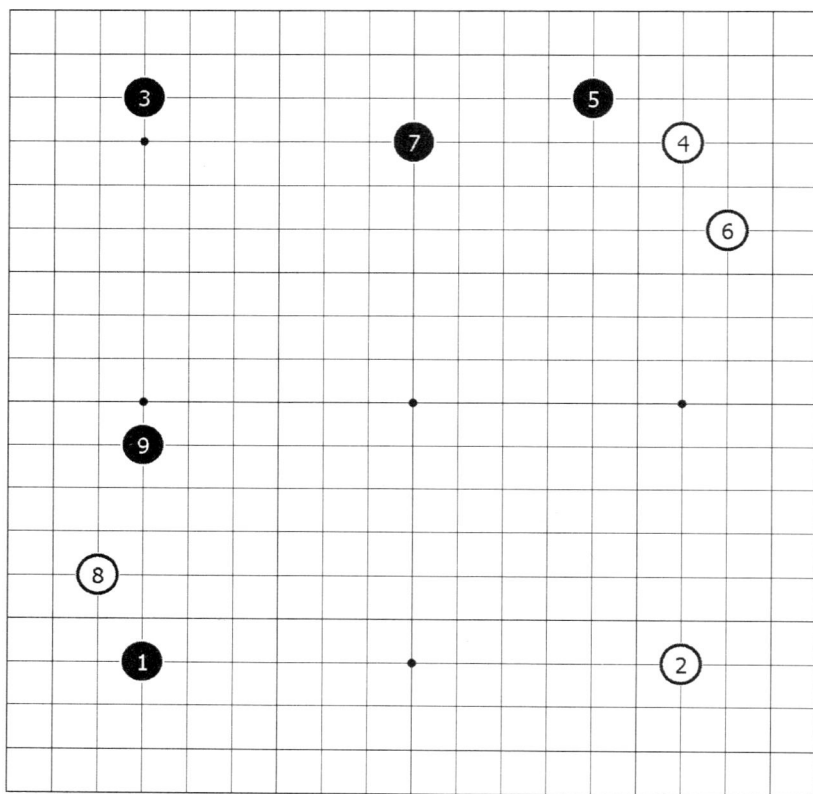

基本图：取材于笔者与学生的一盘指导棋。至黑 7，形成"小林流"，是比较普通的局面。白 8 挂，意在求变。黑 9 二间高夹是重视全局配置的好手，此时白棋应该怎样下？局面的焦点在哪里？

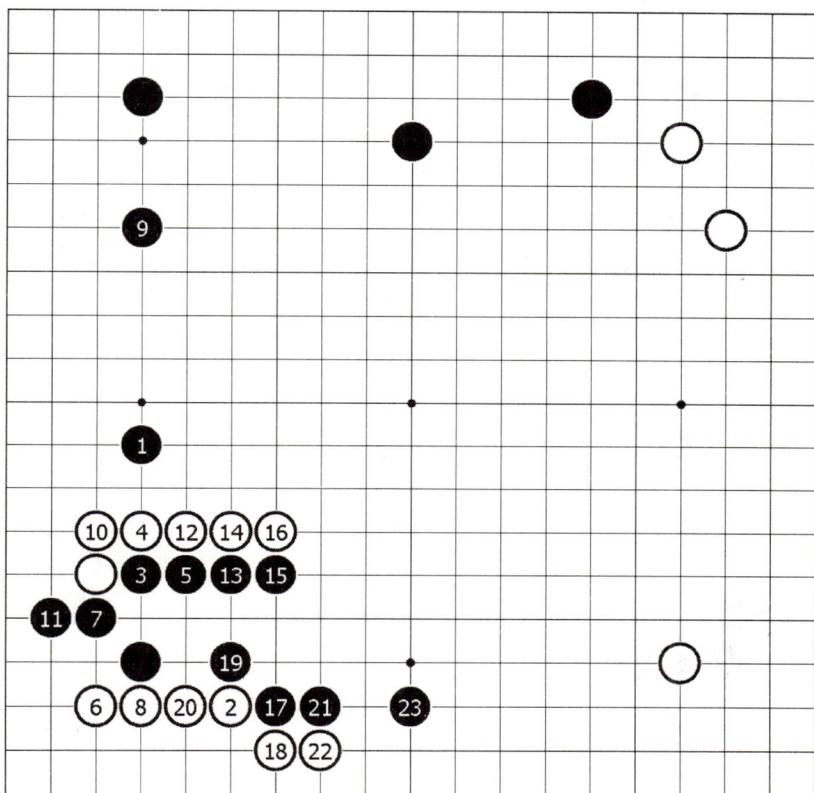

变化图1：白2"双飞燕"是第一感。白8爬回后，黑9抢到左上拆的好点，白10接开始作战。以下至黑23跳，战斗告一段落，此局面下黑棋成功地将子力引入下方，上方的阵式丝毫无损。黑1一子对白棋左边6子也有一定的限制，此时无疑是黑棋不错的局面。

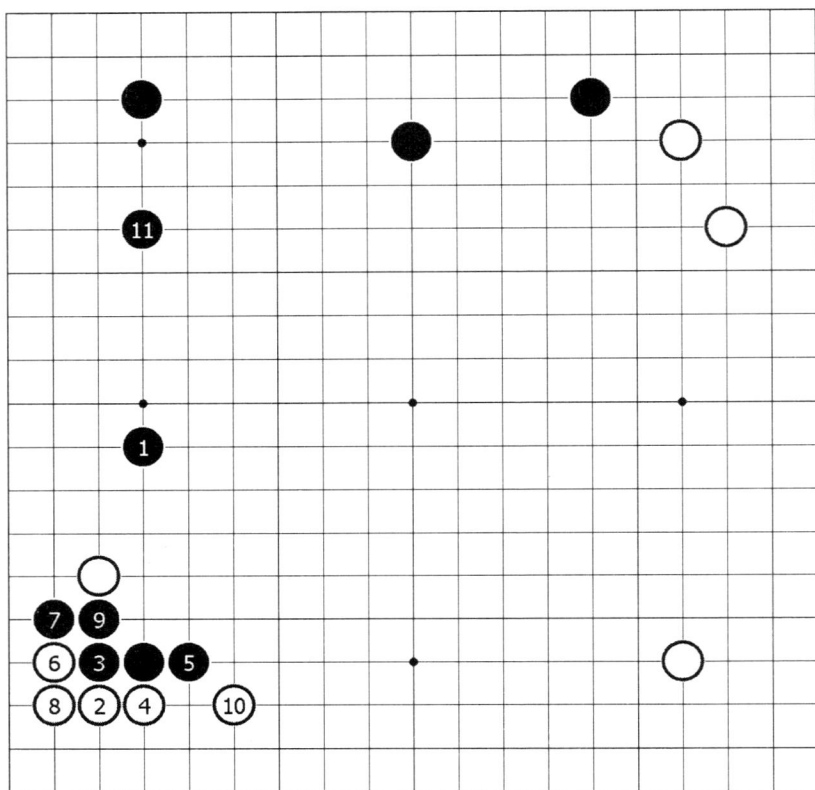

变化图2：黑1夹时，白2如果直接点角，至白10跳完成定式，黑争得先手抢到11位拆的好点，而且黑1一子与整个黑棋右边的配合很好，白棋不能满意。

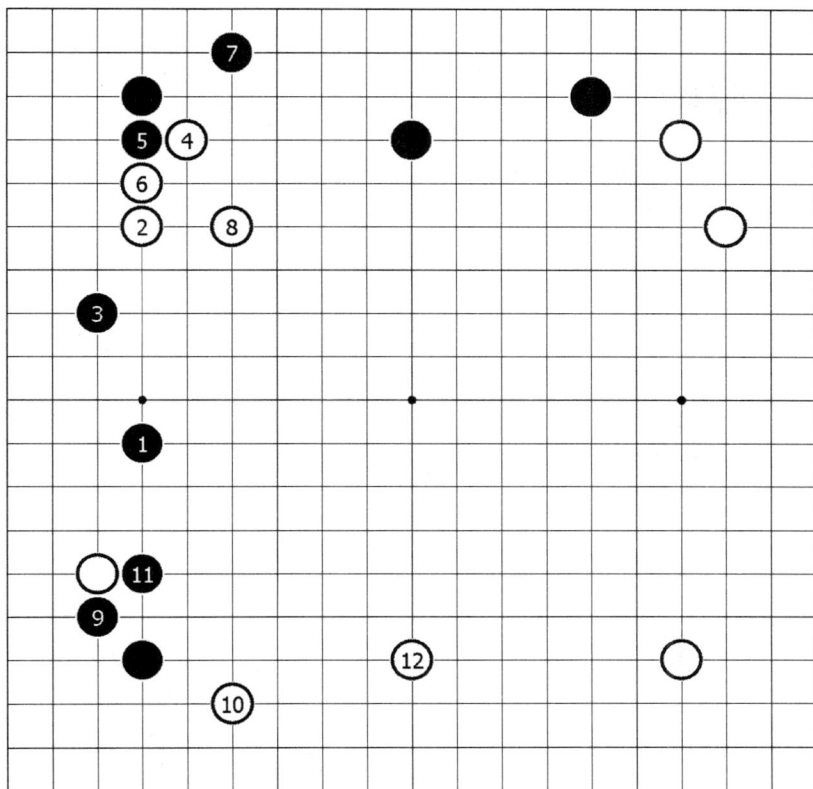

变化图3：基于以上几点考虑，因此实战笔者选择了白2二间高挂。这手棋比较轻灵，黑3若夹击，白4飞，以下至白12拆，白成功把局面导入对手不太熟悉的领域。

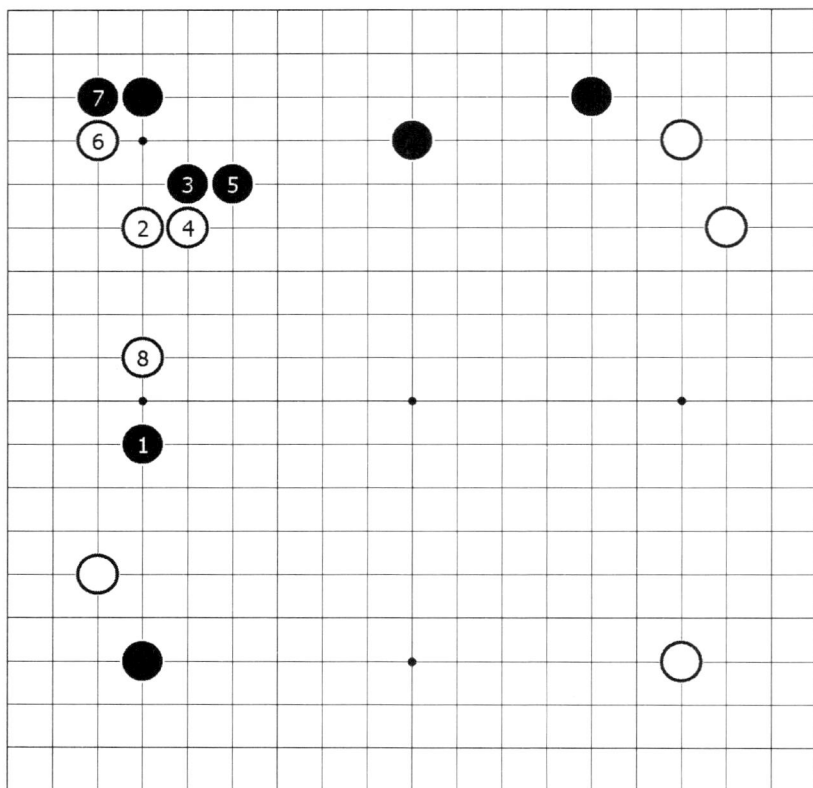

变化图 4：白 2 二间高挂时，黑 3 若飞，白 4 贴与黑 5 长交换后，与 6 位进角，以下至白 8 拆，也是可以接受的局面。

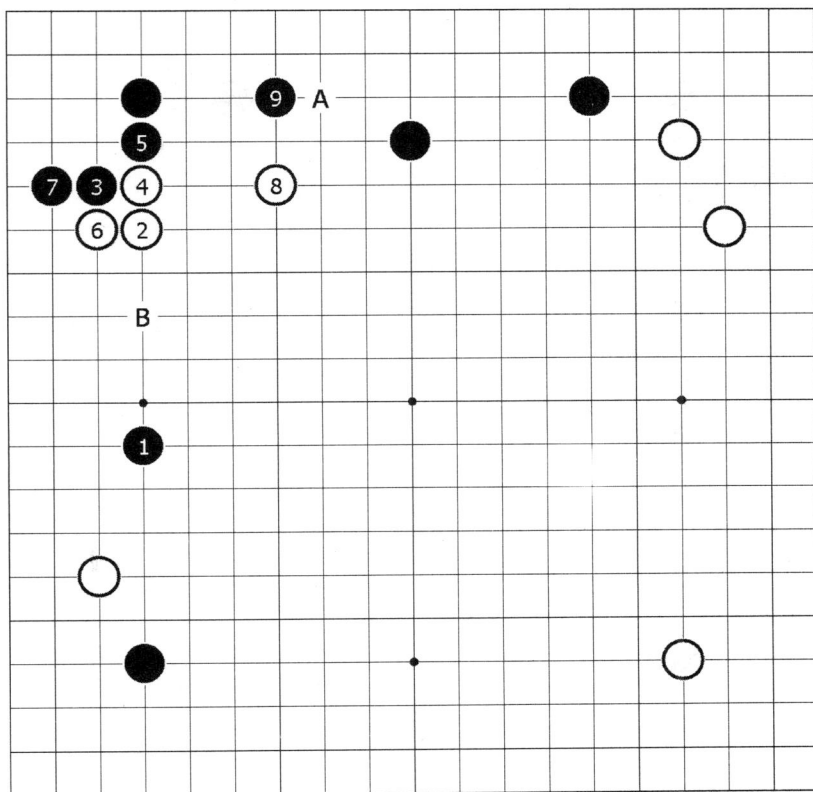

变化图 5：实战黑 3 从三路飞是重视实地的下法。白 8 跳出头时，黑 9
拆二守空是问题手，不仅对白棋的压力不够，而且还留有 A 位靠的手段。
此时黑应该在 B 位逼住才是急所。

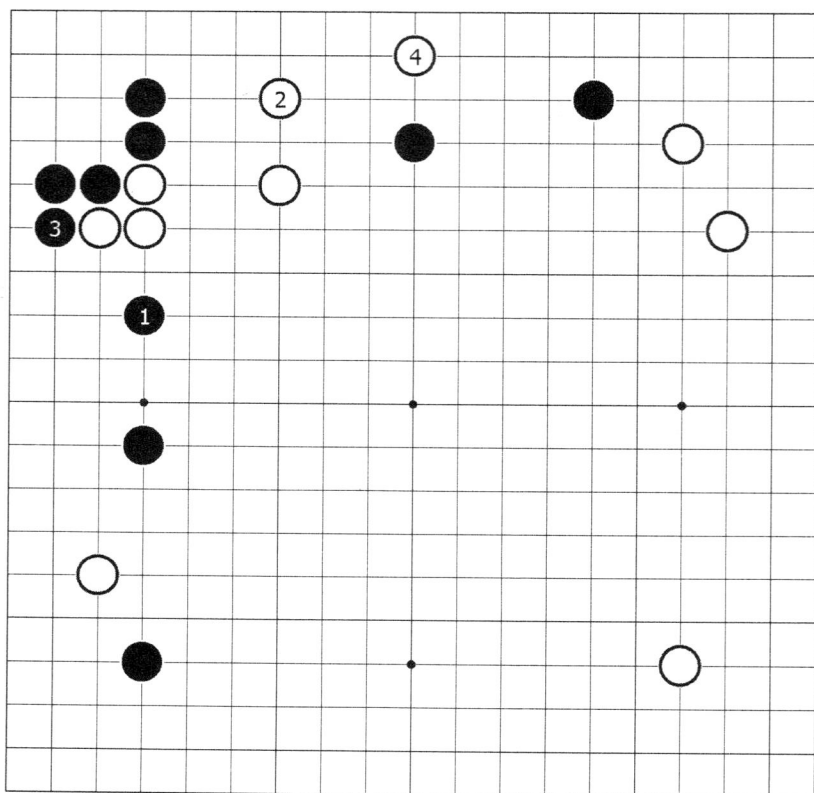

变化图 6：黑 1 逼后，白 2 若跳下，则黑 3 拐住，白 4 飞后，白棋棋形的弱点很多，明显不能满意。

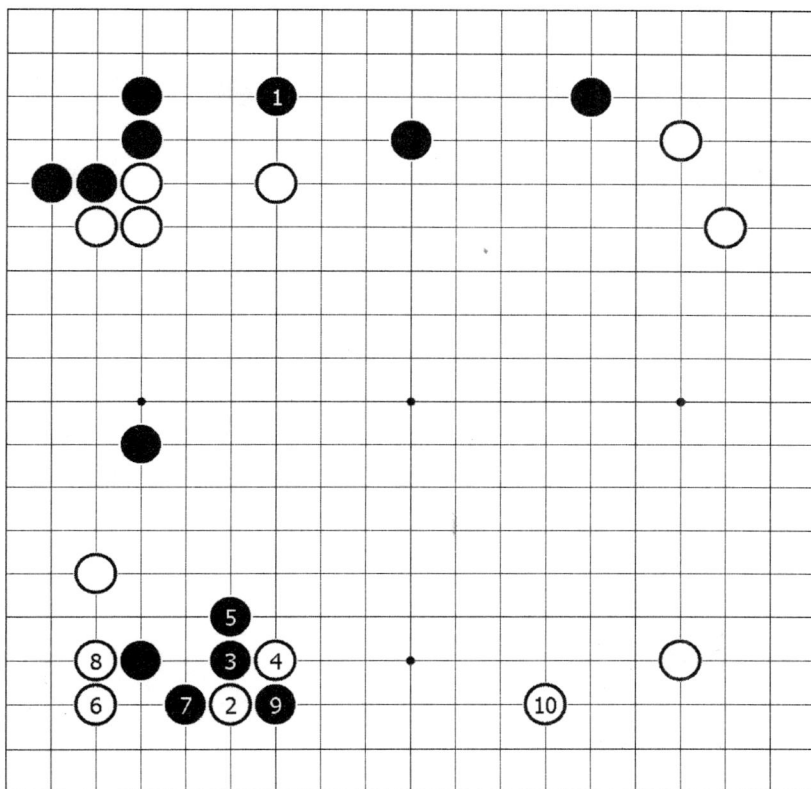

变化图 7：实战黑 1 拆后，白 2 选择了"双飞燕"。如果黑 3 靠压，以下至黑 9 打吃后，白棋上边 4 子在此局面下显得很生动。而且白棋抢到了 10 位守角的大场，成功打散了局面，可以满意。

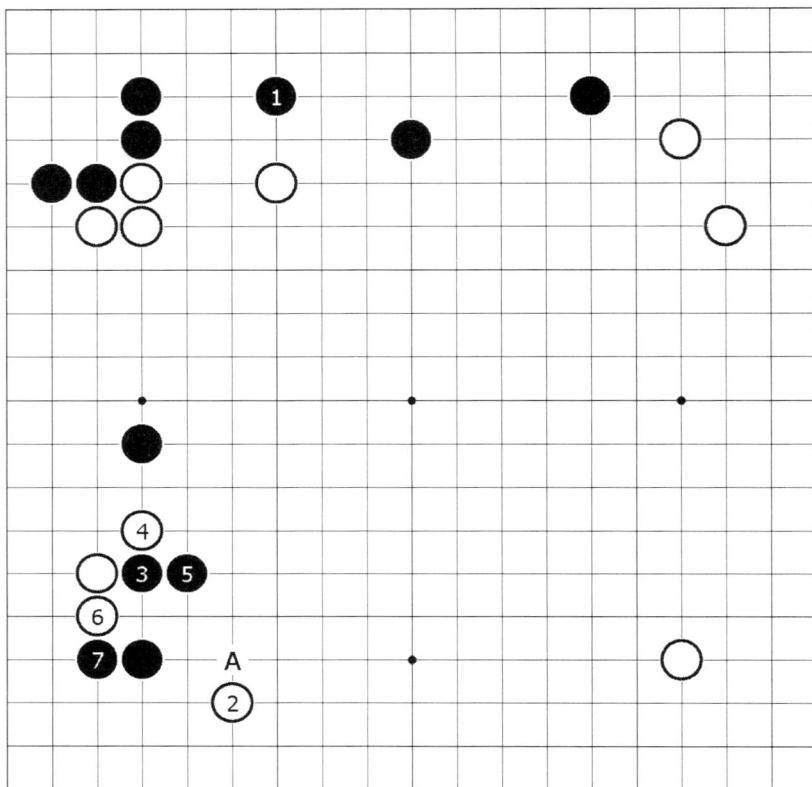

变化图 8：实战黑 3 选择从另一个方向靠压。当白 6 长时，黑 7 挡是问题手，应该在 A 位靠压。

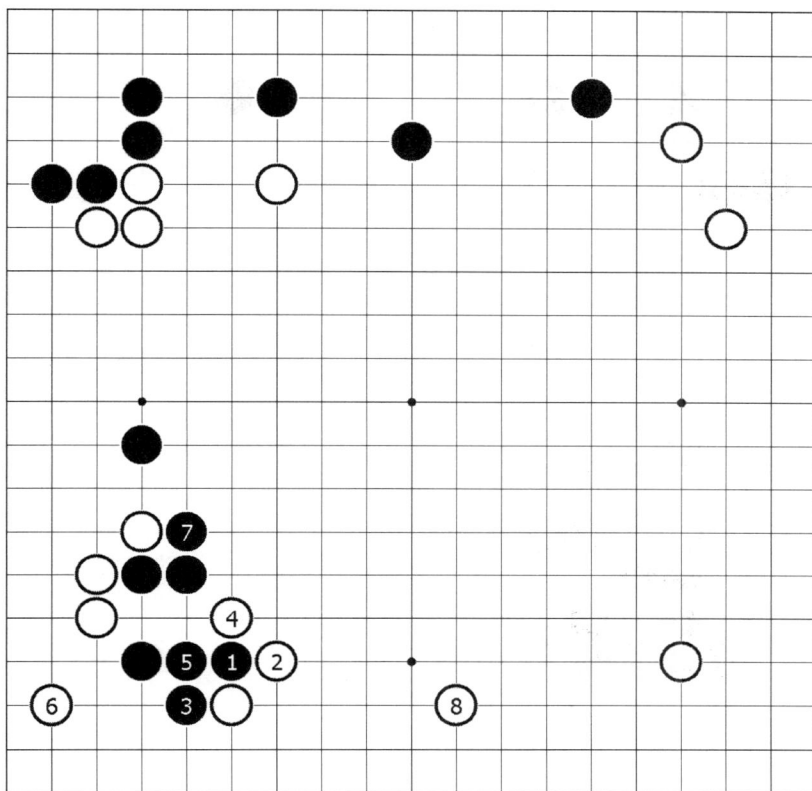

变化图9：黑1靠压至黑7拐，是比较专业的下法。黑棋左下比较厚实，对白棋上边4子隐隐构成威胁。不过白8拆以后，在下边也有一定的发展，这样是比较正常的一盘棋。

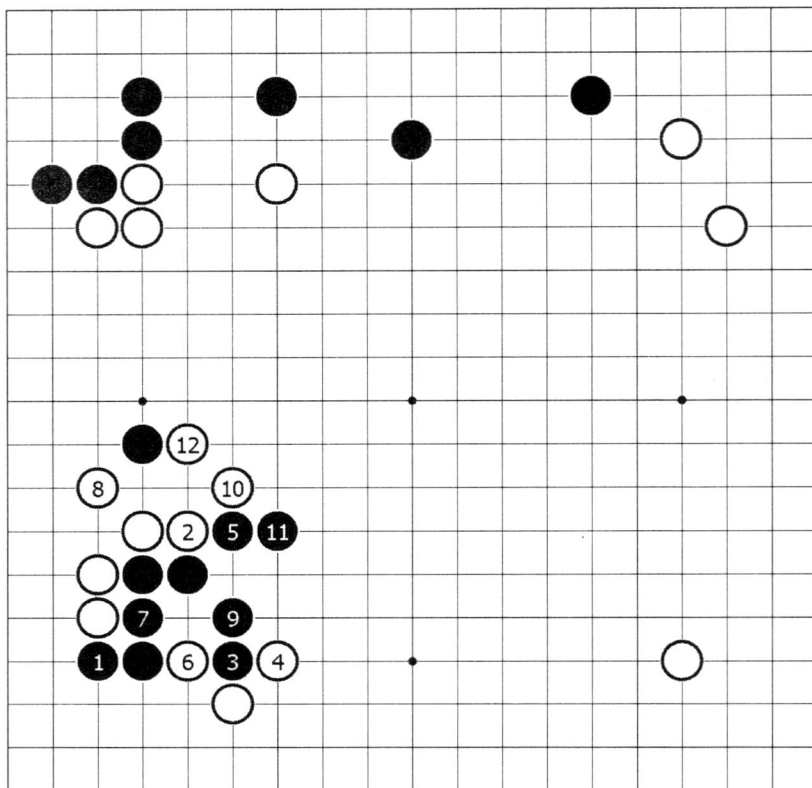

变化图 10：实战黑 1 挡，以下至白 8 虎是"韩国流"常见的下法，此时黑棋面临抉择，实战黑 9 长明显不好，被白 12 虎住以后，上边的孤棋与左边的白棋相互配合，并取得了一定的实空，黑棋显然不能接受。

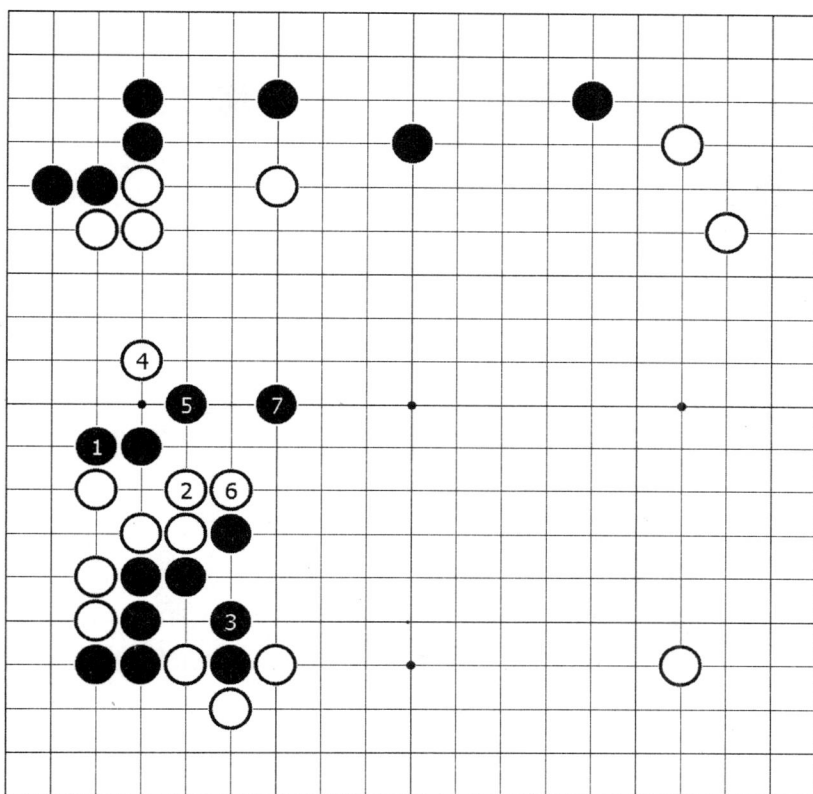

变化图11：此时黑1挡下才是正确的下法。白4逼住后，黑5尖出作战。黑7跳出后，形成战斗局面。由于白棋有两块孤棋，因此作战黑棋并不惧怕。

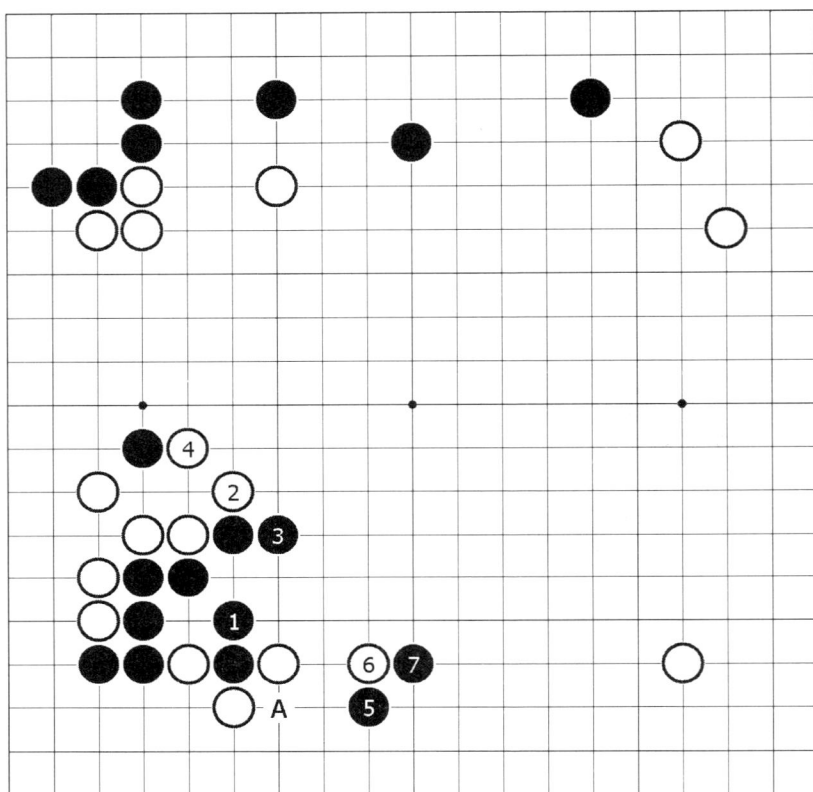

变化图 12：实战黑 1 长，以下至白 4 虎，明显白棋不错。黑 5 逼住追求高效，一般是在 A 位断吃。白 6 靠压寻求借用，黑 7 若扳，则……

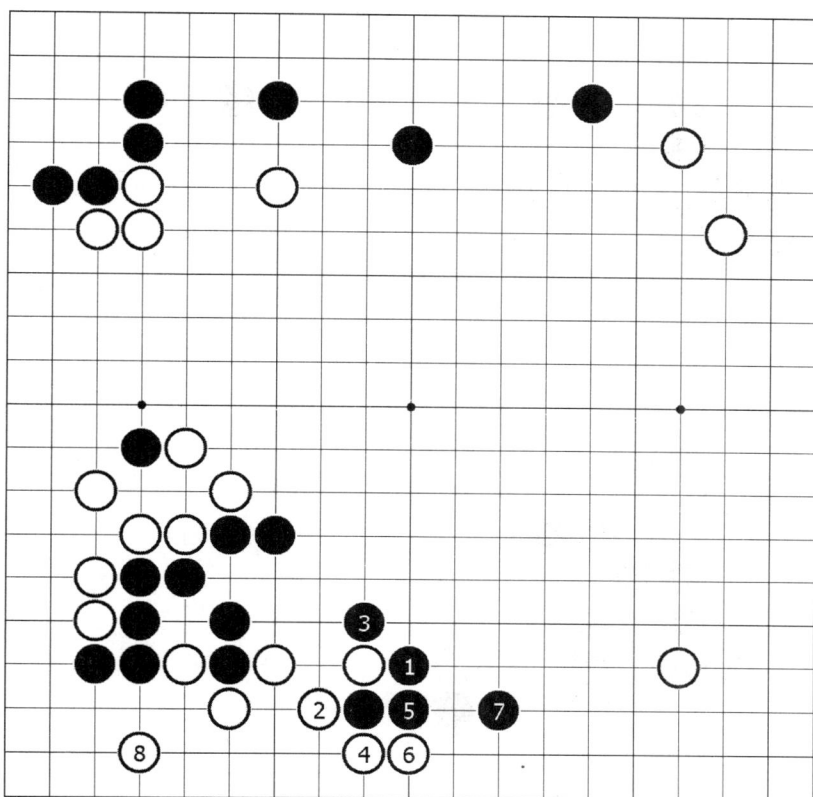

变化图 13：黑 1 扳时，白 2 虎，以下至白 8 飞，白棋取得边空。虽然黑棋外围很厚实，但由于此前白棋在左边取得成功，因此局面依然是白棋优势。

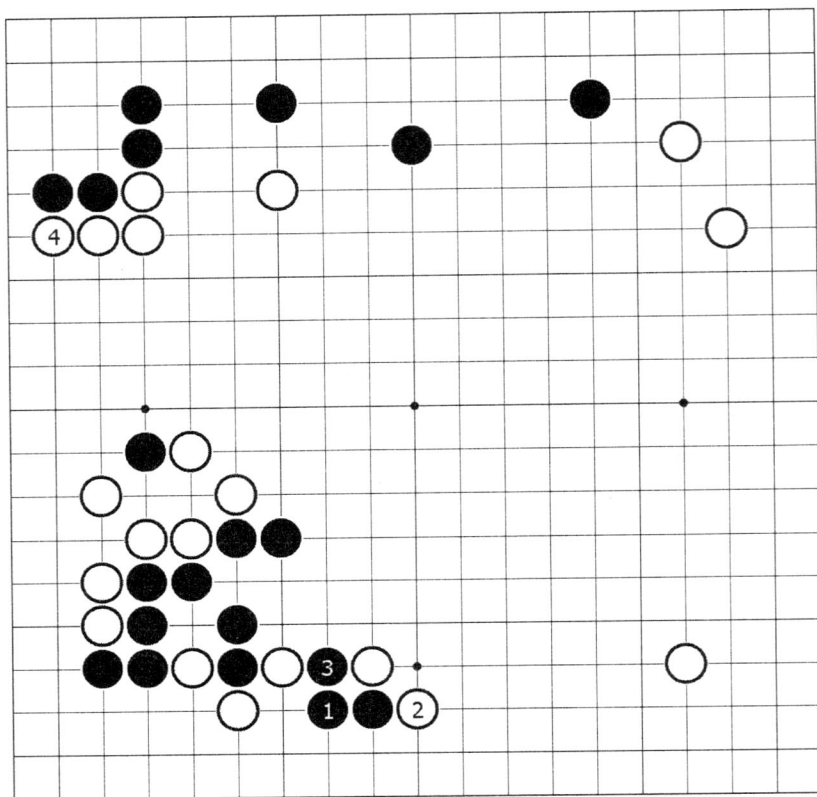

变化图 14：黑 1 若往里长，则白 2 扳住。黑 3 冲吃以后，白棋争得先手在 4 位挡住，优劣一目了然。

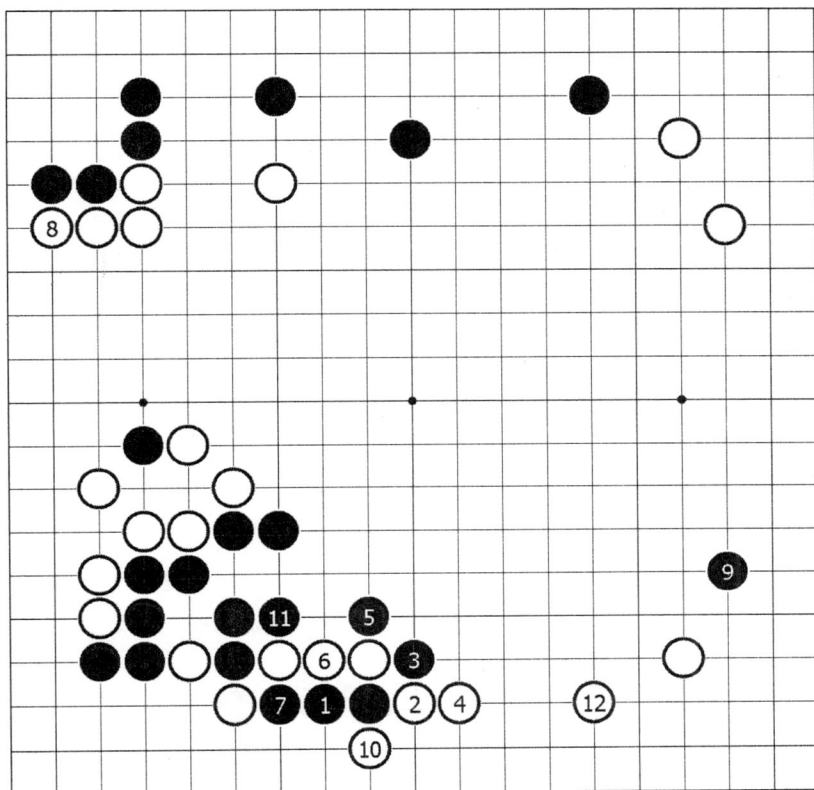

变化图15：实战黑3断以后，在5位打吃，在7位断不明智，白8挡住巨大，由于白2、白4两子在下边一带的借用很多，所以黑棋无法攻击这两子。黑9挂角无奈，白10先手扳后，再于12位小飞守角。至此，白棋优势明显。

小结：这盘棋黑棋没有利用好子力的优势有效地攻击左上白棋，在定式的选择上没有讲究全局的配合，在下边补棋的时候没有意识到补完棋后面临的局面，同时给对手留有很多借用。

3. 局部服从整体

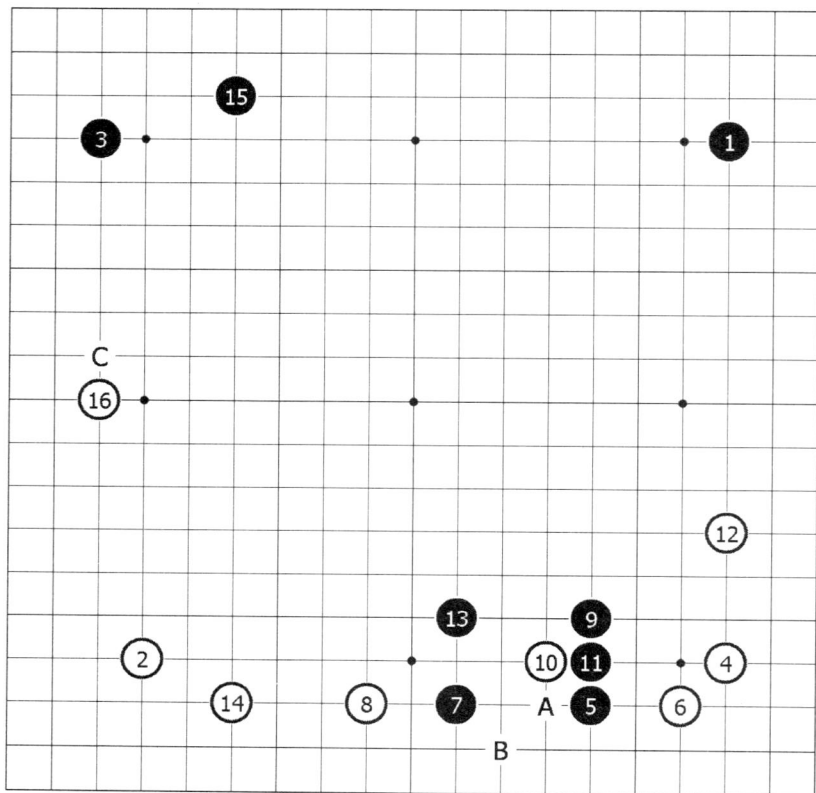

基本图：本局取材于笔者的学生"弈城8d"在网上的对局。黑9跳后，白10点是常用手法。黑11在上面接是正常应对，此时在A位爬回也是一种下法。白12拆二选择取实地，黑13跳补有必要。若不补，白有B位飞的严厉手段。考虑到周围的配置情况，黑15大飞守角不如小飞守。白16拆略有疑问，此时可考虑在C位多拆一路。

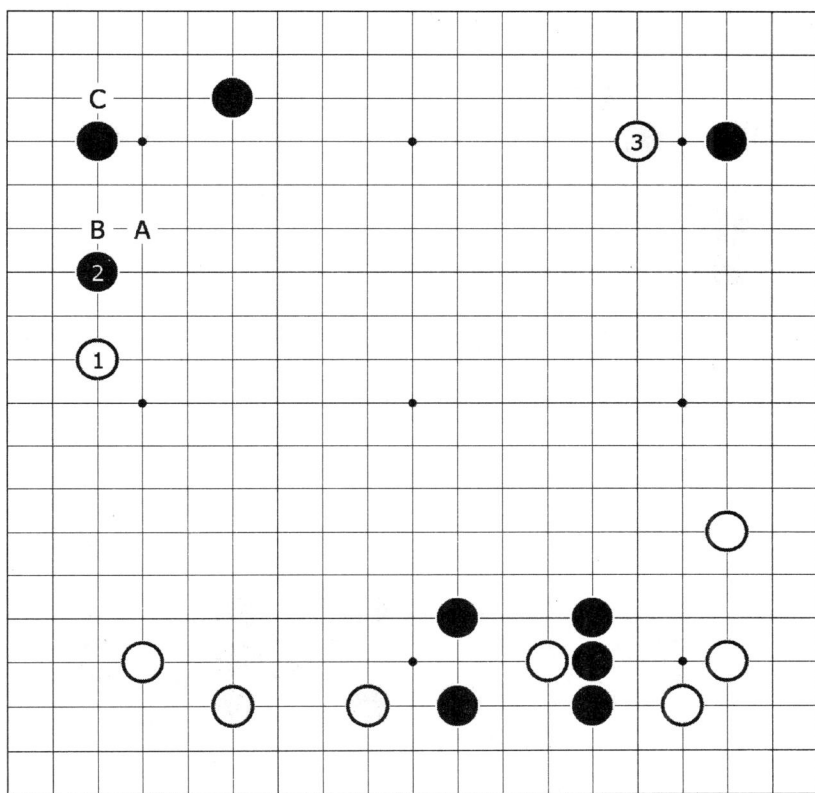

变化图 1：在白棋左下比较厚实的情况下，白 1 多拆一路，黑 2 若逼住，则白 3 挂角，将来白棋在左上角留有 A 位点的手段。黑 2 若不逼，被白在 B 位拆二后，将来角上留有 C 位靠的手段。

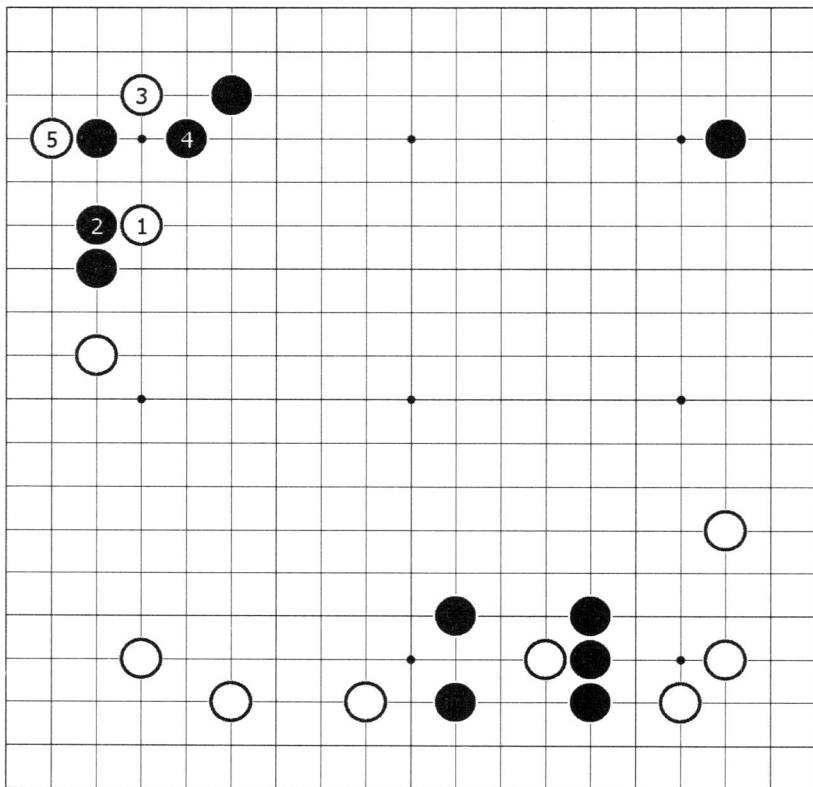

变化图 2：白 1 点，黑 2 若挡住，则白 3 点，黑 4 若小尖封锁白棋，则白 5 有托的下法，黑棋明显不行。

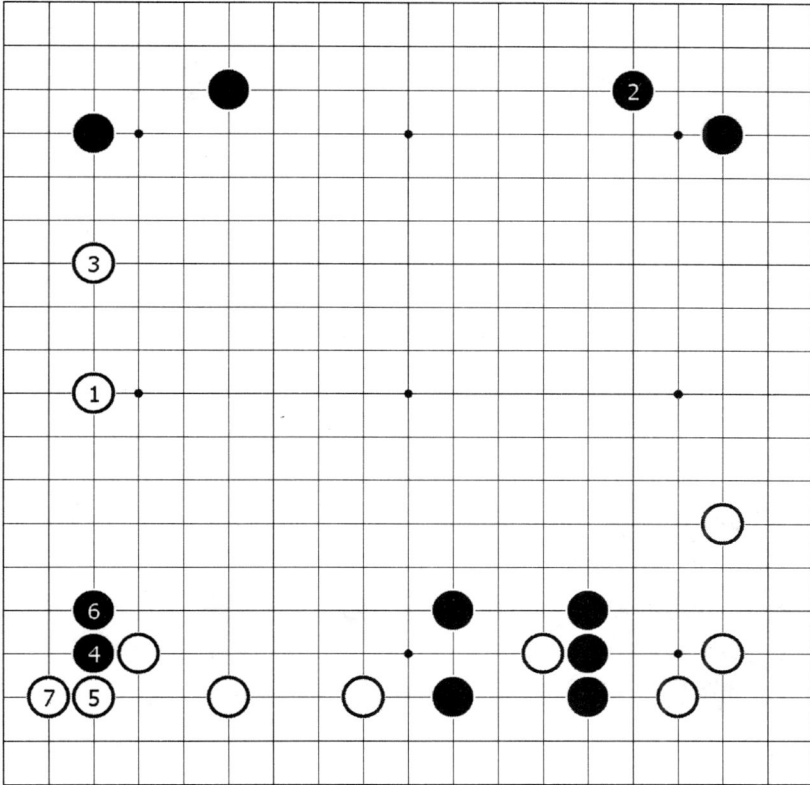

变化图 3：实战白 1 拆，黑 2 守无忧角略有疑问。考虑到左上角的配置，黑 2 单关守角更好一些。白 3 拆二正常，黑 4 托角时，白 5 内扳后再于 7 位立是重视角空的下法。此时在 6 位扳也是一种选择。

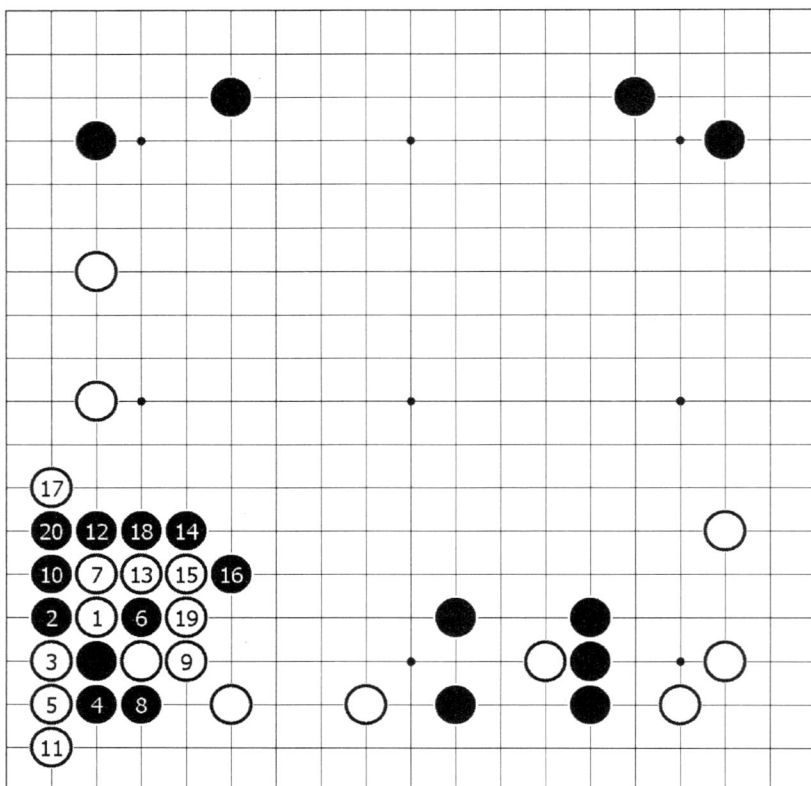

变化图4：白1扳时，黑2连扳。白3若断打，则黑4长，以下至黑20接是双方正常的应对，此时白棋争得先手，可以抢占其他大场。

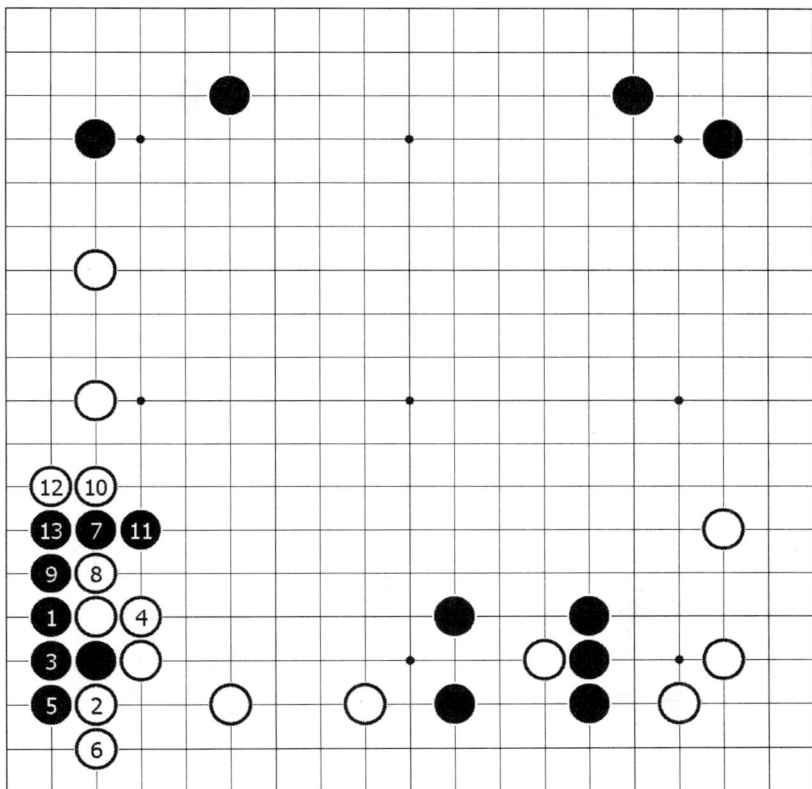

变化图 5：黑 1 连扳时，白 2 打吃也是一种选择，以下至黑 9 挡是双方正常应对。此时白 10 夹是比较严厉的一手。黑 11 若选择出头，白 12 立与黑 13 接交换后，白棋左边的上下两块均已安定，而黑棋中间这块棋还没活。若黑 11 在 12 位虎，白 12 在 11 位打吃，黑 13 接住后，黑棋活得太委屈，也不能满意。

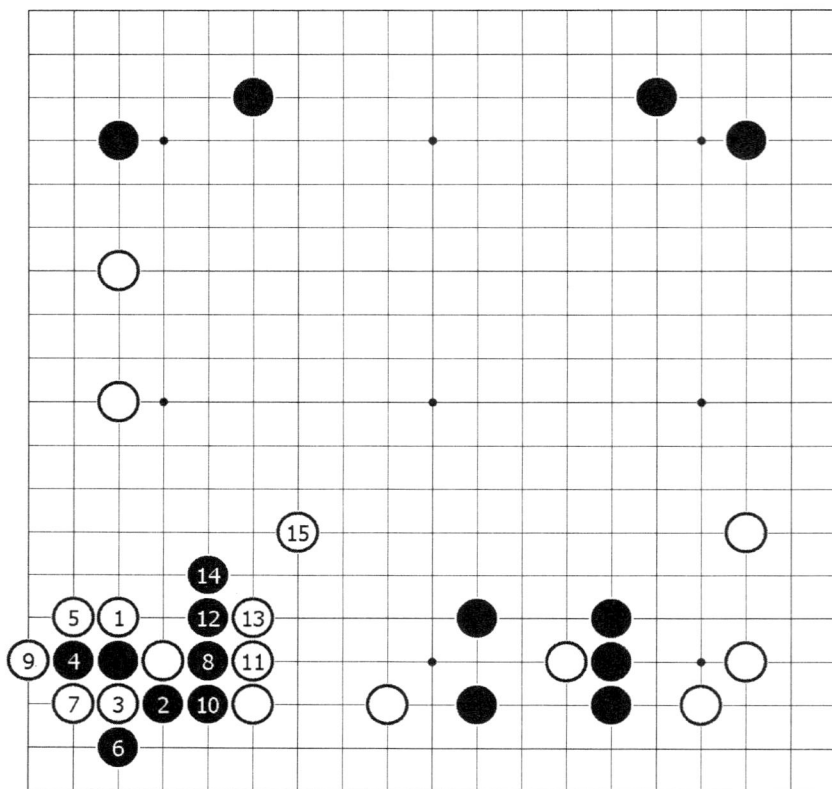

变化图6：基于上述变化黑棋不能满意，因此白1扳时，黑2在另一处连扳也是一种可以选择的下法。白3若断打，以下黑4选择弃子的下法，至黑10接双方形成转换，以下至白15飞，白棋对左下黑棋形成攻势，攻击型选手可以选择这一变化。

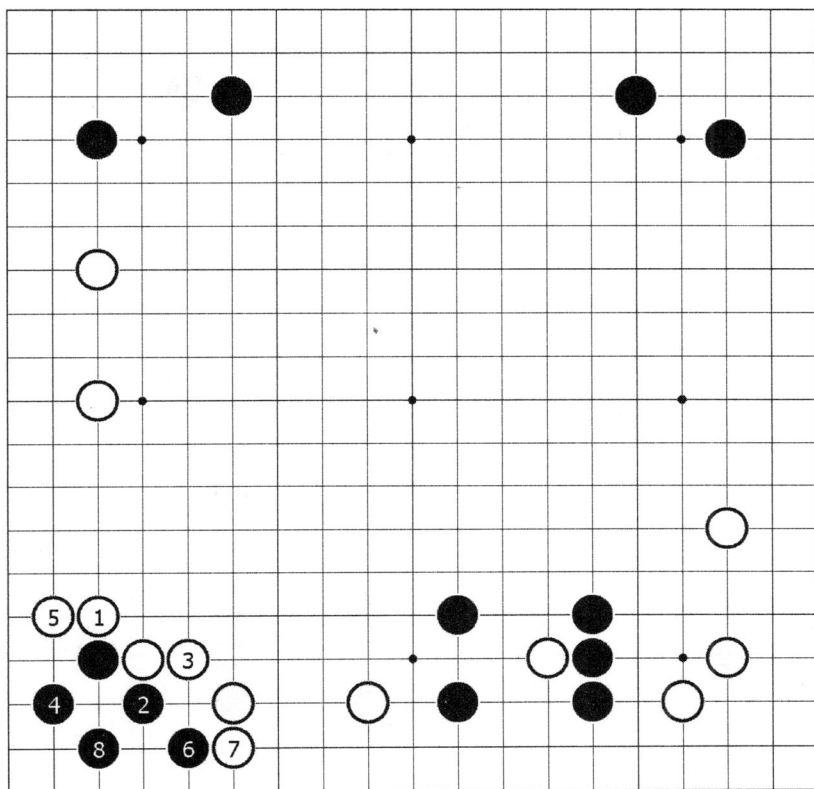

变化图7：白1扳时，黑2连扳，白3退是一种平稳的下法。以下至黑8补活，黑棋取得角地，白棋取得外势并争得先手，可以满意。

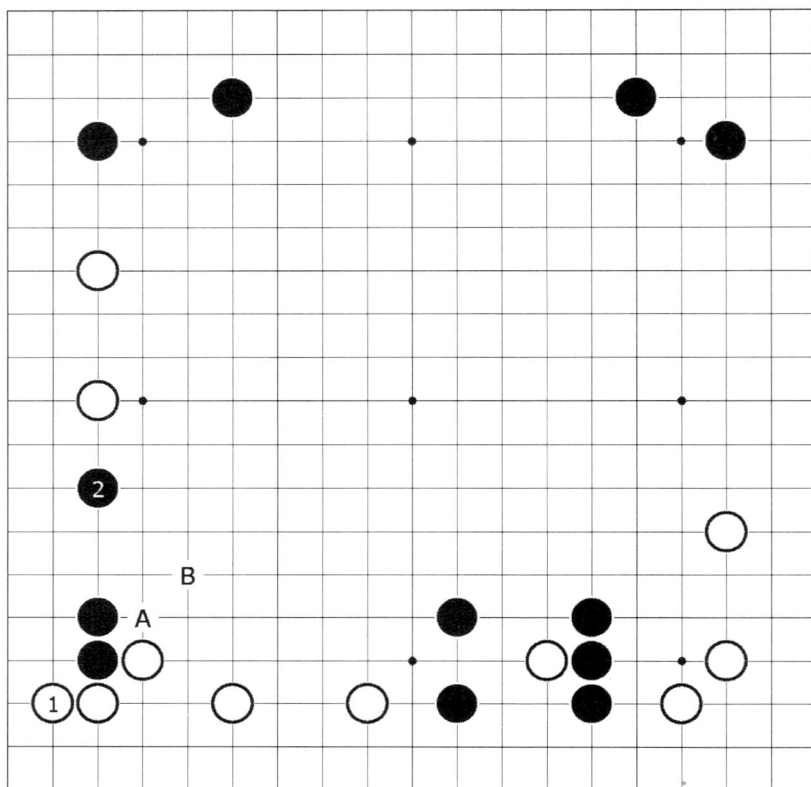

变化图 8：实战白 1 立取角地后，黑 2 拆二是问题手，被白棋在 A 位压后，整块未活，将受到攻击。此时，黑棋应在 B 位飞。

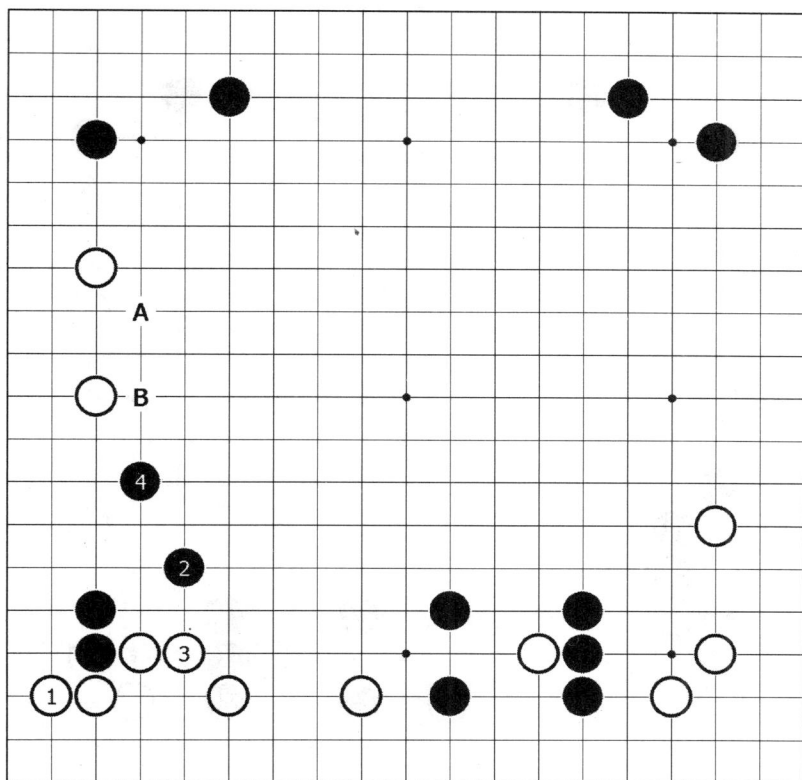

变化图9：黑2飞与白3并交换后，黑4飞是轻灵的一手，此时这块黑棋已不易受攻，未来还留有在A位和B位点压白棋的手段。

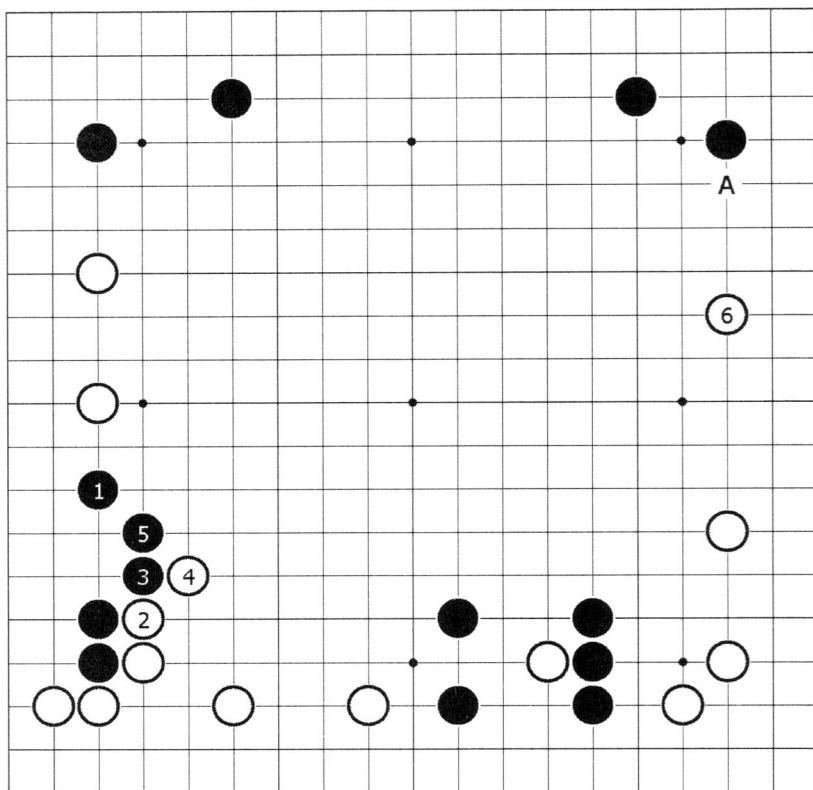

变化图 10：实战黑 1 拆二后，白 2 压，黑 3 扳，白 4 扳，黑 5 退后，左边战斗告一段落，此时白 6 拆边是明显的问题手。此局面下白棋在 A 位碰是可以考虑的。

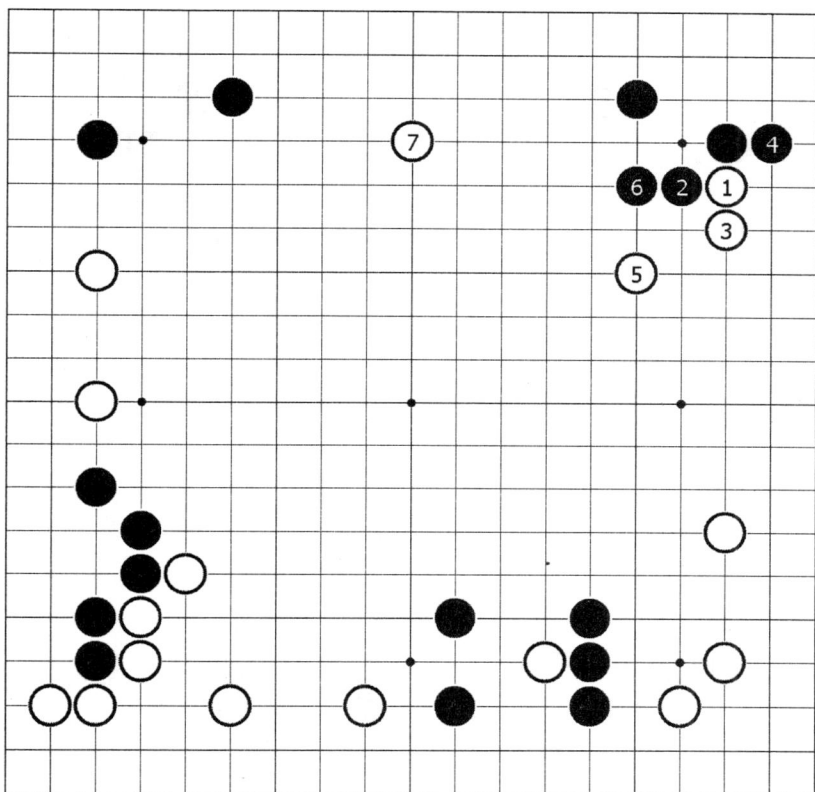

变化图 11：白 1 碰，黑 2 若扳，则白 3 退，黑 4 立下后，白 5 再飞，此时黑 6 并是本手，右上白棋争得先手后白 7 再到上边分投是不错的构思。

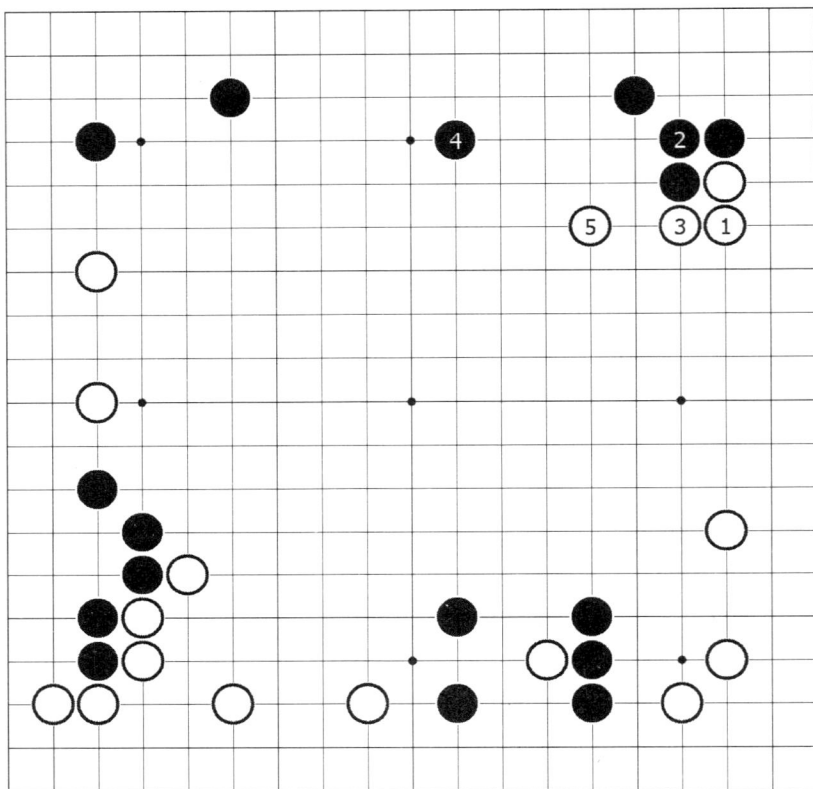

变化图 12：白 1 长时，若黑 2 粘住，则白 3 拐住。若黑 4 脱先在上边拆，则白 5 跳出，此时白棋在左边配置不错。

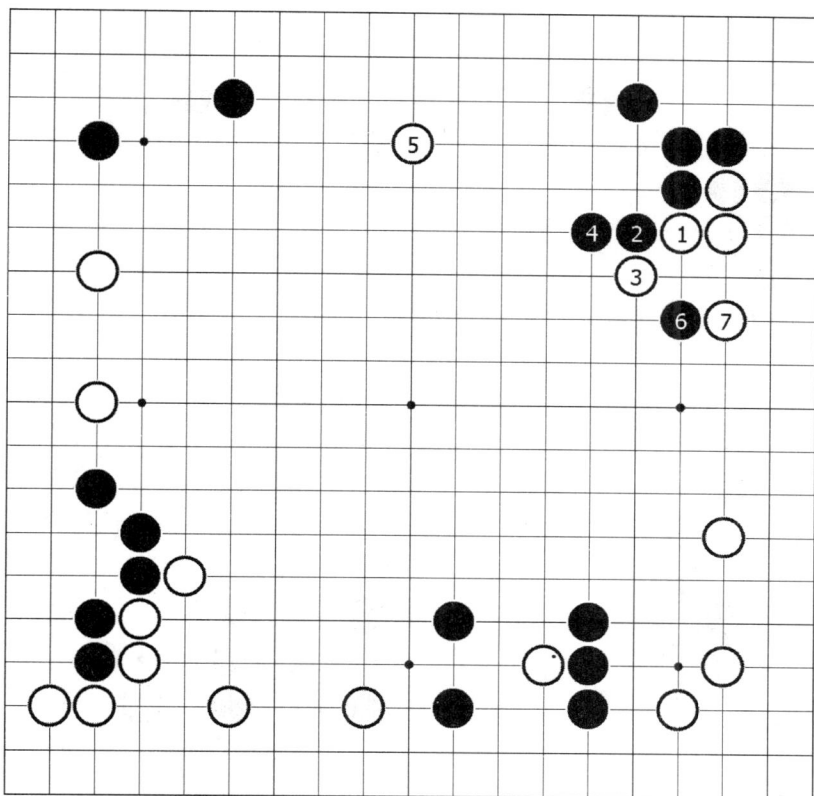

变化图 13：白 1 拐时，若黑 2 扳住，则白 3 扳与黑 4 退交换后，白 5 脱先在上边分投是不错的下法，若黑 6 点攻击白棋，则白有 7 位托的防守手段。

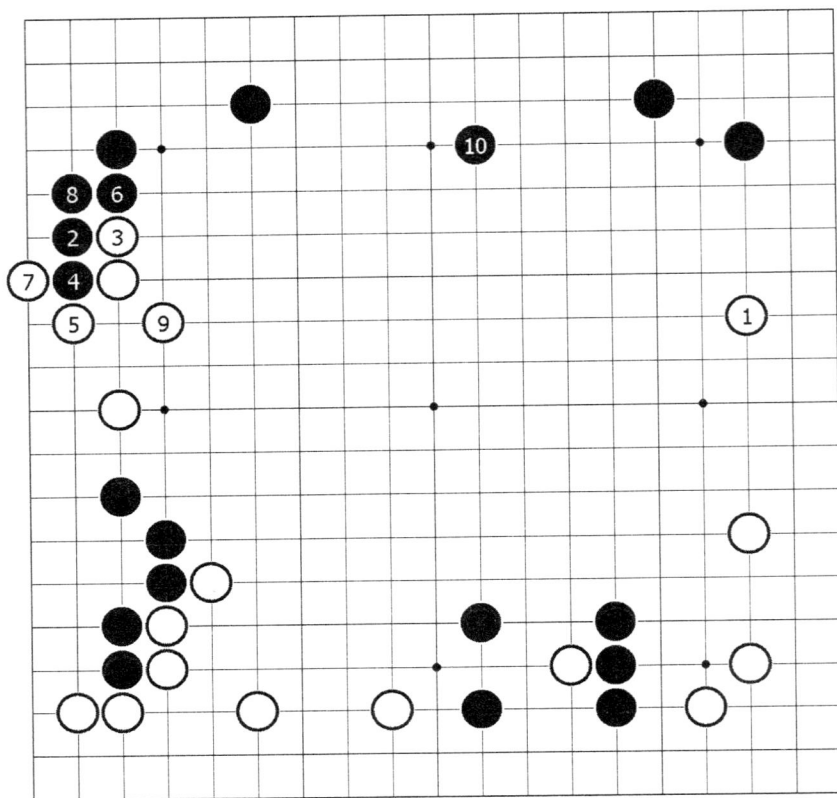

变化图 14：实战白 1 拆后，黑 2 飞的意图是在攻击左边拆二两子的同时补强左上角，以下至白 9 虎，黑棋争得先手后抢到上边拆的大场完全达到意图。因此当黑 2 飞时，白 3 压是问题手。

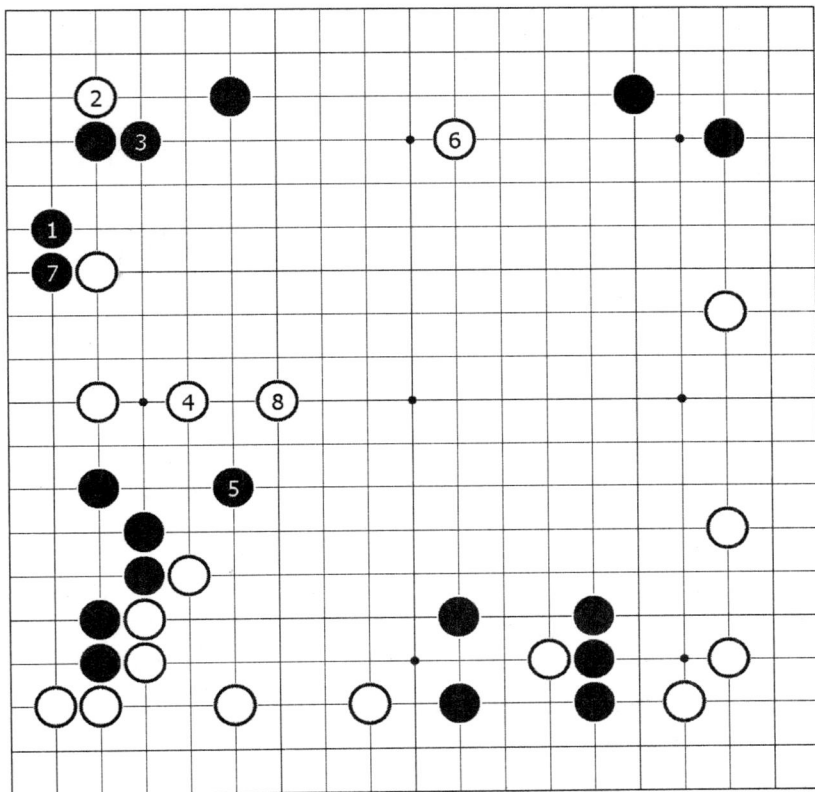

变化图 15：黑 1 飞时，白 2 碰在角部试应手是好时机。黑 3 若退，则白 4 跳，黑 5 飞出头后，白 6 占据上边大场。若黑 7 爬，则白 8 跳出头顺畅，而且白棋左上还留有打劫活角的手段，明显白棋满意。

小结：局部始终要服从大局才能把握全局的主动。

4. 牢记全局的观念

　基本图：这是典型的"小林流"下法。白1高挂后，黑棋有种种应对方法。这一节就围绕"小林流"的一些常见变化展开。

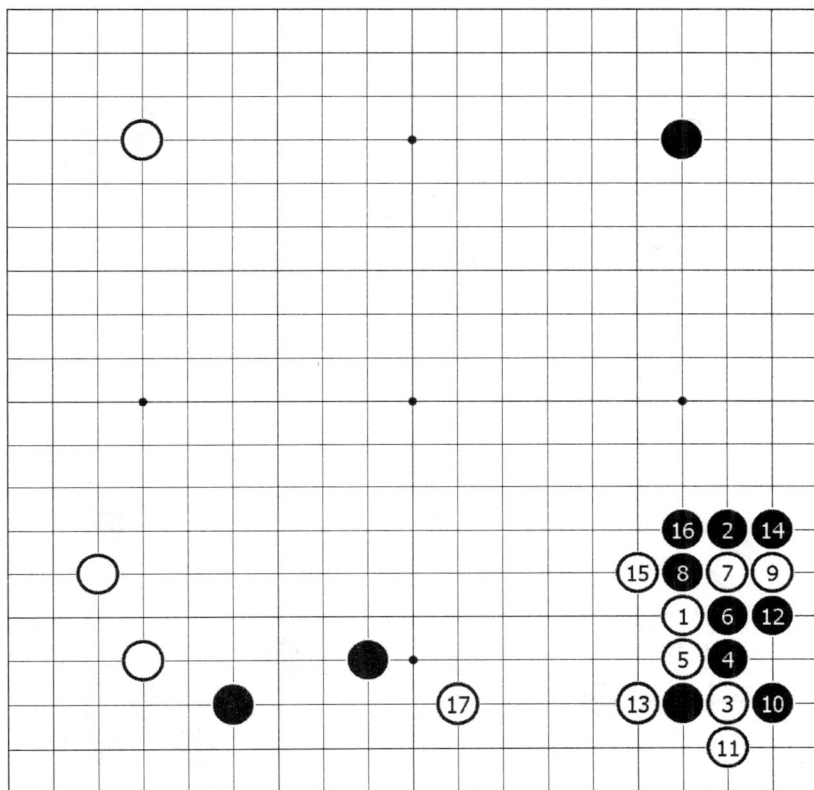

变化图 1：白 1 高挂后，黑 2 一间低夹是在围甲比赛中出现过的应法。如果白 3 托，黑 4 扳，以下至白 17 拆是双方正常的应对，但是在此局面下黑棋明显不利。

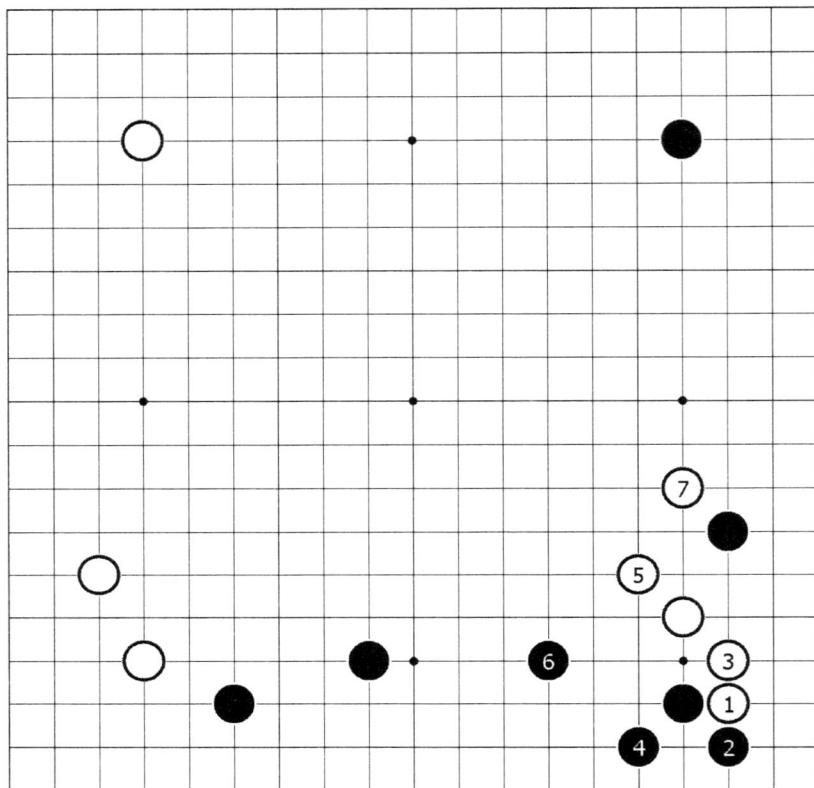

变化图 2：白 1 托时，黑 2 在二路扳，当白 3 退时，黑 4 若虎，白 5 尖出头，黑 6 飞补，白 7 飞压后双方均无不满，大致形成两分的局面。

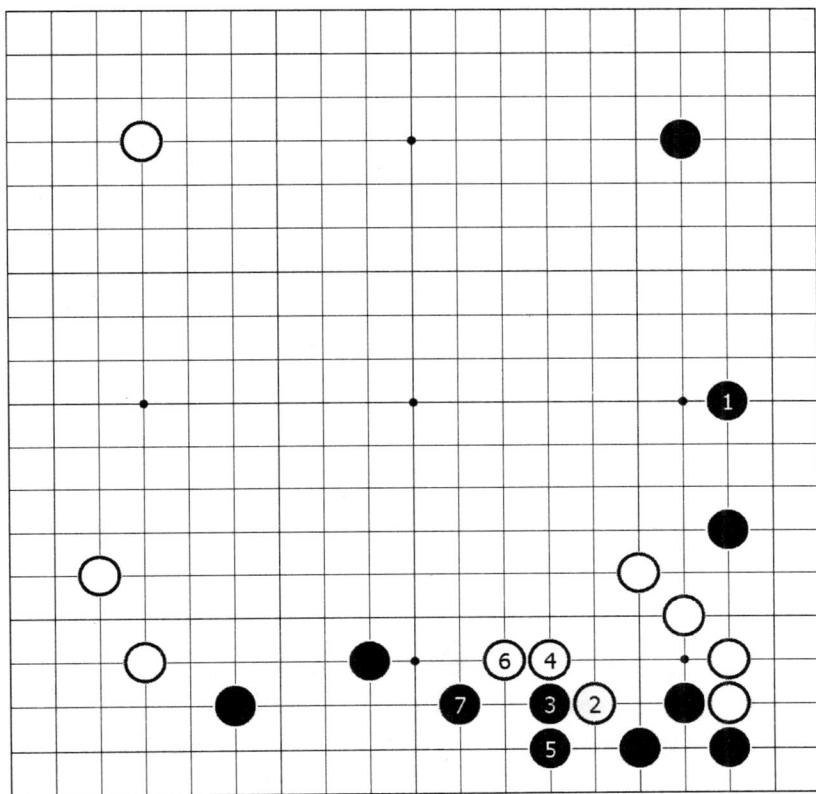

变化图3：如果黑1拆二，白2点，以下至黑7跳。由于黑棋下面太扁，所以这个变化黑棋不利。

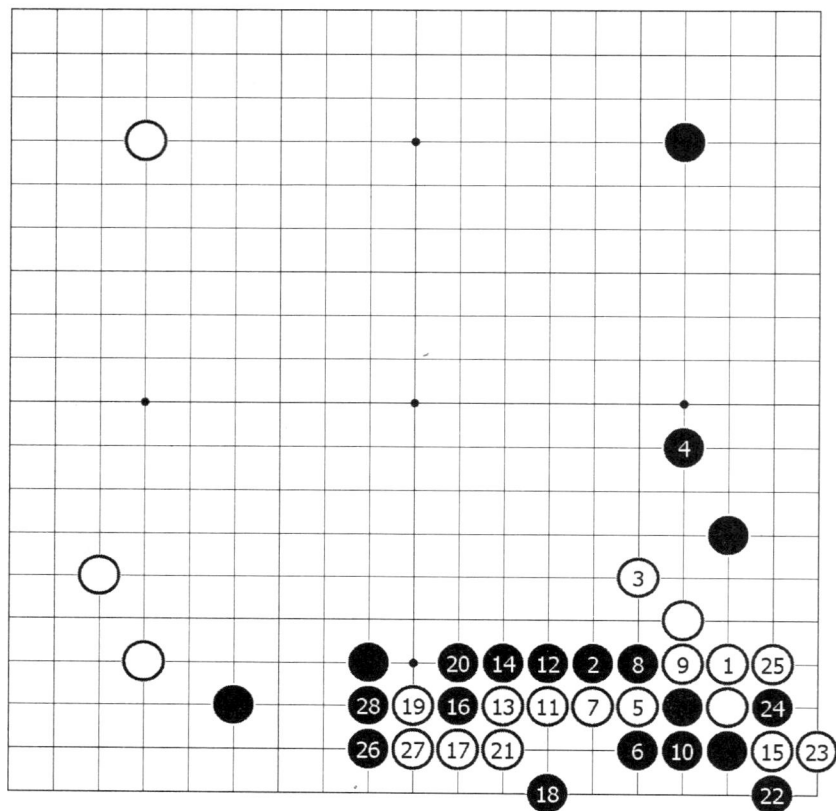

变化图4：当白1退时，黑2飞是在平凡之中蕴含杀机的一手。白3尖出头必然，黑4飞补，白5反击，黑6虎是用心良苦的一手。以下至白17扳，表面上看起来右下4颗黑子被吃，但是此时黑18在一路点是好棋，以下至黑28，双方形成对杀。此时白棋6口气，黑棋4口气，看起来似乎是白棋有利，但是边角的对杀往往有其特殊性。

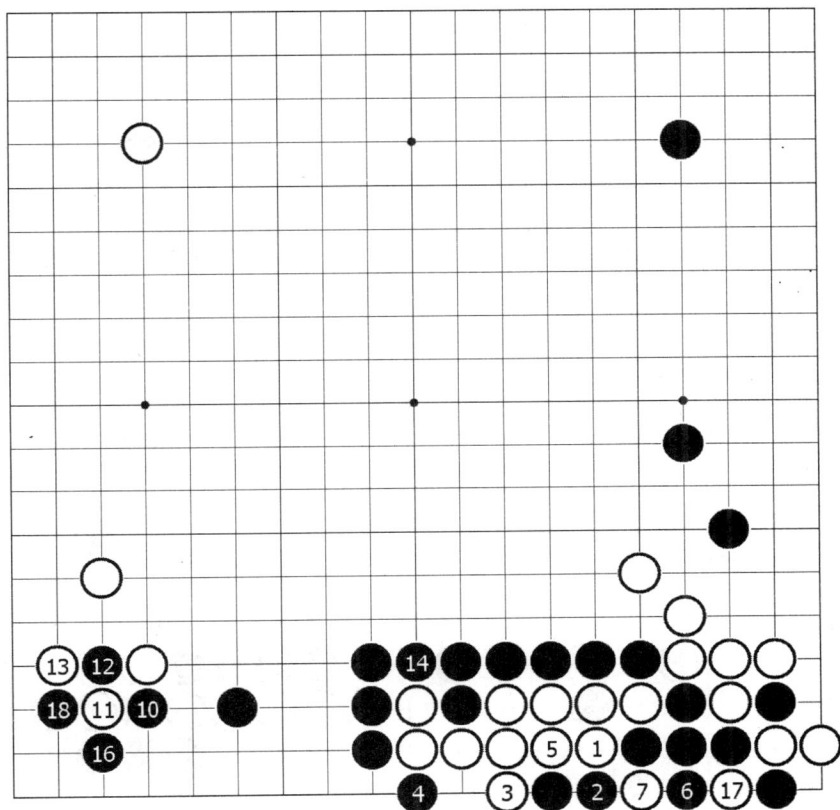

8 O1 9 N1 15 P1

续变化图 4：当白 5 打吃时，黑 6 是巧手，白棋被迫打劫，这个劫白棋明显比黑棋要重。此时黑 10 托制造劫材，白 11 无法退让，奋力反击。当白 13 打吃时，黑 14 抓住时机开劫。当黑 16 打吃找劫的时候，白 17 由于没有合适的劫材已无法再应，因此消劫必然。黑 18 提后，白棋明显不行。所以在这个变化中，黑棋在平凡之中蕴含杀机。

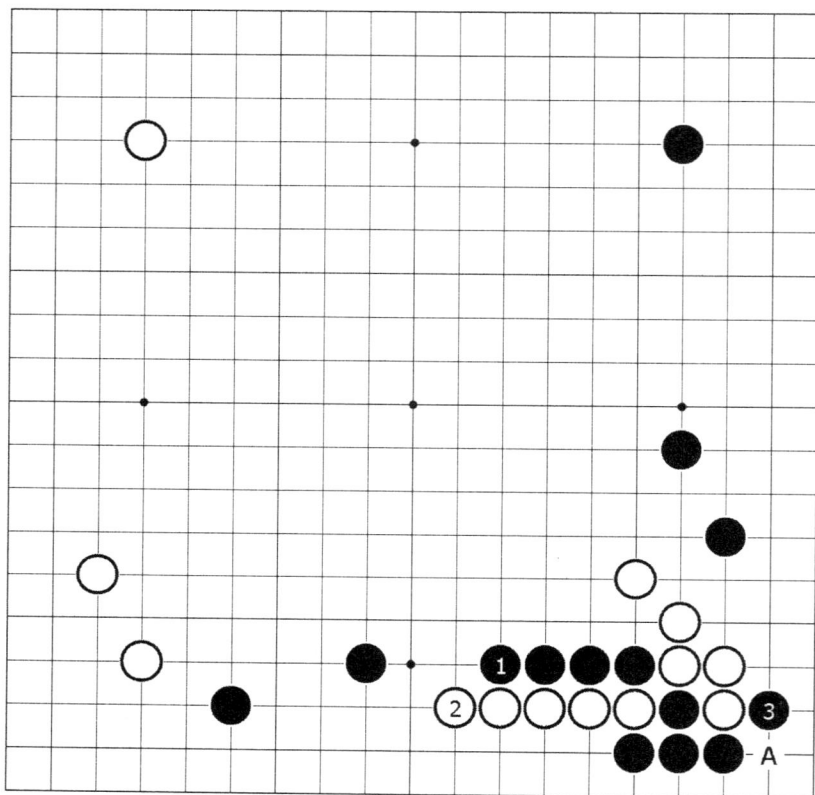

变化图5：当黑1压时，如果白2继续退，当黑3扳活角以后，中间四子形成对白棋缠绕攻击的局面，白棋明显不行。所以在此局面下，白2在A位扳是必然的一手。

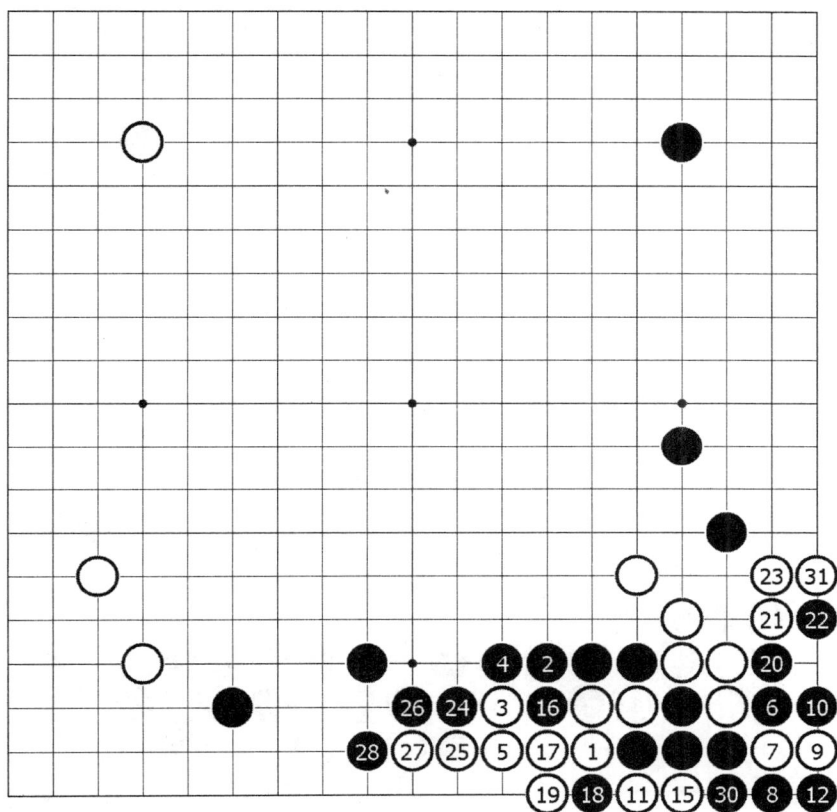

⑬ S2 ⑭ T2 ㉙ O1

变化图 6：在此局面下，白 1 拐是职业棋手在围甲联赛中下出的一手变化。此时由于黑棋在 16 位扳不能成立，所以黑 2 只有长。以下至黑 22 扳，如果白 23 退，则黑 24 扳。以下至白 31，双方形成劫争。

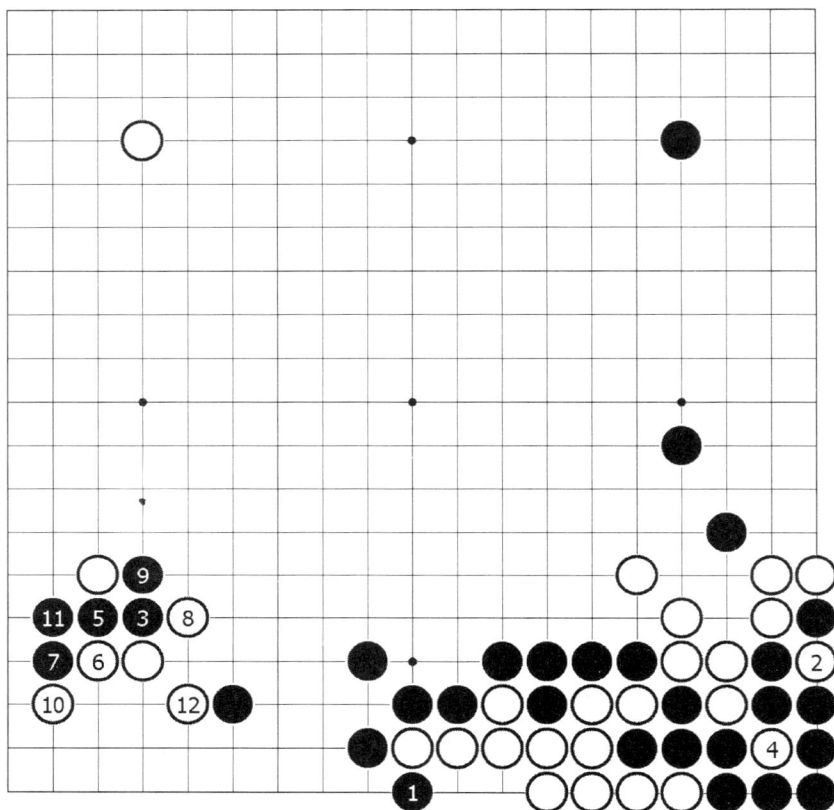

续变化图 6：黑 1 扳收气，白 2 提劫，黑 3 找劫材，白 4 只有消劫。以下至白 12，黑棋的收获并不大，所以在这种情况下黑棋不好。

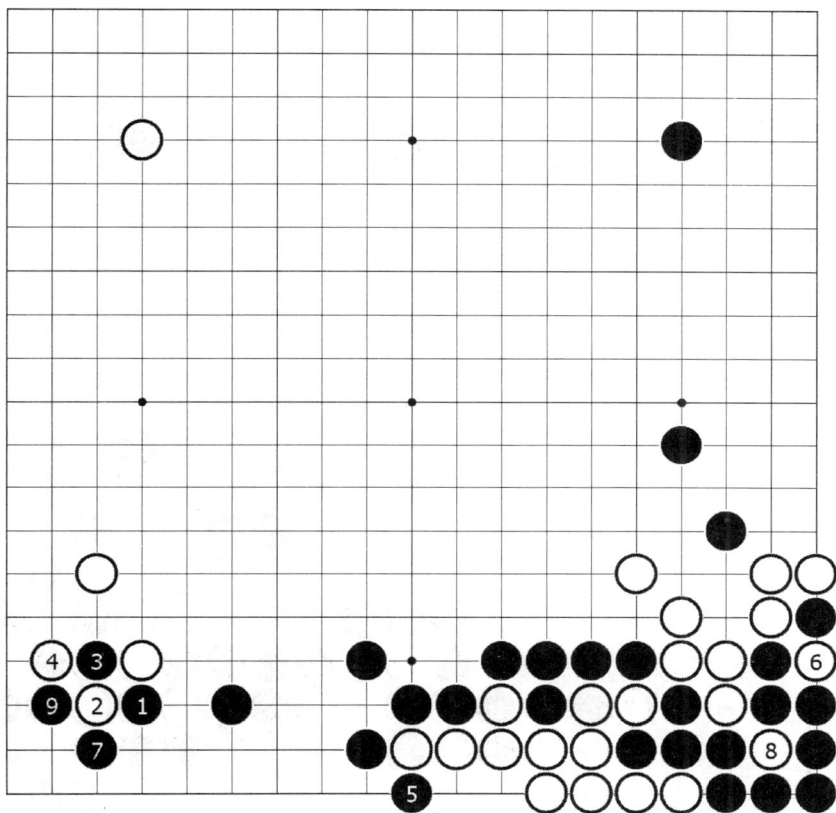

变化图7：此时，黑1依然可以通过托的方式制造合适的劫材。白2反击必然，当白4打吃时，黑5开劫，以下至黑9提，黑棋的收获明显大于上图。

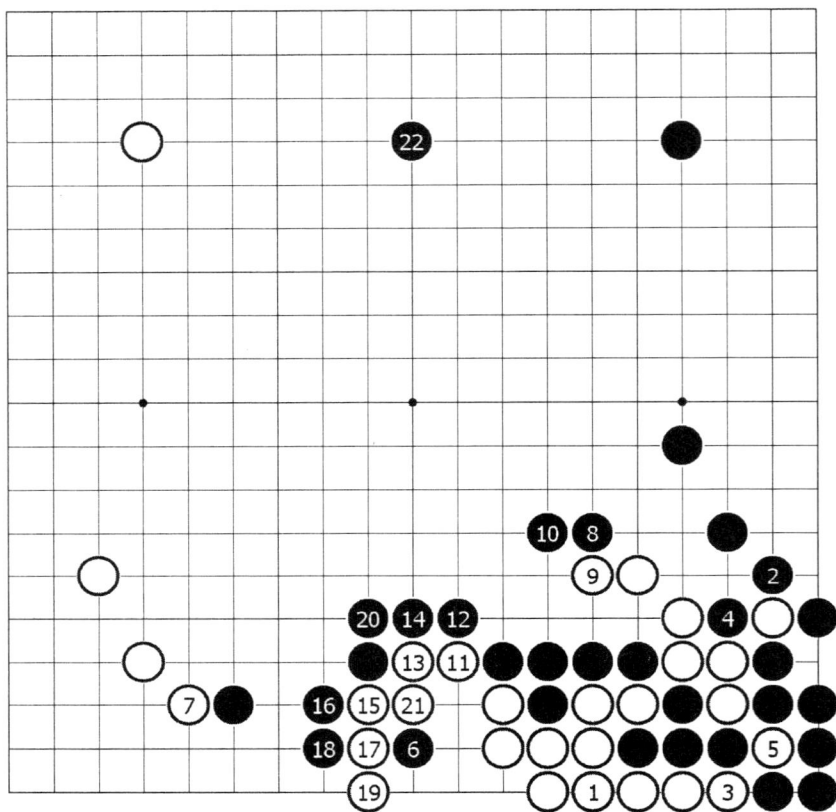

变化图8：此图是两位职业棋手在围甲联赛中的实战。当白1粘时，黑2没有选择打劫的变化，而是采取了迂回战术。由于右下白棋还未完全活净，黑6飞继续威胁白棋。以下至黑22拆是双方实战的进程。在此局面下，双方优劣难分，主要看以后黑棋外势的发挥情况。

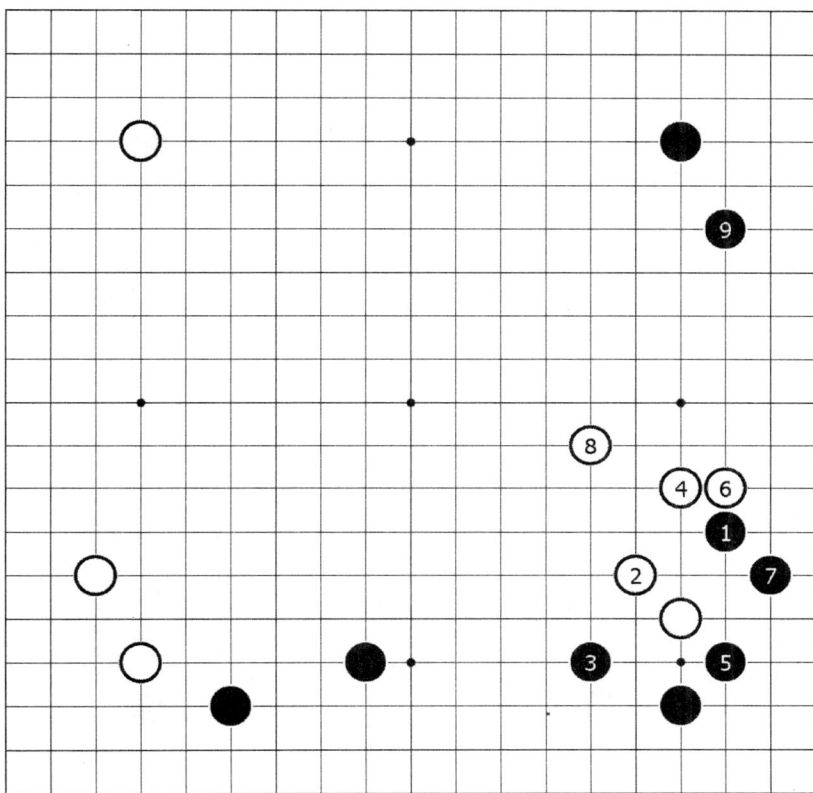

变化图9：当黑1一间低夹时，白2尖是规避以上种种变化的下法。以下至黑9小飞守角，白棋成功化解了黑棋的企图，形成一个双方都能接受的局面。

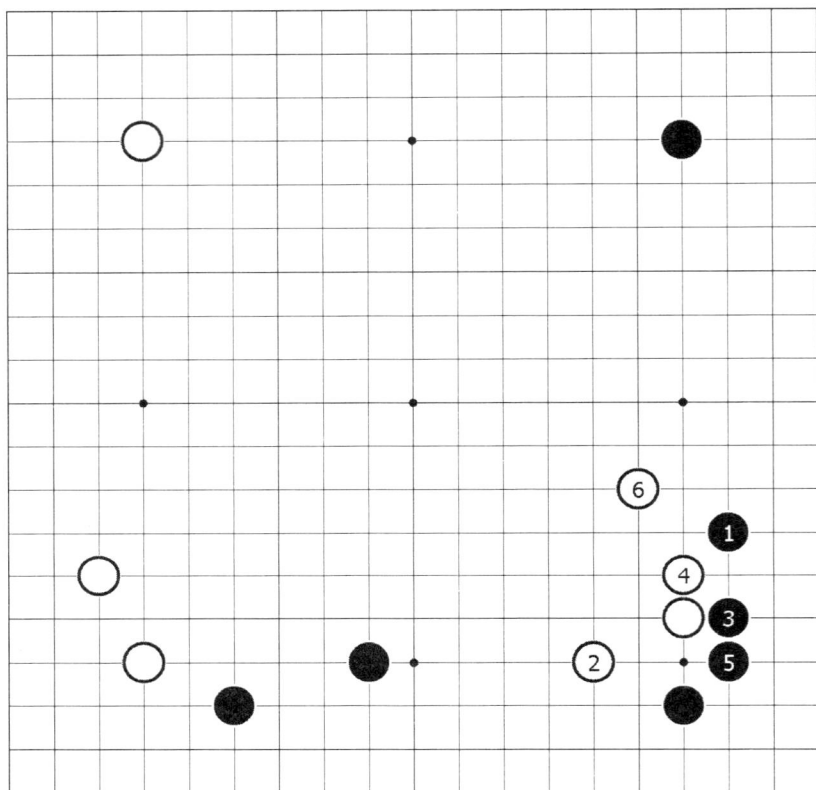

变化图 10：当黑 1 一间低夹时，白 2 飞是一种比较流行的场合下法。黑 3 托，白 4 长，黑 5 如果退，则白 6 飞，这样也可以轻松化解。

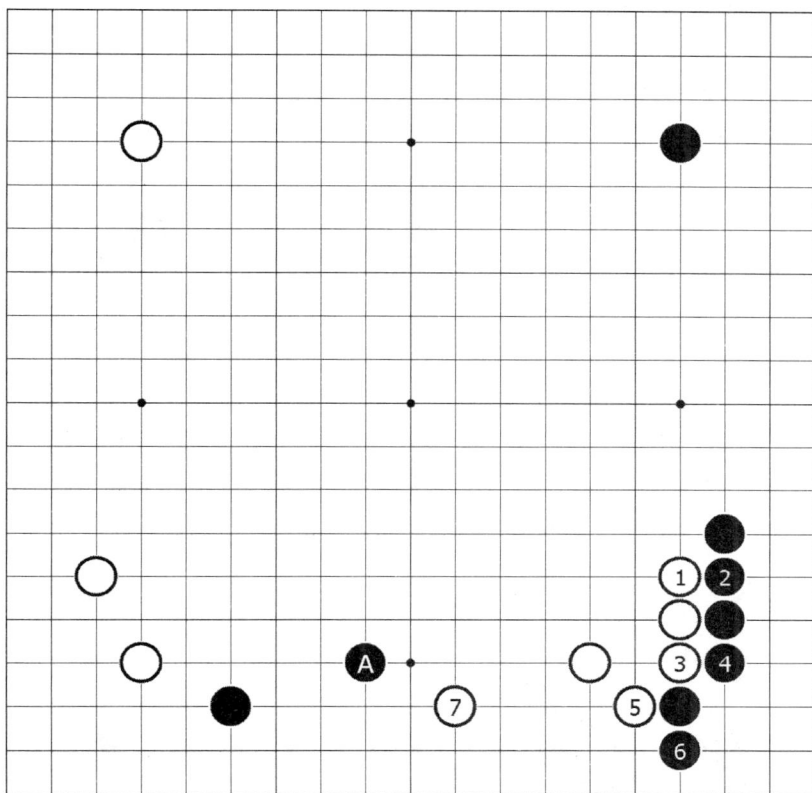

变化图 11：当白 1 长时，如果黑 2 粘住，则白 3 顶，白 5 虎，至白 7 逼后，暴露出黑 A 一子在高位的弱点。

小结：在这个平凡的局面中蕴含着种种复杂的变化，不少业余棋手虽然在局部的算路不错，但是全局的观念比较欠缺。因此，业余棋手在对局中一定要仔细计算，谨慎行事，不然就会在布局阶段过早地陷入被动。

5. 平淡之中见真功

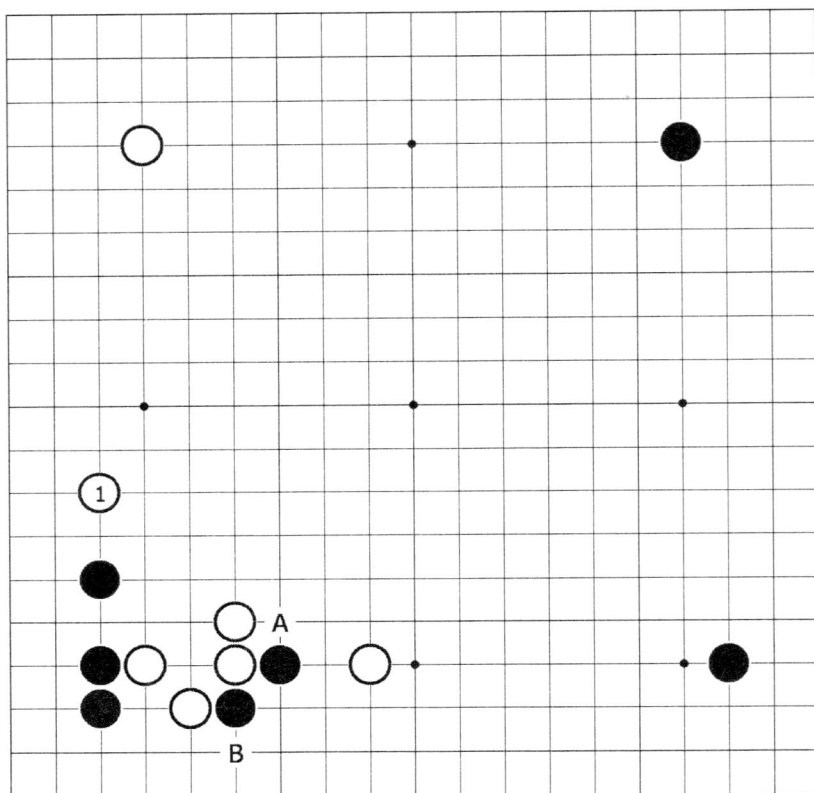

基本图：取材于两位业余高手的对局。此时左下角的定式尚未完成，白 1 逼住是追求高效率的一手，一般是在 A 位拐或在 B 位打吃。

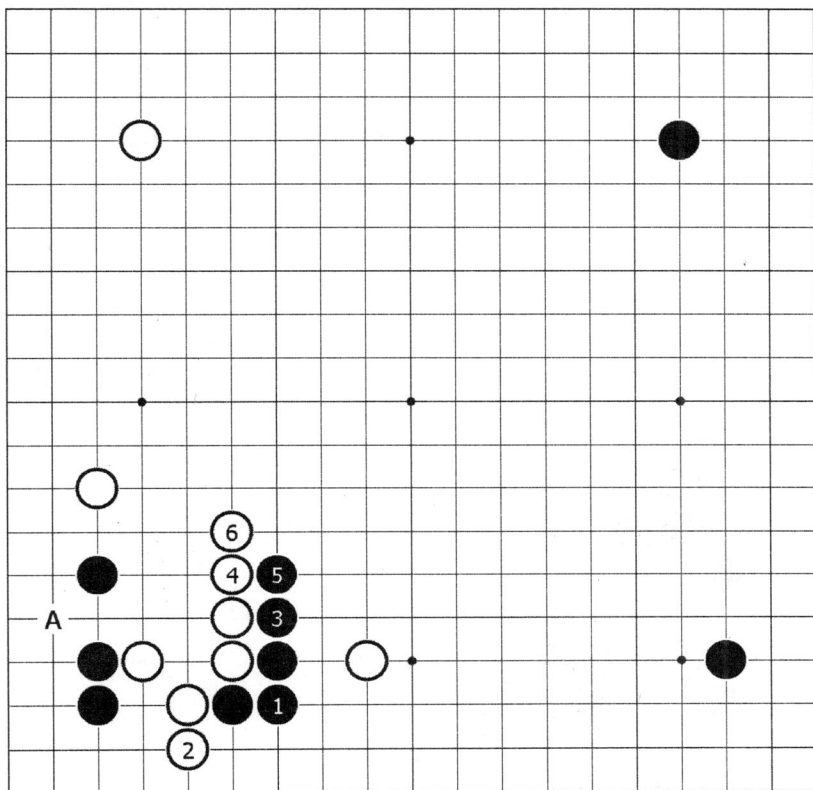

变化图 1：此时黑 1 若直接出动，则白 2 立下，以下至白 6 长以后，黑棋出动的几子还未安定，而此时白棋在 A 位的点将会显得非常严厉。

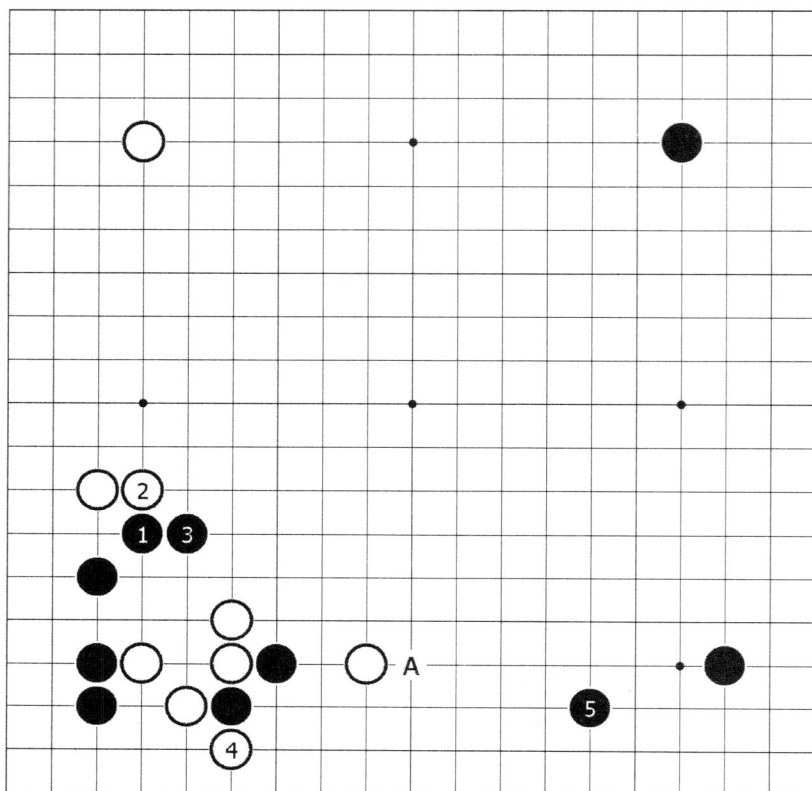

变化图2：实战黑1只得尖出，白棋先手便宜以后，在4位补回，黑5大飞守角。此时，黑棋在A位试应手是好时机。

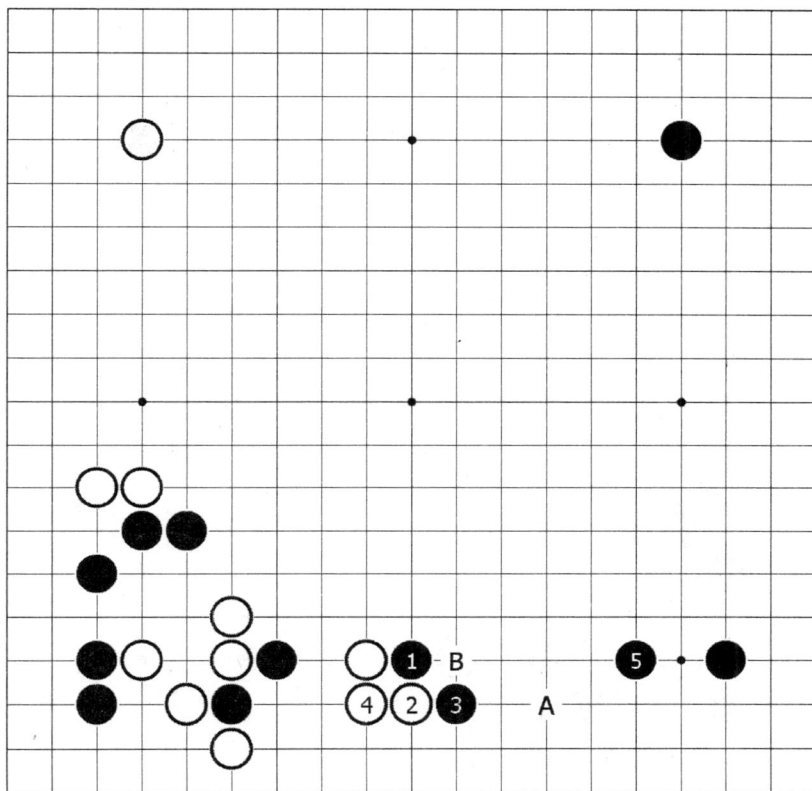

变化图 3：黑 1 碰时，白 2 若扳，则黑 3 连扳，白 4 若补回，则黑 5 单关守角。黑棋由于有 1、3 两子的支援，并不惧怕白棋在 A 位的打入，未来黑棋在 B 位接住后，棋形非常完整。

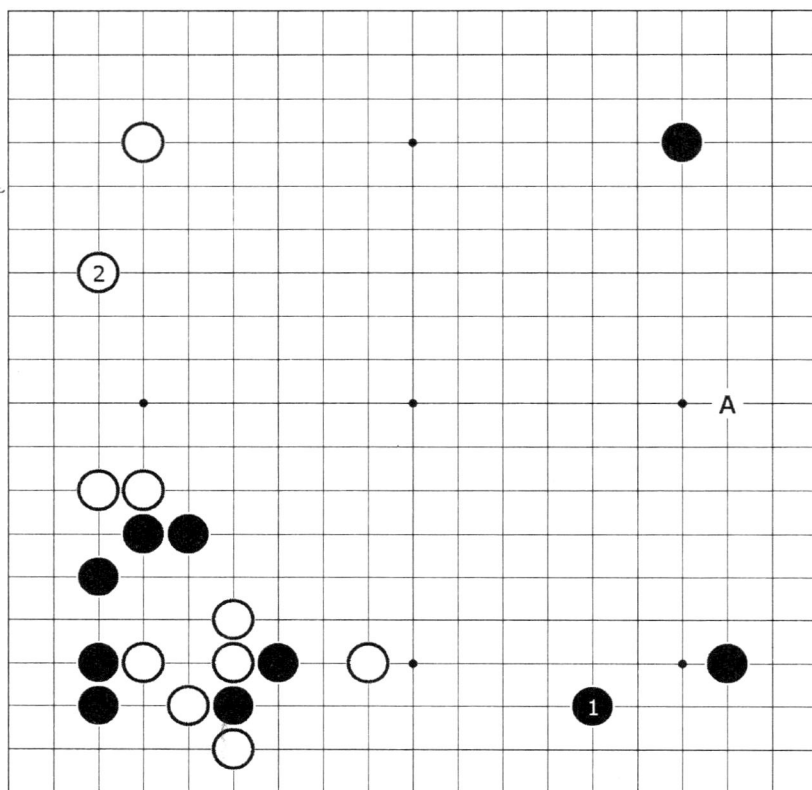

变化图 4：实战黑 1 守角，白 2 也选择了守角的下法，此时白棋可以考虑在 A 位分投。

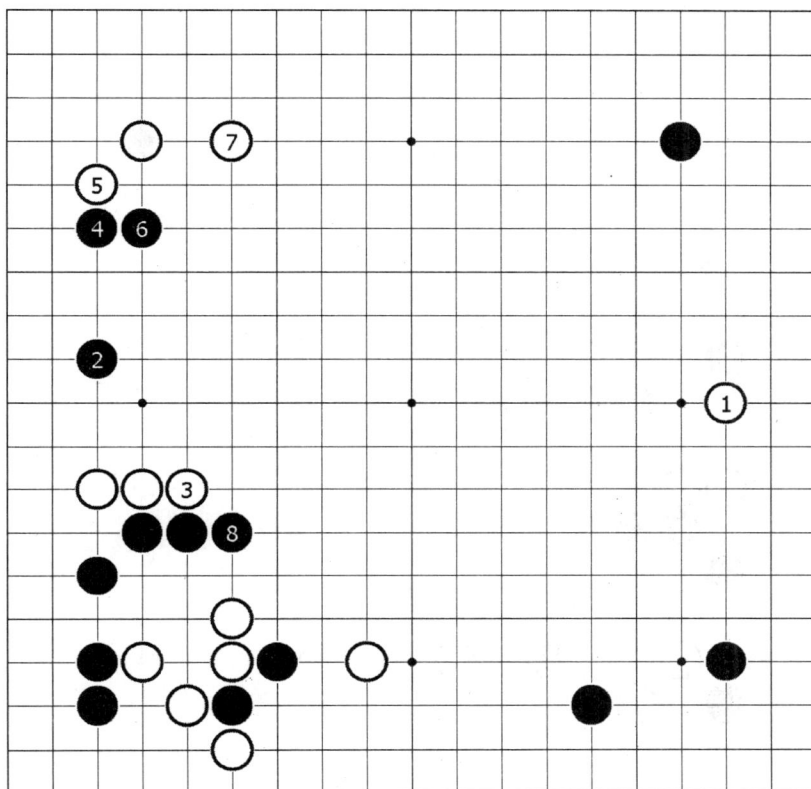

变化图 5：白 1 分投，若黑 2 逼住，以下至黑 8 长出也是一种正常的下法。

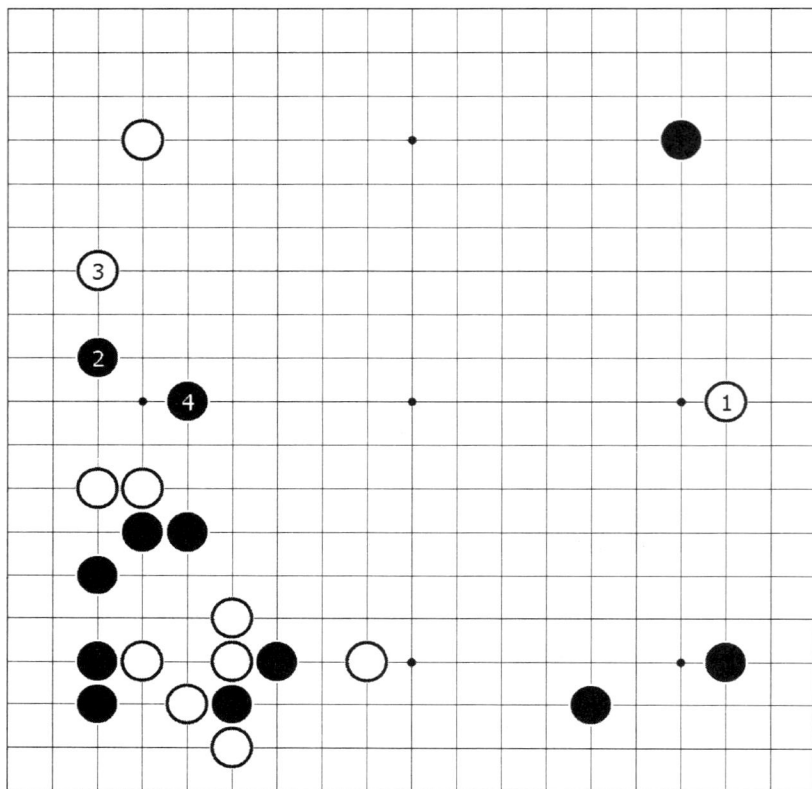

变化图6：黑2逼时，白3若大飞逼住，黑4可以飞出攻击白棋丙子。

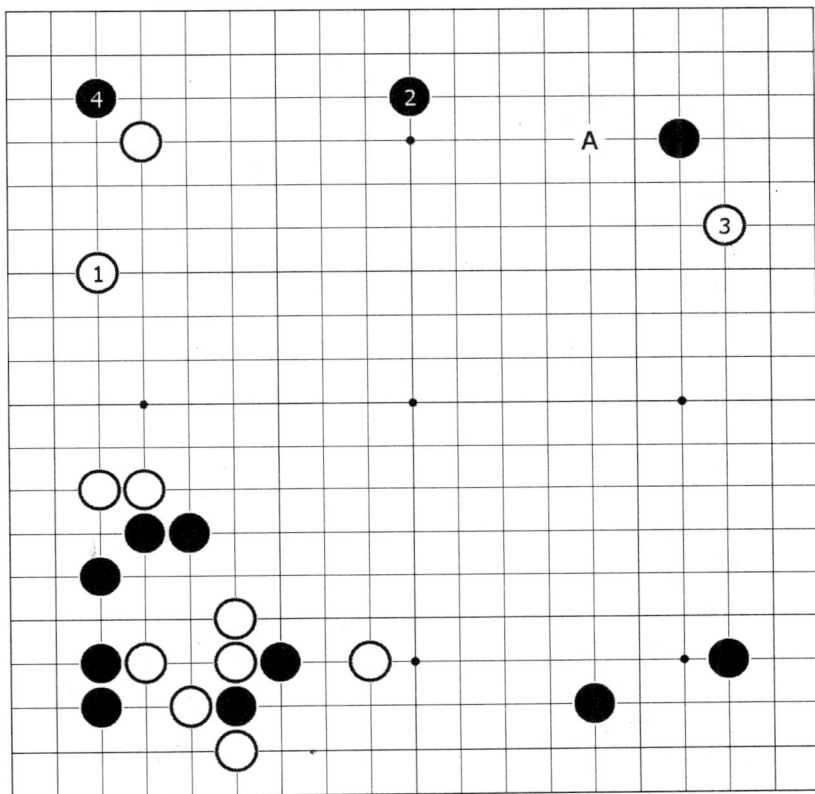

变化图7：实战白1守角，黑2拆边，白3挂角，黑4点角是一种很好的思路，一般是在A位单关守角。

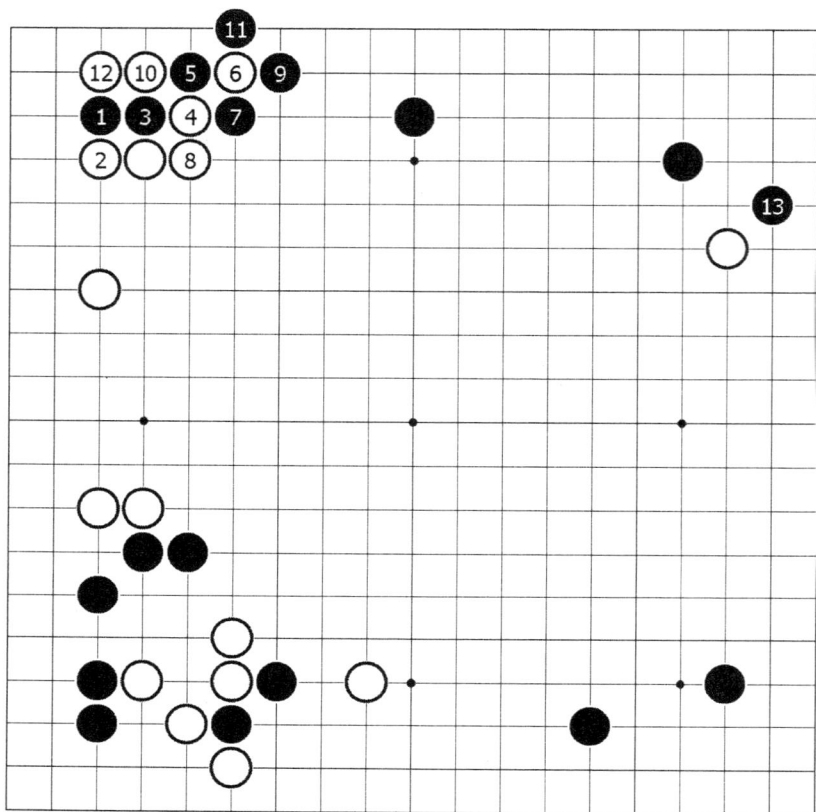

变化图 8：黑 1 此时点角是很好的试应手，以下至白 12 是黑方的预想图。左上定型后，黑 13 飞很严厉，效率也很高，是与点角相连贯的思路。

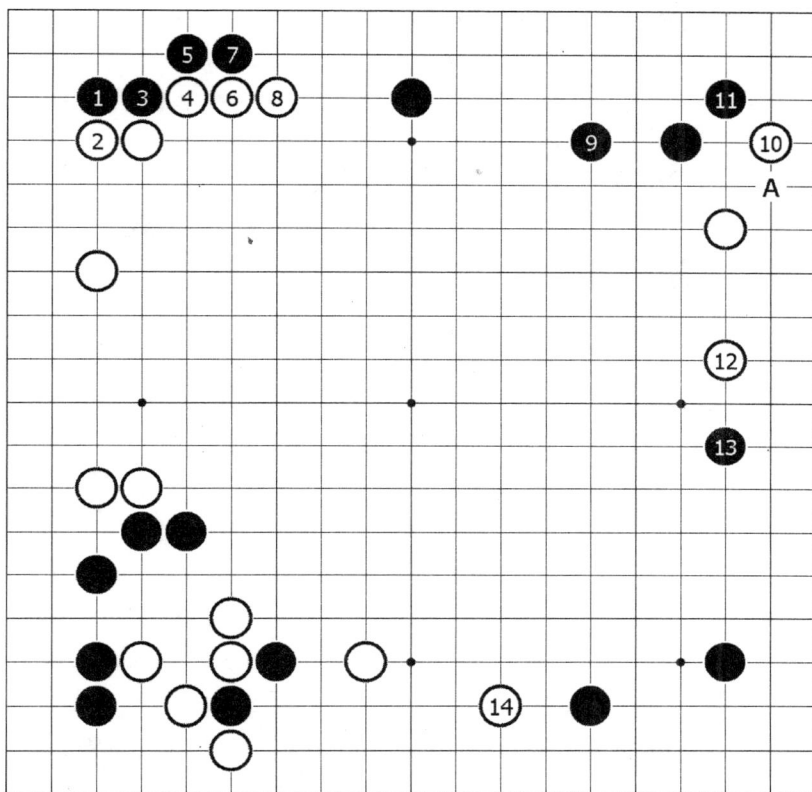

变化图9：实战黑棋点角后，当黑5扳时，白6选择了简单的退，避免了上图的不利局面。白8退后，由于此时黑棋在A位飞的手段将会遭到白棋反夹的反击，黑棋上边一子有被吃的危险，因此黑9只有单关守角。以下至白14拆是双方实战的进程，此时已是白棋优势的局面。

小结：这盘棋白方通过对角部棋形的深入了解和对黑方意图的洞悉将对手的攻势化解于无形。

6. 取舍与得失

基本图：本图取材于两位女棋手在全国比赛中的一盘对局。黑 1 飞压是想先手处理好左下后再到左上动手，此局面下白棋应该如何应对呢？

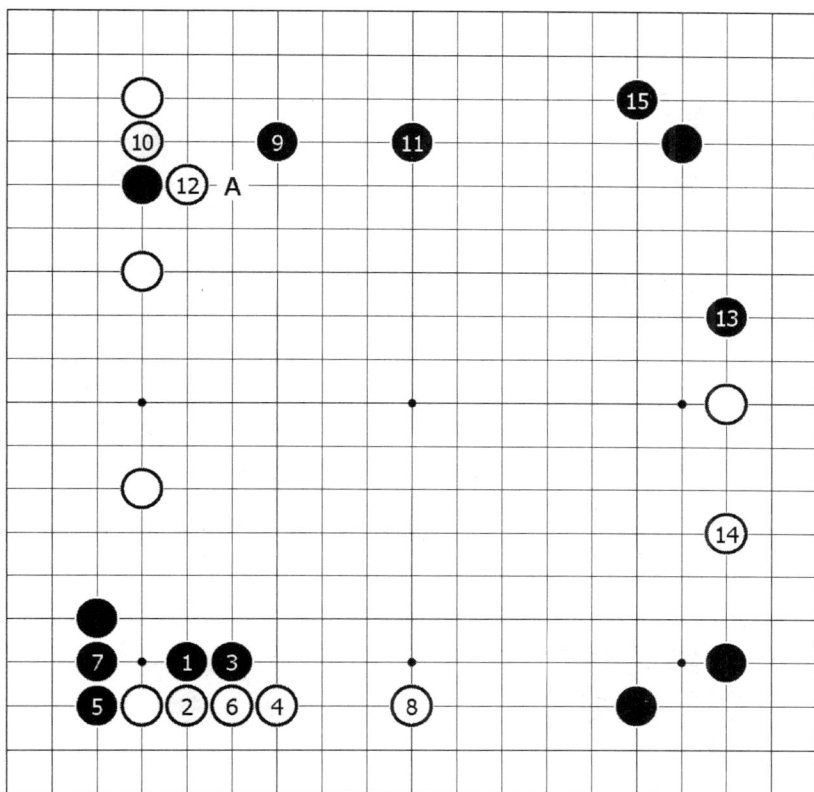

变化图1：黑1飞时，白2如爬，以下至白8拆二是黑棋的预想图。黑棋在左下角获得先手，黑9可以在A位跳，也可以考虑速度更快的大飞。以下至黑15小尖守角，是黑棋不错的局面。

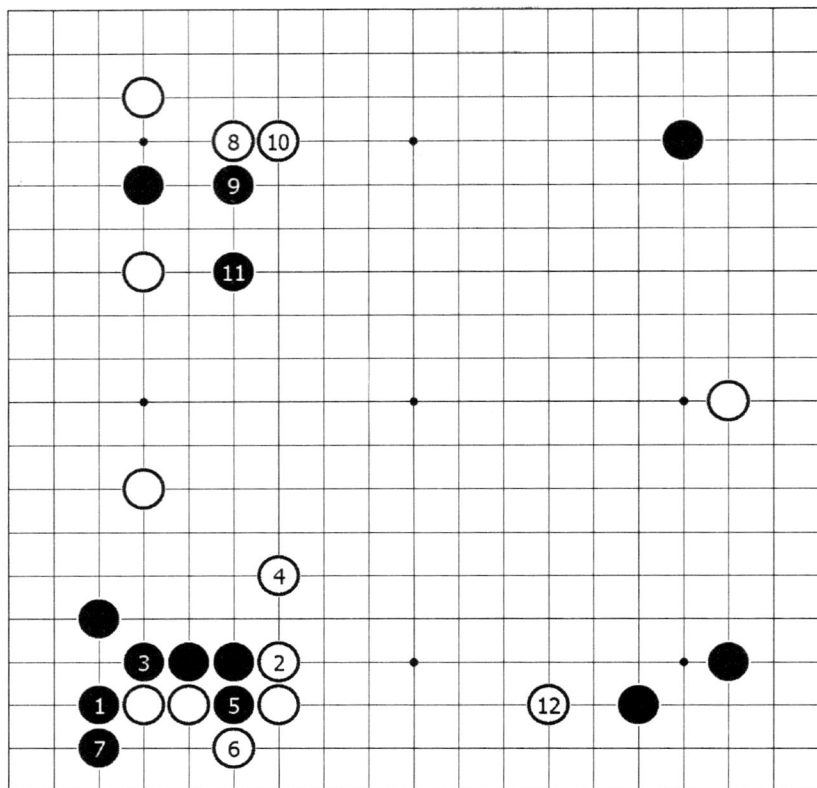

变化图2：当黑1托时，白2可以贴起，以下至黑7立时是双方正常的定型。白棋获得先手后，白8飞先攻击一下左上黑棋。黑11跳后，白12抢到下边大场，白棋整体效率不错。

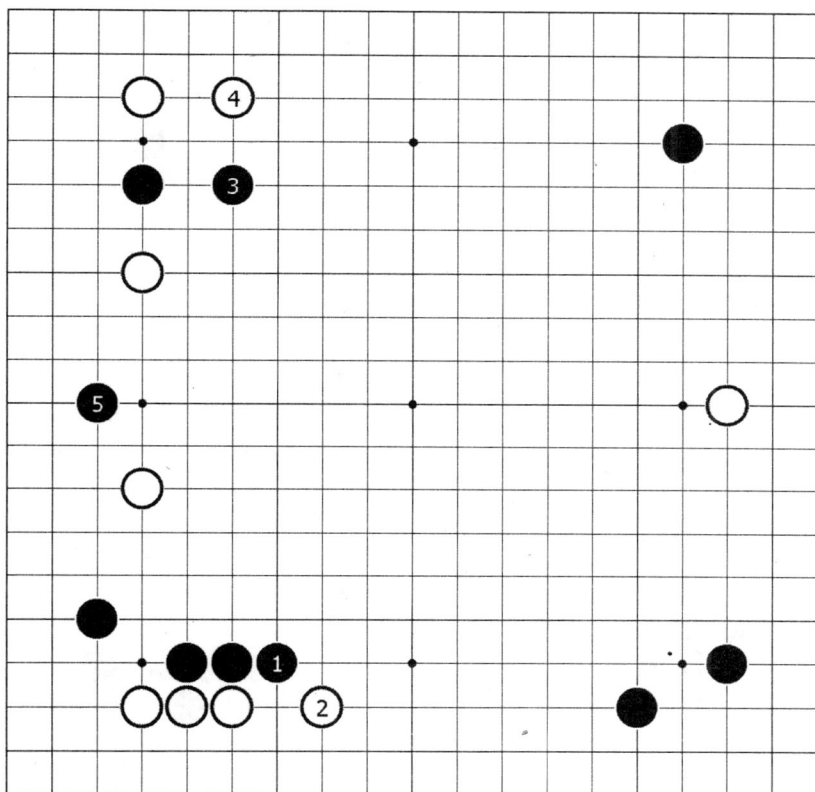

变化图3：黑1若长，则白2跳。黑3与白4交换后，黑5再打入也是一种下法。

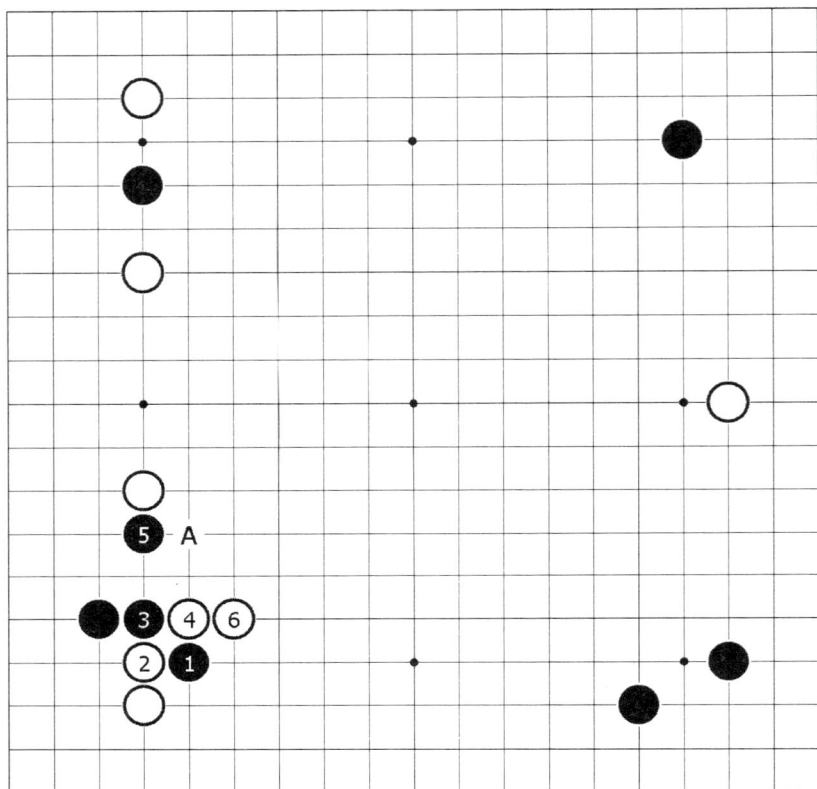

变化图 4：实战当黑 1 飞压时，白 2 直接冲断，选择了一种比较激烈的下法。白 6 长后，黑在 A 位长是定式，但是在此局面下却不太适合。

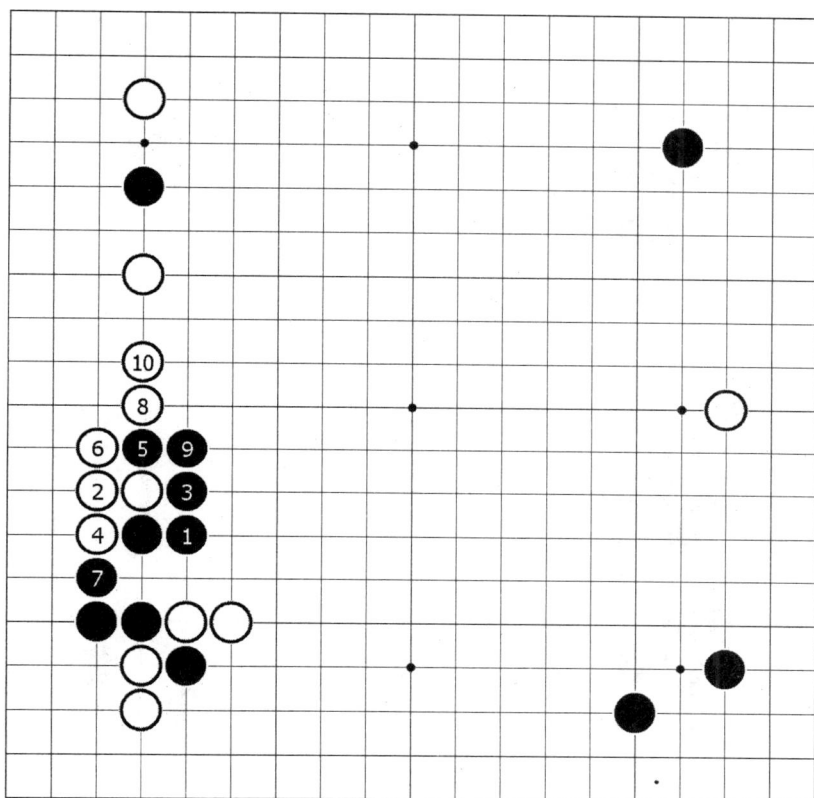

变化图 5：黑 1 如按定式长，则白 2 下立是此局面下的好手。以下至白
10 并，黑棋左上被夹击一子活动余地大大缩小，黑棋不能满意。

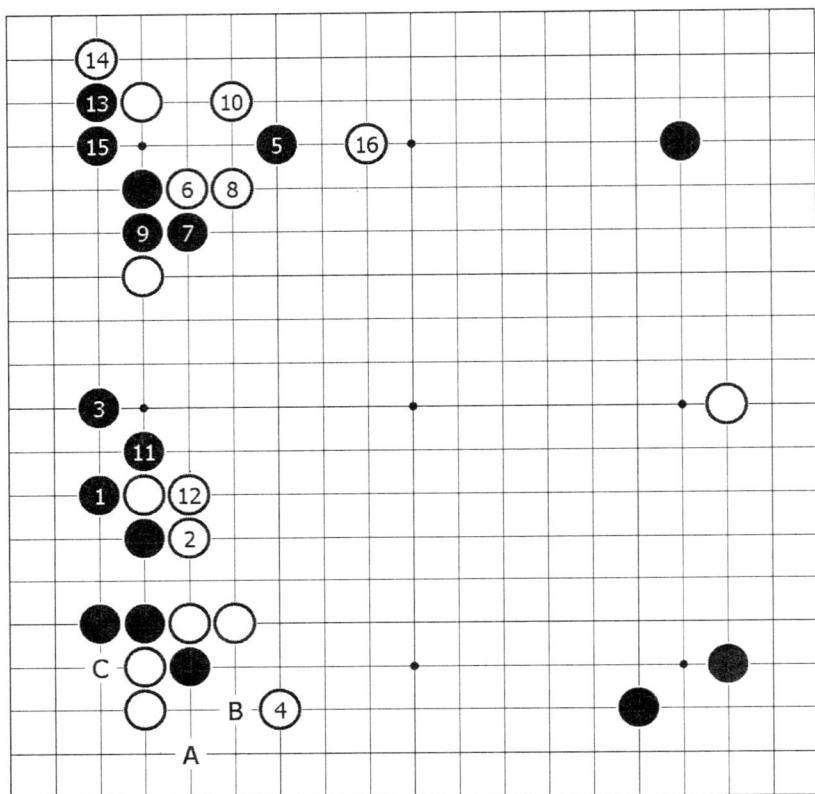

变化图6：实战黑1选择了扳的下法。白2扳后，黑3跳，黑棋虽然在局部稍亏，但考虑到左上角的配置，因此这种下法黑棋还是比较灵活。白4飞缓手。由于白棋外围很厚，所以不用担心黑A位跳和B位尖的手段，此时白4应该在C位挡住。黑5大飞时，白6靠不好，以下至白16夹，双方在左上的战斗告一段落。此局面白棋明显不利。白6可以考虑脱先。

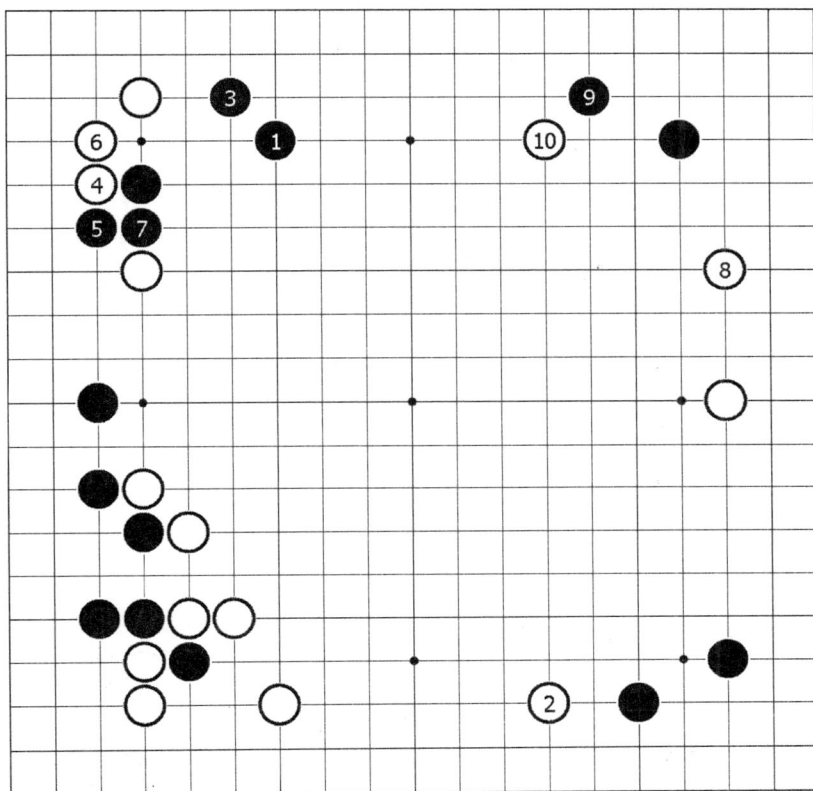

变化图7：当黑1大飞时，白2脱先在下边逼住抢占大场是一种可以考虑的下法。黑3如尖攻击左上角白棋，白4可以委曲求全在三路托。黑7接以后，白8继续脱先抢占大场，以下至白10尖冲，白棋通过牺牲局部的利益取得全局的主动。

小结：在一盘棋中，取与舍、得与失并不是一成不变的，而是不断转化的，对此加以灵活运用，才会在对局中游刃有余。

7. 局面的分寸感

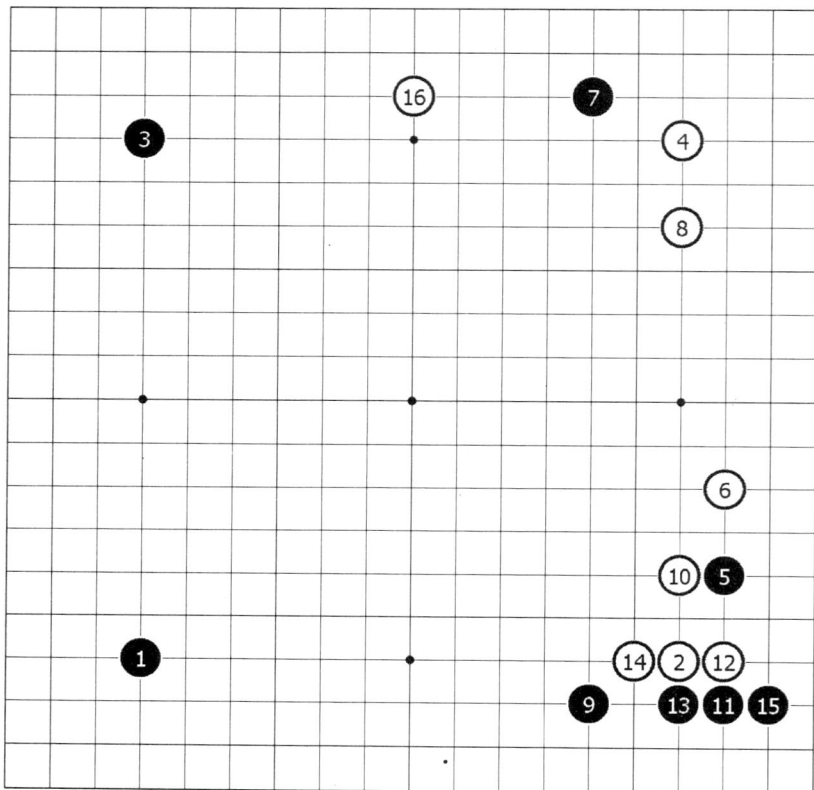

　　基本图：这盘棋取材于两位业余棋友的对局，通过这盘棋我们一起来体会行棋的分寸感。实战黑5挂角与白6交换后脱先在7位挂角的下法笔者不太赞成。由于很多棋力稍弱的业余棋手对脱先以后的下法不太熟悉，容易进入误区。实战白16夹击以后，白棋明显主动。

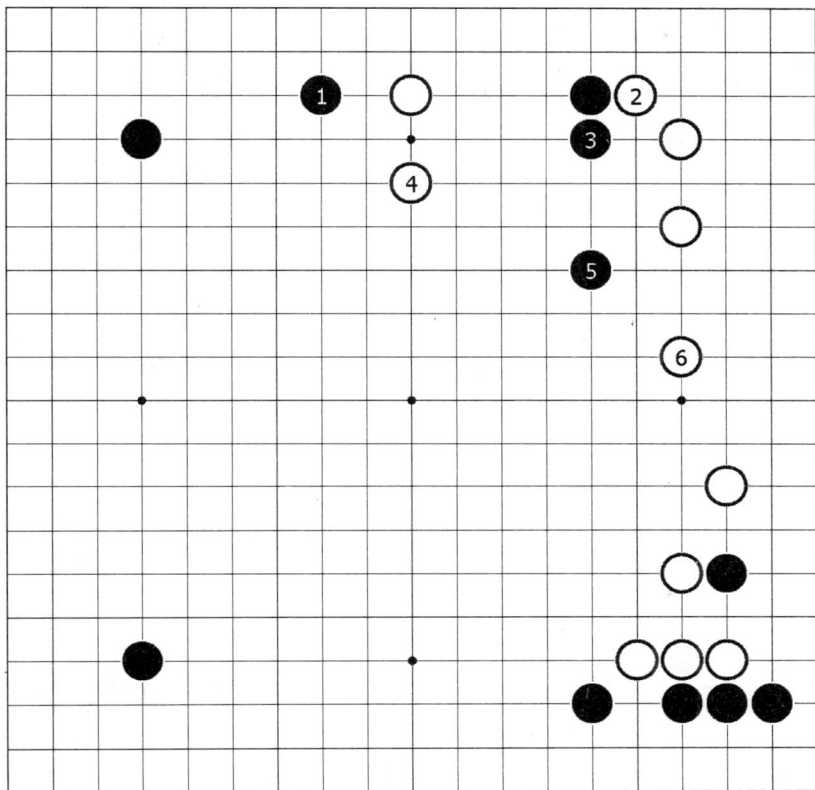

实战图 1：黑 1 逼至黑 5 跳出，黑棋的下法稍显勉强。此时白 6 拆看似舒服，但实际上错失先机，是明显的问题手。

变化图 1：白 1 飞瞄住黑棋弱点，黑 2 尖刺与白 3 接交换大损。黑 4 尖补以后，白 5 再反手打入，由于白 5 打入带有很强的攻击性，因此黑 6 只能妥协，以后白棋还留有 7 位挖的手段。

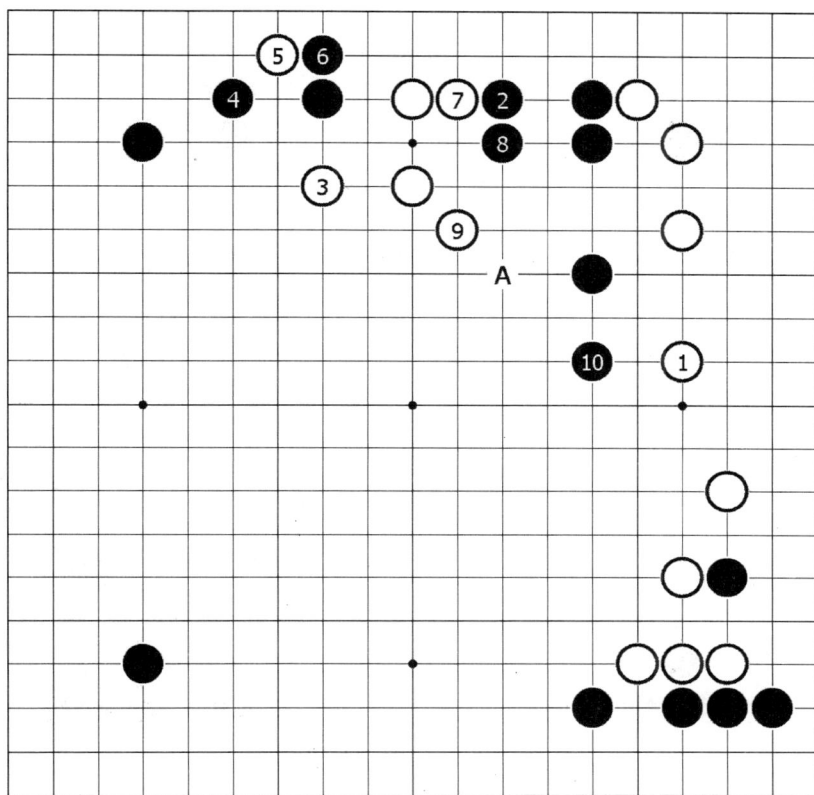

实战图 2：白 1 拆边以后，黑 2 拆一似小实大，确保了自身的眼形。以下至黑 10 跳是双方实战的下法。黑 10 跳不好，应该补在 A 位。如此，白棋的攻击一无所获。

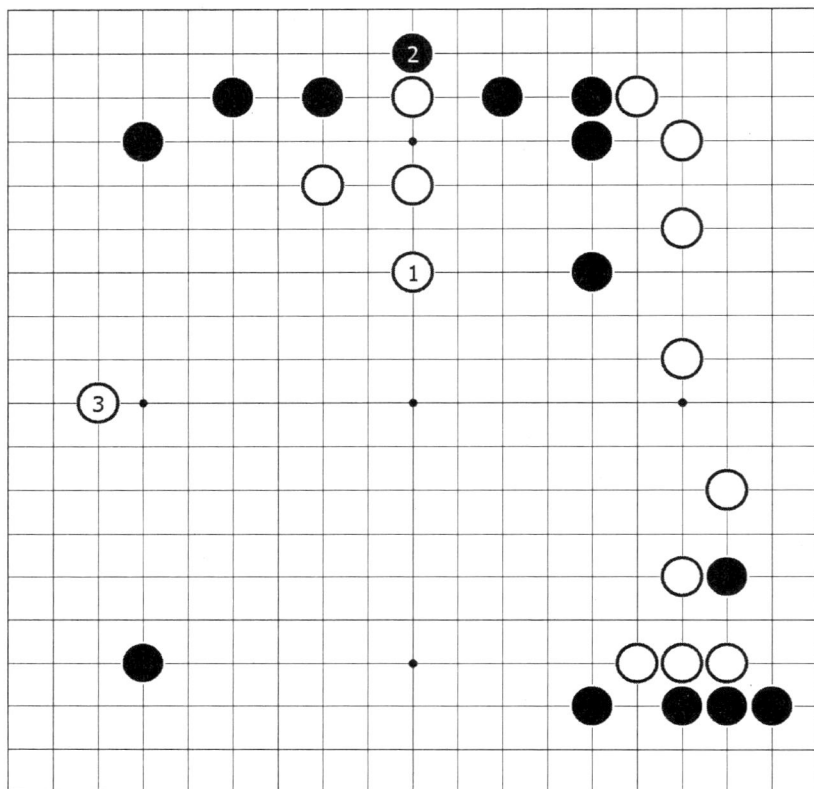

变化图 2：在此局面下，白 1 跳是比较好的下法。黑 2 若托过，则白 3 分投转向实空是一种变化角度的下法。

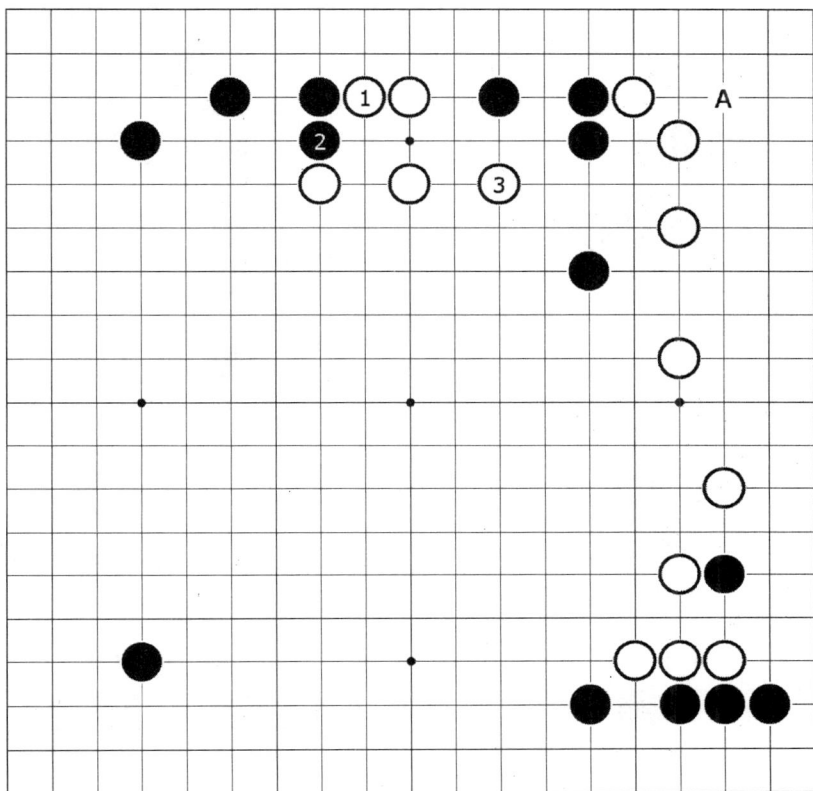

变化图 3：此时，白 1 顶也是一种下法。白 1 与黑 2 顶交换后，白 3 开始压迫黑棋。白棋如果能通过攻击右上，使黑棋 A 位点角的手段自然消亡，则无疑是白棋成功的局面。

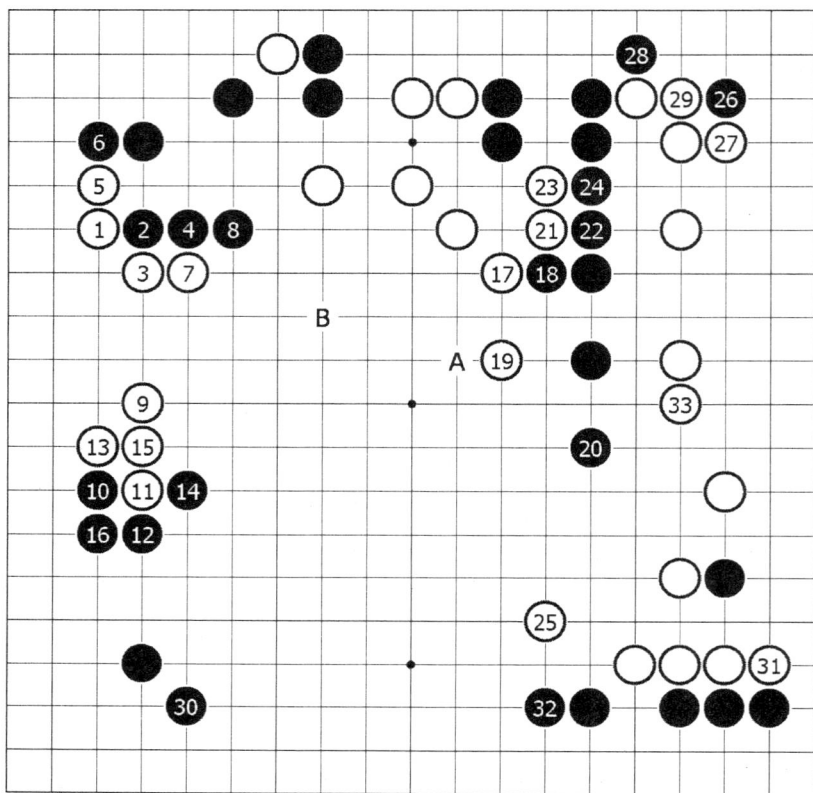

实战图3：在目前的局面下，白棋占据 A 位的制高点是当然的一手，但实战白1选择了挂角。白5长后，黑6挡看似必然，但却是失机的一手。此时黑棋应该抢占 A 位的制高点，如果白棋敢在6位长进角的话，黑棋在 B 位飞很严厉，这两手棋充分体现了行棋的分寸。以下是双方的实战进程，白9高拆不好，应该低一路拆。黑26点角以后，白27挡是没有分寸的下法，这手棋在28位下立是当然的一手。黑30尖补角很大，白33并缓手。

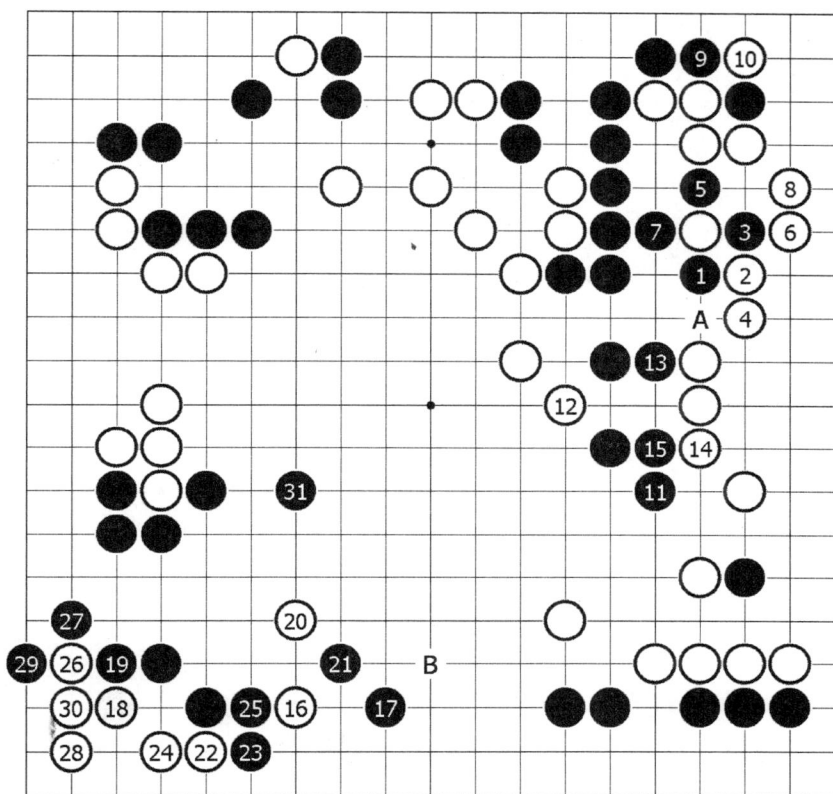

实战图 4：当黑 1、3 靠断时，白 4 退软弱，应该在 A 位打反击。黑 7 与白 8 交换后，在 B 位补住下边将是黑棋稳操胜券的局面。黑 11 小尖想先手便宜一下，但是明显的问题手。实战白 16 逼开始最后的战斗，但是次序有误，这手棋应该先在 18 位点角试黑棋应手再决定外边的下法。以下至黑 31，形成黑棋稍稍有利的局面。

小结：通过这盘棋使我们了解到业余棋手应如何在行棋的过程中把握好全局的分寸感。

8. 全局的配合

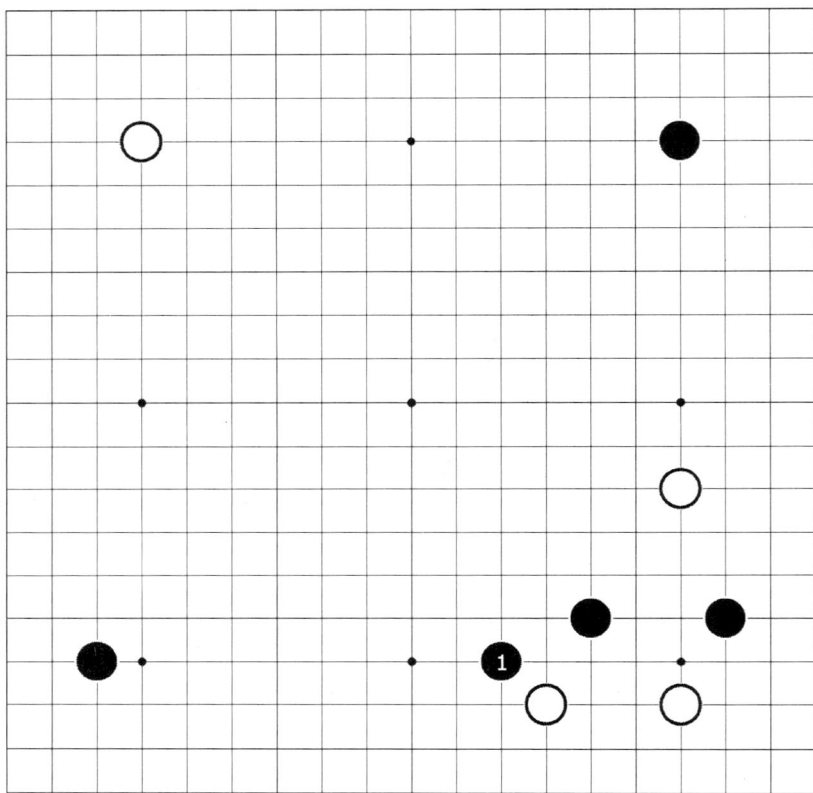

基本图：这盘棋取材于两位在北京道场学棋的少年棋手的对局。黑 1 飞压的下法在 20 世纪 80 年代的日本棋坛下得比较多。

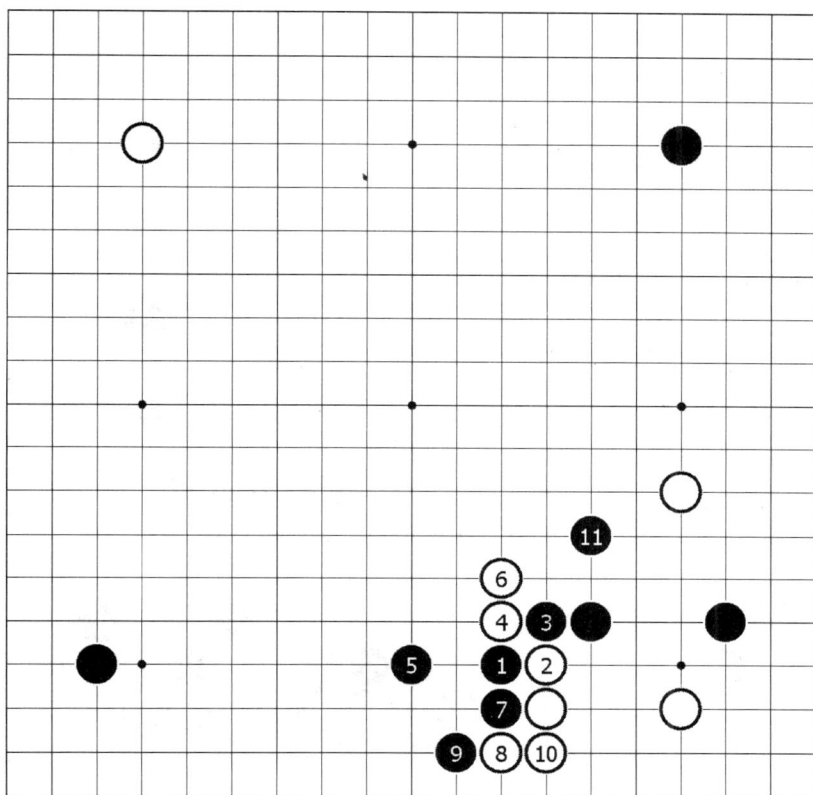

变化图 1：当黑 1 飞压时，白 2 如果直接冲断，以下至黑 11 跳出，由于左下和右上都是黑子，因此目前是黑棋有利的战斗局面。

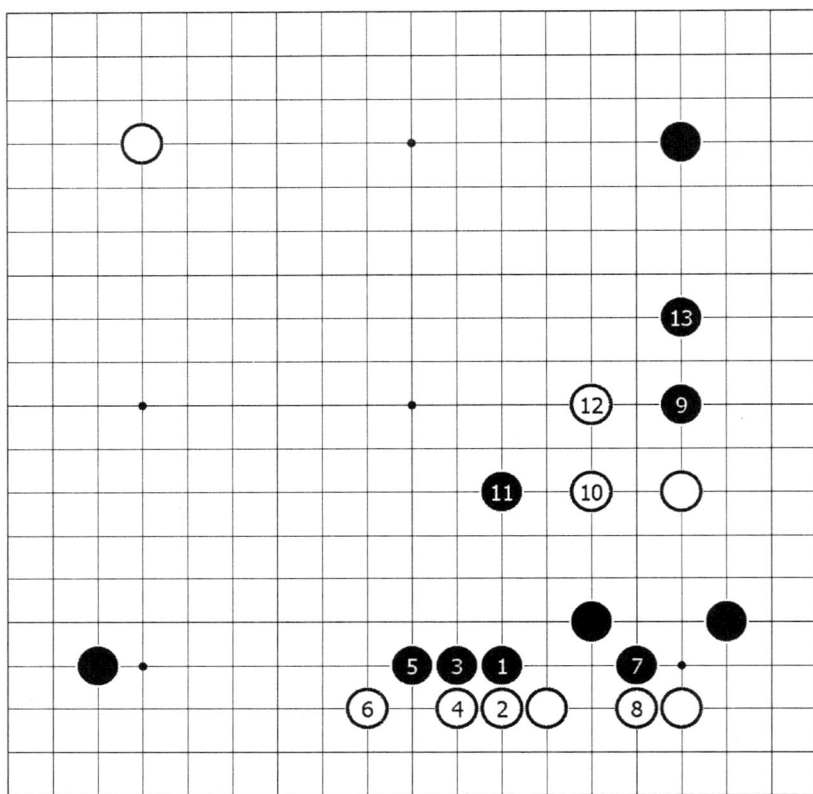

变化图2：由于白棋直接冲断，因此白2爬是当前局面下一种不错的选择。以下至黑13跳都是在高手对局中常见的下法。

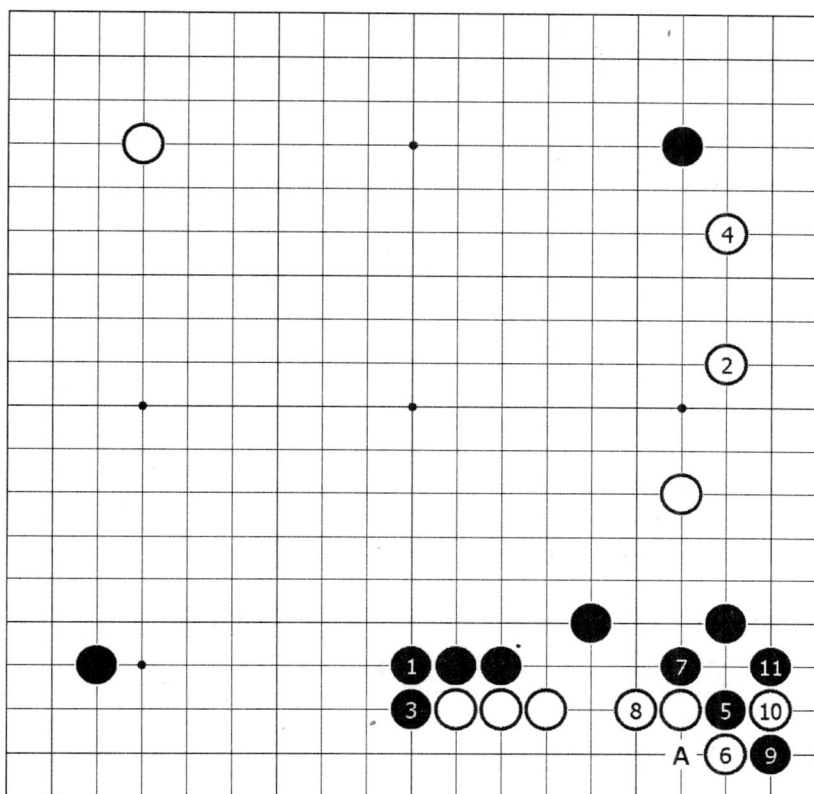

变化图3：实战当黑1长时，白棋没有跳出，而是采用了白2拆这种效率更高的下法。黑3拐下必然。白4拆二以后，白棋布局速度很快，但是白角残留黑5托角，以后黑9连扳打劫的手段，以后如果黑棋劫材有利，还可以在A位开劫。

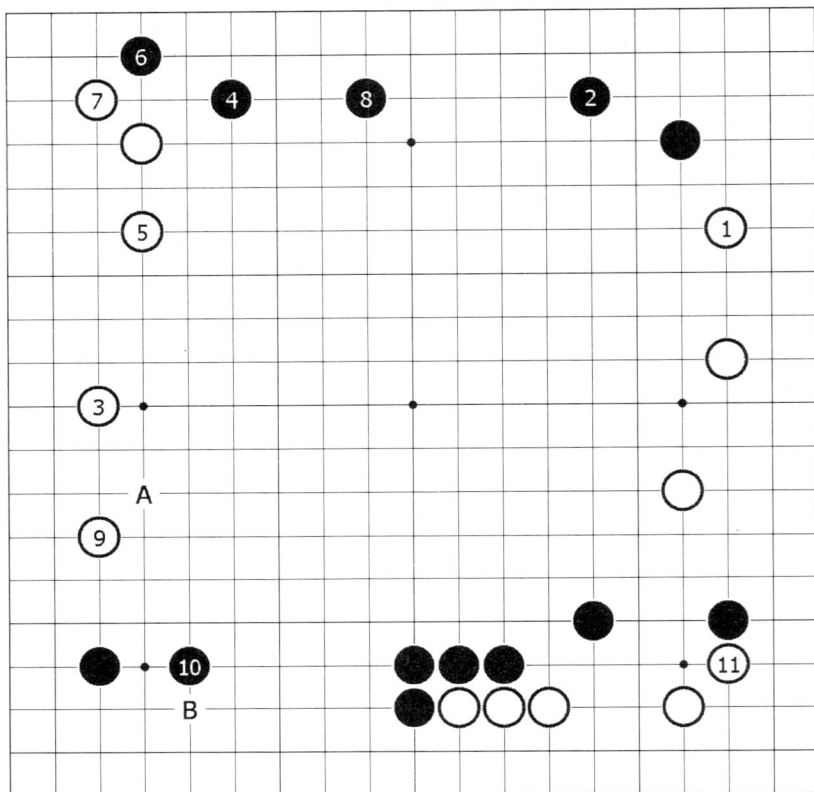

变化图4：实战当白1拆时，黑2至黑8双方采取了一种比较平稳的下法。黑4挂角是值得探讨的一手，此时黑棋在10位守角或者在A位拆扩长下边模样都是不错的选择。白9拆二不好，应该直接在B位挂角，使黑棋下方阵式落空。白9与黑10交换后，双方又回到同一起跑线。白11尖顶补掉自身弱点，看似机敏，实则稍有疑问。

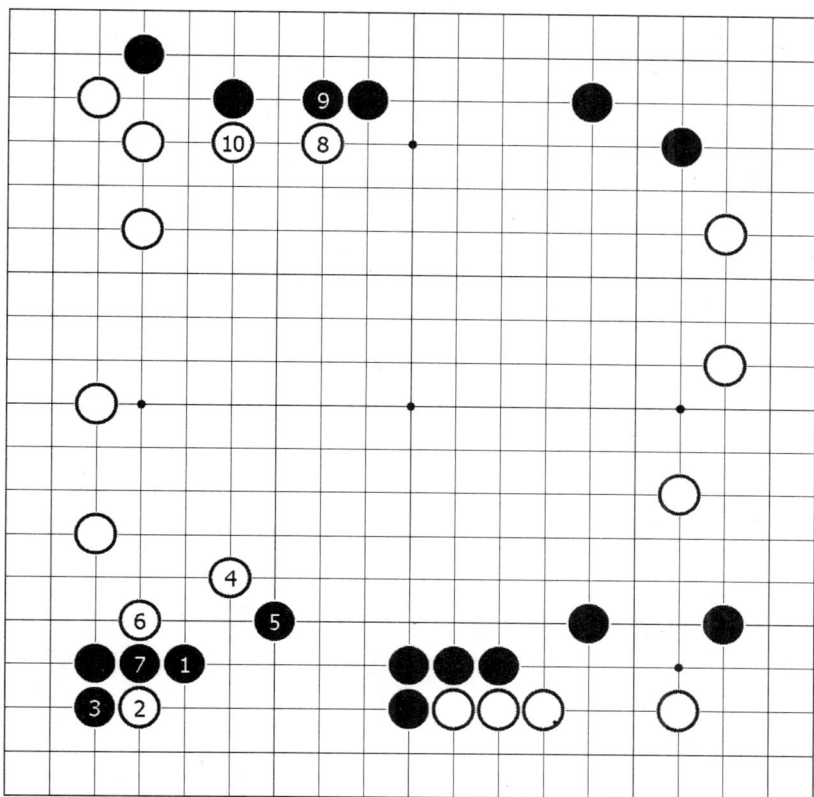

变化图5：当黑1守角时，白2点是一个很好的次序。若黑3在7位接会给白棋留下打劫活角的手段，因此黑3挡在角上必然。以下白4、白6充分利用角上一子的余味后再在上方盖住黑棋，至白10明显是白棋生动的局面。

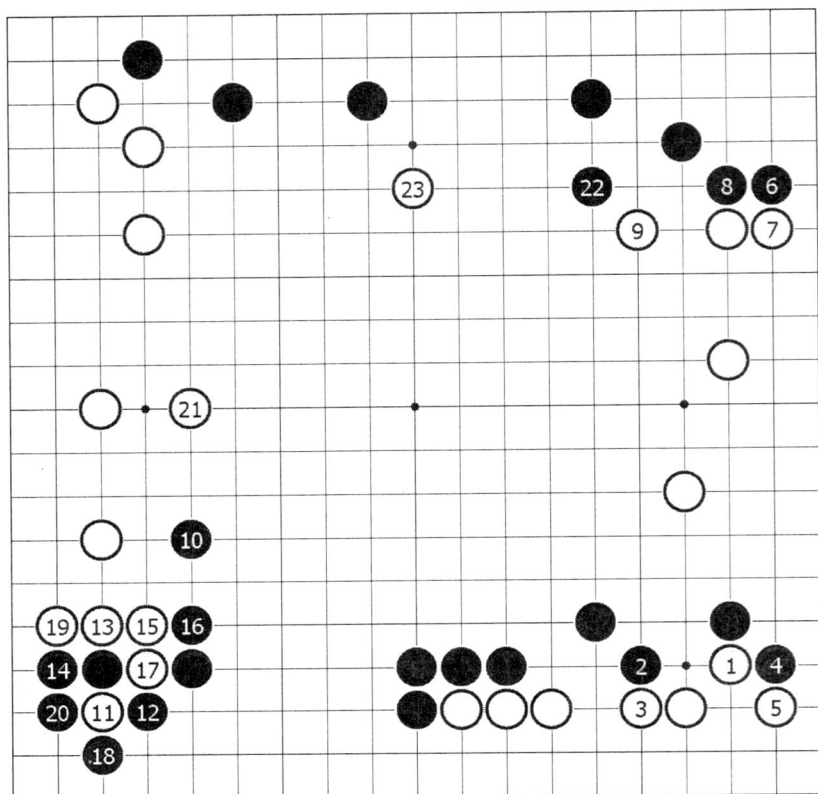

变化图 6：实战白 1 尖顶以后双方在右下角定型，黑 6 飞虽然很大，但却是疑问手，此时应该在 10 镇，占据上方消长的要点，白 7 挡失机，应该施展上图白 2 位点的手段，黑 10 占据制高点以后黑棋布局开始领先。以下至黑 20，双方在角部定型，白 21 跳是明显的缓手，此时应该在上方打入破空。黑 22 跳起以后，白 23 吊又是一厢情愿的下法。

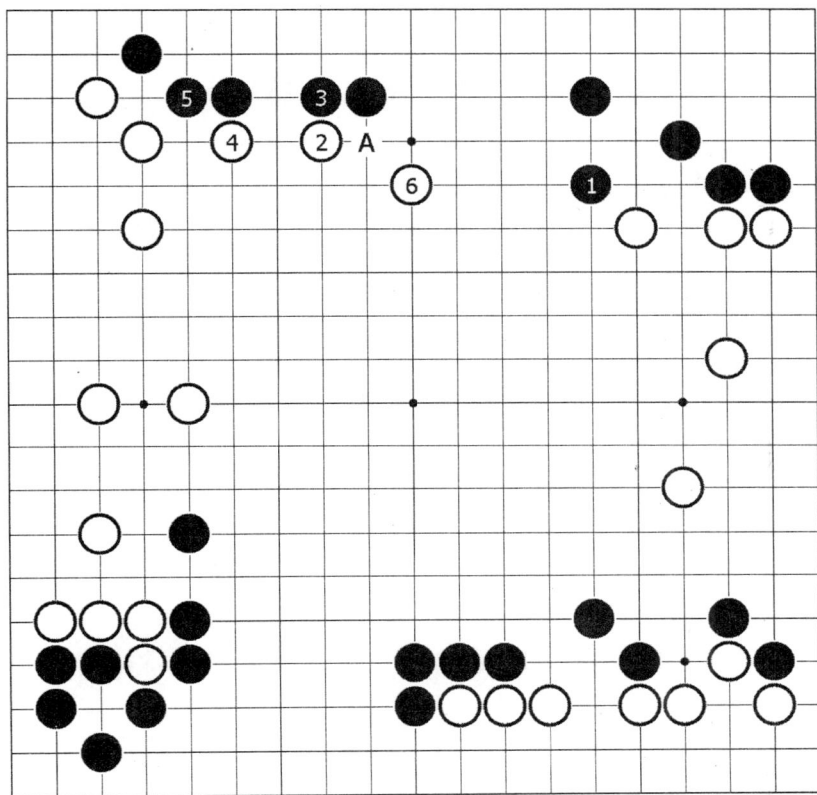

变化图 7：黑 1 跳起后，白 2 点是此局面下正确的下法，黑 3 挡，白 4 再盖住，黑 5 若退，则白 6 飞，黑 5 若在 A 位拐，则白 6 在 5 位虎下。如此是白棋不错的局面。

小结：这盘棋很有代表性。两位棋手的实力都不弱，下出的着法也都堂堂正正，但是双方对全局配合的理解有一定的欠缺，下出的棋也不够紧凑，这些地方都需要业余爱好者在对局中加以注意。

9. 识破对手意图

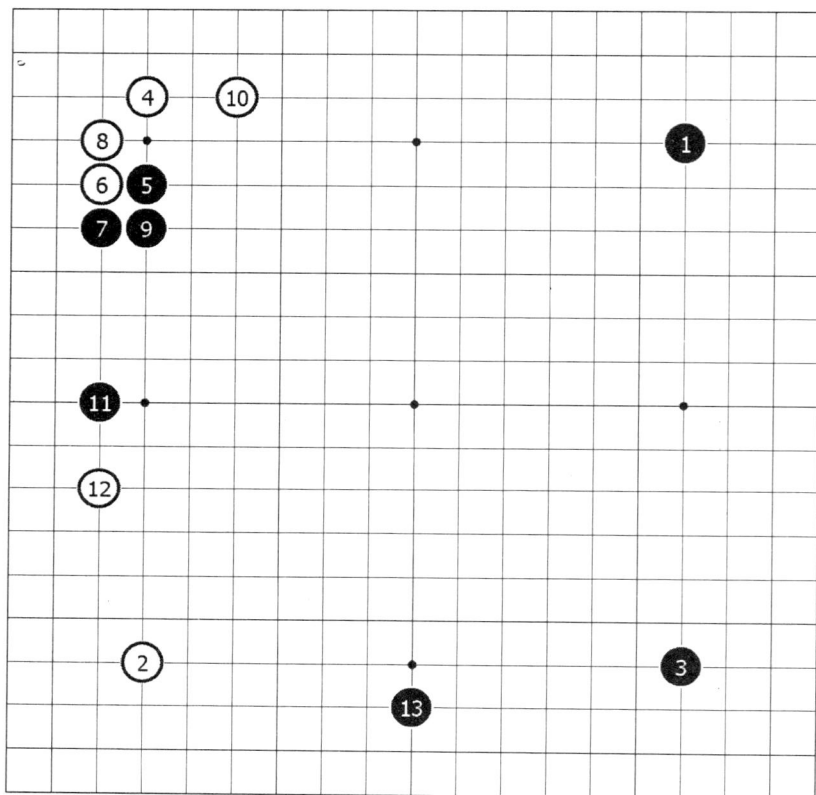

基本图：取材于两位业余棋手的对局。实战黑 11 低拆不好，应该高一路拆。白棋逼住后，再在右边三连星连片是不错的选择。黑 13 拆边不好，应该直接挂角。

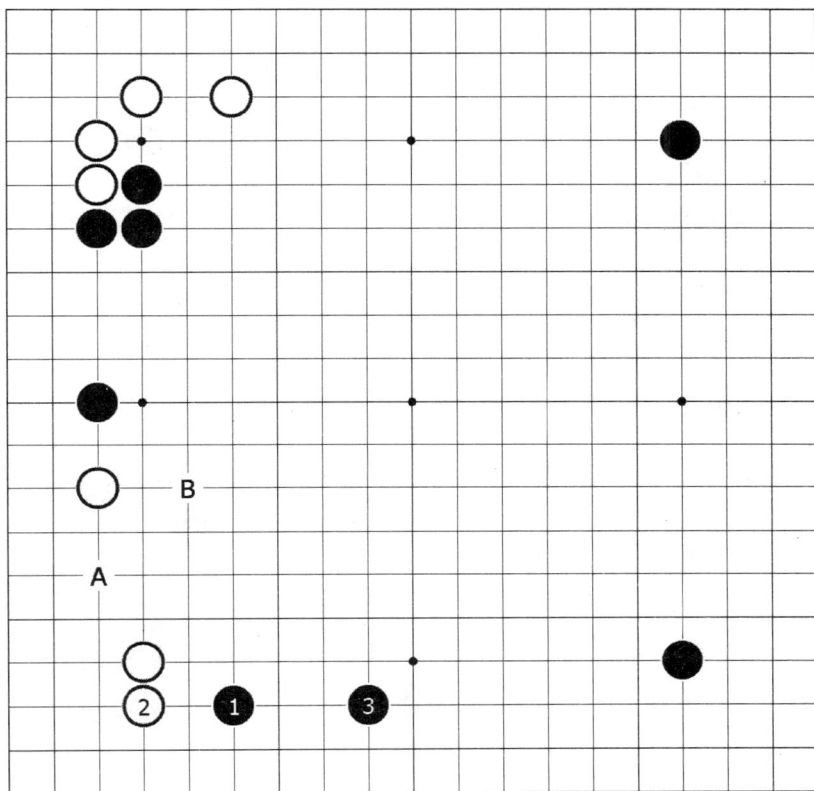

变化图 1：黑 1 挂角，白 2 如何单立守角，则黑 3 拆回，将来黑棋留有 A 位打入的手段。如果白棋在 B 位跳补，则黑棋可以脱先抢占其他大场。

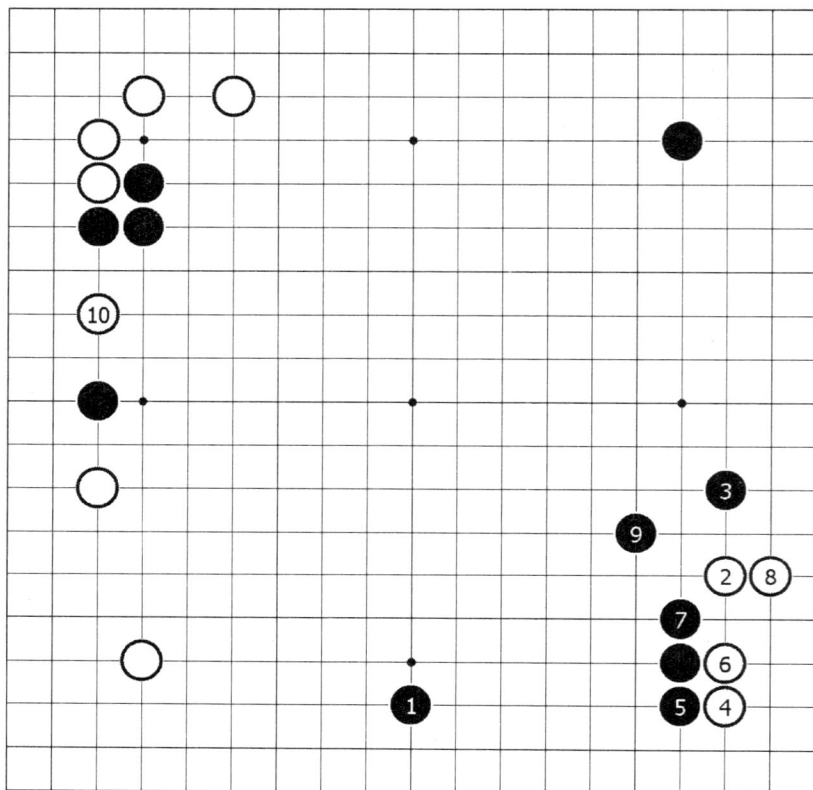

变化图 2：实战黑 1 拆边，白 2 挂角，黑 3 一间低夹是问题手，以下至黑 9 飞是角部常见的定式。由于黑棋在选择定式时没有考虑周边的子力配置，因此实战结果不能满意。白 10 打入虽然无可厚非，但是在此局面下并不是最好的选择。

变化图 3：此时，白 1 小飞守角是不错的选择。黑棋要继续经营右下模样，黑 2 只能跳起，这两手棋的交换从大小和价值上来比较，白棋明显便宜。

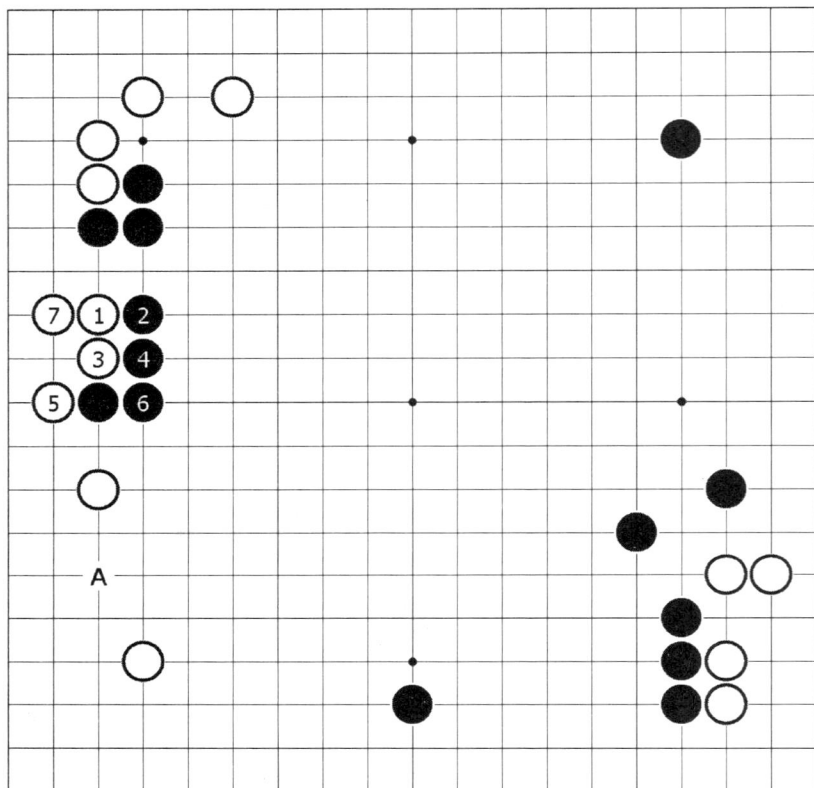

变化图4：实战白1打入，黑2压住，白3顶是问题手，以下至白7虎，白棋从表面上看占得不少便宜，实则不然。此局面下黑棋外围非常厚实，未来黑棋在A位的打入显然十分严厉。因此白3在7位立下才是正确的下法。

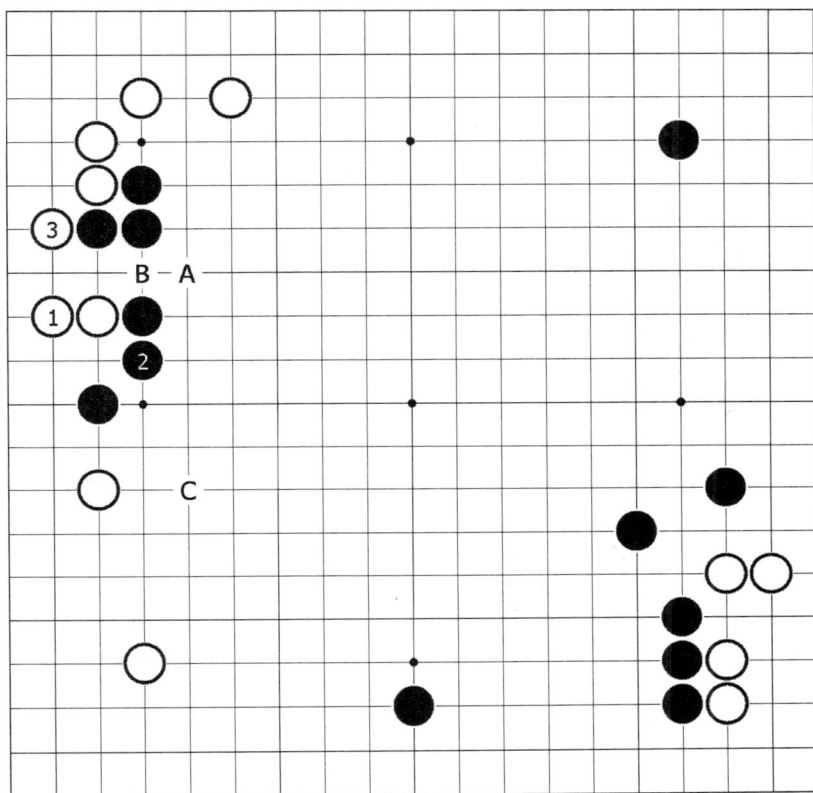

变化图5：白1立下，黑2退回，白3扳过是此时的正确下法。此局面下白棋角部的目数饱满，对左边拆边一子也有一定的保护，而且外围的黑棋也不是太厚，未来白A位点刺与黑B接交换后，再于C位跳起，整块黑棋都会受攻。

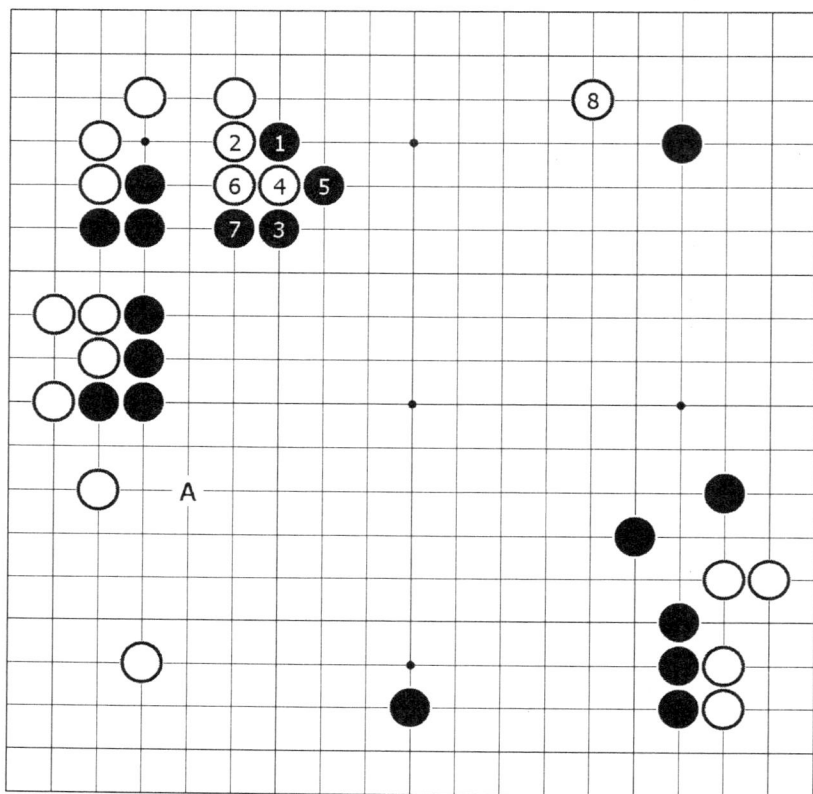

变化图 6：实战黑 1 尖冲，继续贯彻经营中腹的方针。黑 7 挡住后，白 8 挂角是问题手，应该在 A 位跳起，破坏黑棋的意图。

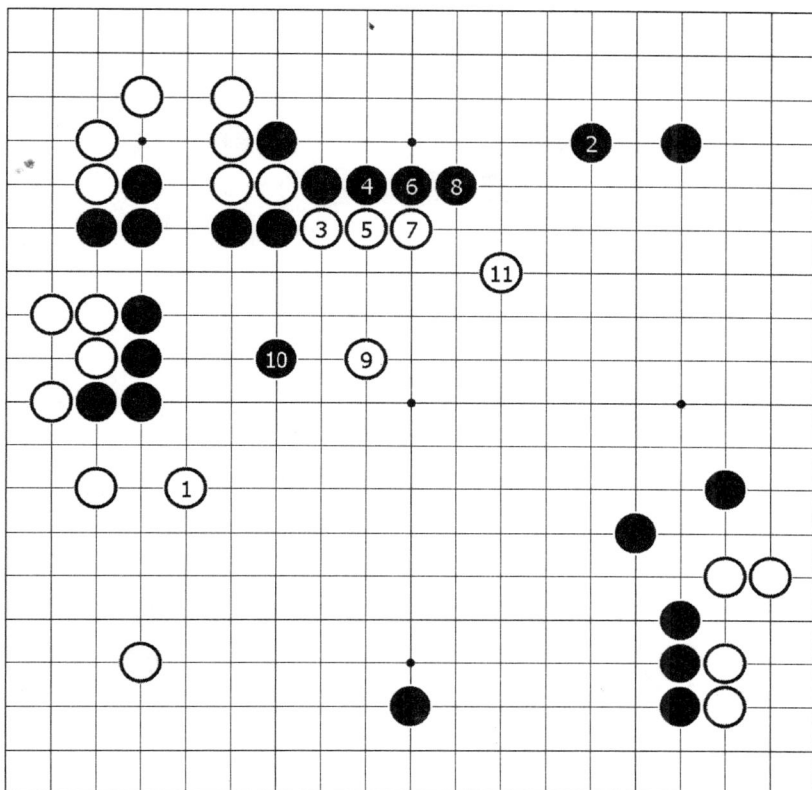

变化图 7：此时白 1 跳起是识破黑方意图的一手。黑 2 若占据大场，则白 3 断，以下至白 11 飞，白棋在牵制左上黑棋的同时补强了自身，有效地破坏了黑棋的意图。

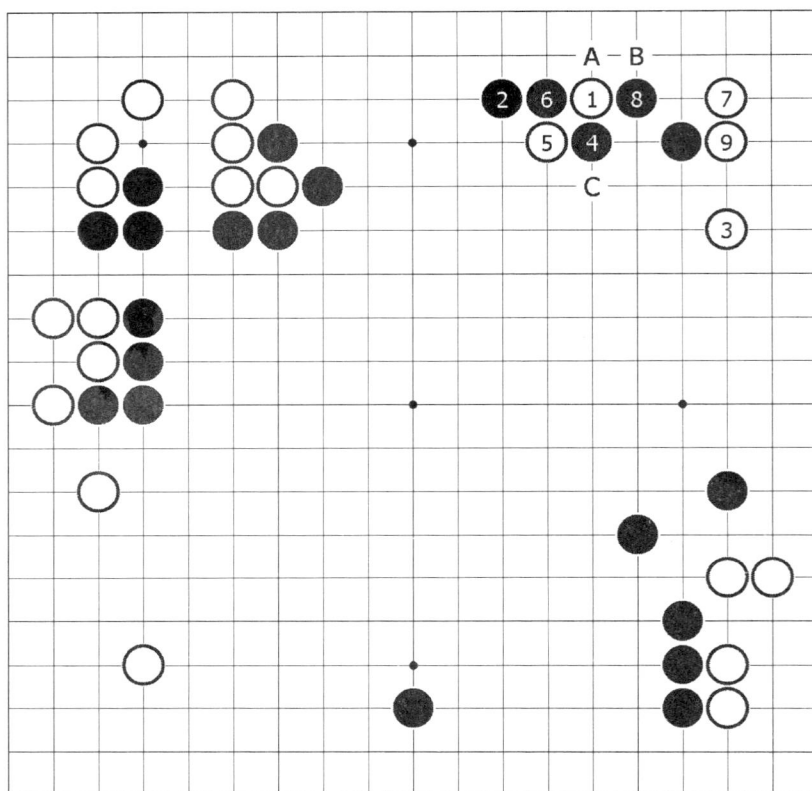

变化图 8：实战白 1 挂角，黑 2 一间低夹，以下至白 9 是常见定式。由于以后白 A 立与黑 B 挡交换后，白棋在 C 位打吃后可以破坏黑棋中腹的潜力，因此黑棋在此局部可以考虑采用另外一种定型手法。

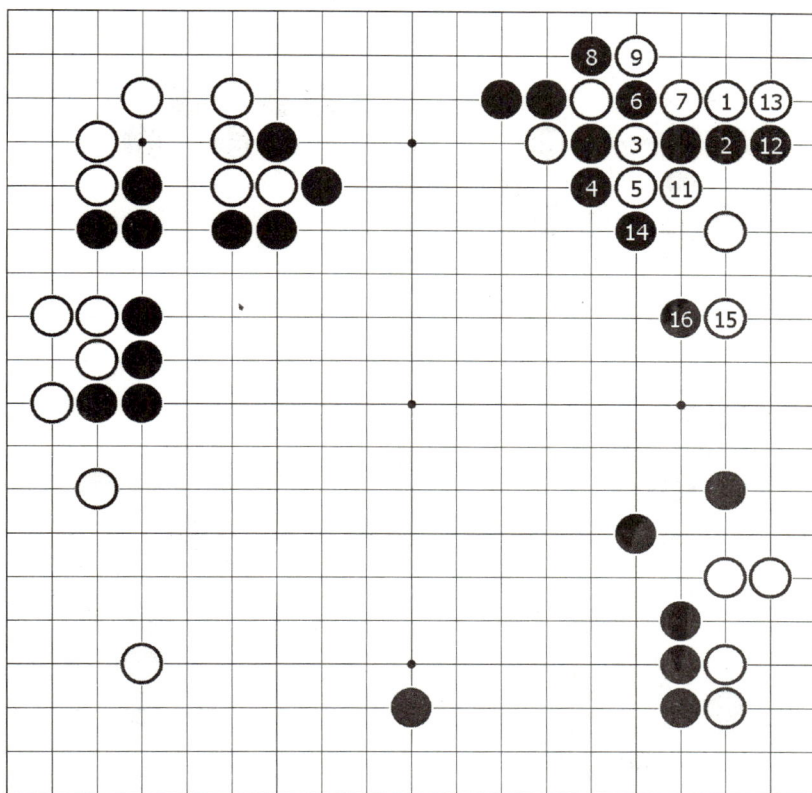

10 O17

变化图9：白1点角时，黑2可以考虑从另外一个方向挡，采用弃子的下法。以下至白11拐，局部告一段落，此局部黑棋不错。将来黑12立与白13挡交换后，黑14扳，白棋难受，若白15跳补，黑16靠是连贯的下法，白棋无法反抗。

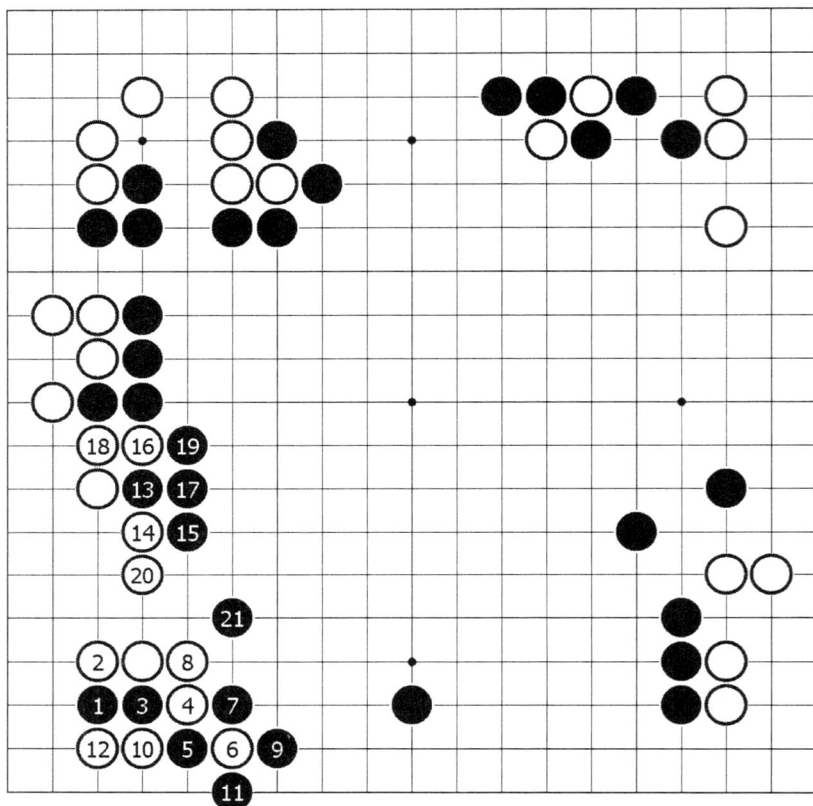

变化图 10：实战黑 1 点角不好，应该继续贯彻经营中腹的意图。当黑 5 扳时，白 6 连扳不好，以下至黑 21 跳，双方优劣一目了然。

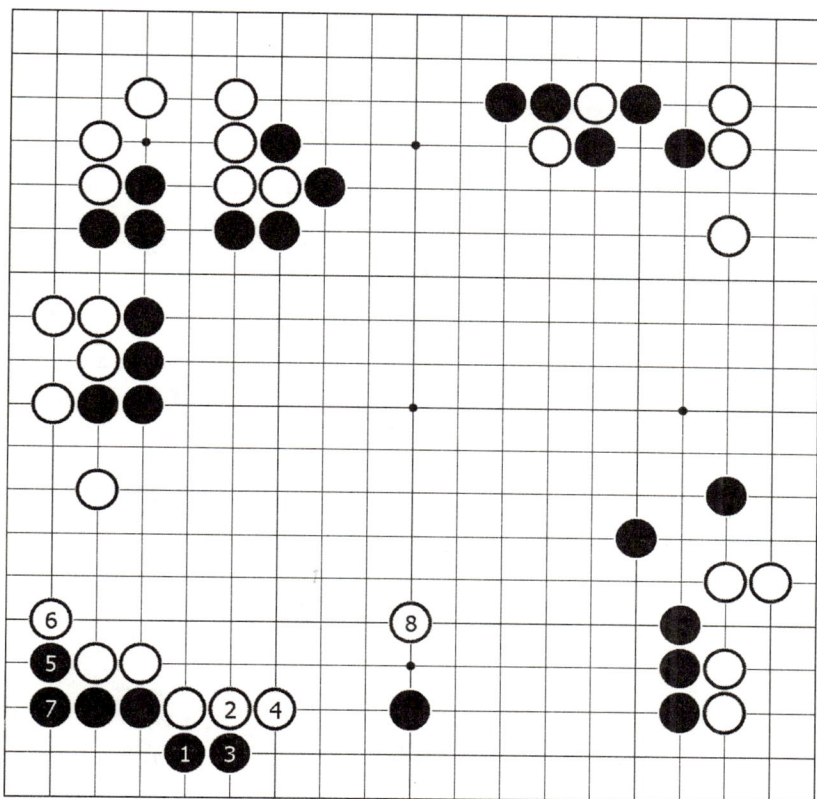

变化图11：当黑1扳时，在此局面下白2退是当然的一手。以下至黑7接，黑棋取得了角部的实地，但是被白8镇后，黑棋的模样荡然无存，因此白棋应该采取这种下法来破坏黑棋意图。

小结：通过这盘棋，我们可以学习到如何观察和识破对方意图，并且通过有效的手段来打乱它。

10. 势与地的对抗

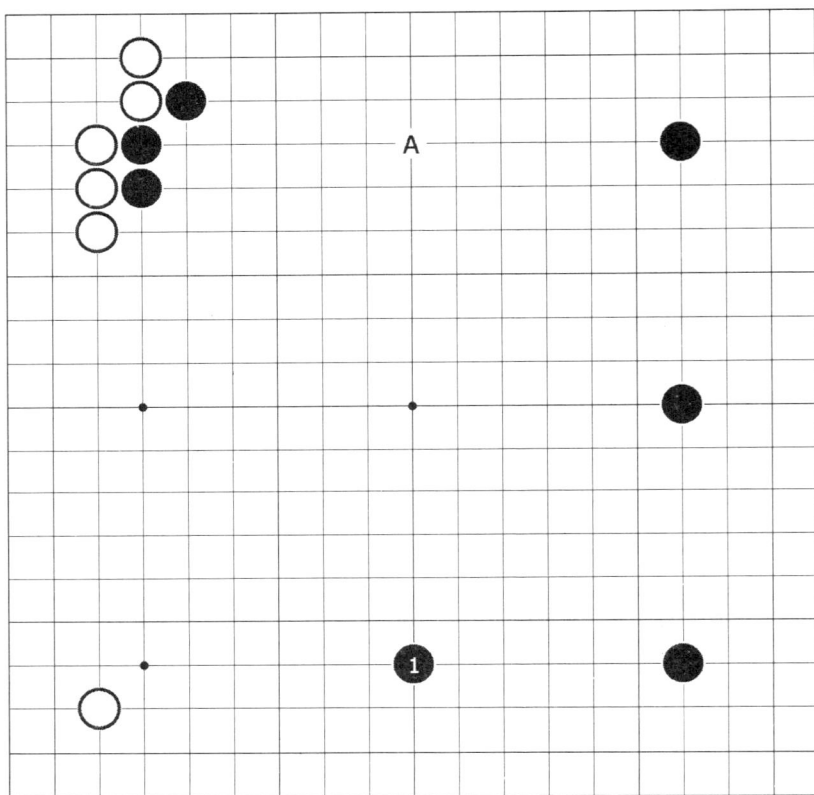

　　基本图：取材于两位业余棋手的实战对局。至黑 1 拆边，形成一盘典型的势地对抗的格局。此时的黑 1 可以考虑在 A 位拆。

变化图 1：黑 1 拆后，白 2 如在 A 位高拆可以对抗黑棋的四连星，也可以把左上做成立体空。如果低一路拆，黑 3 是抢占制高点的下法，这手棋武宫正树九段曾经下过。白 4 若飞，以下至黑 11 挡，白棋明显不行。

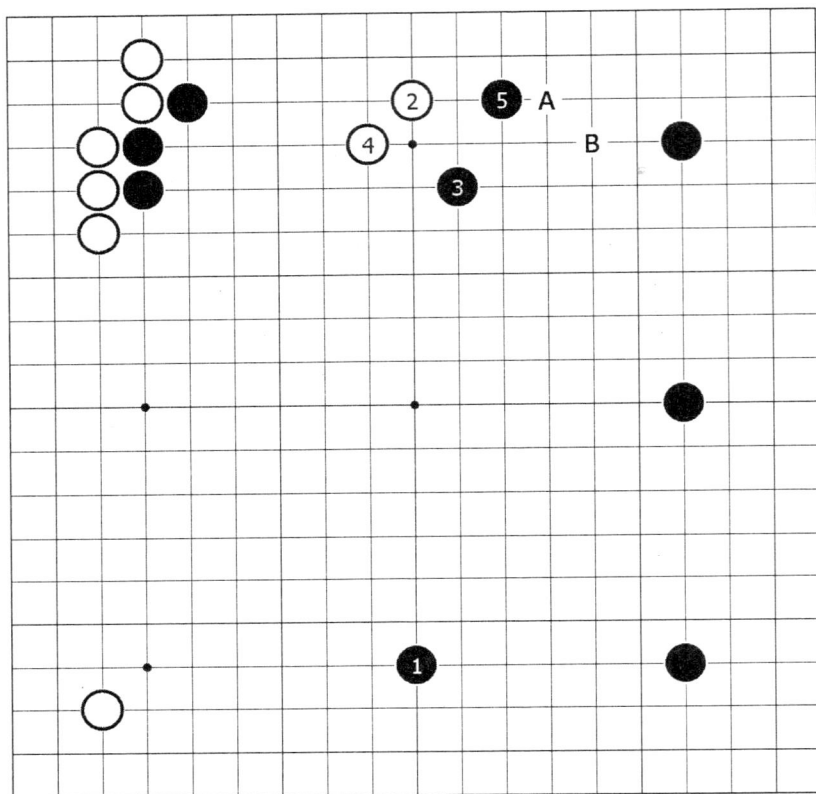

变化图 2：黑 3 抢占制高点后，白 2 如在 A 位拆二，则黑 B 尖冲，白棋依然不行。因此白 4 只有小尖。黑 5 飞后，此局面下黑棋照顾全局，没有拘泥于局部，从而牢牢把握住了主动权。

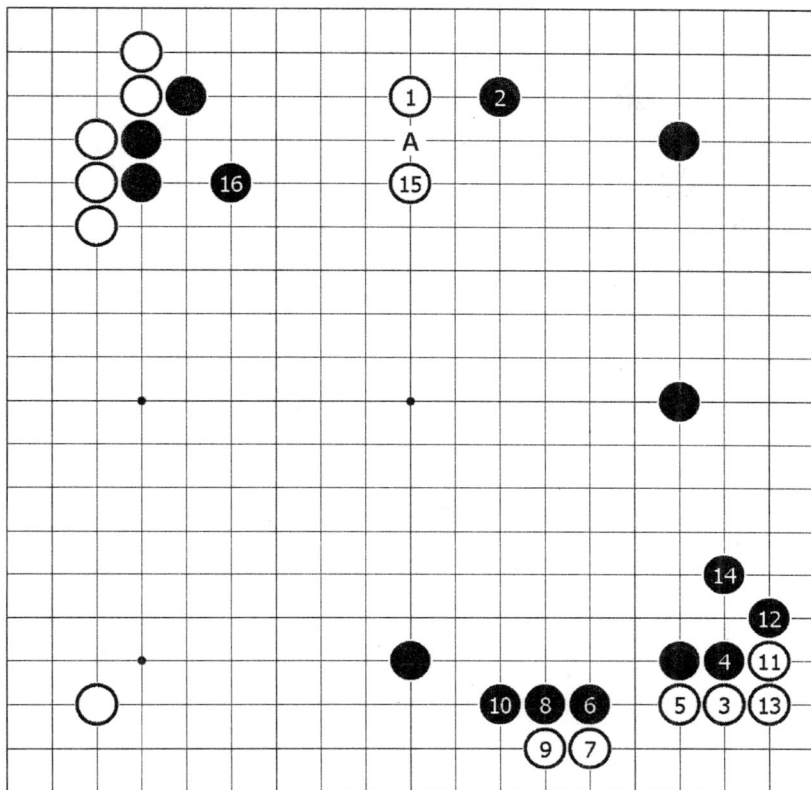

变化图 3：当白 1 在低位拆时，黑 2 逼过于重视实地，没有着眼于全局的配置。以下至黑 16 跳是实战的进程。其中白 3 点角是问题手，应该直接在 15 位跳，抢占制高点。白 7 托时，黑 8 应该在 A 位靠，在压迫白棋的同时扩张自身模样。实战白棋先手掏掉右下角后，再抢到上边的制高点，无疑是白棋满意的局面。白 15 跳，黑 16 补左上角又是明显的问题手。

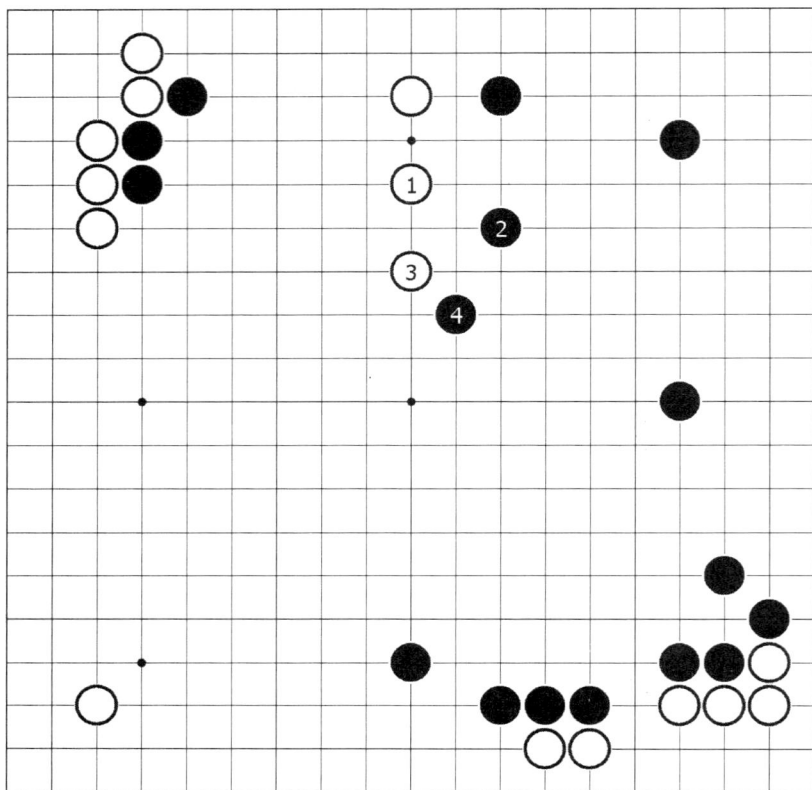

变化图4：当白1跳时，黑2大跳是不错的选择。白3若跳，则黑4飞，这样可以保证黑棋的头出在白棋前面，占据中腹争夺的主动权。

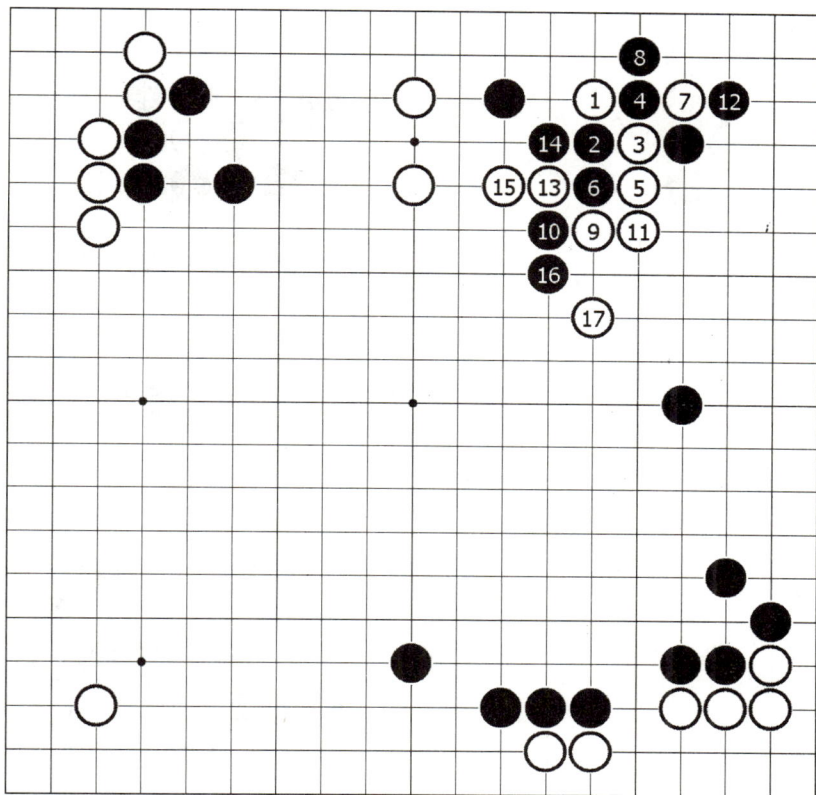

变化图5：实战白1打入，找准了全局的方向，此时在15位镇也可以考虑。以下至白17跳是实战的进程，在此局面下白棋优势。其中当白3挖时，黑4从里面打吃，选择了最凶狠的下法。这手棋如果在5位打吃，则会形成另一种变化。

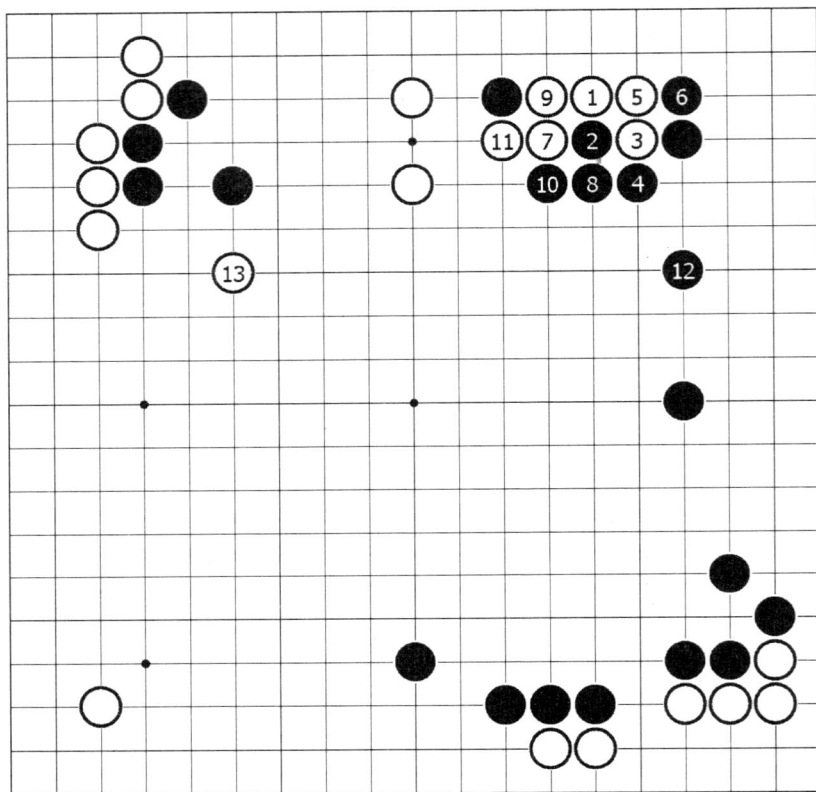

变化图 6：黑 4 如果从外边打吃，以下至黑 12，黑棋虽然守住了上边的实空，但是白 13 抢得先手大飞攻击左上黑棋时，依然占据着全局的主动。

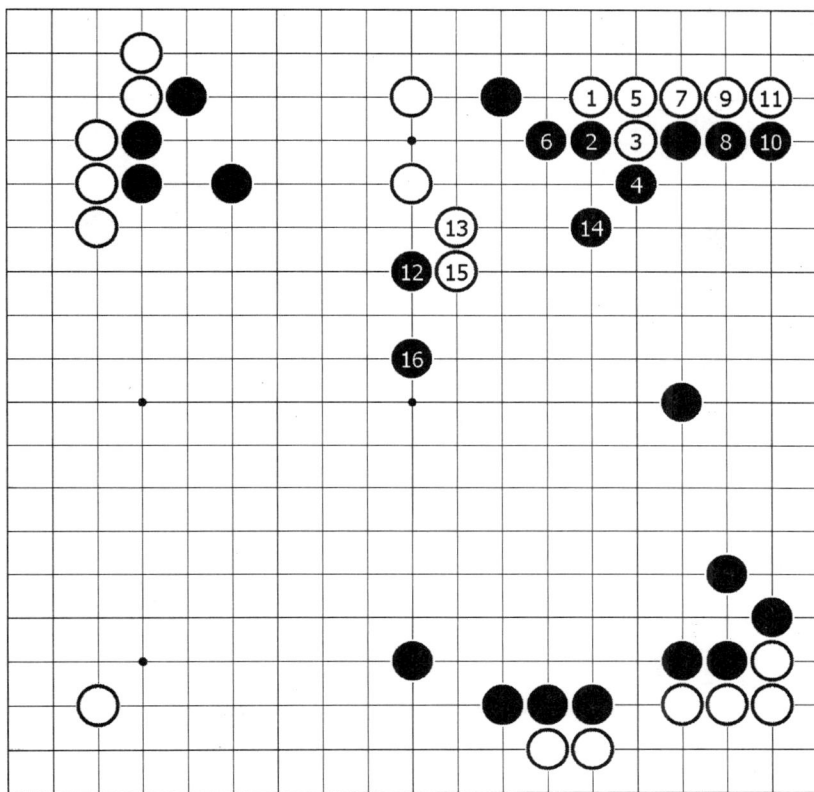

变化图7：当白5接时，黑6可以选择单退，以下至白11活角，黑棋抢得先手在12位镇头，是具有大局观的下法。以下至黑16跳，黑棋通过牵制白棋上边几子既围住了右边的实空，又间接支援了左上的孤棋，明显优于实战。

小结：我们在模样对抗的情况下一定要充分认识到制高点的重要性，在选择变化的时候一定要认识到先后手的重要性，这两点是制胜的法宝。

11. 试应手的时机

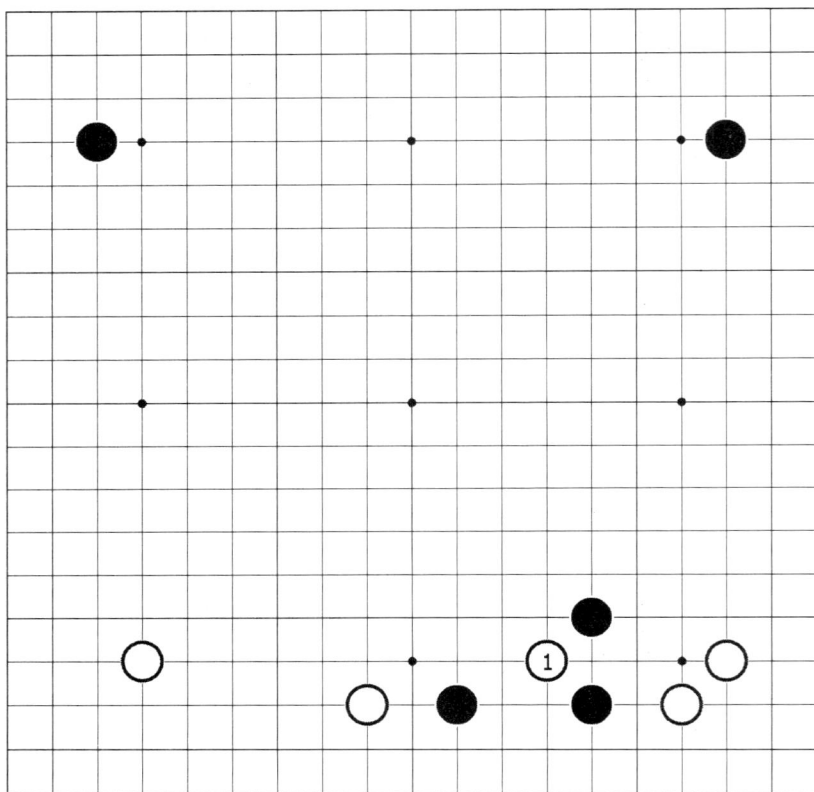

基本图：这是笔者的学生在网络上的一盘对局。白1点试黑棋应手，在此局面下黑棋该如何应对呢？

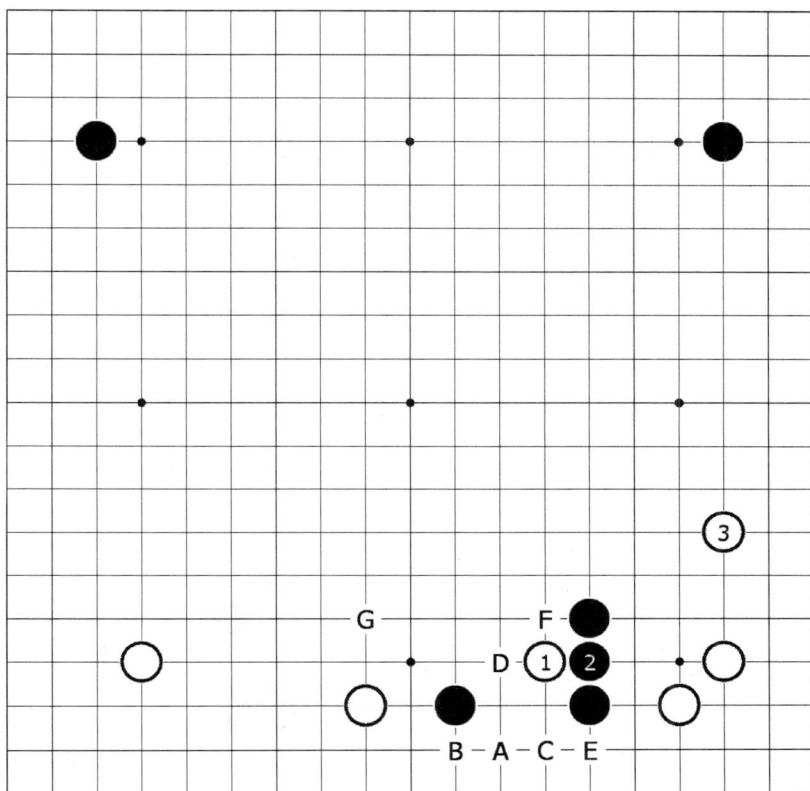

变化图 1：黑 2 如果接上，白 3 拆二以后，如果黑棋不补，将来白棋留有 A 位点冲击黑棋的手段。黑 B 若挡住，以下至白 G 跳是双方在这一局部正常的应对。在此局面下，黑棋大块还未安定。

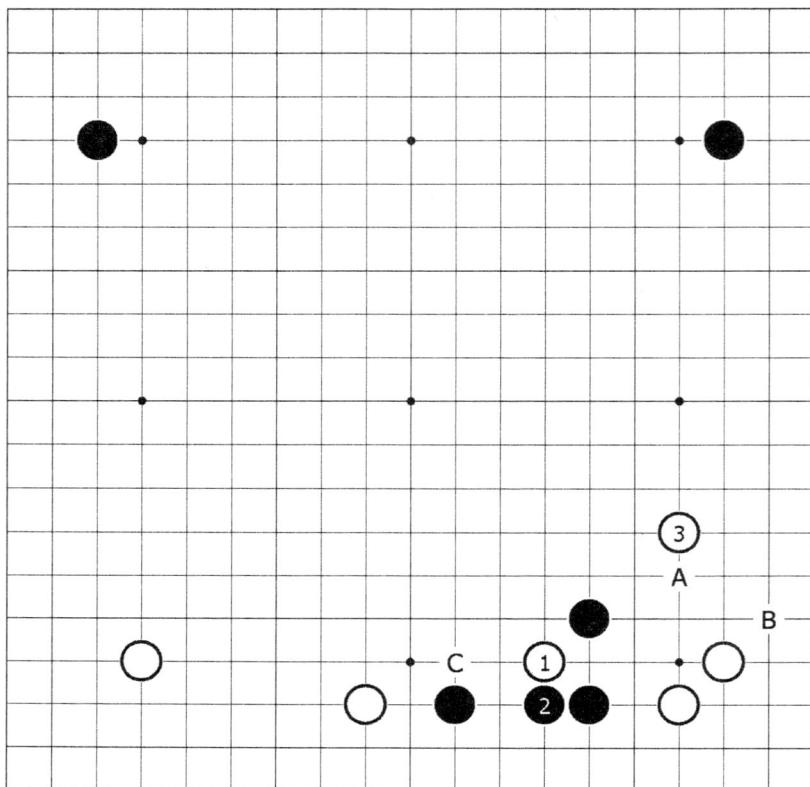

变化图 2：白 1 点后，黑棋若挡在下边，白 3 拆不可省略，将来黑棋有 A 位压迫白棋的手段。如果白棋继续脱先，黑棋有在 B 位飞先手封锁白棋的手段，优劣一目了然。白 3 补后，将来白棋留有 C 位压扩张左边模样的手段。

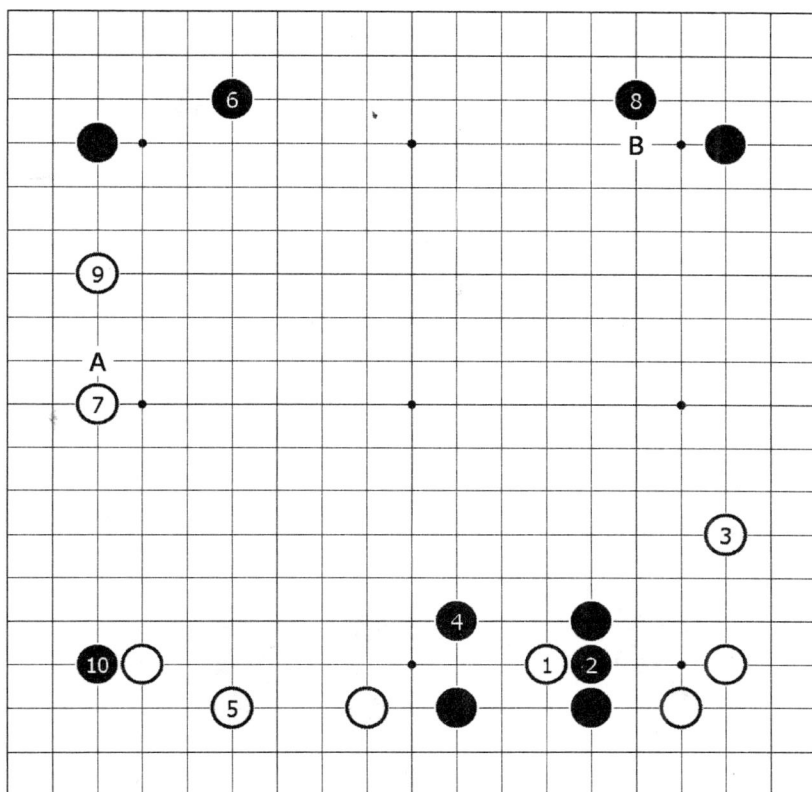

变化图 3：白 1 点后，以下至白 5 是实战的下法。黑 6 大飞守角稍有疑问。考虑到全局的配置，这手棋小飞或者单关守角可能更坚实更好一些。白 7 拆边是值得斟酌的一手。这手棋考虑到左下的白棋非常厚实，而左上黑棋的大飞守角稍显薄弱，因此可考虑在 A 位多拆一路，留有将来侵分黑角的手段。黑 8 守角虽然坚实，但考虑到上边的高低配合，在 B 位单关守角可能更好。黑 10 托角后，白棋在这一局部有多种应对方法。

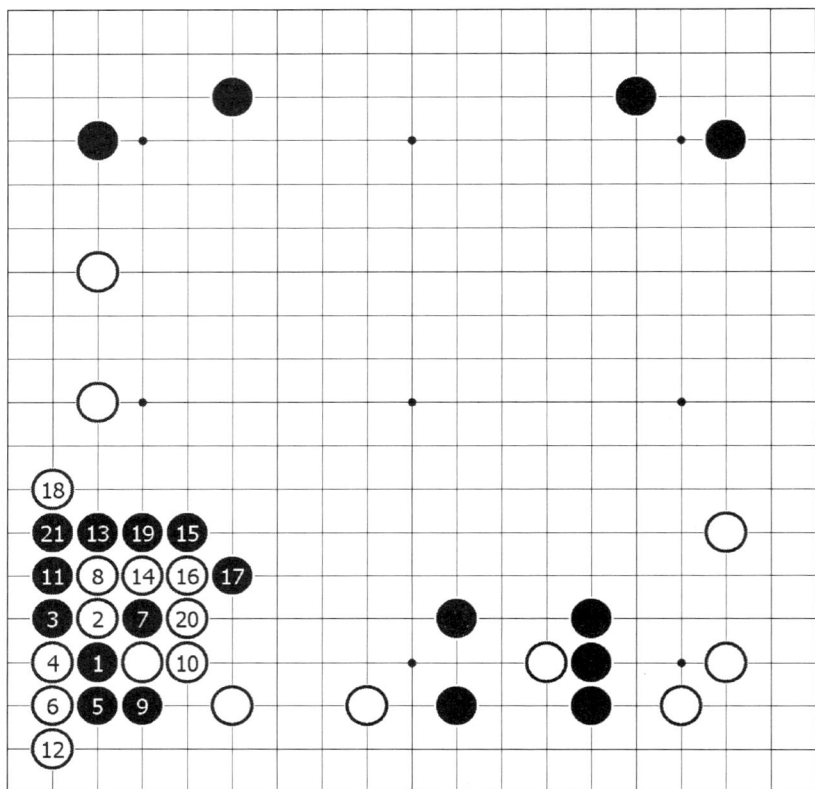

变化图4：黑1托时，白2若选择外扳，黑3扳时，白棋有两种下法，白4断打是重视实地的下法。以下至黑21接，白棋在角部取得了巨大的实地，而黑棋通过弃子，走厚了外边。

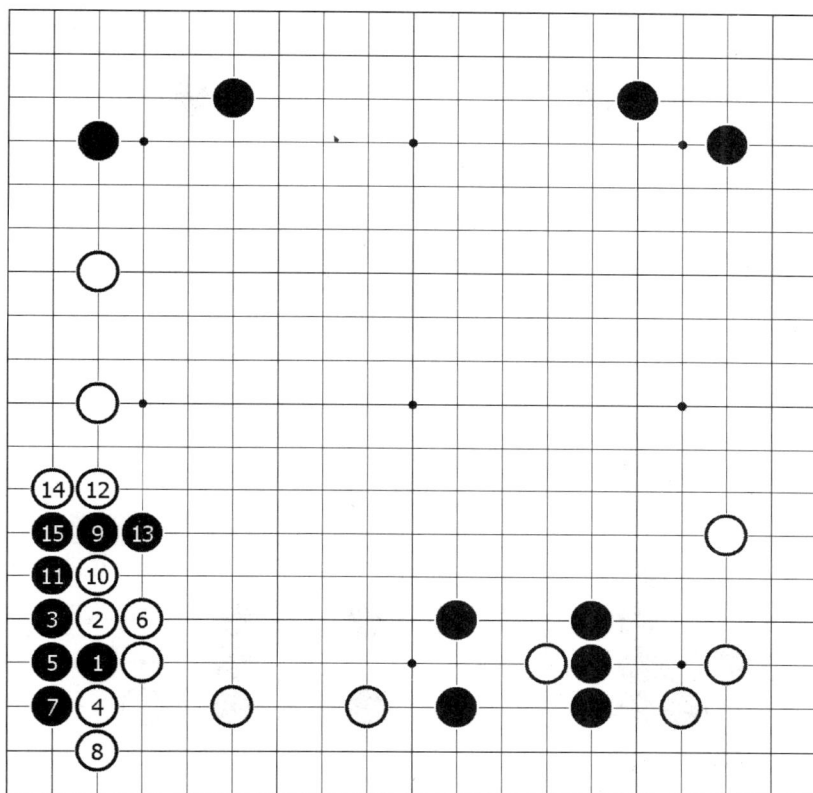

变化图 5：当黑 3 扳时，白 4 打吃是牺牲局部利益换取全局主动的下法。白 12 夹时，黑棋可以选择在 14 位虎活角的下法，但很委屈。黑 13 长出后，白 14 与黑 15 接交换后，黑棋整体未活，此局面下明显白棋主动。

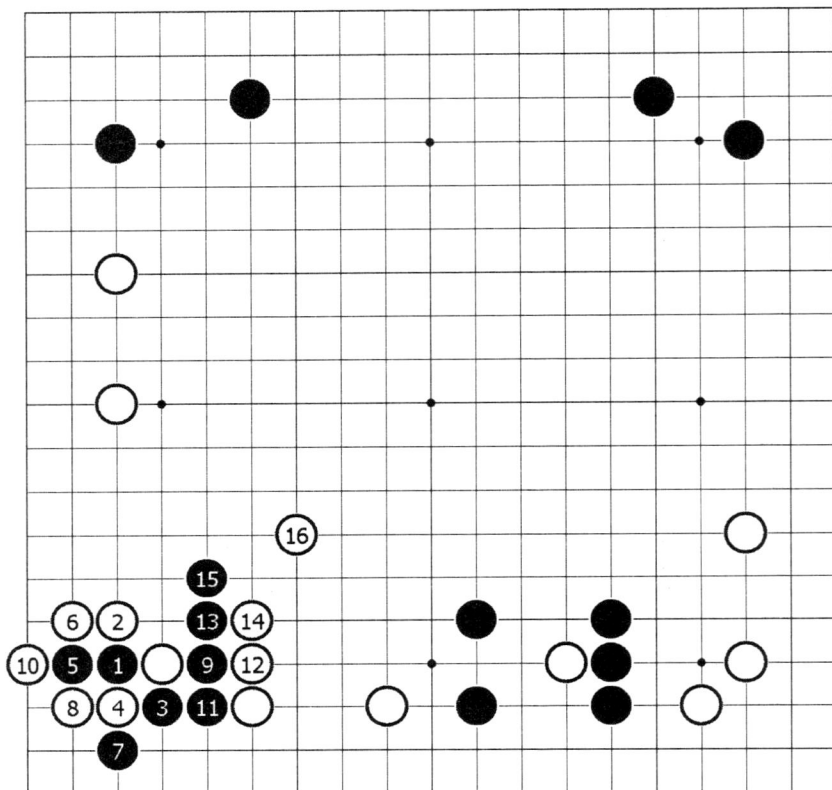

变化图6：白2扳时，黑在3位连扳也是一种下法。白4若打吃，以下至黑11接，黑棋通过弃子，在外边取得一定战果。但是以下至白16飞，白棋对左下黑棋展开攻击，双方形成难解的战斗。对于力战型棋手来说，可以考虑这种下法。

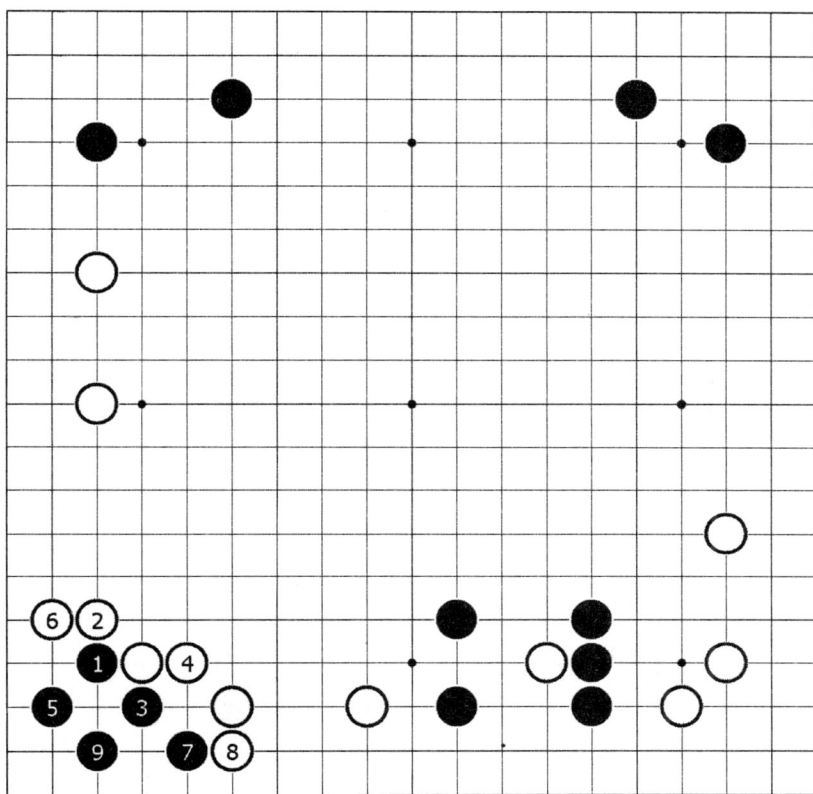

变化图 7：黑 3 扳时，白 4 退是比较柔和的下法。以下至黑 9 活角，白棋不仅争得了先手，而且还取得了不错的外势，因此这个局面是白棋比较满意的。

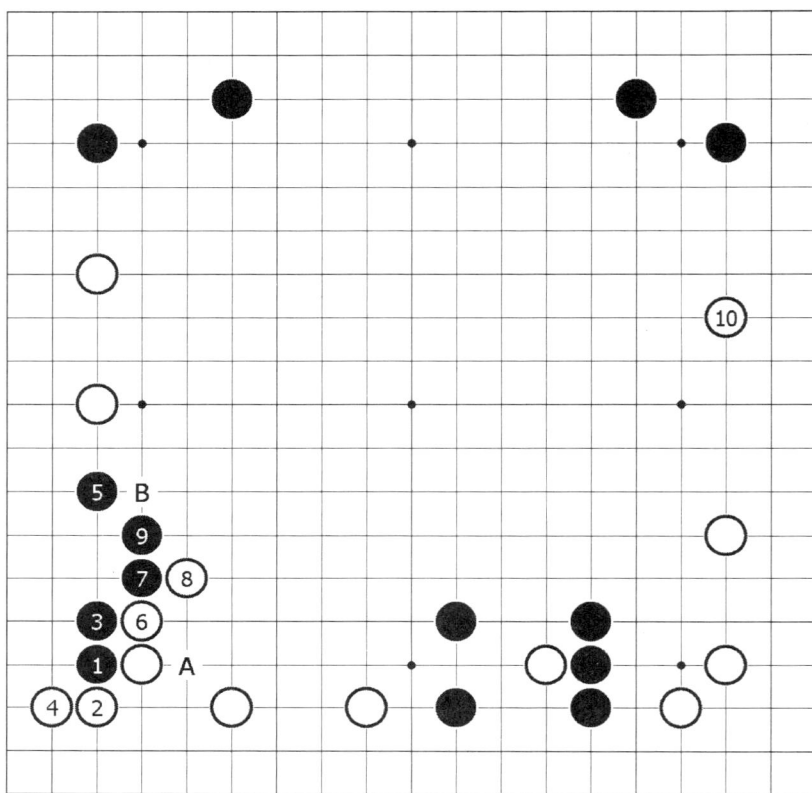

变化图8：当黑1托时，白2在里面扳是实战的下法。黑5拆二是疑问手，白棋在6位压以后，黑棋不仅整块未活，还显得非常局促。这手棋应该先在8位飞与白A退交换后再于B位飞，这样轻灵的下法在此局面下非常实用。以下至黑9局部告一段落，白10拆边是本局的一个疑问手。

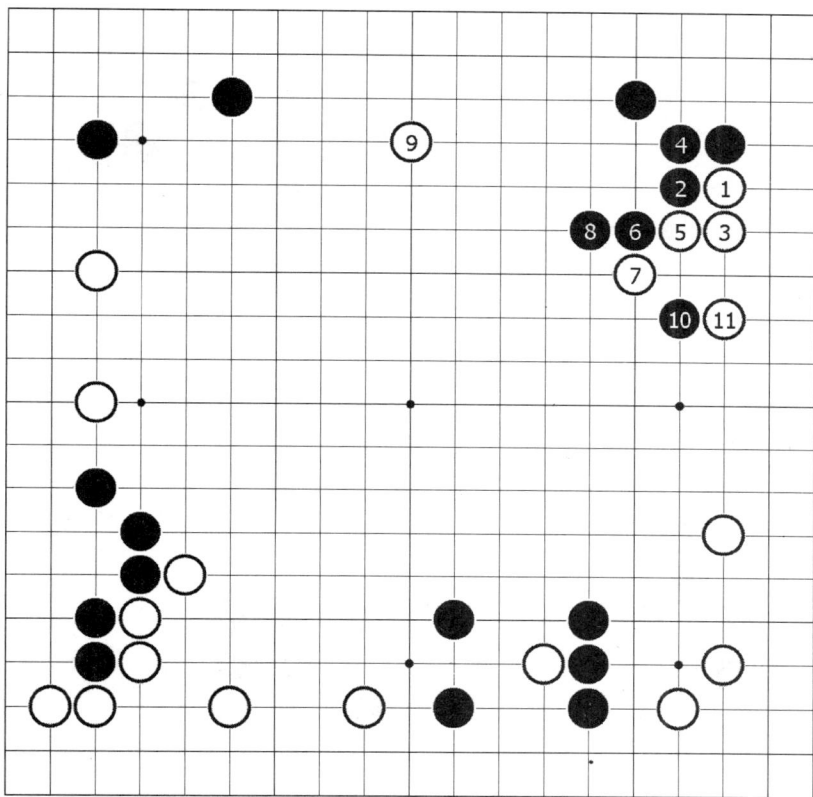

变化图 9：此时白 1 碰是寻求更高效率的下法。白 3 退时，黑 4 若接，则白 5 拐，以下至黑 8 长，白棋可以考虑脱先在 9 位分投。黑 10 点攻击白棋时，白 11 托可以轻松腾挪。

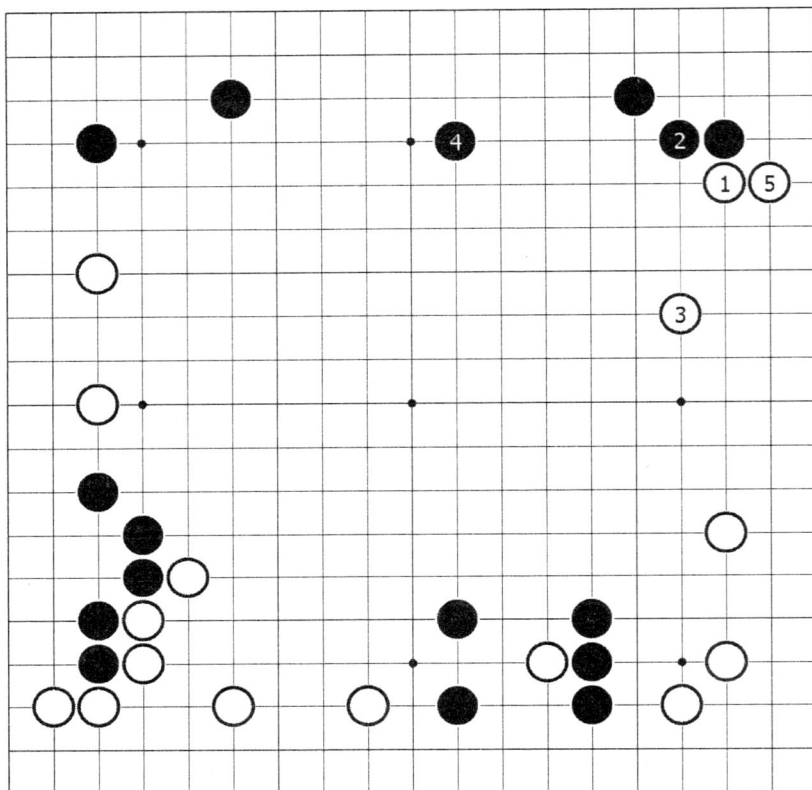

变化图10：白1碰时，黑2若退，白3飞从轻处理。黑4若抢占最后的大场，白5立下后，右边白棋的效率显得非常高。

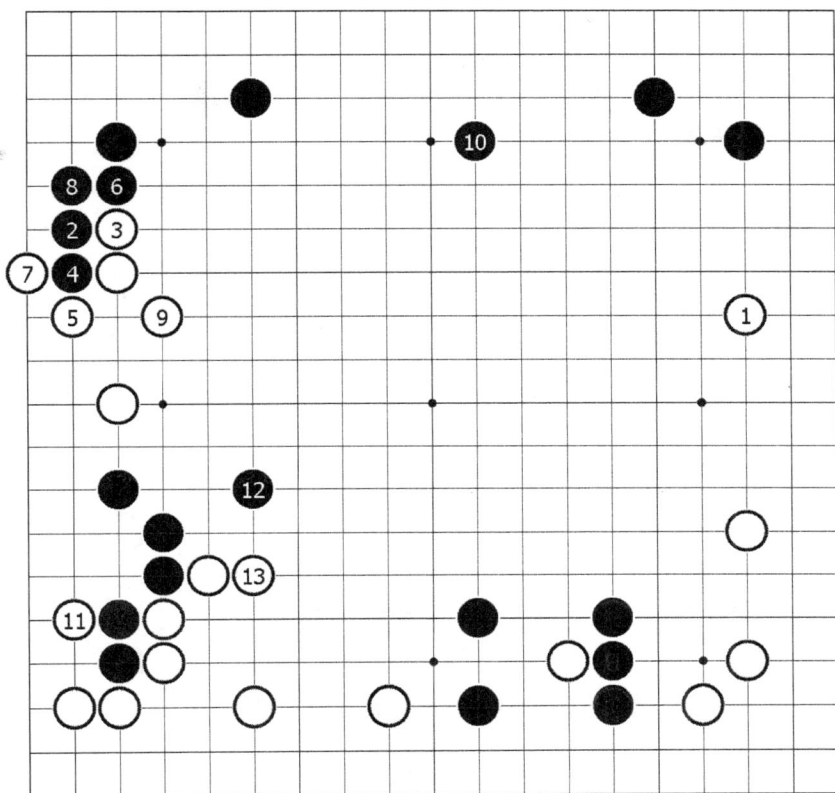

变化图 11：白 1 拆是实战的下法。以下至黑 10 拆是实战的进程。其中黑 2 飞表面上是想通过攻击左边白棋来先手补强角地的下法，但其实是疑问手。白 3 压之后的下法也有问题。

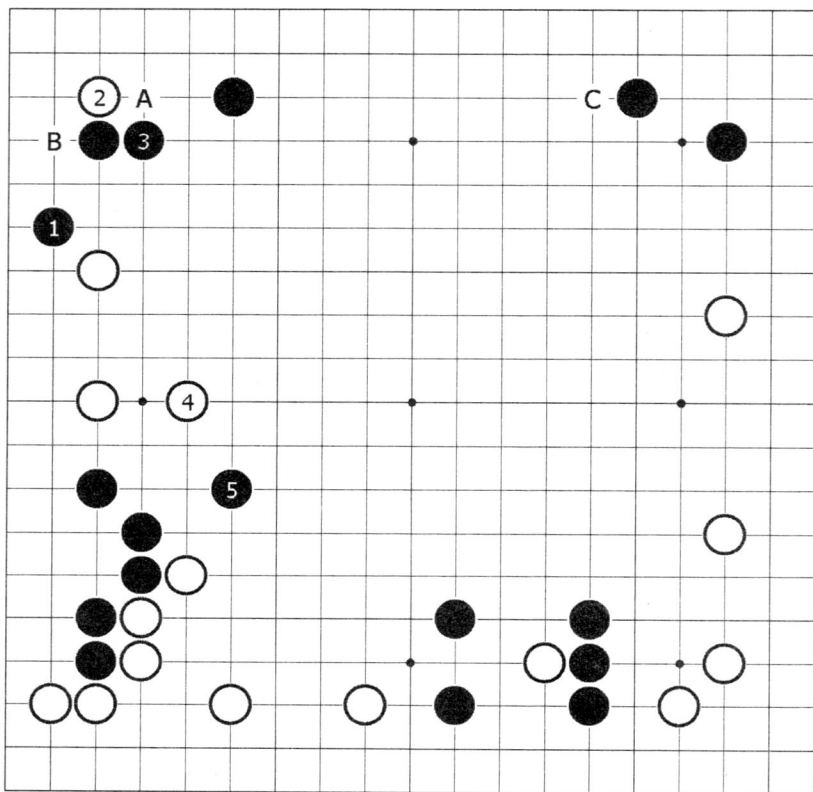

变化图 12：黑 1 飞时，白 2 碰机敏，这手棋也是职业的思考方式。黑如果在 A 位扳，则白棋有 B 位反扳的手段。黑 3 若退，则白 4 跳，等黑 5 飞出头以后，白棋再在上边分投或者 C 位碰均可，这样是白棋不错的局面。

小结：试应手是一种常见的高级战术，在对局中巧妙把握试应手的时机，不仅能够为自己提供更多的选择，而且常常会有意想不到的收获。

12. 思路的连贯性

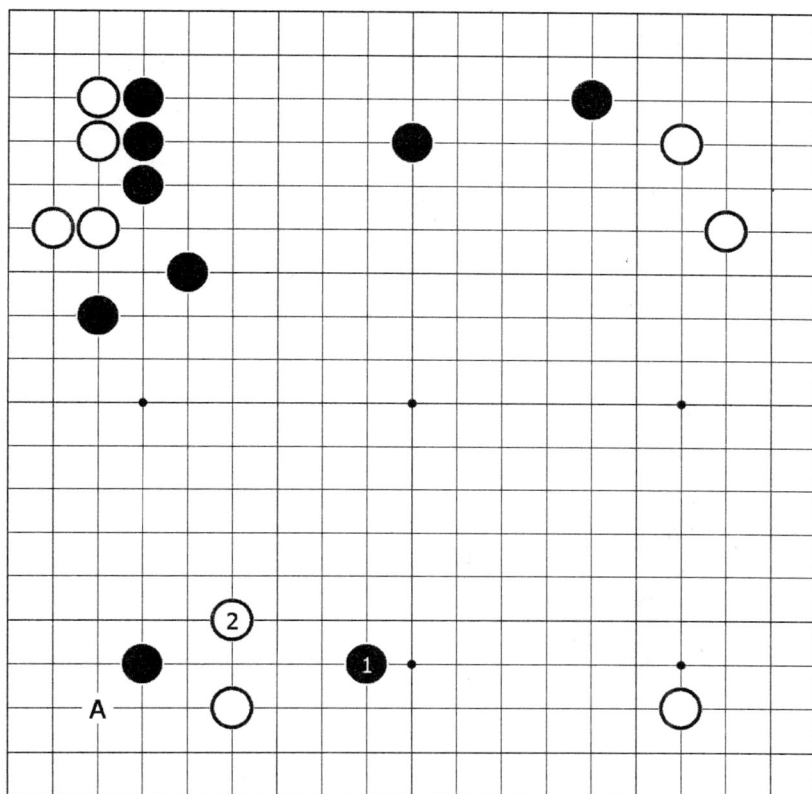

基本图：取材于两位业余女棋手的对局。黑方是武汉大学的学生，白方是昆明的一位冲段少年。开局比较普通，黑1二间高夹时，白2跳起，此时在 A 位点角也是一种选择。

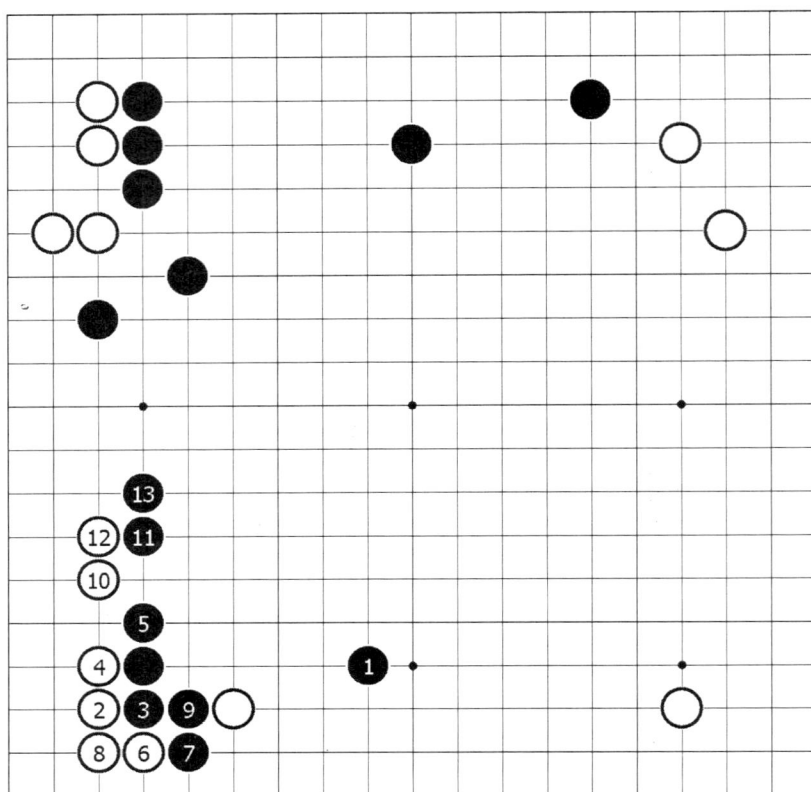

变化图1：白2点角后至白10跳出完成定式。之后黑11尖冲，白12爬以后，黑13退，这样黑棋可以贯彻扩张外势的意图。

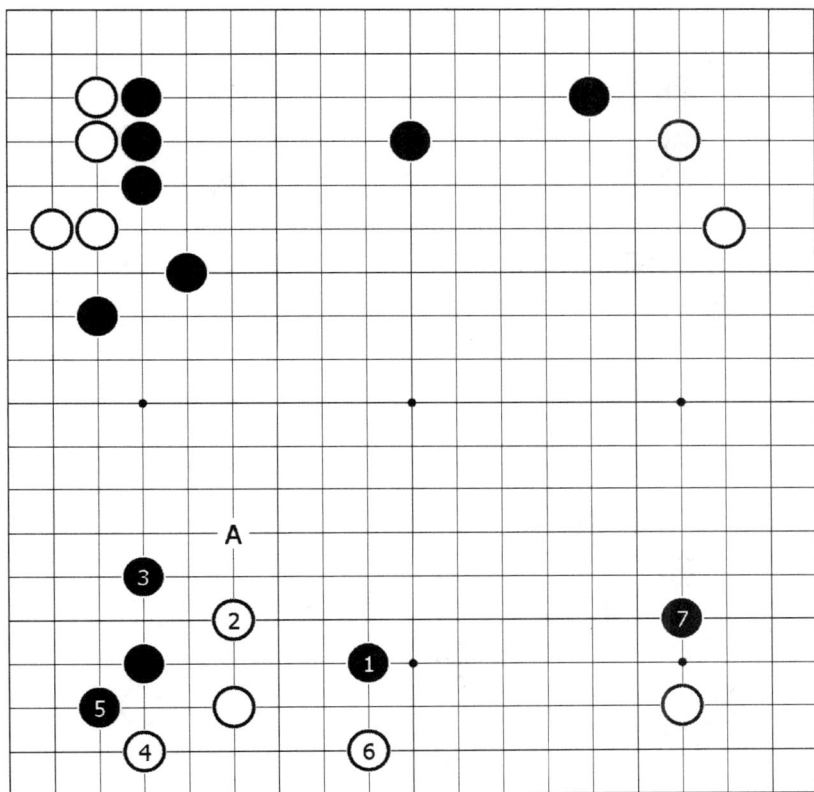

变化图 2：实战白 2 选择跳出，白 6 二路大飞后，黑 7 挂角不好，此时在 A 位飞镇是绝好点。

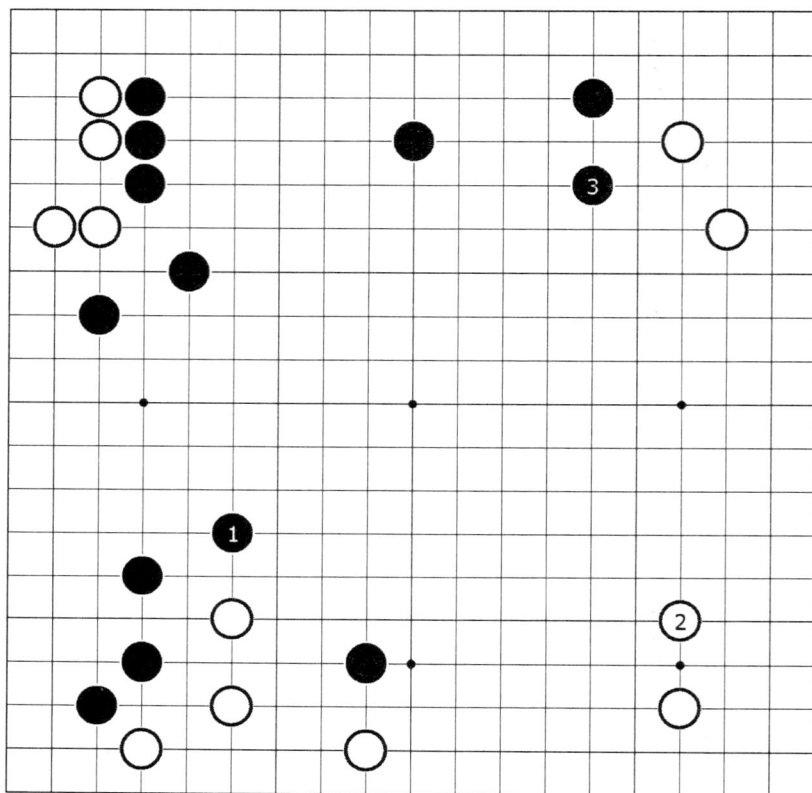

变化图3：黑1飞镇占据全局的制高点。白2若单关守角，黑3跳起后，双方形成实地与模样的抗衡。

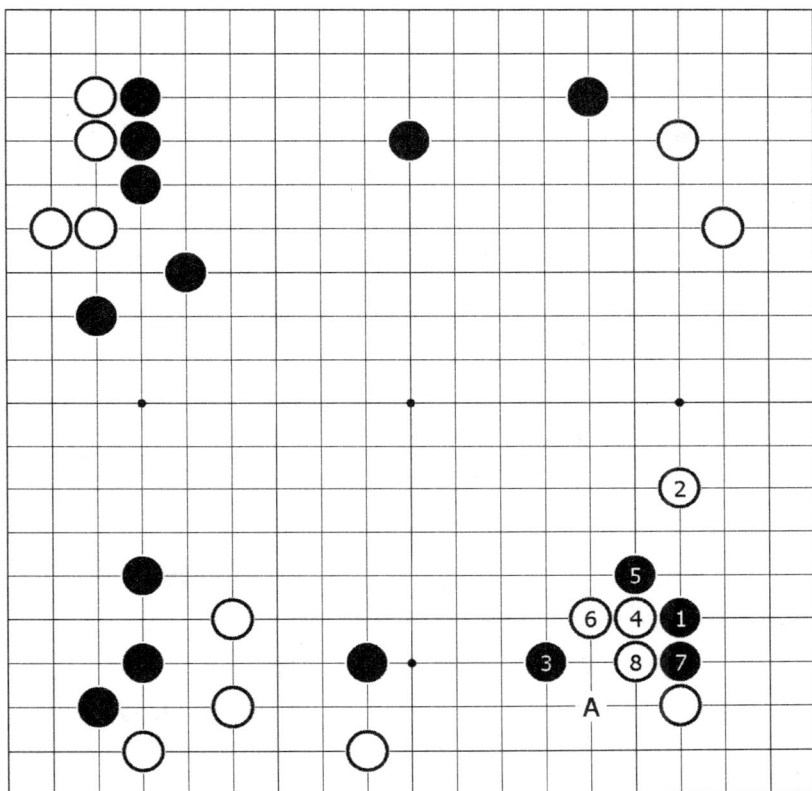

变化图4：实战黑1挂角，白2二间高夹，黑3大飞后，白4选择靠断，白8挡是新型，普通是在A位跳。

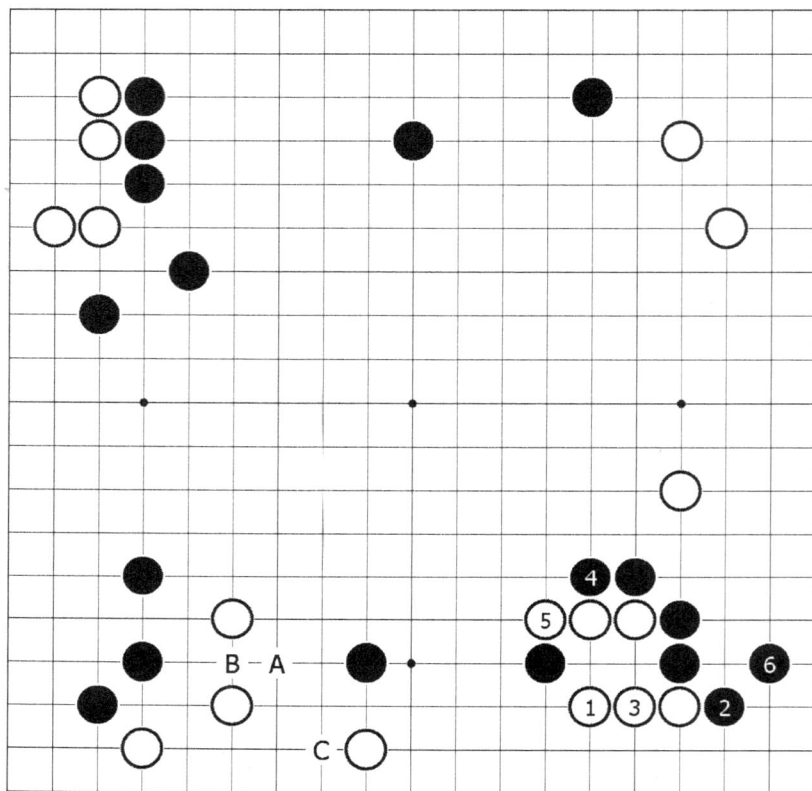

变化图 5：白 1 跳是常见下法，以下至黑 6 虎是定式的正常进行。但在此局面下由于黑棋在下方残留 A 位刺与白 B 位接交换后，在 C 位靠下的手段，因此白棋不能满意。

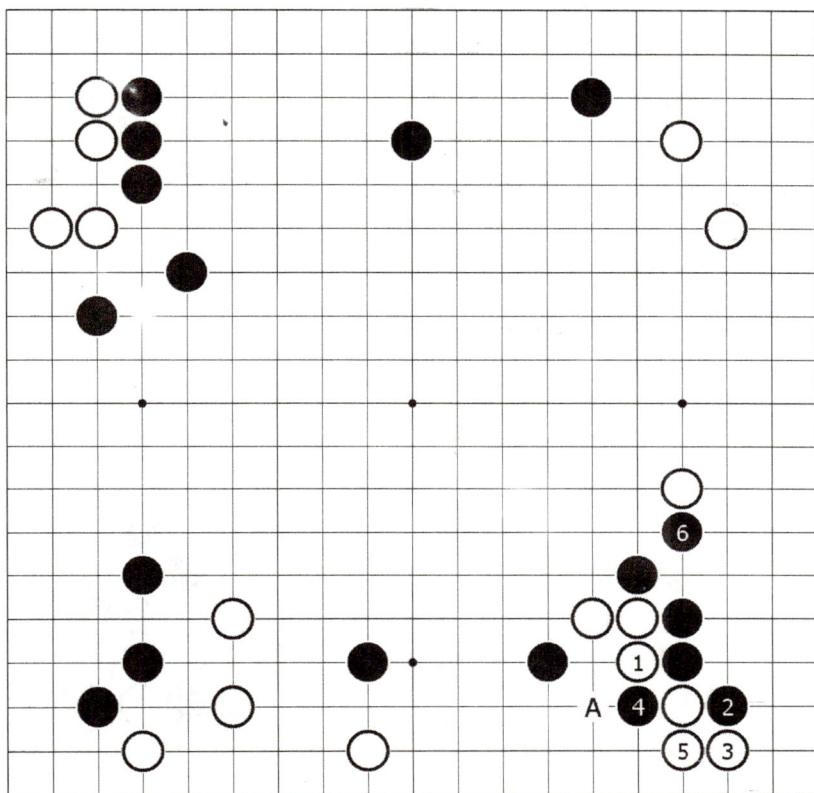

变化图 6：实战白 1 挡住，黑 2 扳，白 3 连扳是此局部必然的一手。当白 5 接上以后，由于黑方对此型不太熟悉，因此选择了黑 6 虎的化解手段。此时黑 6 在 A 位退也是一种选择。

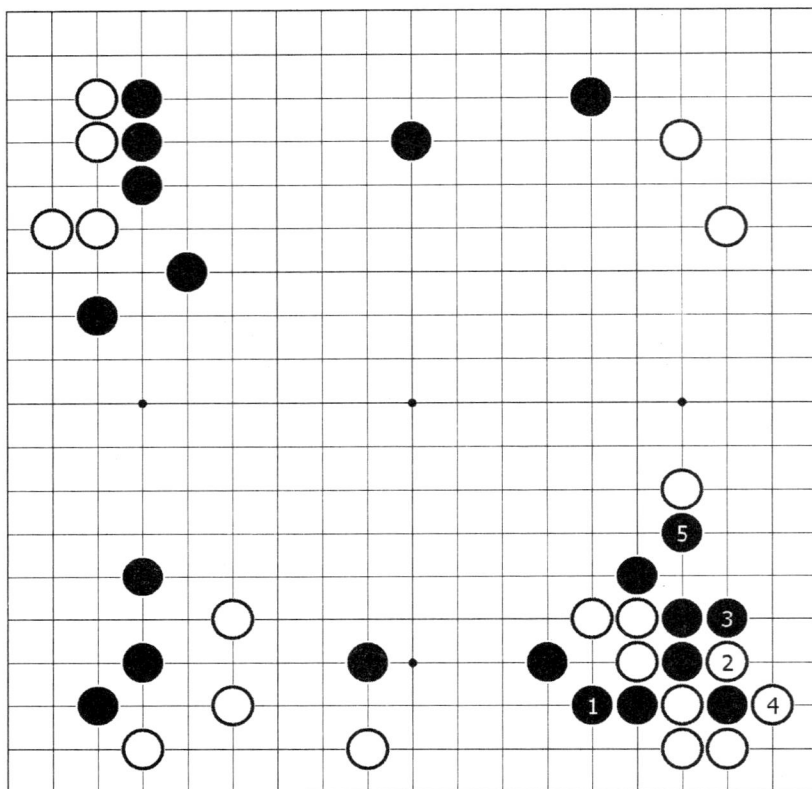

变化图 7：若黑 1 退，则白 2 打吃，至黑 5 虎住是定式的下法，之后将形成比较复杂的战斗局面。

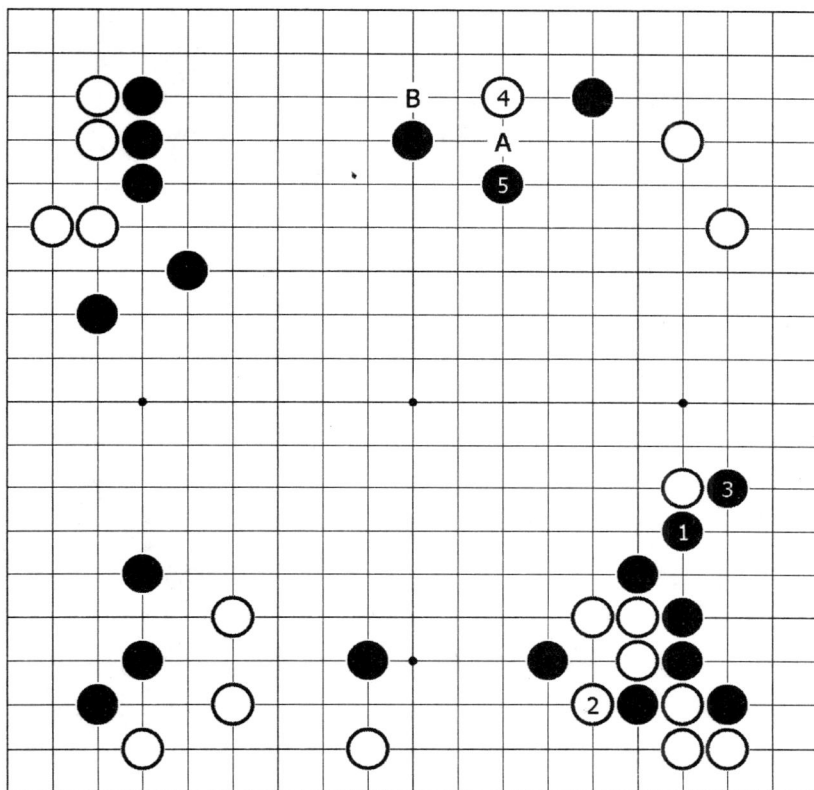

变化图 8：实战黑 1 虎，白 2 打吃，黑 3 扳后，黑棋在局部便宜不少。白 4 争得先手在上方打入，黑 5 镇住攻击白棋，这手棋普通是在 A 位压住，或者是在 B 位扎钉。

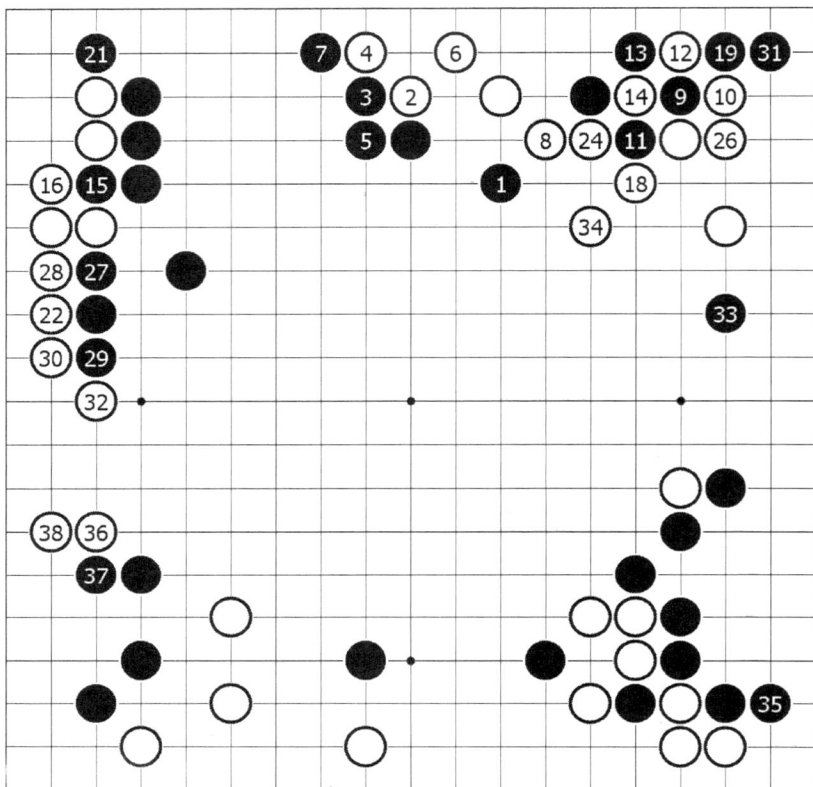

⚫17 Q17 ⚪20 P17 ⚫23 Q17 ⚫25 P17

变化图9：实战黑1镇后，白2托不好，应该在8位尖出。白8尖出不好，此时应该在12位守住角地。以下是双方实战进程，白棋在判断清楚形势后，果断放弃右上角的劫争，牢牢把握住了全局的优势。

小结：通过本局，大家可以了解到在对局中思路的连贯性对于全局的重要影响。

13. 停顿的思维方式

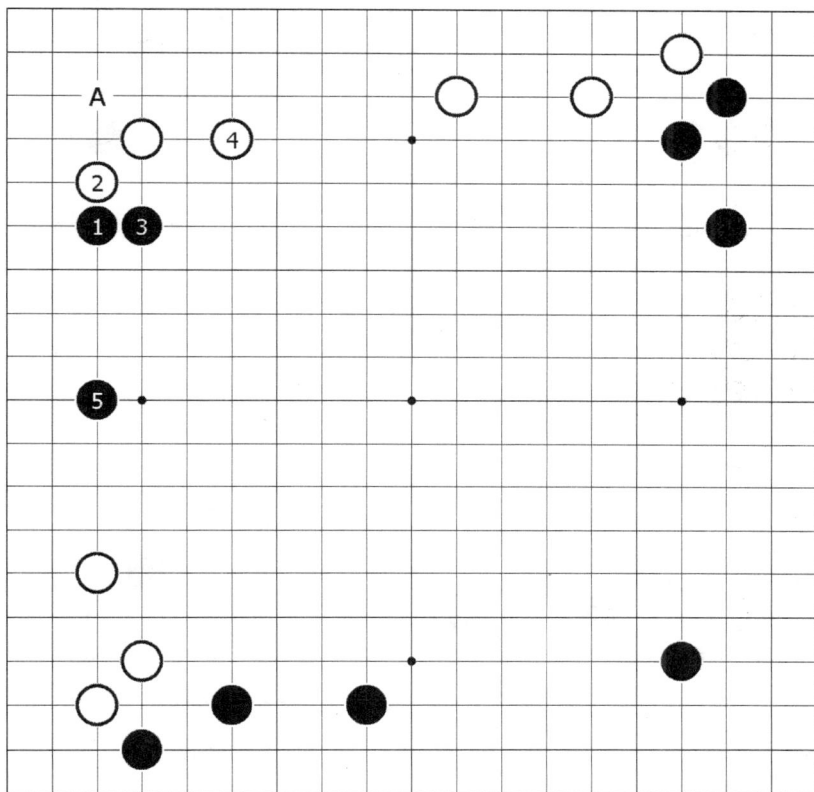

基本图：取材于两位业余高手的实战。开局很普通，双方呈模仿棋形。黑1挂后，白2尖顶，从传统观念来看是一种不好的下法。以下黑3长，白4跳，黑5拆三。由于黑棋留有在 A 位点角的手段，通常被认为是白棋不好的局面。但就是这种下法，却出现在了全国比赛中。

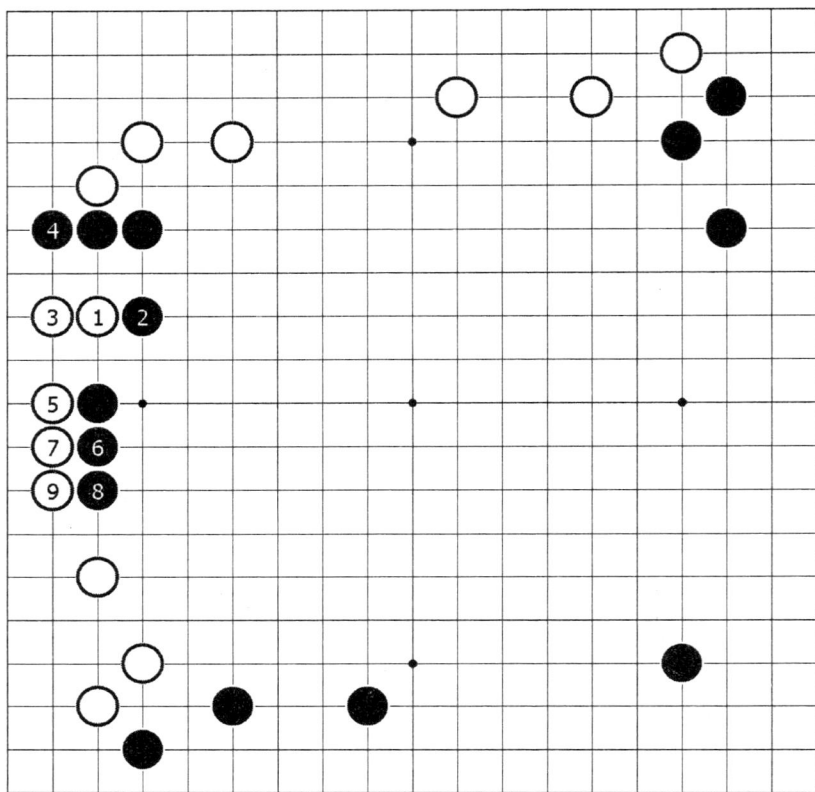

变化图 1：白 1 打入是白棋在此局面下准备的"奇招"。这也是在围乙比赛中有棋手下出过的局面。黑 2 压住后，白 3 立在此局面下比较少见。黑 4 阻渡是当然的一手。如果白 5 托，黑 6 就退，以下至白 9，白棋虽然渡过，但此局面白棋明显不能接受。

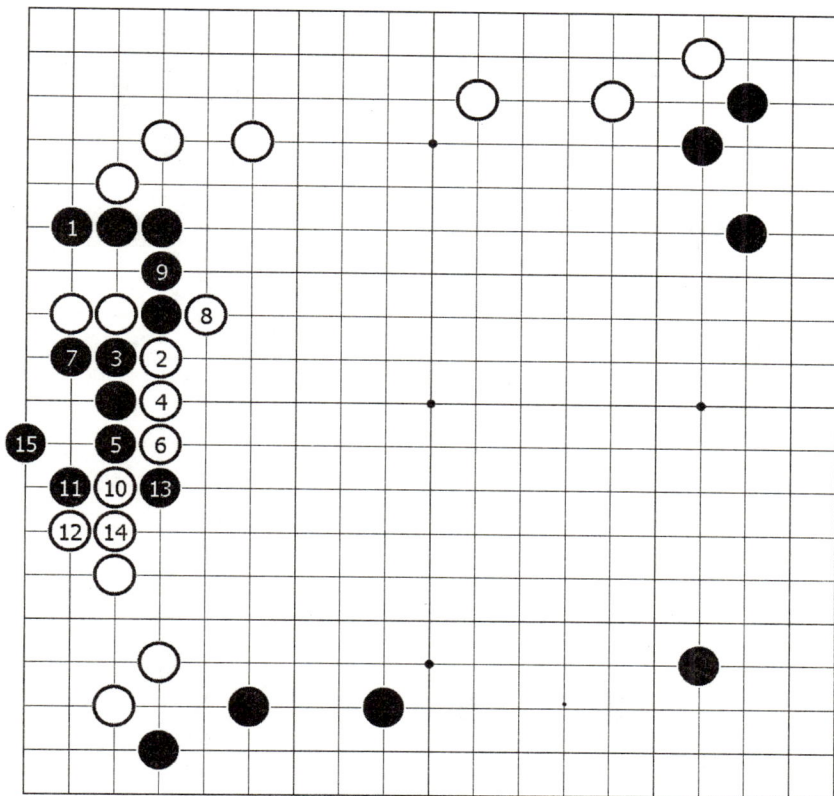

变化图 2：当黑 1 下立后，白 2 若扳，则黑 3 断，由于白棋在 9 位打出显然不能成立。因此，白 4 压，黑 5 只有退，如果白 6 再压，黑 7 挡吃住两子。以下至黑 15，白棋无所得，不能满意。

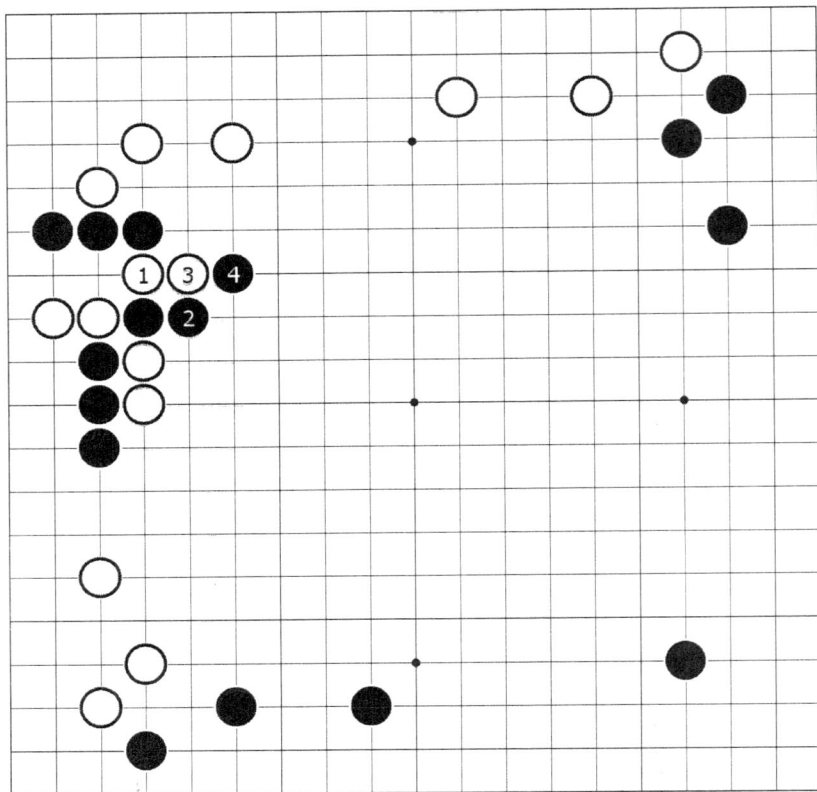

变化图3：白1如果打吃，黑2长，白3压，此时黑棋由于征子不利，直接断不能成立，因此黑4扳是巧手。既防住征子，又使白棋产生两个断点。所以白棋不能成立。

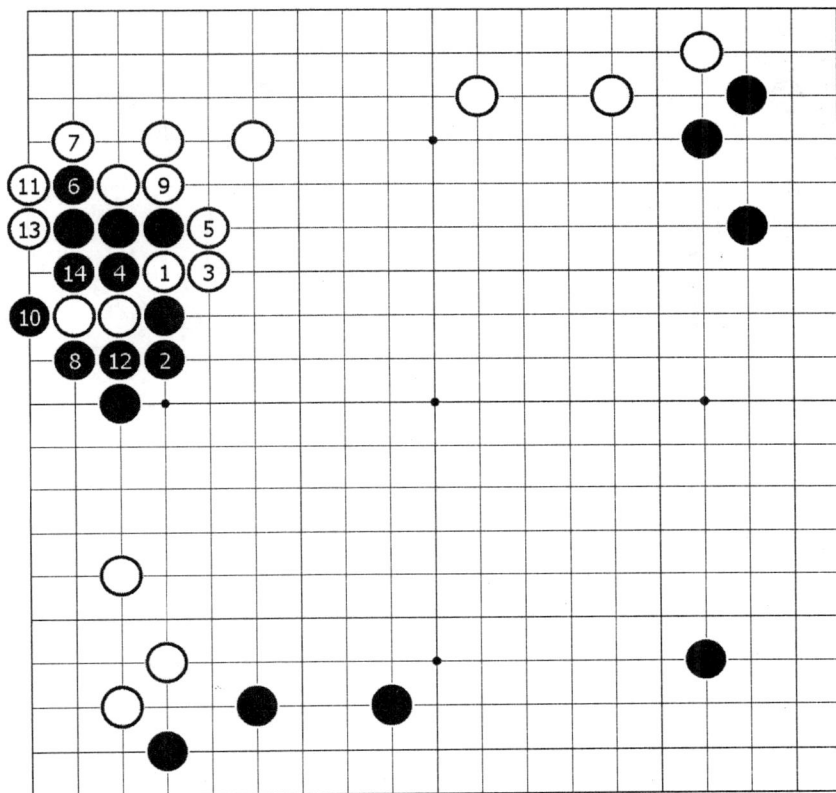

变化图 4：白 1 挖是很让人吃惊的一手。黑 2 若退，则白 3 长出，黑 4 若断，则白 5 拐，以下至黑 14，白棋通过弃子守住角地，而且取得了不错的外势。而黑棋虽然吃掉两子，但是棋形显得很凝重，明显不能接受。

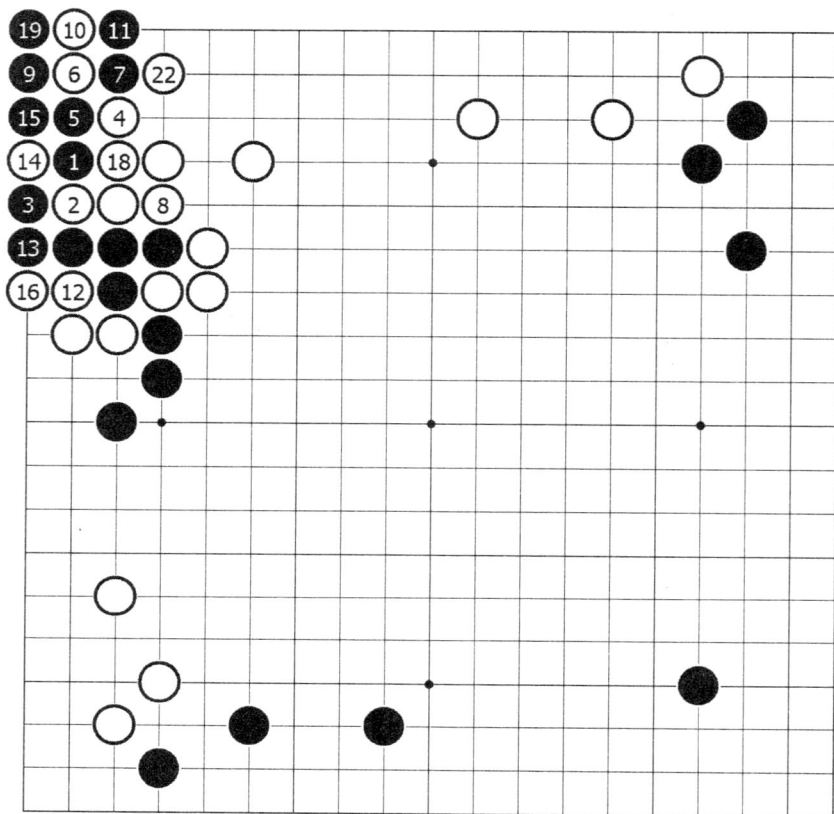

⑰ A16 ⑳ B18 ㉑ B19

变化图 5：黑 1 不满足于上图，如果跳进角部，则白 2 冲。黑 5 若长，则白 6 利用黑棋气紧的弱点强硬地扳住。黑 7 若断，白 8 冷静地补住是此局面下的好棋。以下至白 22，白棋一气呵成将黑棋吃掉。所以此时黑棋跳进角部并不成立。由以上两图明显可以看出白挖的严厉性。

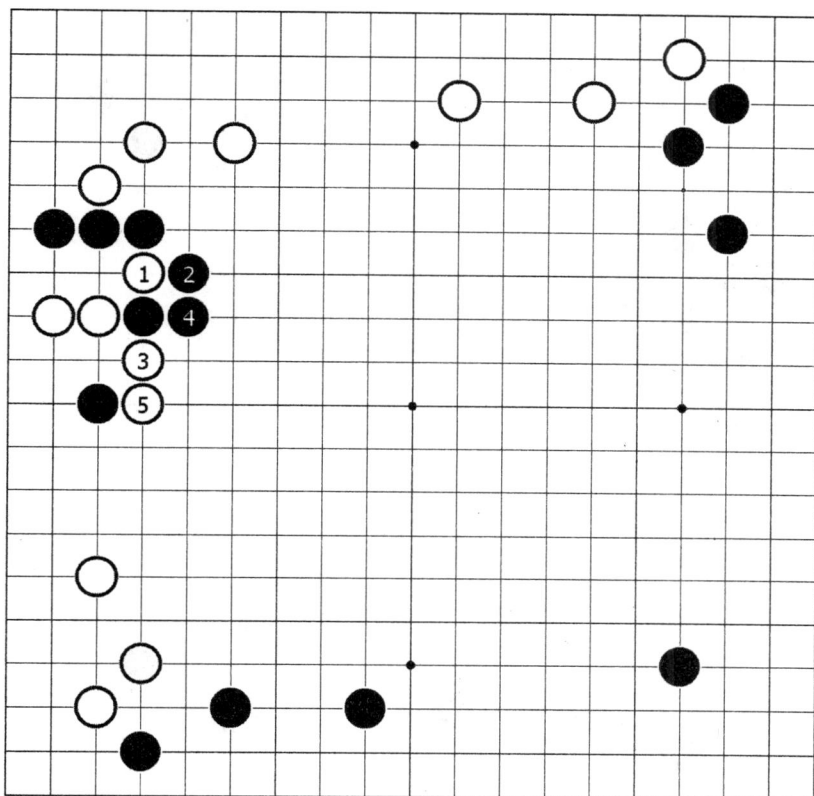

变化图6：白1挖时，黑2打吃是妥协。白3反打，以下至白5压住。双方的优劣一目了然。

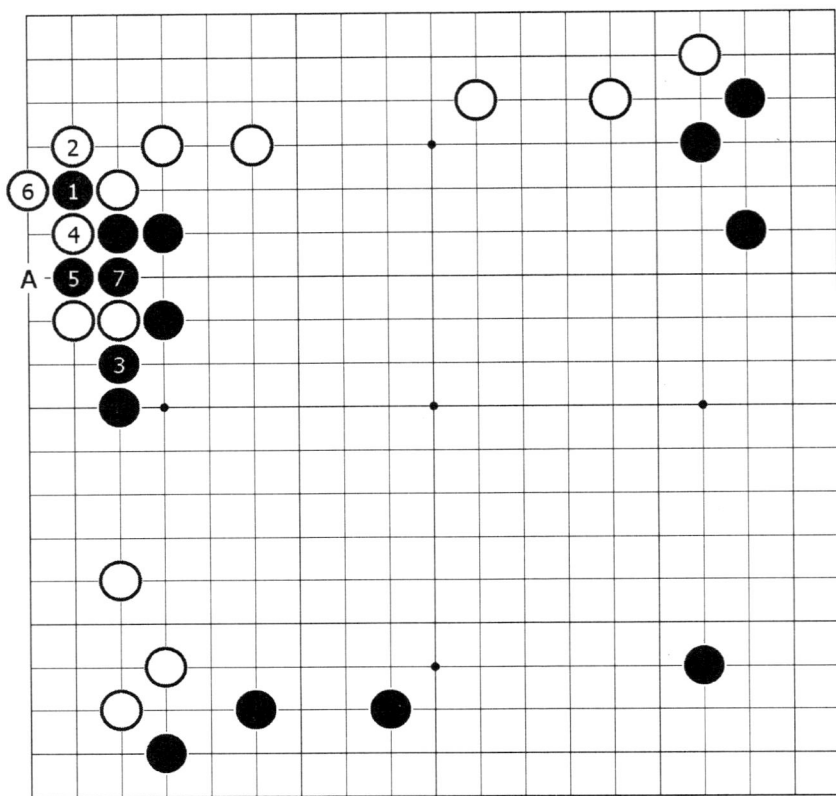

变化图7：此局面下，黑1若扳住，白2挡后，黑3再顶住吃两子，以下至黑7接。虽然黑棋化解了白棋挖的手段，但是白棋最大限度地围住了角地，而且以后留有A位渡过的手段。黑棋明显不能接受。

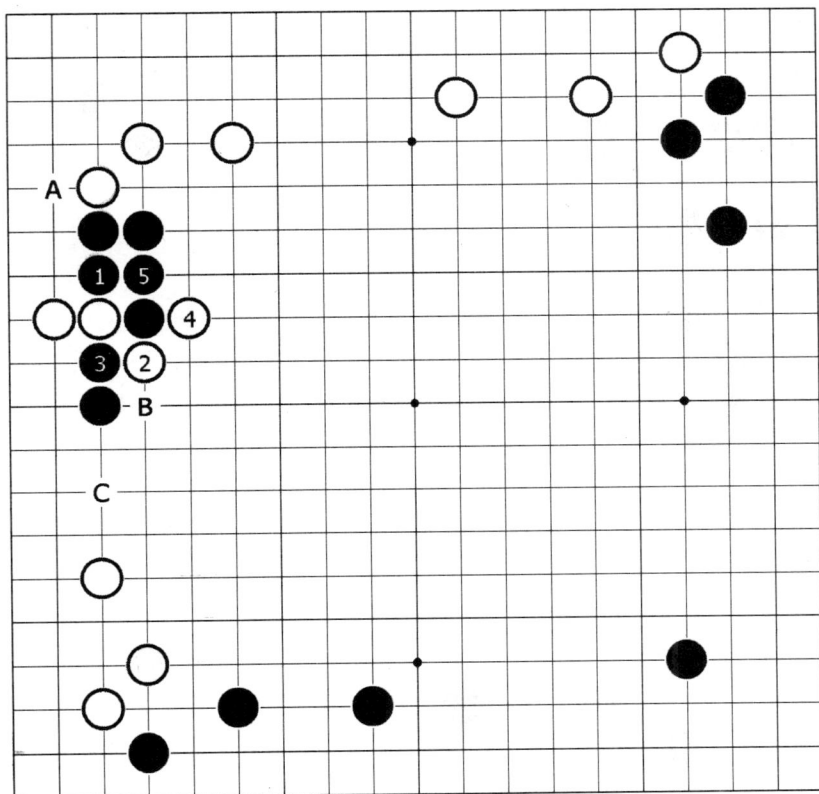

变化图 8：黑 1 如果顶住，白 2 扳，黑 3 断，以下至黑 5 接上，局面告一段落，此时白棋可以脱先。以后由于白棋有 A 位立的先手，因此黑棋点角并不成立。以后白在 B 位压和 C 位逼都有先手的味道。所以这种局面依然是白棋有利。

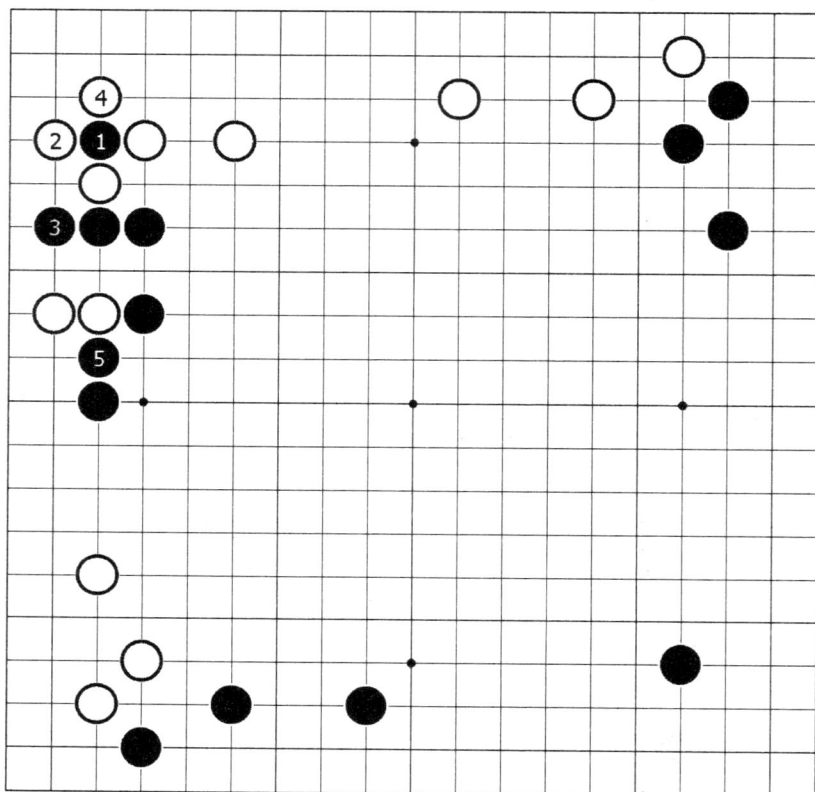

变化图9：黑1挤看似手筋，实则是苦肉计。白2若打吃，以下至黑5顶，是白棋亏损的局面。这也是黑棋的如意算盘。

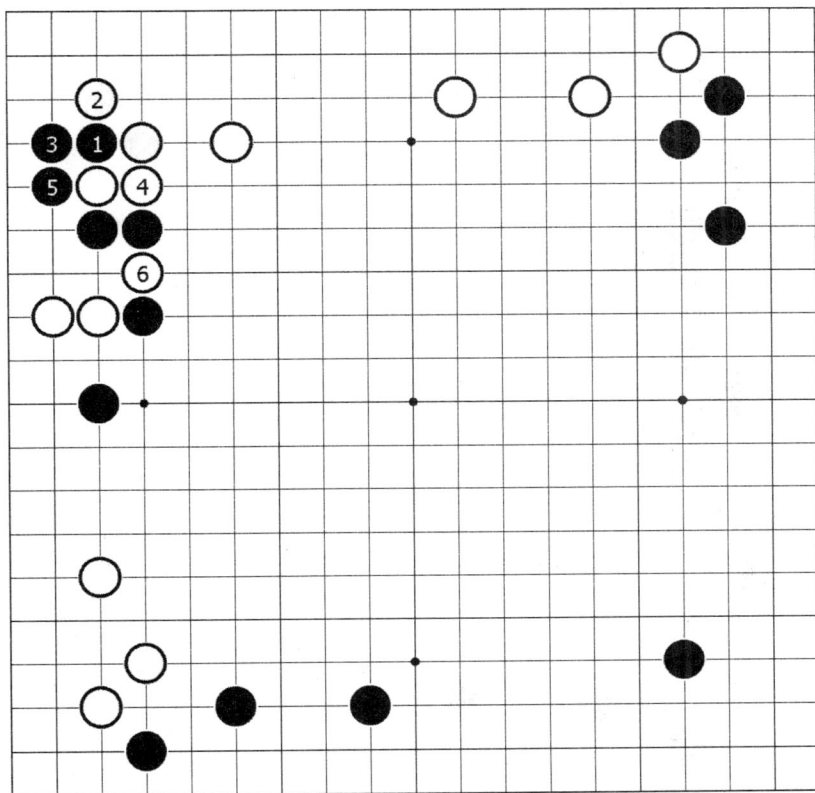

变化图 10：黑 1 挤时，白 2 从这个方向打吃是忍耐的下法。以下至黑 5 拐回，黑棋好像在局部获得了一些利益，但是白 6 挖强烈，此时黑棋呈崩溃之形，所以黑 1 挤也不能成立。

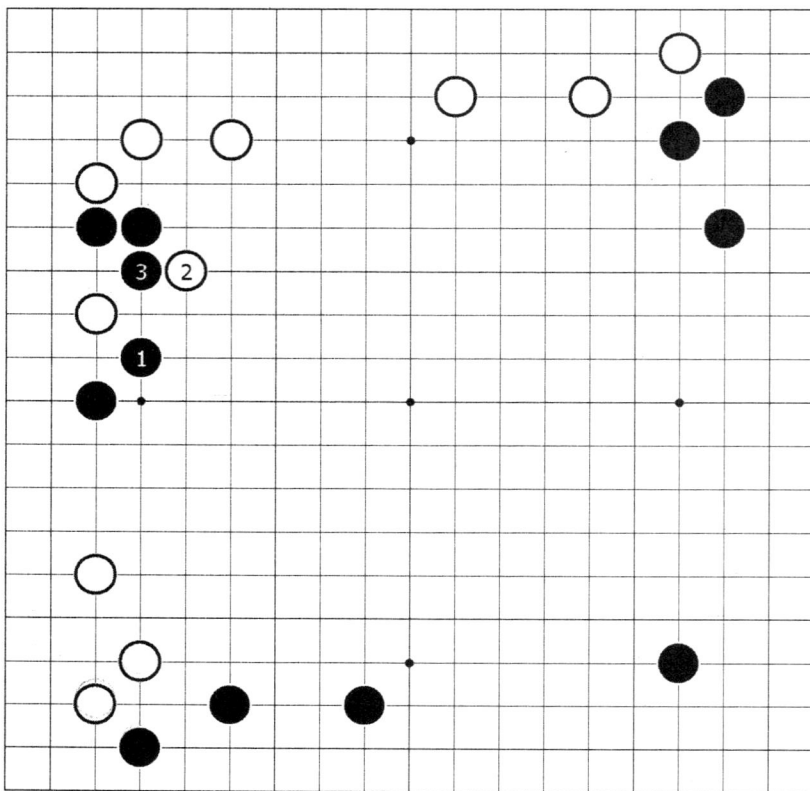

变化图 11：此局面下，黑 1 尖是变着，白 2 飞以后，黑棋要想吃住一子，只能在 3 位，但此时白棋有种种先手利用，黑棋显然不能接受。

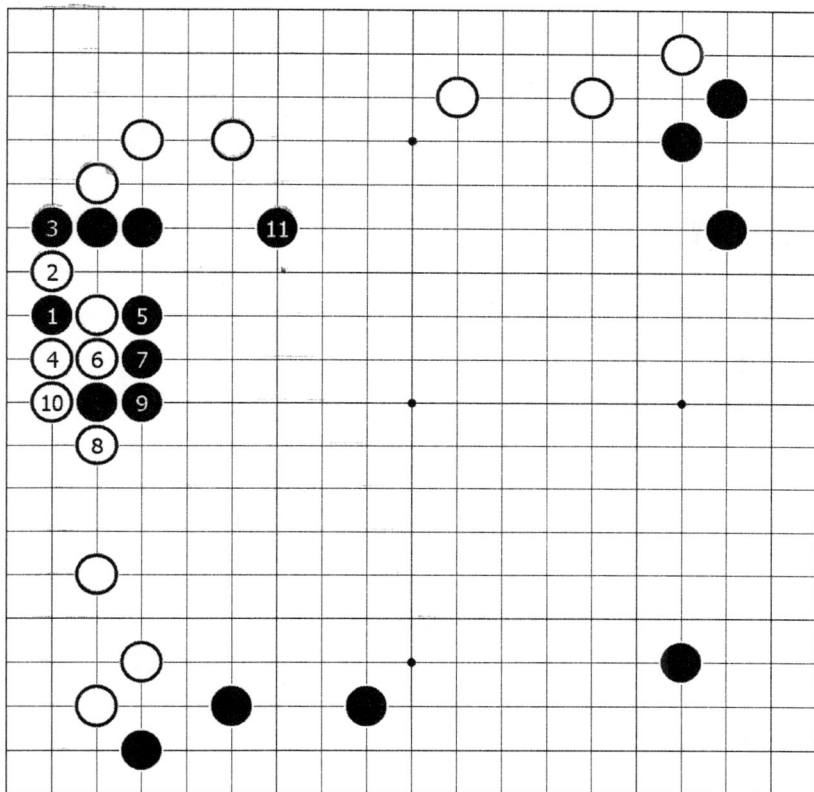

变化图 12：黑 1 二路托是另外一种变着。白 2 若扳，则黑 3 立下，以下至黑 11 跳是双方正常的应对。此局面下白棋所得有限，而黑棋外势较厚，且留有点角的手段，明显黑棋不错。

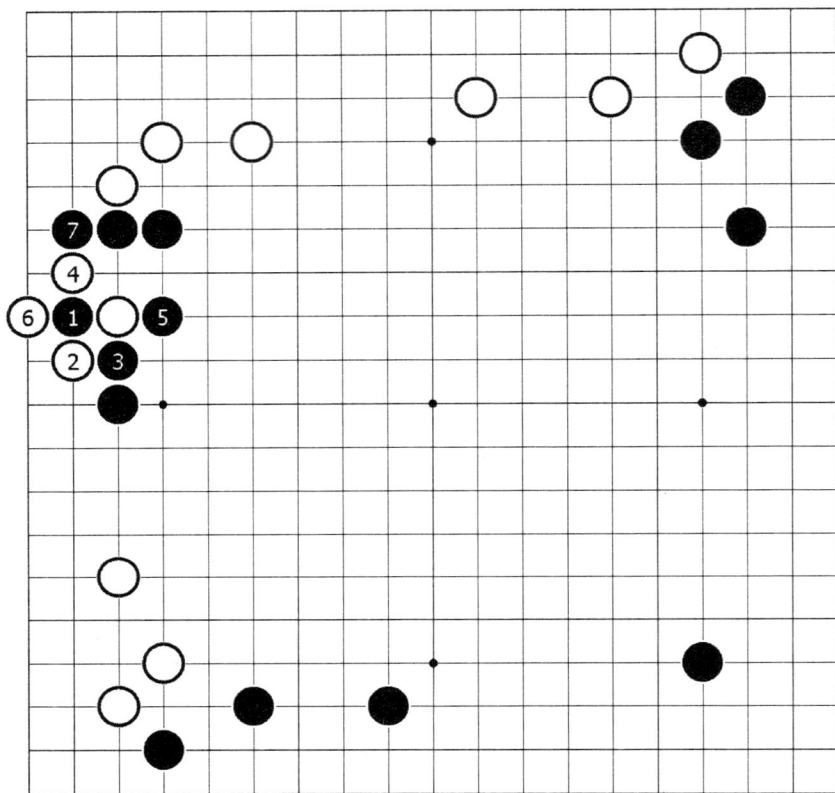

变化图13：白2若从另外一边扳，则黑3断，以下至黑7立下，白棋跟上图相比，更加难以接受。

小结：当黑1二路托以后，白棋采用停顿的思维方式，不直接出动，而是保留这里的种种变化，是此局面下的最佳选择。

14. 作战的方向

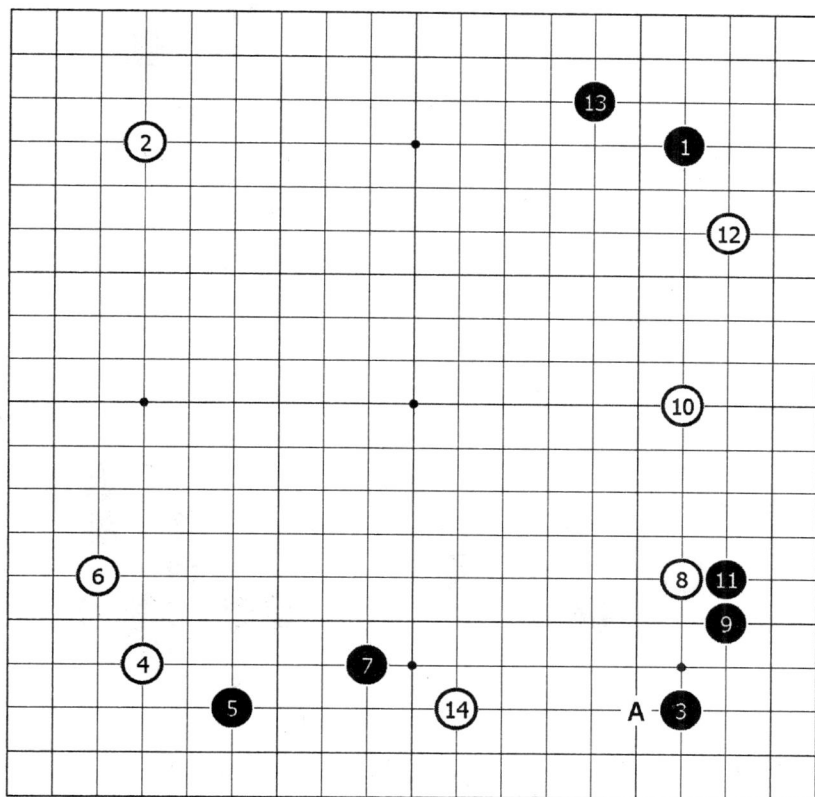

基本图：取材于两位业余棋手的对局。白 8 二间高挂，黑 9 小飞后，白 10 拆的下法在芮乃伟九段与李昌镐九段的对局中出现过，这种下法业余棋手不易掌握。白 14 打入不好，此时可以考虑在 A 位碰来定型。

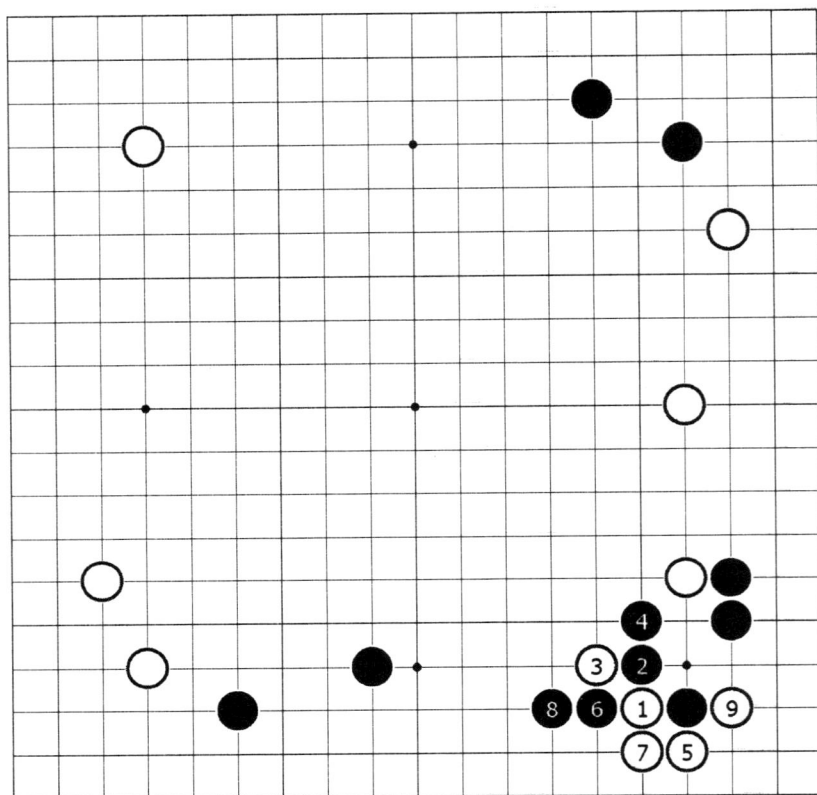

变化图 1：白 1 碰，黑 2 若扳，白 3 连扳是组合拳。白 7 接后，黑棋由于征子不利，黑 8 只能退，白 9 打吃后取得角部实地。

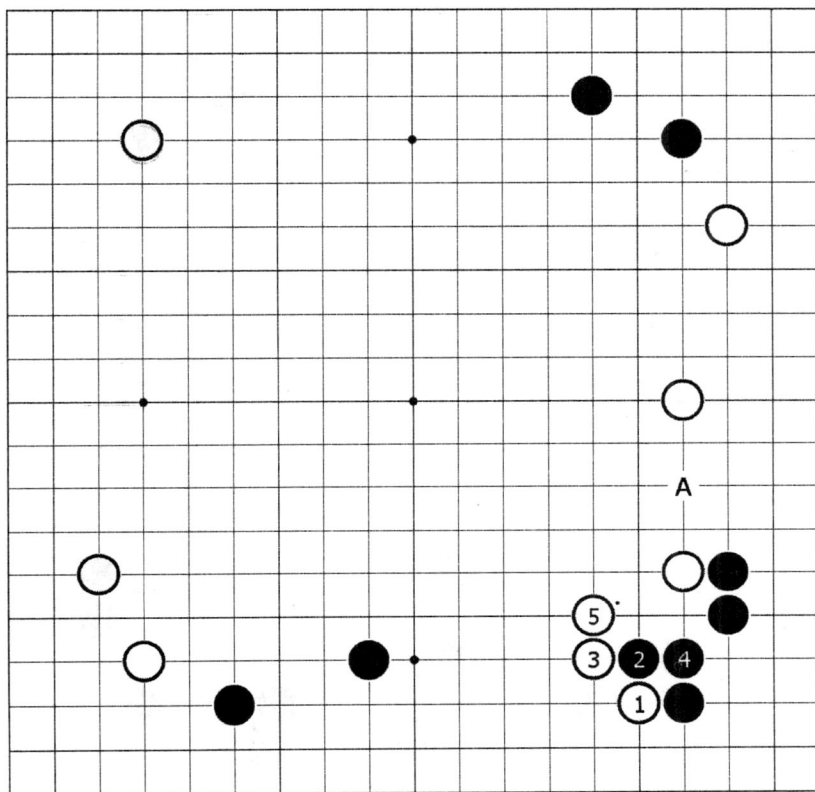

变化图2：白3扳时，黑4若接上，则白5挺头，未来白棋还可以在A位跳来封锁黑棋。

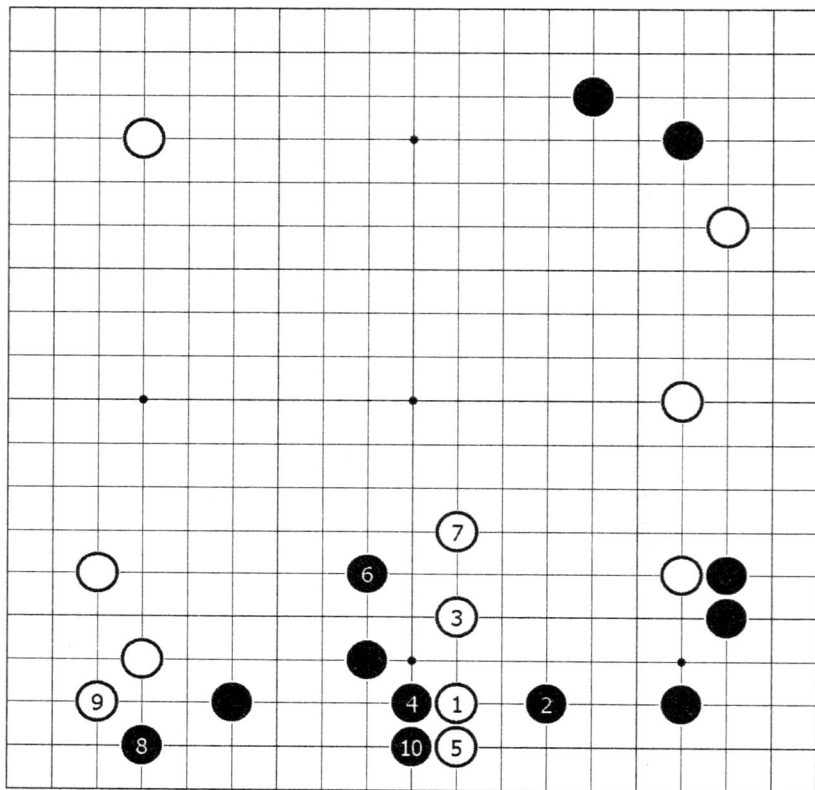

变化图3：实战白1打入，黑2逼好点。白9小尖守角后，黑10挡是缓手，白棋可以脱先抢占大场。此局面下，白棋先手分割黑棋，可以满意。

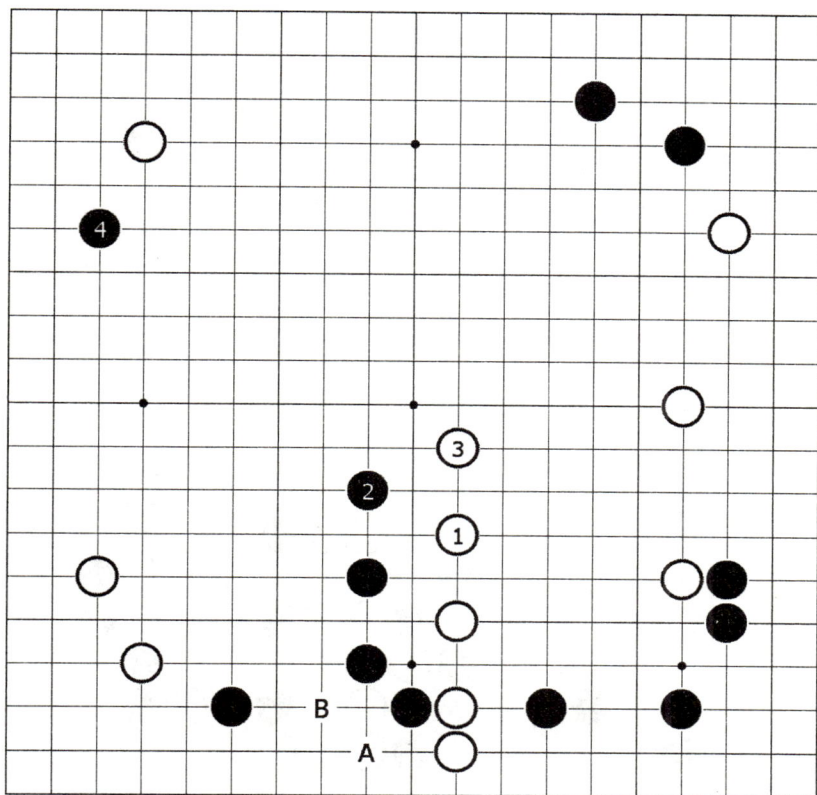

变化图4：当白1跳时，黑2最好的下法就是跳。白3跳后，黑4可以脱先挂角。未来白棋在A位跳入的手段并不严厉，黑棋在B位简单的补住即可。

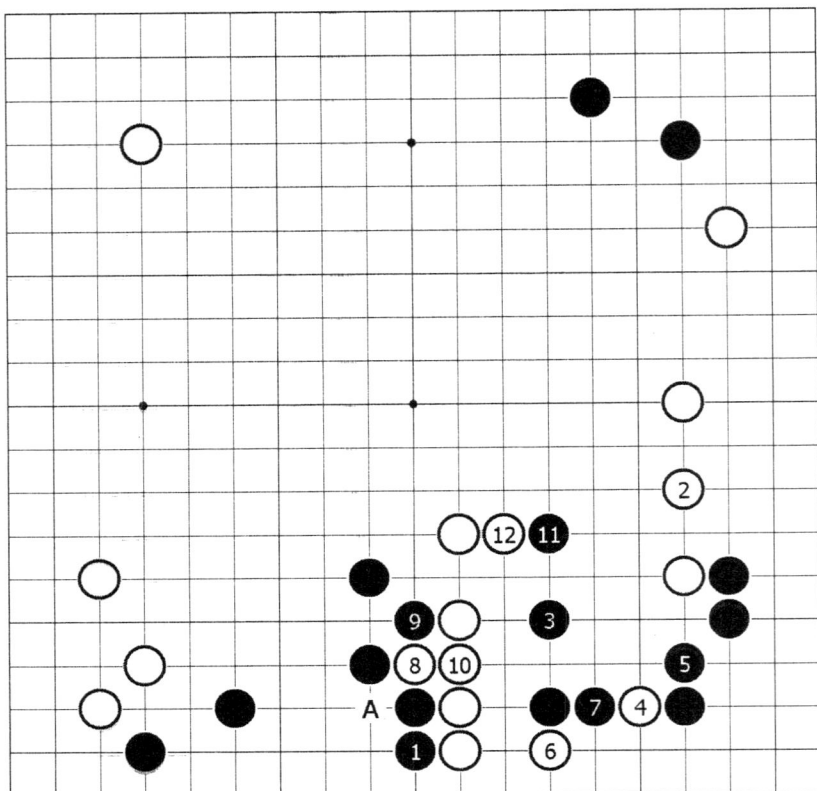

变化图5：黑1挡住后，白2跳也是缓手，此后双方在右下行棋没有必要，属于方向错误，应该抢占上方大场。白12顶，补挖断无此必要，此时在A位断试黑应手是好时机。

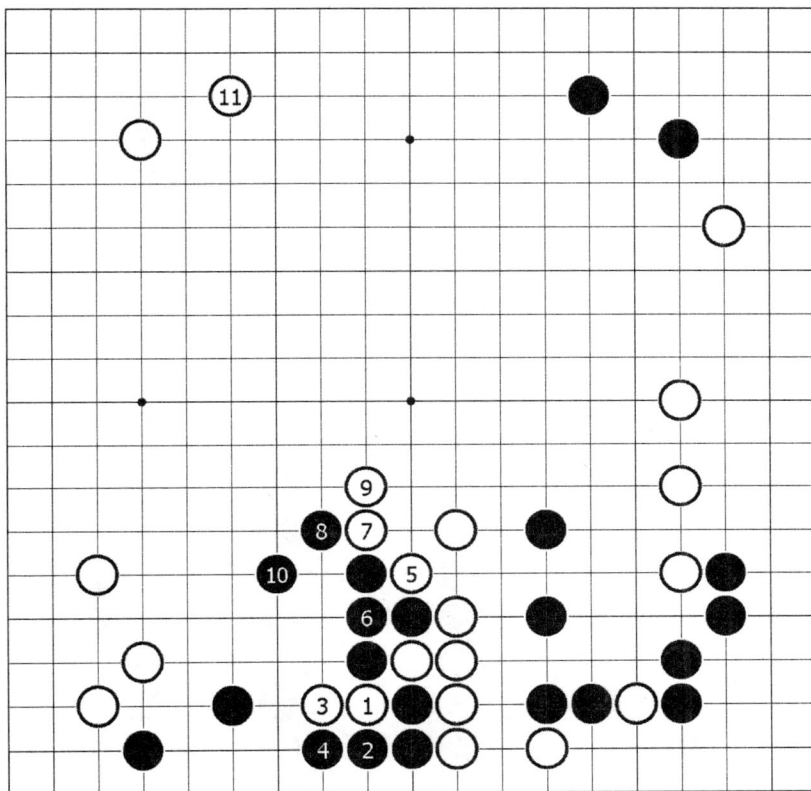

变化图 6：白 1 断试黑应手是细腻的下法。以下至黑 10 虎，白棋先手整形，白 11 抢占上边守角的大场，明显优于实战。

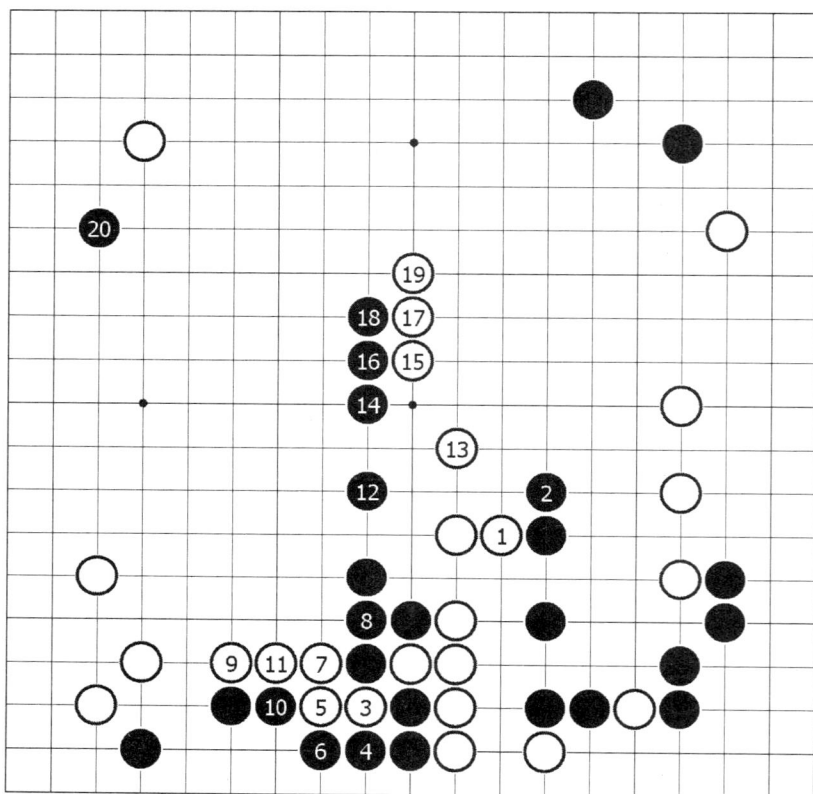

变化图 7：实战白 1 顶，黑 2 长，白 19 长后，黑 20 挂角是问题手。

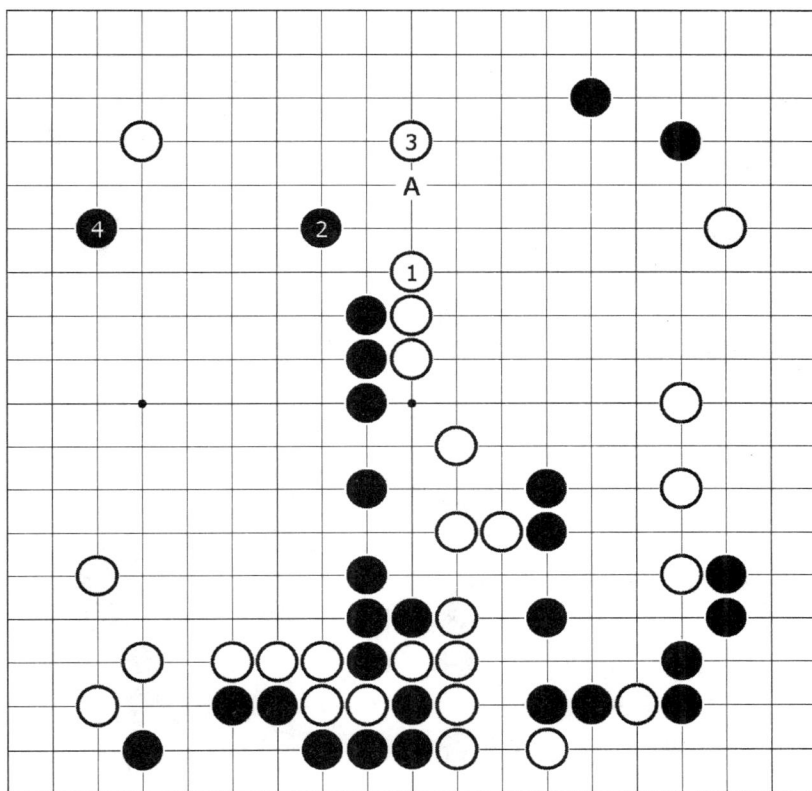

变化图 8：白 1 长时，黑 2 飞把棋路下宽是必然的一手。由于黑棋后续留有 A 位飞镇头的好点，白 3 补棋后，黑 4 再挂角明显优于实战。

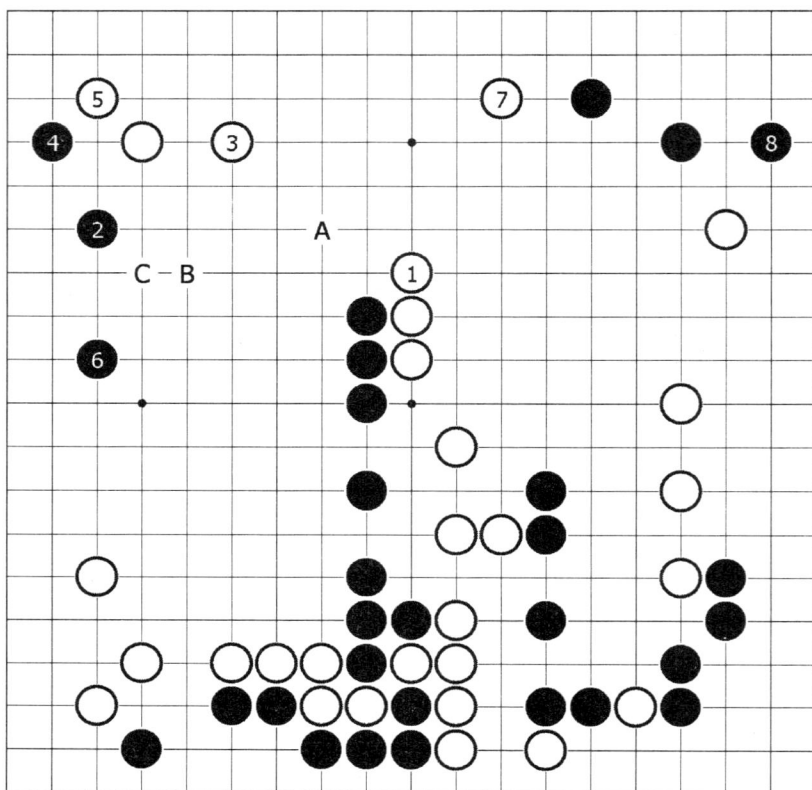

变化图9：黑2挂角时，白3跳不好，这手棋应该在A位飞占据制高点，威胁黑棋。黑4二路飞时，白5尖也是问题手，此时可以考虑在B位吊或者是C位尖冲的下法。白7逼住以后，白棋在实空上取得领先。黑8跳守角虽是本手，但在形势不利的情况下应该想办法搅乱局势。

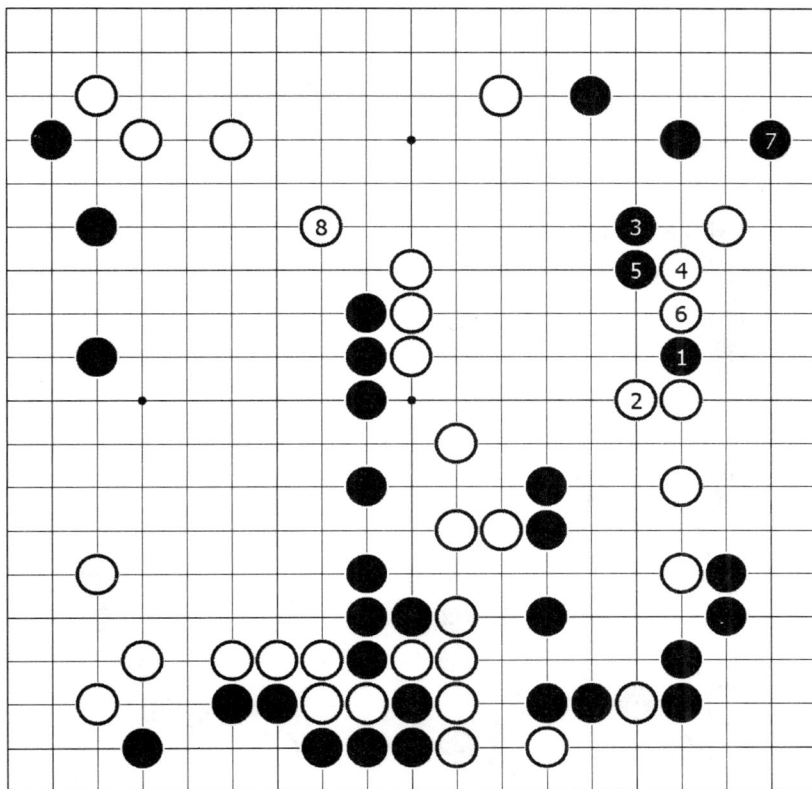

变化图 10：黑 1 碰是此局面下的非常手段，白 2 若长，则黑 3 飞出，黑 5 压与白 6 长交换后，再于 7 位补回。白 8 若飞扩张上边，由于黑棋多了 3、5 两子的支援，可以为侵消白棋上方模样提供帮助。

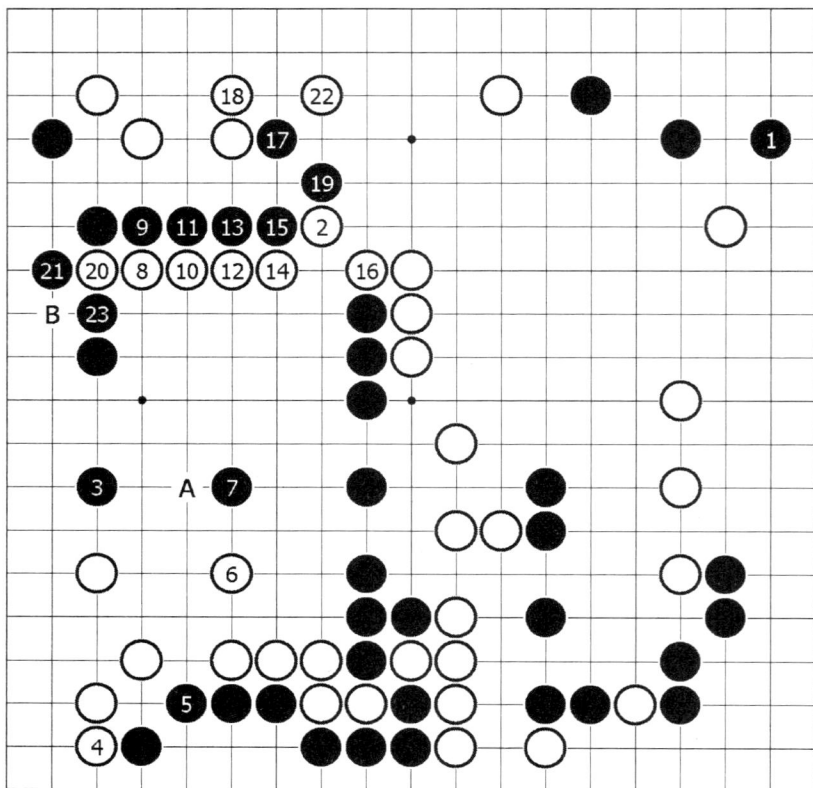

变化图 11：实战黑 1 跳守角，白 2 飞占据全局最大的一手棋。黑 3 挡后，白 4 挡角落后手无必要，应该在 A 位镇消黑棋中腹的潜力。白 8 点后，黑 9 长起反击必然，当黑 21 扳时，白 22 跳不可理解，此时当然应该在 B 位扳阻渡，然后攻击黑棋中间大块。此后，黑棋通过顽强拼搏，逆转了局势，取得了最终的胜利。

小结：通过这盘棋，我们应该充分认识到在对局中作战方向的重要性。

第三章 品道篇

1. 不拘常型

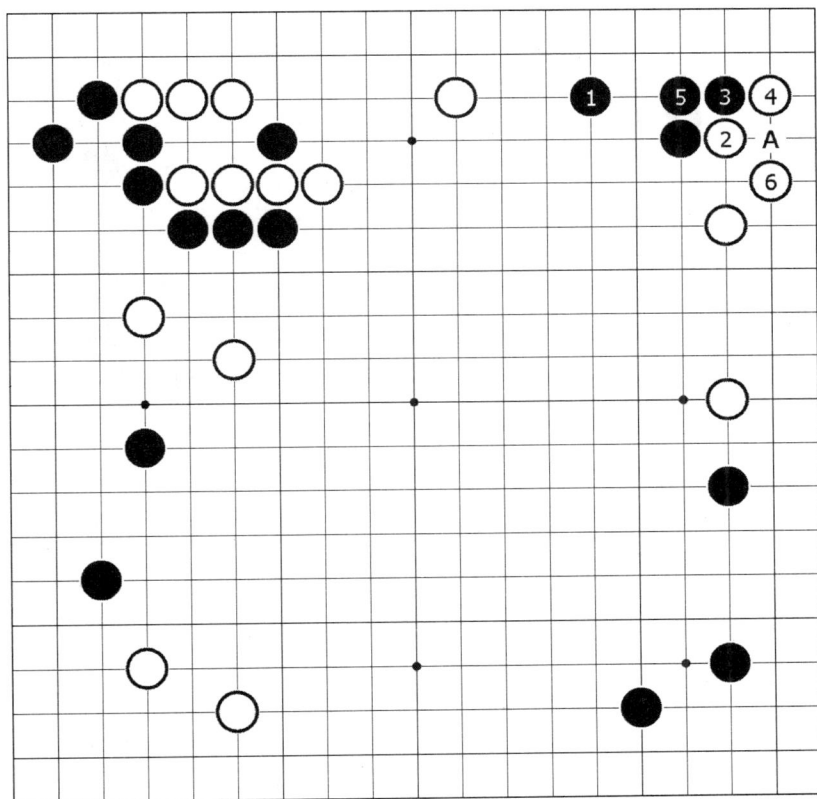

基本图：本局取材于聂卫平九段执白与加藤正夫九段在富士通杯上的一盘对局。至黑 1 小飞守角是比较常见的下法，白 2 托以后 4 连扳的下法在 20 多年前的棋坛属于比较少见的下法。白 2 在 A 位小飞的下法比较普通。

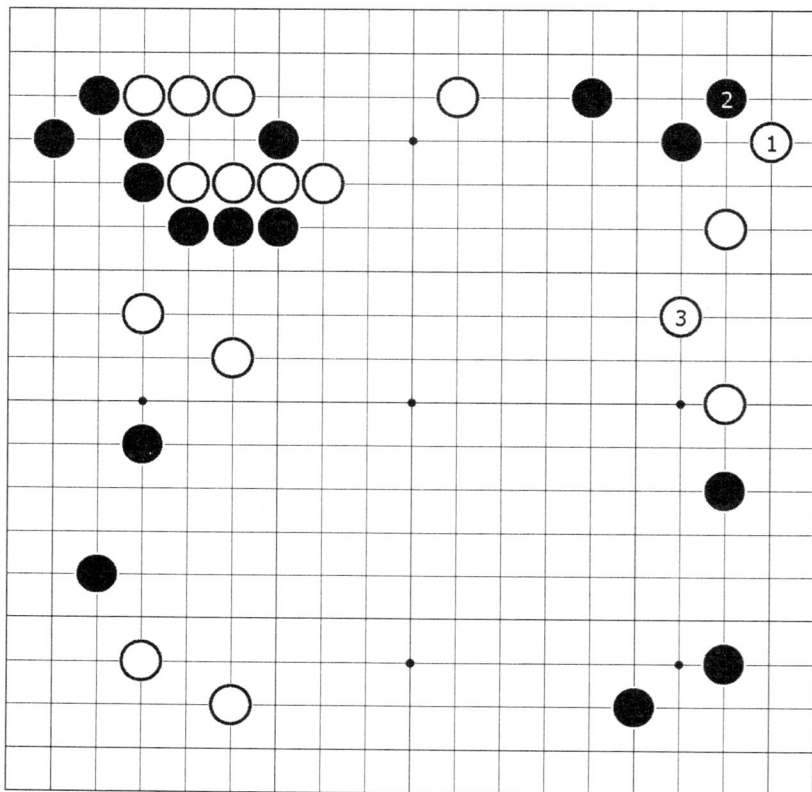

变化图1：白1飞，黑2小尖守角后，白3飞守回，左边白棋的形状比较完整，局部可以满意，但是对右上三个黑子的压力不够，此时黑棋可以脱先抢占其他大场。此时，白1在2位点角也是一种下法。

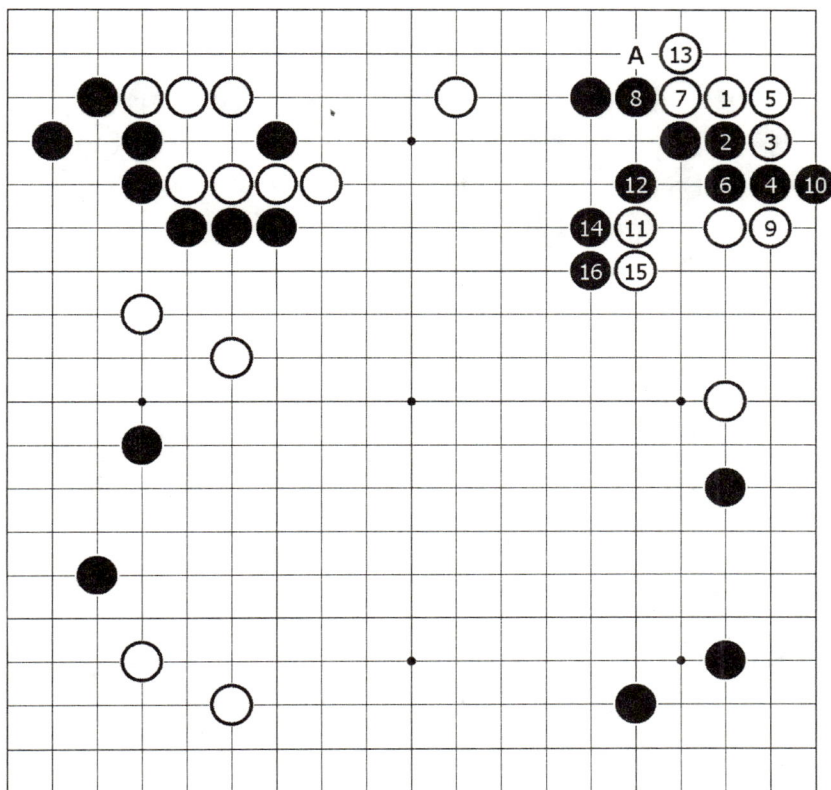

变化图2：白1如点角，黑2挡住后，白3、5扳粘，黑6接住后，白7不能在A位飞，否则黑棋在8位压住后，黑棋简明优势。因此白7只有爬，以下至黑16压，白棋未见便宜。

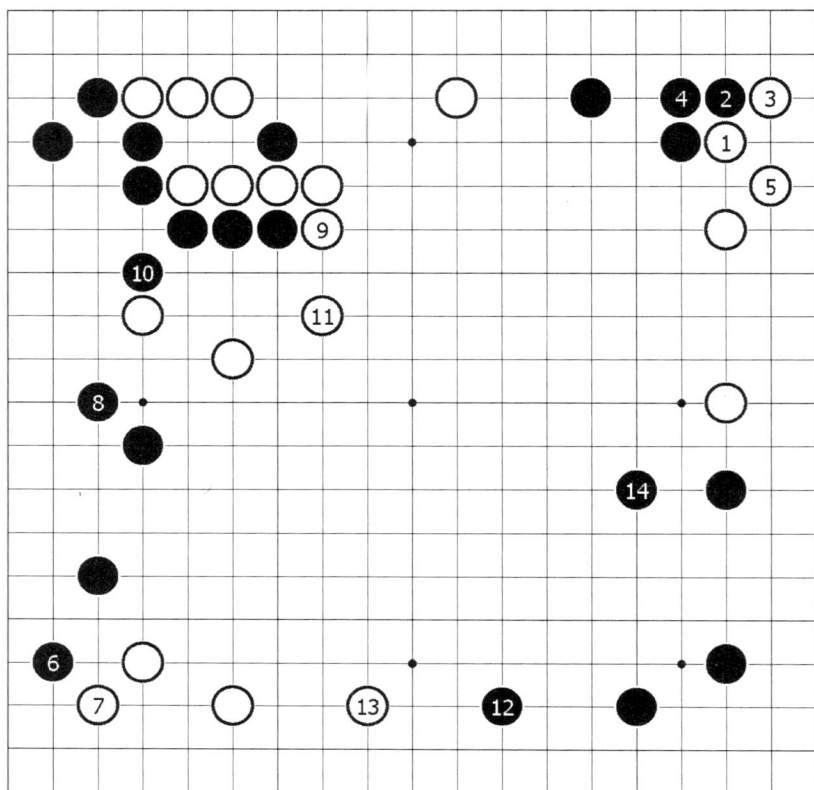

变化图 3：实战白 1 托后连扳，至白 5 虎，白棋的效率比单纯的补棋要高得多。以下黑、白双方各占大场，局面比较平稳。

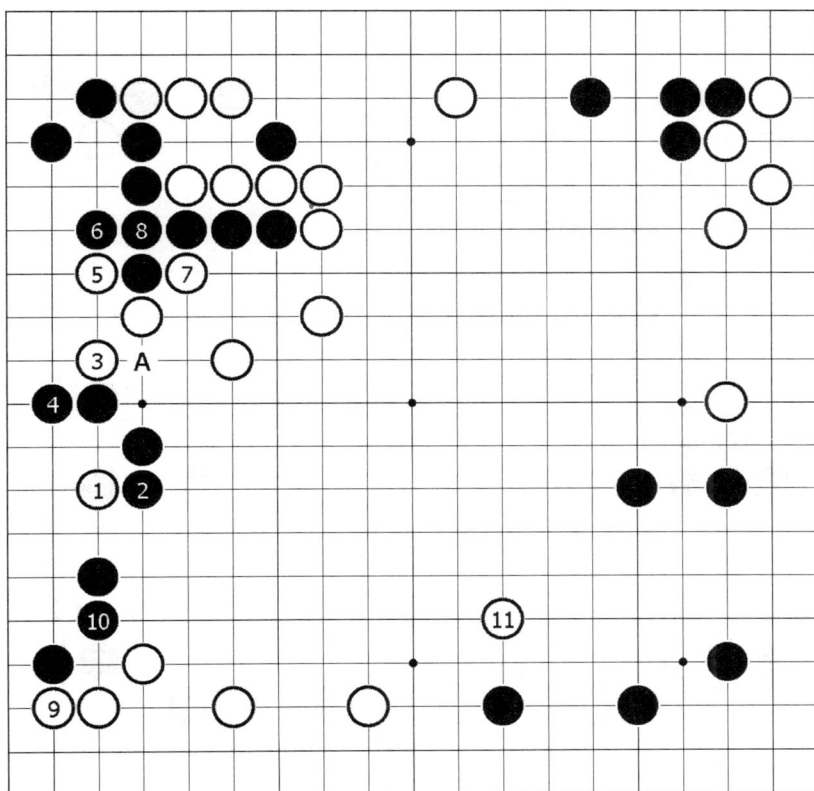

变化图4：此时，白1点是令很多观战的高手都十分惊讶的一手棋。黑2压住必然，以下至黑8接住，白棋先手破掉了黑棋左边的实空。白9挡住后，由于有白1一子的存在，白棋对右边这块黑棋有种种搜刮手段，因此黑10只好补。白11镇后，白棋已经成功打开了局面。当白3尖顶时，黑4若在A位挤，则会形成……

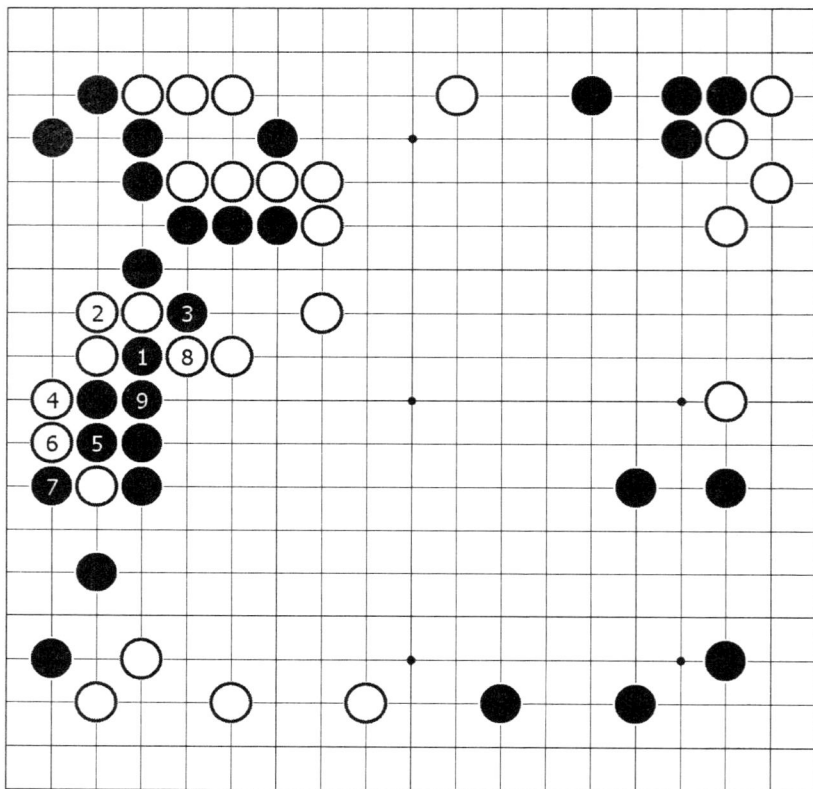

变化图 5：黑 1 挤，白 2 接上，黑 3 断开白棋，以下至白 8 断打，黑 9 接上，双方在左边形成战斗。

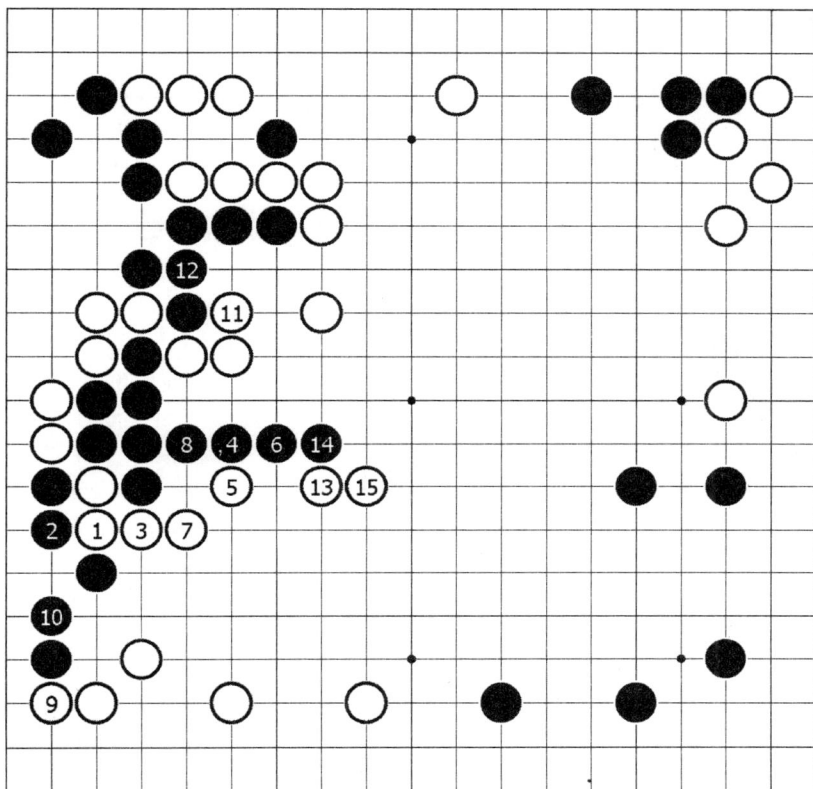

续变化图 5：白 1 出动后，以下至白 15 长，左边形成收气的局面，白棋可以利用收气，牵制住两块黑棋，在中腹一带获得不少收益。

小结：超一流棋手不拘泥于常型，不断创造条件去提高子效的思想值得广大围棋爱好者学习和借鉴。

2. 打破常规

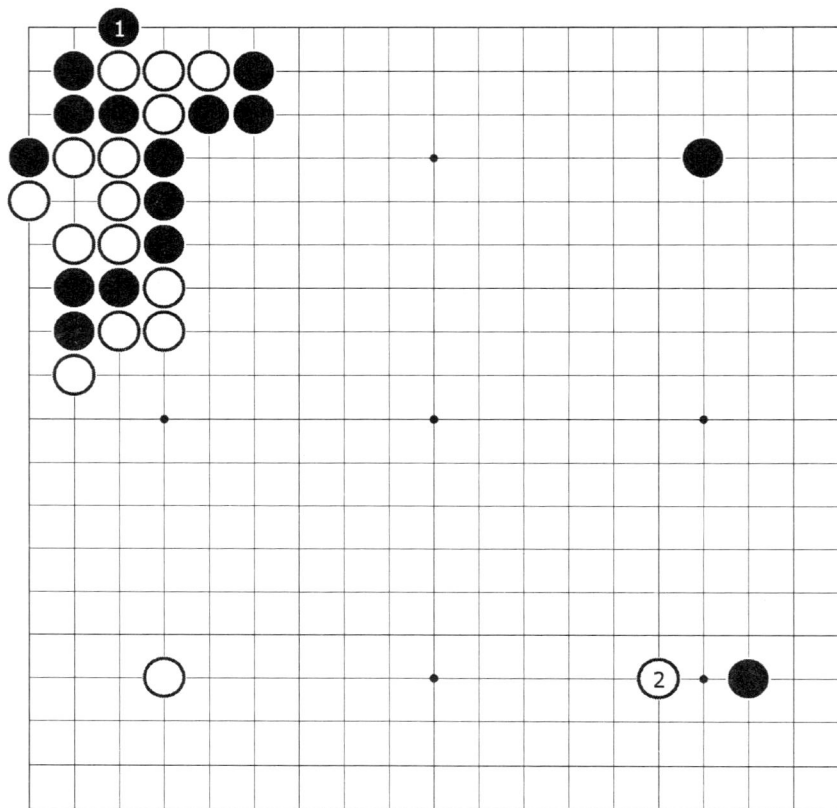

　　基本图：这盘棋是曹薰铉九段和王磊八段在三星火灾杯决赛时的对局。序盘双方在左上角下出流行的"大雪崩"变化。以下至黑1是双方正常的应对。白2挂后，下面我们通过剖析种种变化，来看高手对局面的理解与判断。

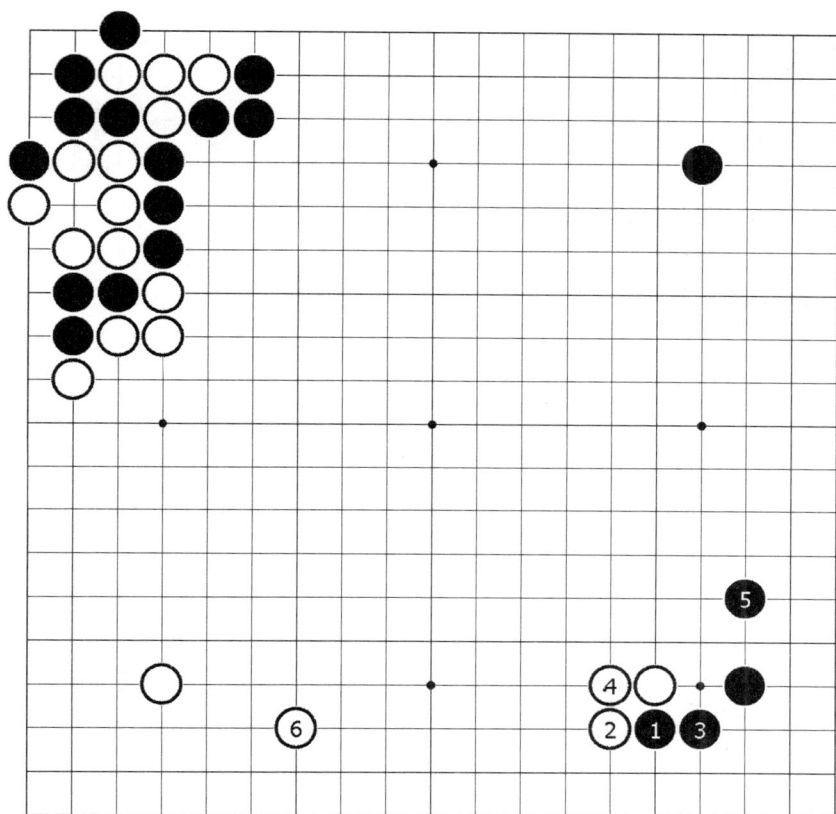

变化图 1：黑 1 如果简单地选择托退定式，以下至白 6 大飞，下方白棋与左上的阵式遥相呼应，效率太高，黑棋不能接受。

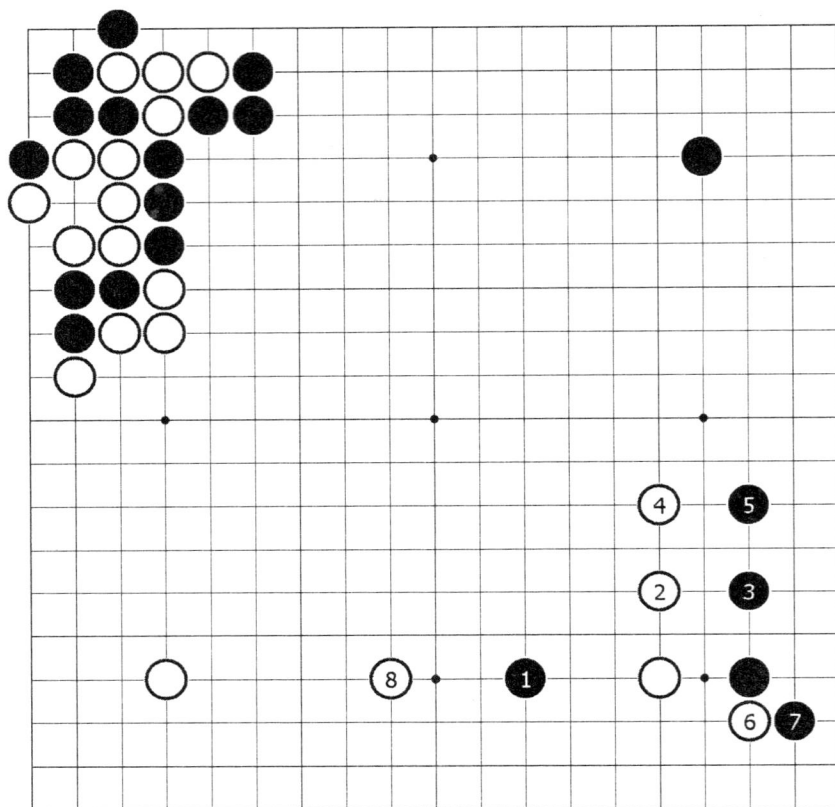

变化图2：黑1如果采用二间高夹的方式夹击白棋，白2简单跳出，以下形成战斗局面，白8拆兼逼起到了一子两用的作用，白方阵式庞大，黑棋不能满意。

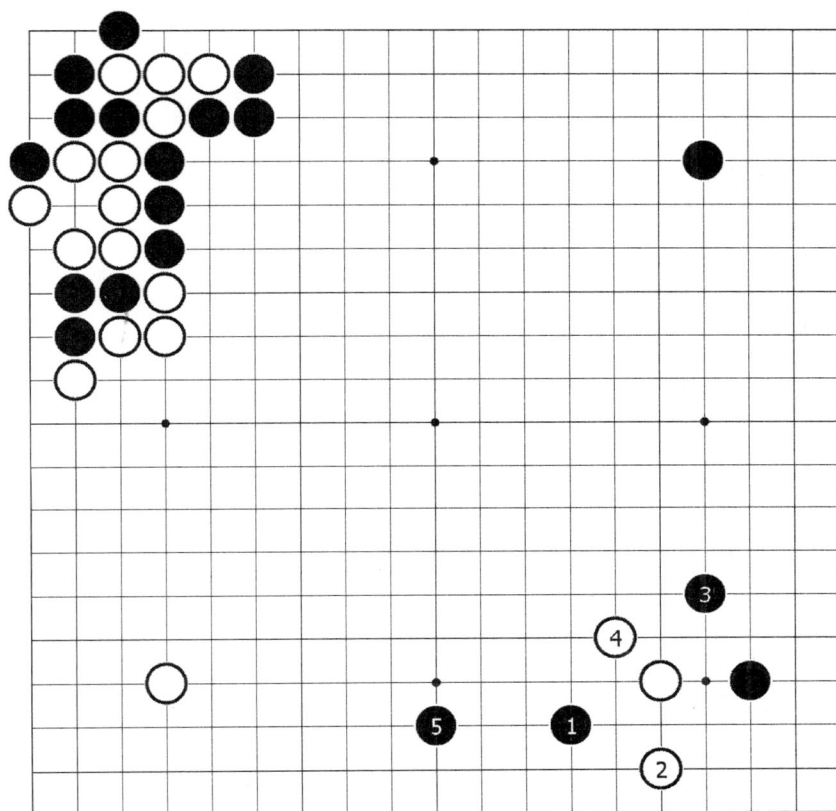

变化图 3：与前两种下法相比，黑 1 一间低夹属于比较好的一种下法。白 2 如果跳下攻击，黑 3 飞，白 4 尖出头以后，黑 5 则顺势拆二。这样白棋不好。

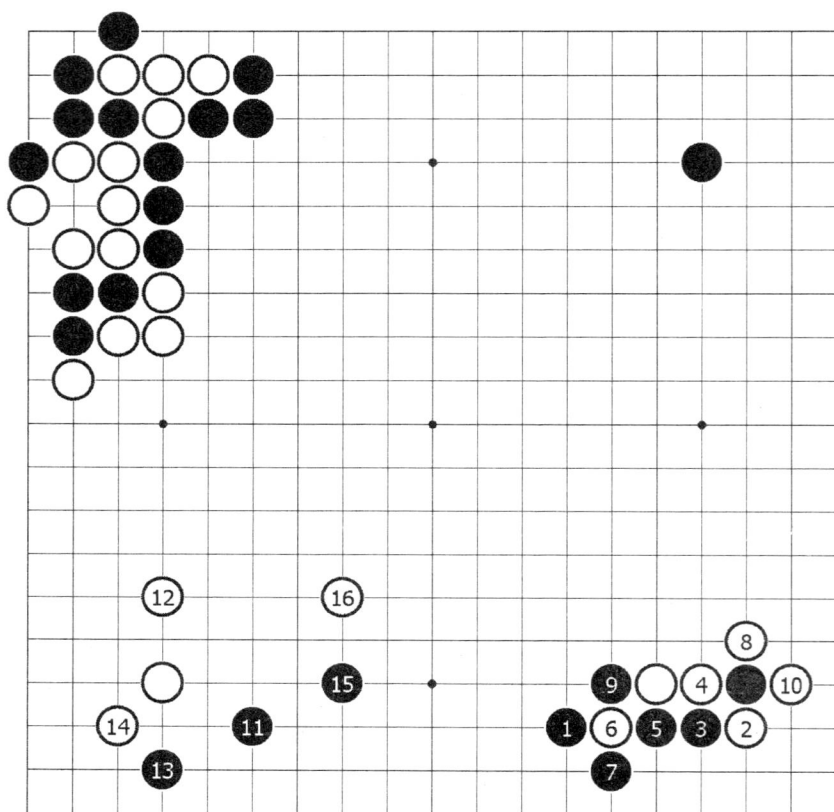

变化图4：黑1一间低夹时，白2如果选择托的下法，以下至白10提，局部大致两分。此时黑11挂角是普通的下法。当黑15飞后，白16占据了双方势力消长的绝好点。这里的选择关系到全局的成败。因此，这个变化在职业棋手看来，黑棋不能接受。

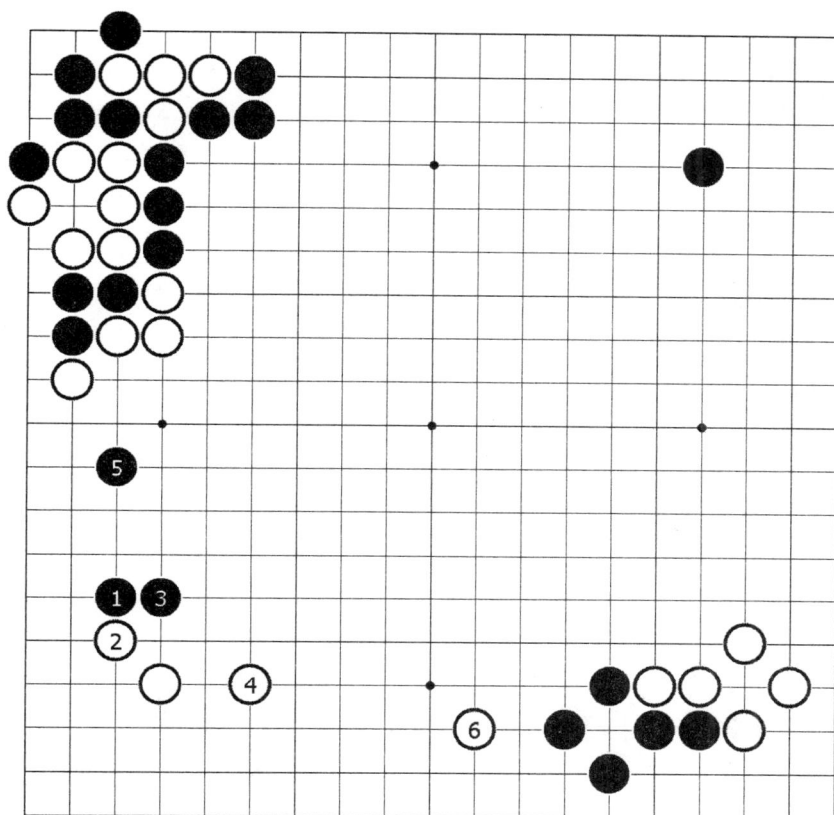

变化图 5：此时黑 1 从另一侧挂也是一种下法。白 2 尖顶至黑 5 拆是双方正常的应对。此后白 6 抢到拆逼的好点以后，黑棋不能满意。

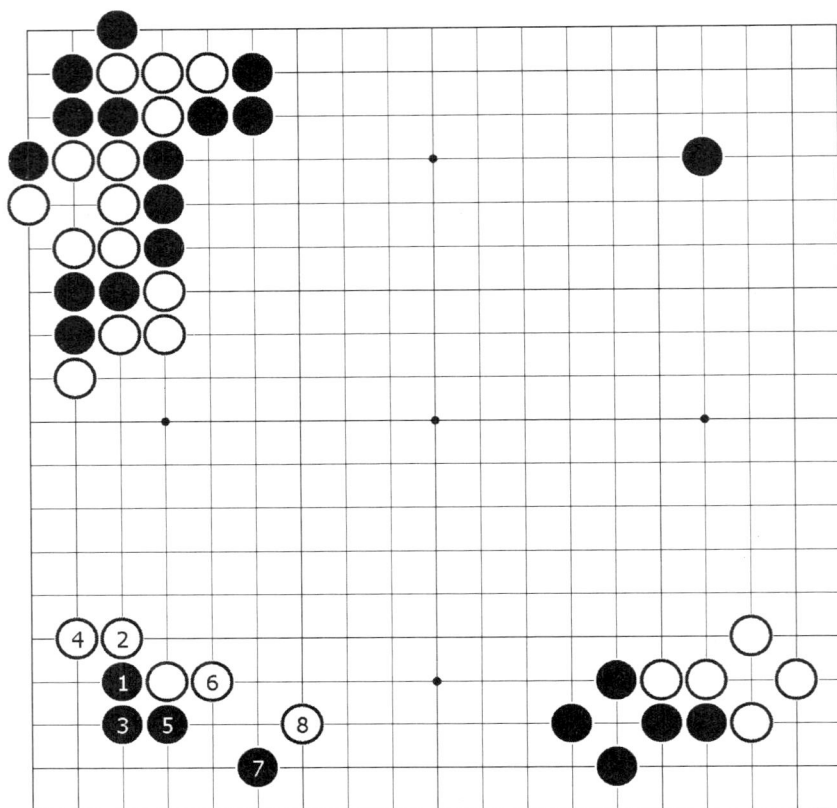

变化图 6：黑 1 托角也是一种破空的下法，白 2 扳是第一感。以下至白 8 飞，黑棋虽然活得一个小角，但白外势太厚，而且黑棋右下拔花的威力也受到限制，双方优劣一目了然。

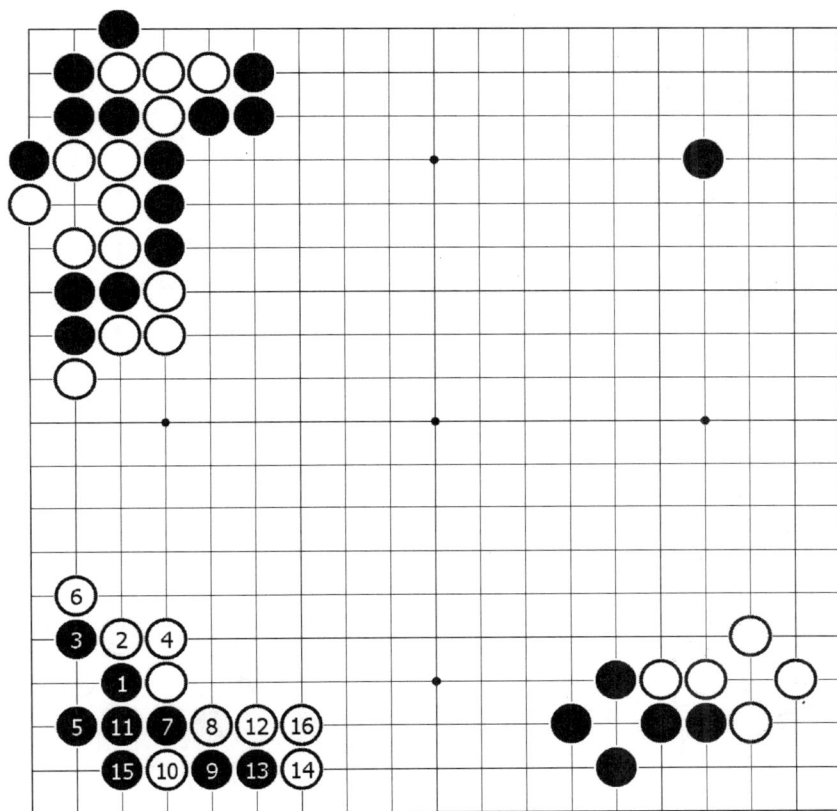

变化图7：由于上图黑棋不满，因此，当白2扳时，黑3反扳是必然的一手。此时白4粘住是本手。以下至白8扳都是普通下法。此时由于黑棋征子有利，因此黑9可以采用连扳的下法。白12不能反抗，只能退，以下至白14接，双方形成黑取实地、白取外势的局面。虽然此时白外势依然很厚，但由于黑棋获得了先手，所以这个变化虽然黑棋不见得有利，但依然可下。

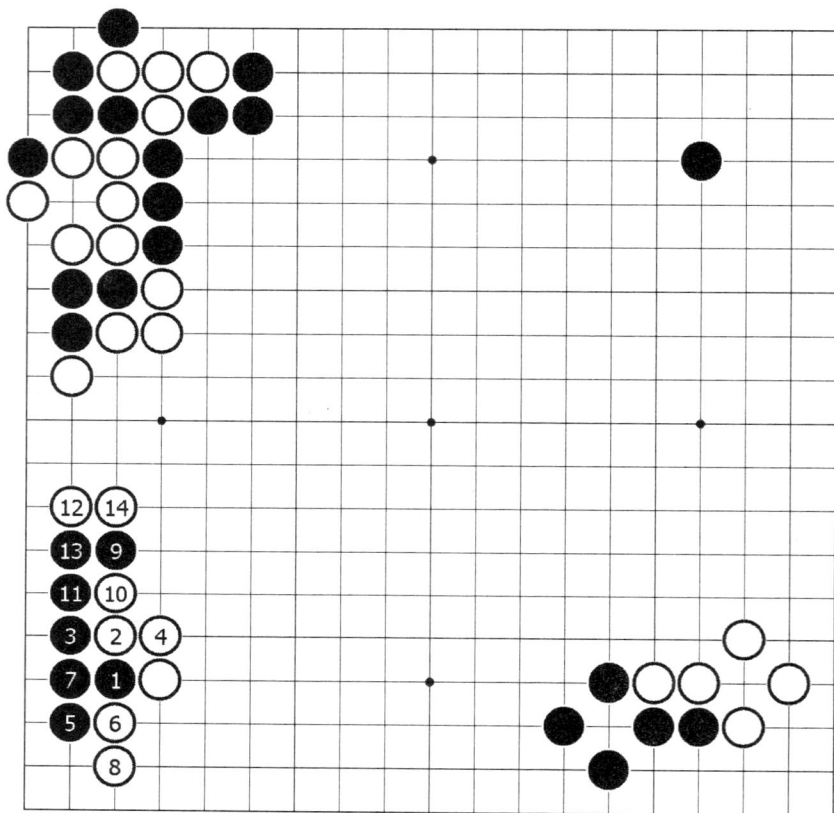

变化图 8：当黑 5 虎时，白 6 打吃也是一种下法。当黑 9 飞出时，白 10 的下法看似笨重，但此时却很实用。以下至白 14，形成对黑棋的攻击之势。白棋可以通过攻击掌控下方。

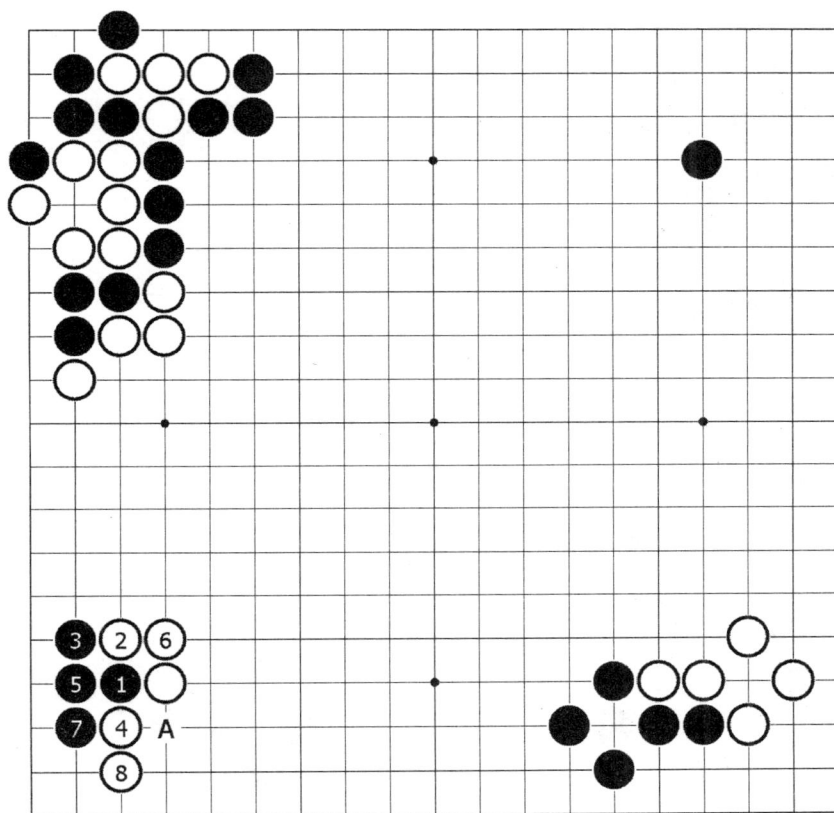

变化图 9：当黑 3 连扳时，白 4 先打吃，然后白 6 再接住是最合适的下法，因为这种下法可以消除黑棋的种种变化。由于黑 7 在 A 位断不能成立，所以只有爬，白 8 退后还原成上图变化。

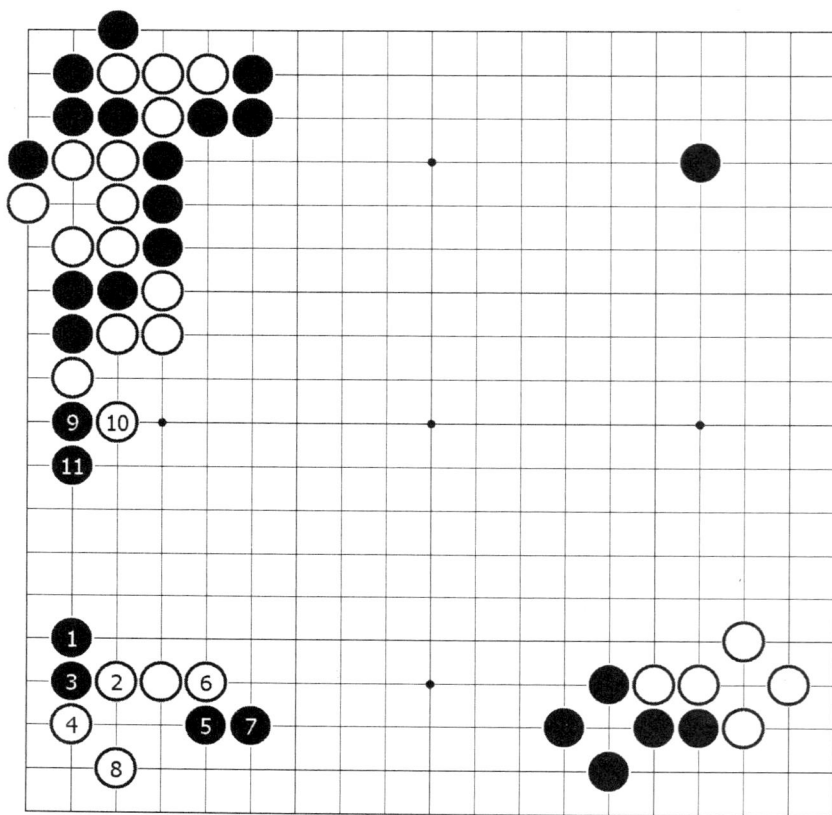

变化图 10：黑 1 二路漏是曹薰铉九段在实战中的下法。黑 1 的意图是在破空的同时保护自身安全，以下至黑 11 是双方实战的下法。此后黑棋腾挪成功，打破了实地的平衡，一举取得了优势。

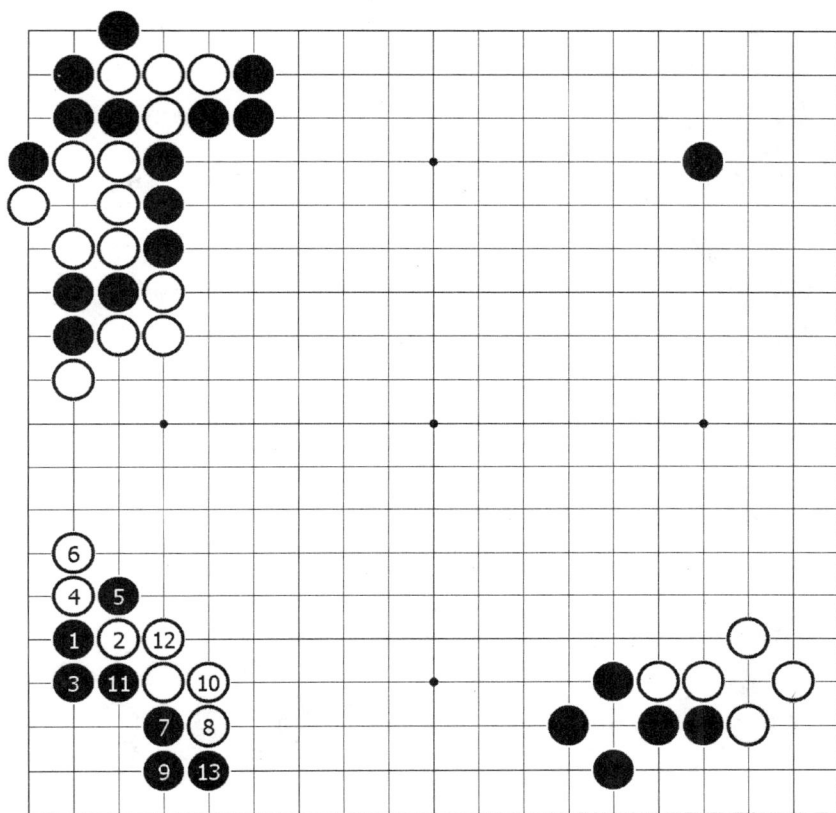

变化图 11：下面我们就来剖析一下，曹薰铉九段的下法好在哪里。黑 1 漏时，白 2 如果尖顶，黑 3 往角里长必然，如果向外长则显得笨重。白 4 扳，黑 5 断，以下至黑 13 轻松活角，白棋不能满意。

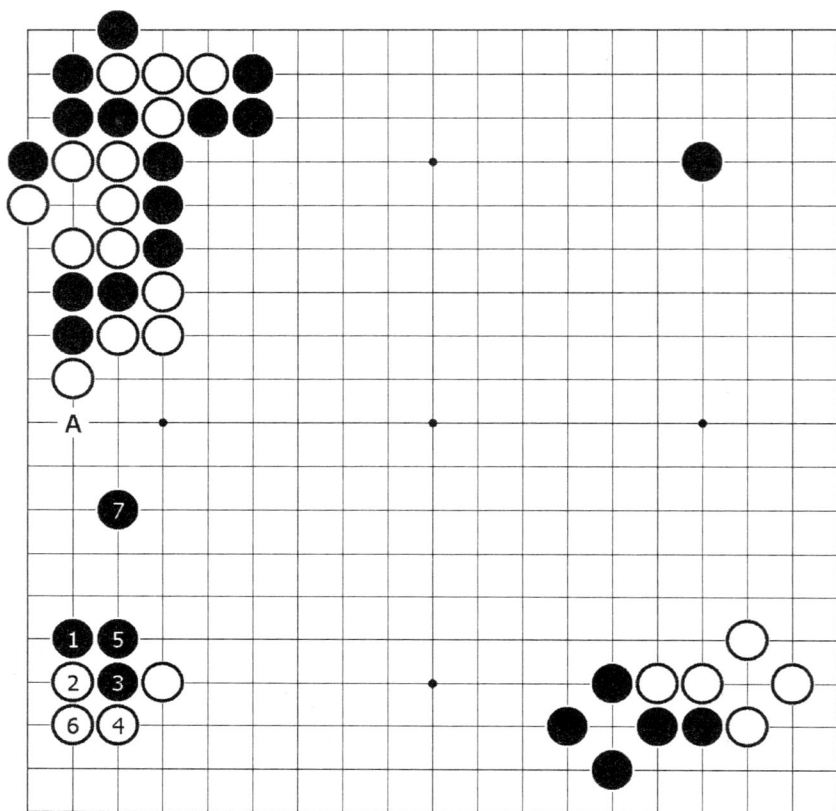

变化图 12：黑1漏时，白2若靠住，则黑3挖，白4打吃，黑5接，白6接上后，黑7简单拆二或者是在A位夹都可以满意。

小结：通过欣赏这个片段，我们发现曹薰铉九段在常型的局面下没有照搬教科书，而是通过细致入微的观察和对局面的理解，下出新手，并获得成功，从中我们不难领略到一位超一流棋手的风范。

3. 大局制胜

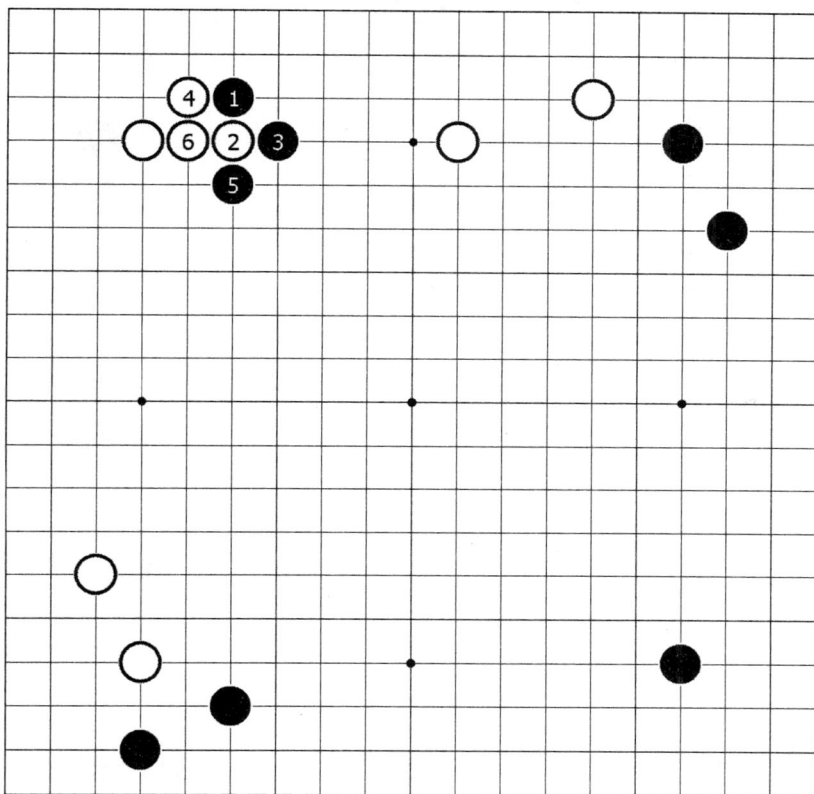

基本图：取材于聂卫平九段执黑与依田纪基九段的一盘棋。黑1挂角后，白2、4靠、虎不太常见，普通是在4位尖顶。

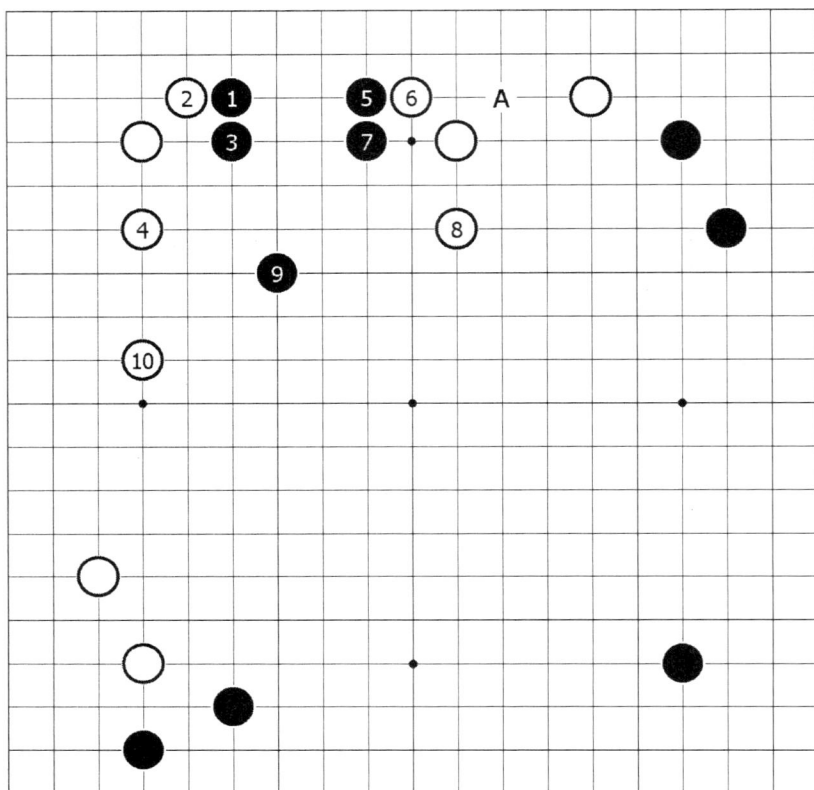

变化图1：黑1挂后，白2尖顶是比较常见的下法，以下至白10拆，双方形成阵地战的格局。以后黑留有A位点的手段。

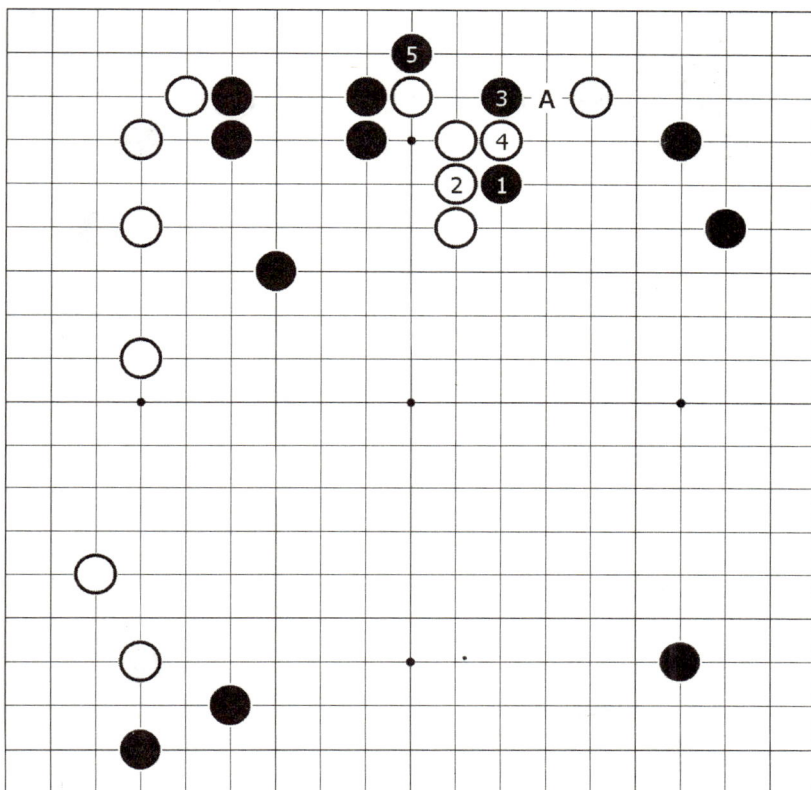

变化图 2：黑 1 先点上边，白 2 只有接住，黑 3 再从三路点，白 4 若小尖阻渡，黑 5 可以在 A 位顶，这样白棋很难处理。因此，白 4 只好冲，黑 5 扳住以后获得不少收益。因此这个变化黑棋可以满意。

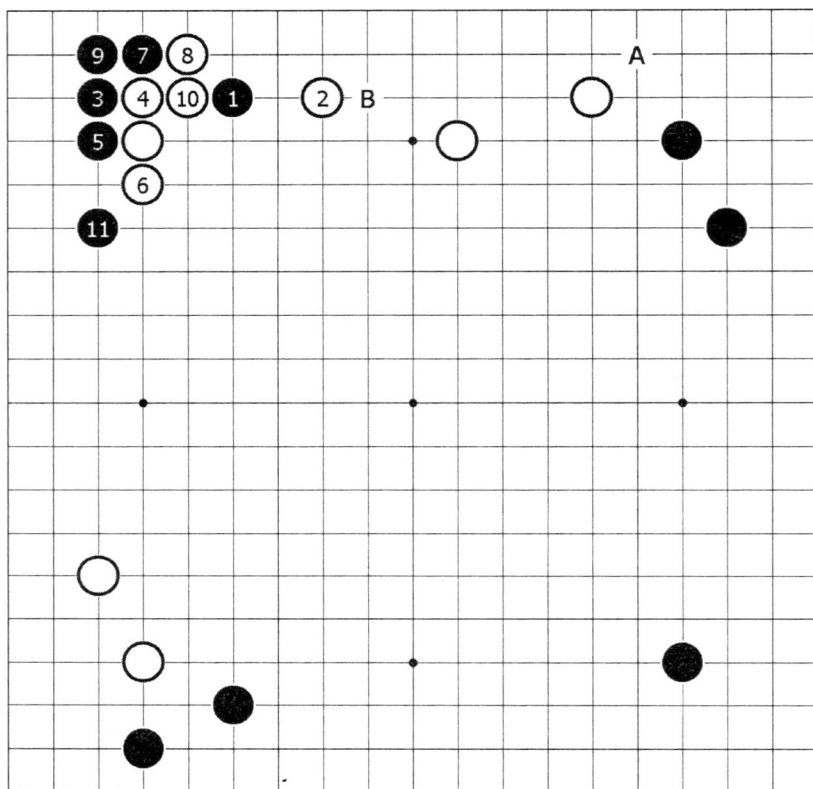

变化图 3：黑 1 挂角时，白 2 若一间低夹，则黑 3 点角，以下至黑 11 跳，局部告一段落。白棋上方阵式看似比较完整，但其实黑棋留有 A 位飞搜刮和 B 位碰的手段。因此实战白棋没有选择这个变化。

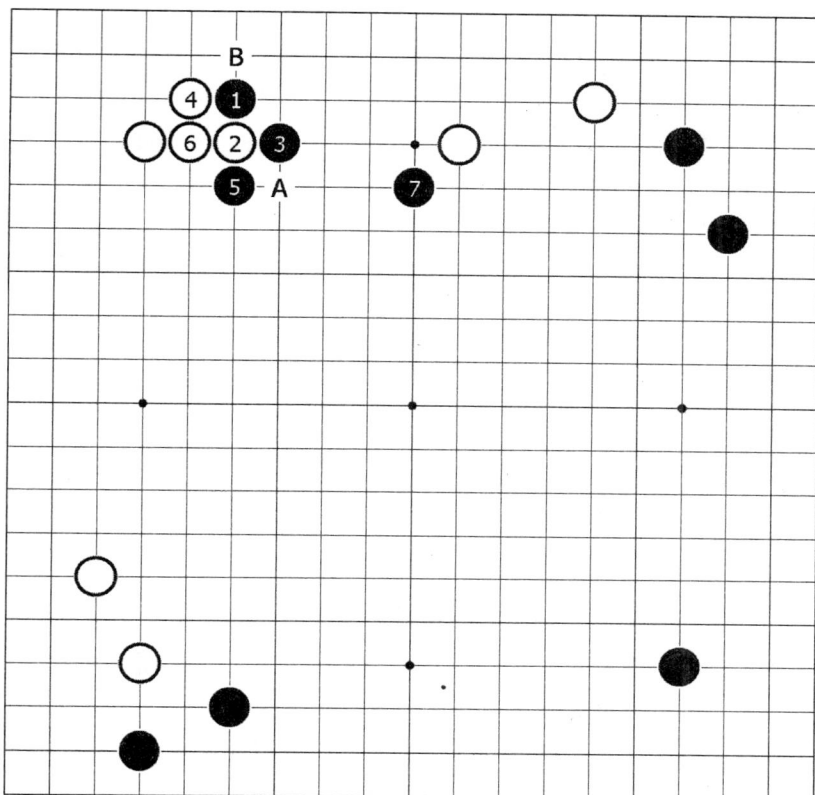

变化图 4：实战白 2、4 压、虎选择取实地的下法，黑 7 尖冲的下法比较少见，普通是在 A 位接或 B 位立。

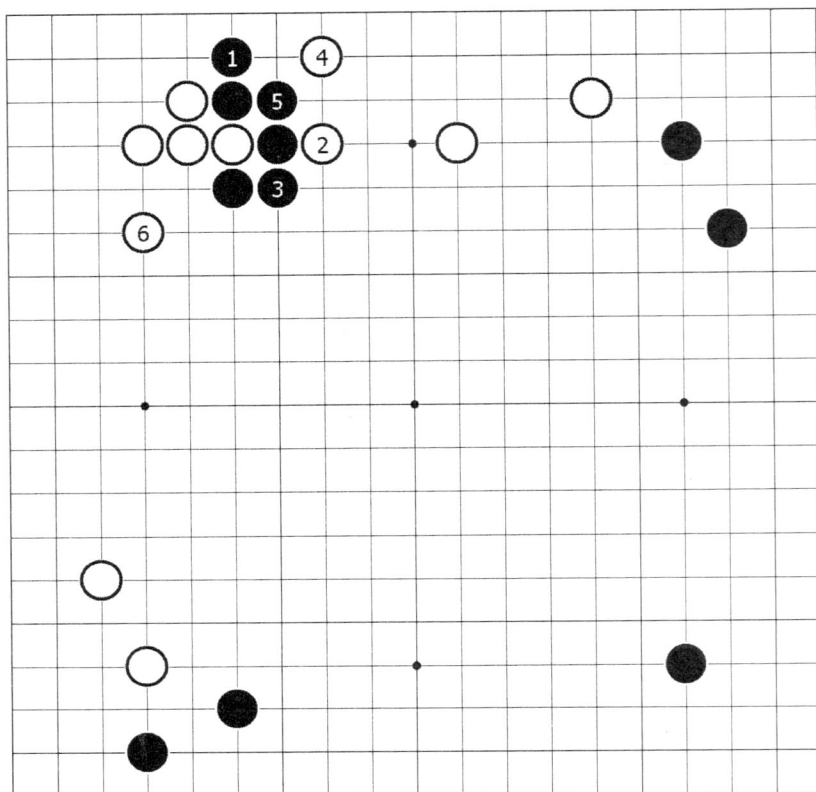

变化图5：黑1若立下，则白2夹，黑3接住后，白4再跳下，以下至白6守角，白棋既取得了角部的实地，且上边的配置也不错，对黑棋形成了攻势。而黑棋的棋形凝重，早早出现孤棋，不能满意。

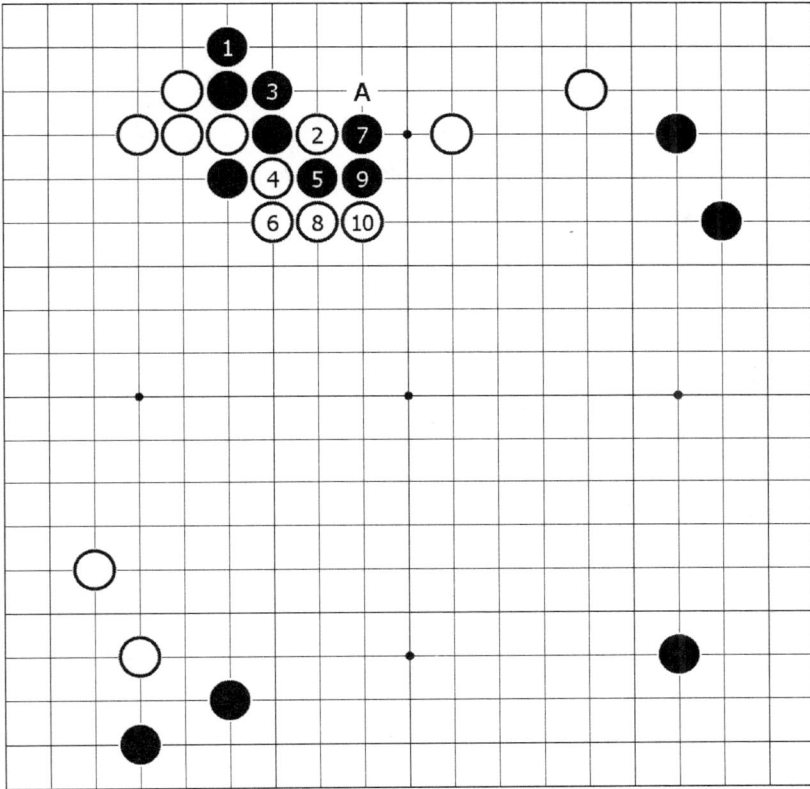

变化图6：白2夹时，黑3若粘下边，则白4断，以下至白10压，黑棋虽然活棋，但白棋形成了很厚的外势，而且还留有A位扳攻击黑棋的手段，因此黑棋明显不满。

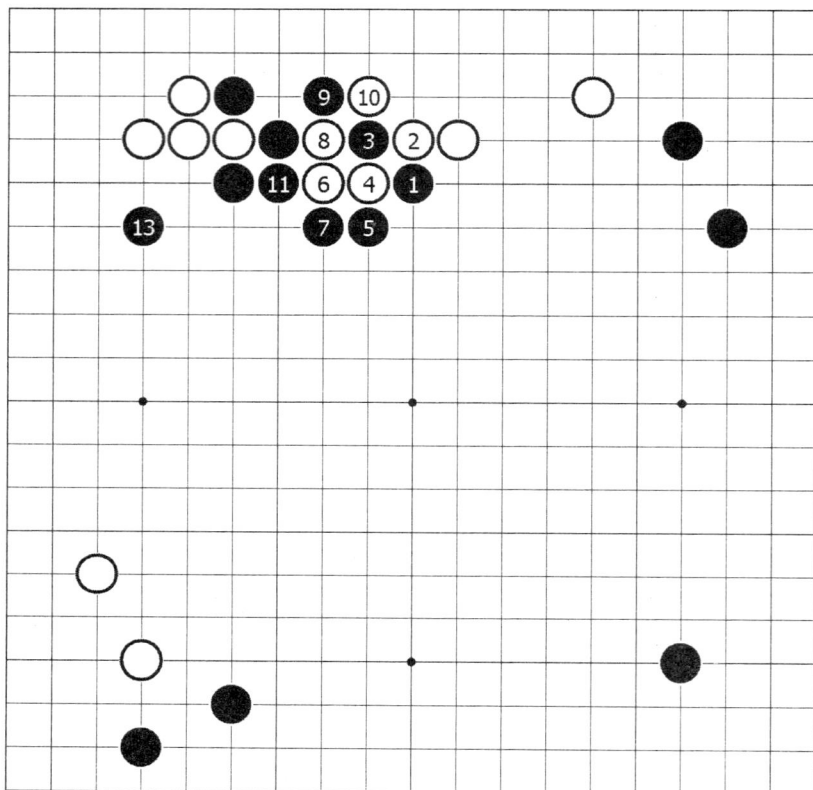

⑫J16

变化图7：基于以上种种考虑，实战聂卫平九段采用了黑1尖冲的下法。白2若爬，则黑3扳住，白4若断，以下至黑13飞，黑棋通过弃子形成外势，可以满意。

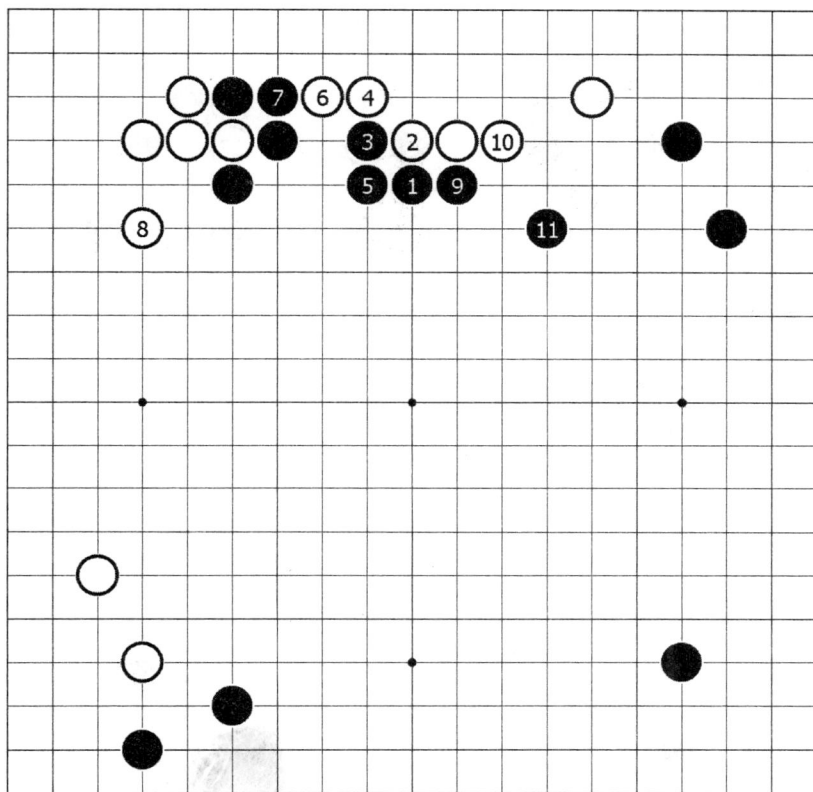

变化图8：当黑3扳时，白4只有扳，黑5接，以下至黑11飞，黑棋虽然在局部实地稍损，但外势比较完整，牢牢把握住大局。

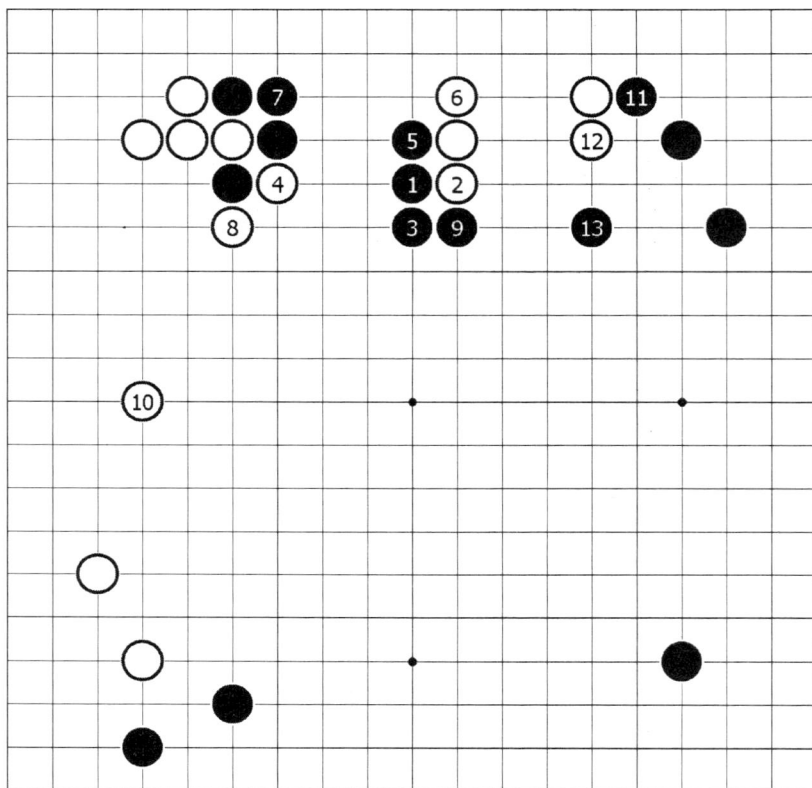

变化图 9：实战当黑 1 尖冲时，白 2 贴起，黑 3 退，白 4 断，以下至黑 13 镇，黑棋牢牢把握住先着效率。

小结：本局聂卫平九段用不常见的手法完成自己的战略部署，值得广大围棋爱好者学习。

4. 高效行棋

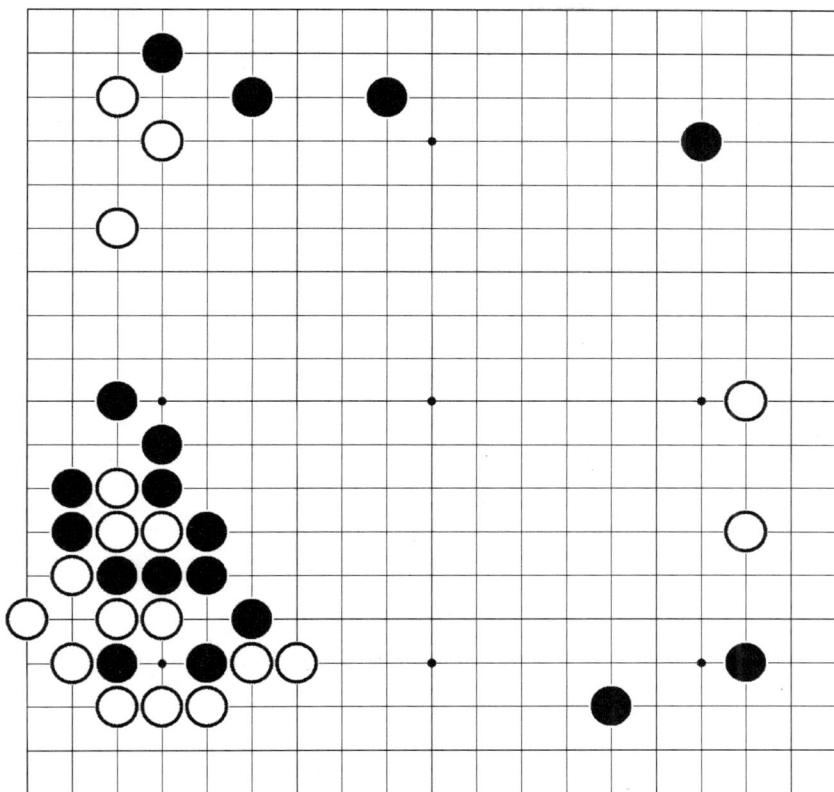

基本图：这盘棋是芮乃伟九段和华学明七段在世界女子比赛中的一盘对局。目前局面呈均势化，此时轮白下。

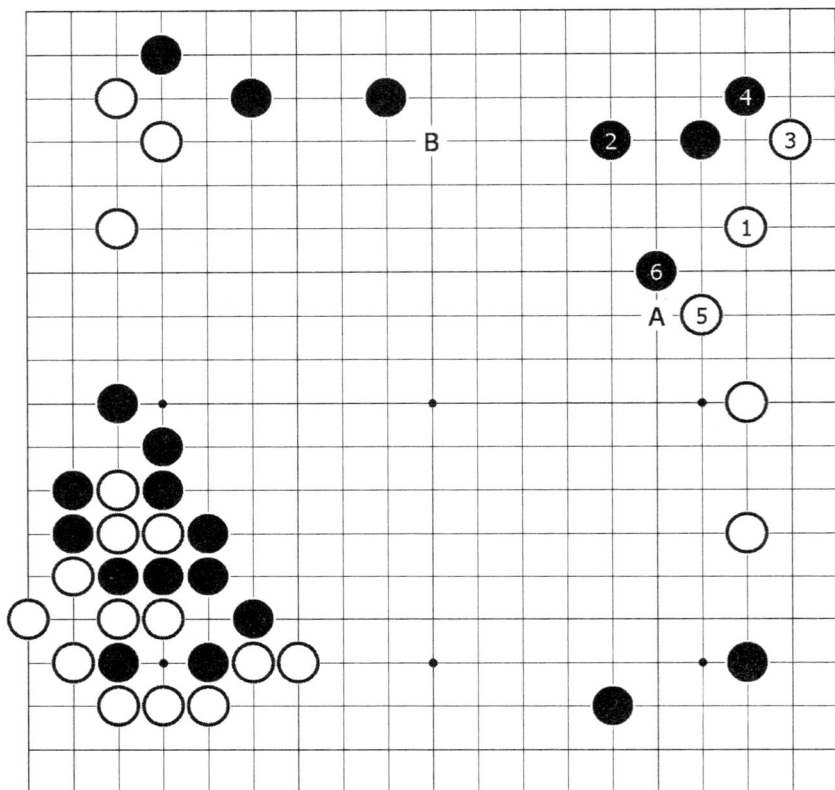

变化图 1：此时黑棋的着眼点在于左边的厚势如何运用。白 1 挂角是普通的下法，黑 2 守角，白 3 飞和黑 4 尖交换后，白 5 小飞补略显重复。此时黑 6 成为与厚势相呼应的紧凑下法。以后在 A 位压很舒服。白如果在 B 位尖冲将会遭到攻击。

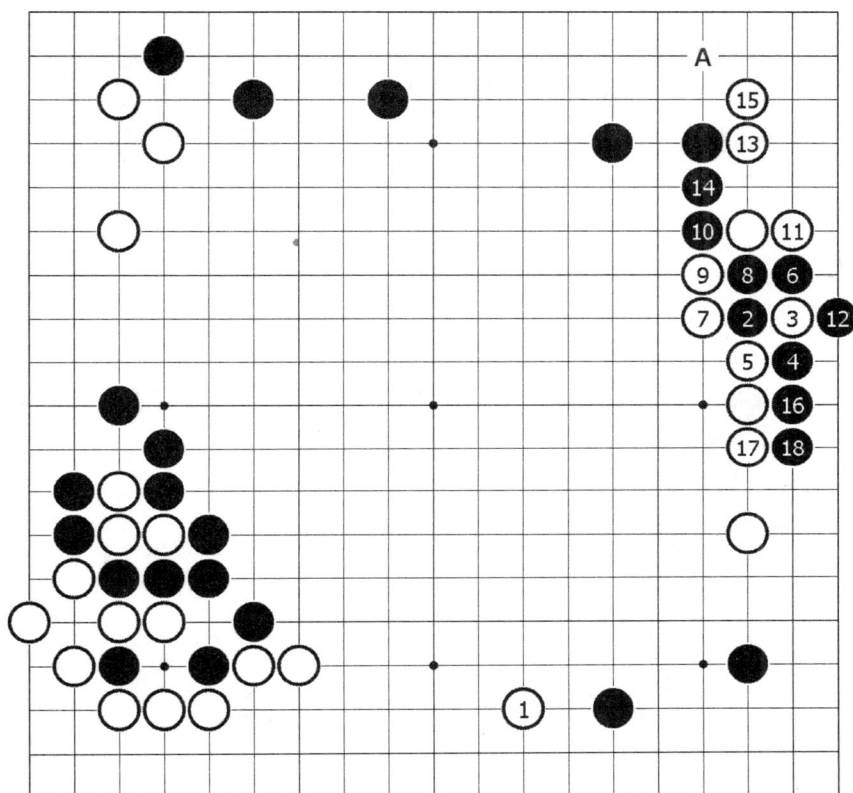

变化图 2：白 1 逼住也是一种下法，但此时黑 2 打入非常严厉，白 3 二路托是这一局面下常用的下法。以下至黑 18 是双方正常的应对。以后黑还有 A 位跳的先手，此局面下，黑棋占据了白的根据地，白右边 6 子成为无根之棋，将会受到黑棋厚势的攻击。因此这一局面黑棋主动。

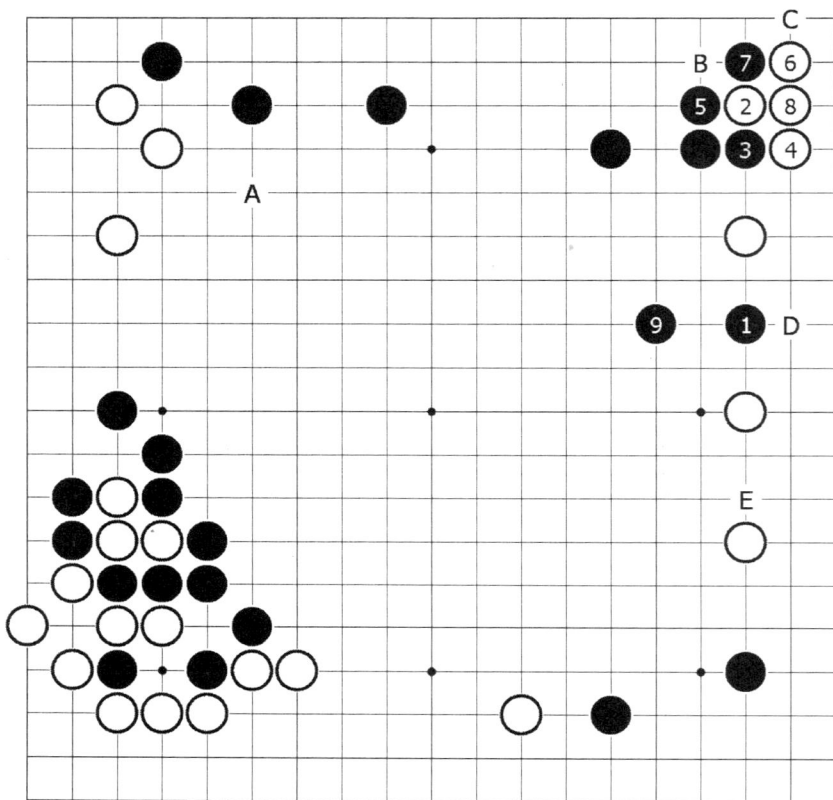

变化图3：黑1打入后，白2点角也是很容易想到的一手。以下至黑9跳出，右上白棋出头困难。以后黑棋在A位跳起后，将会在上边形成庞大的模样。黑B接与白C立交换以后，黑在D位立成为先手，此时黑棋将会产生在E位靠的严厉手段，白棋明显不行。

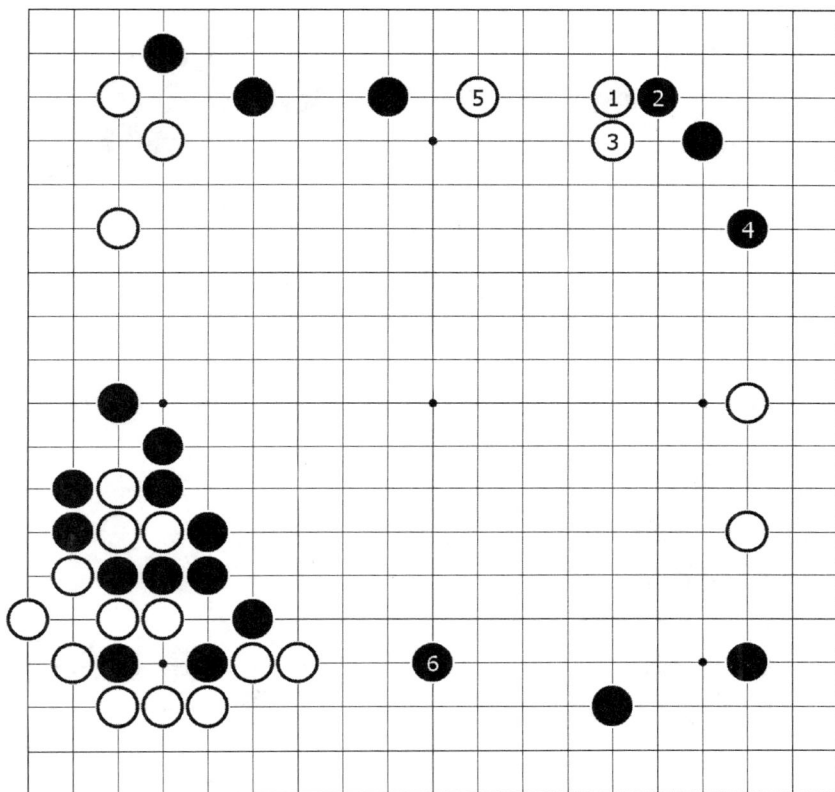

变化图4：白1内挂，意在打散局面，打破黑棋意图。以下至黑6拆是普通的下法，双方均可接受。

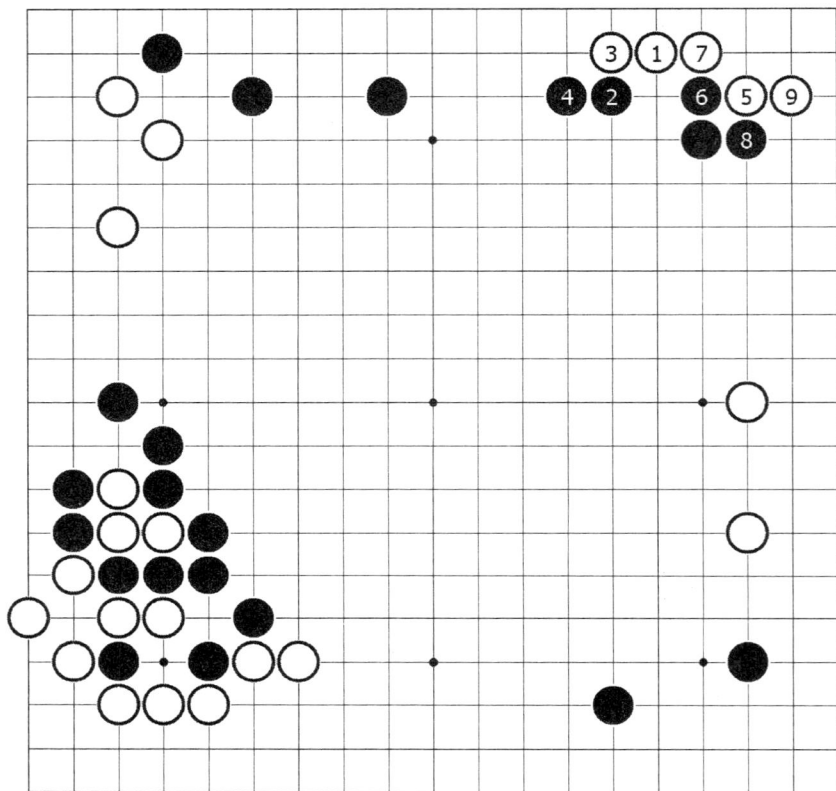

变化图 5：白 1 二路挂是实战的下法。此时，黑 2 飞压是很容易想到的一手，以下至白 9 立，白棋轻松活角，黑棋的阵式荡然无存，黑棋两边的外势也很难有机地结合在一起，因此黑棋不能接受。

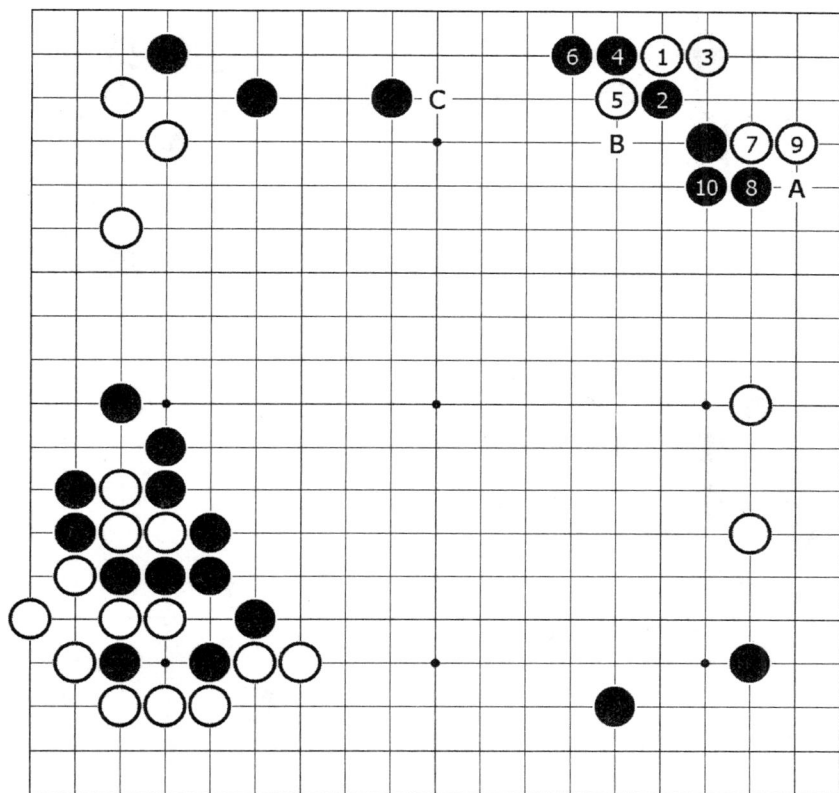

变化图 6：白 1 挂后，黑 2 如尖顶，白 3 长，黑 4 若扳住，则白 5 断，以下至黑 10 接后，白在 A 位拐和在 B 位长均可。白如在 B 位长后将会产生 C 位碰的手段，黑棋不能满意。

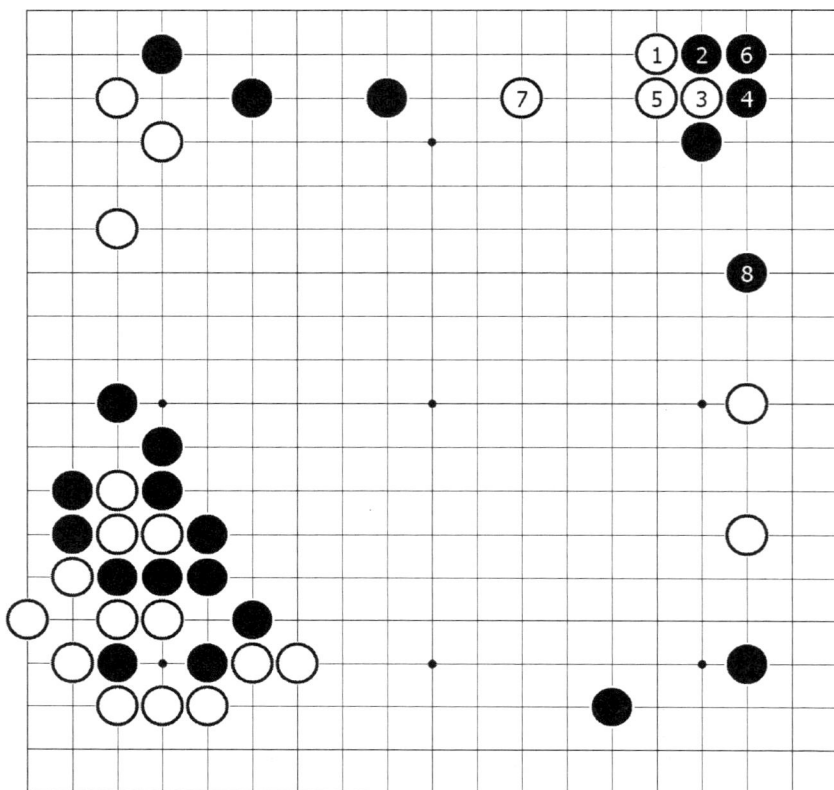

变化图 7：黑 2 靠也是一种下法，以下白棋简单挖、粘后于 7 位拆二显得非常从容，白棋明显满意。

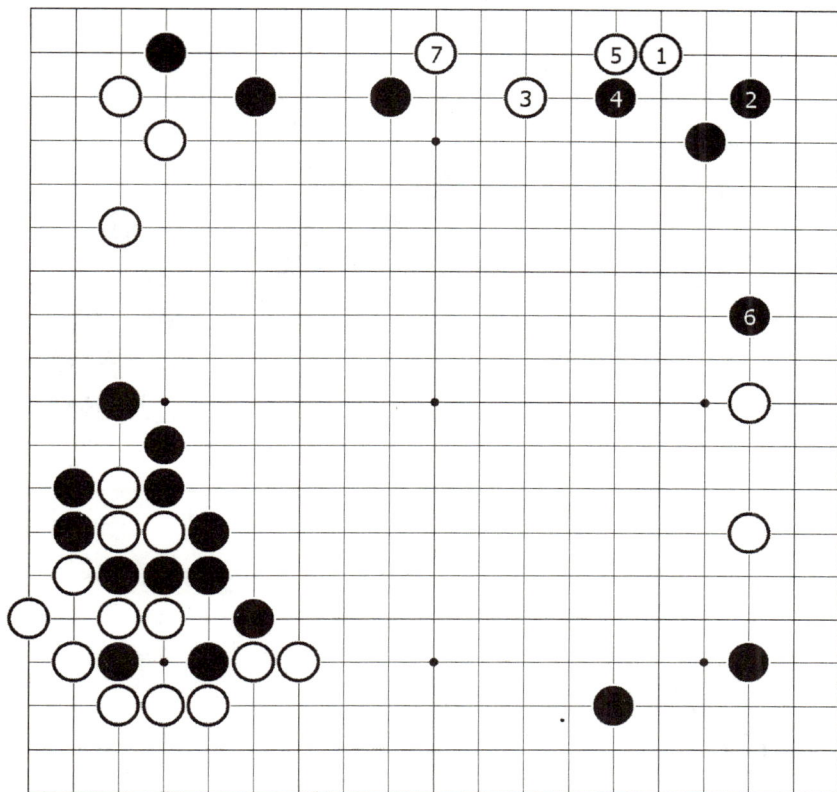

变化图8（实战图）：白1二路挂时，黑2本分地尖角是冷静的下法，以下至白7飞是双方实战的下法。

小结：虽然双方的下法很普通，但是白方对于围空和破空效率的思考却很深入，而且还能充分利用右边两子对于限制黑棋厚势发展的作用，这一点如果业余棋友能够深入体会到的话，相信棋力将会有一个大的提升。

5. 巧妙弃子

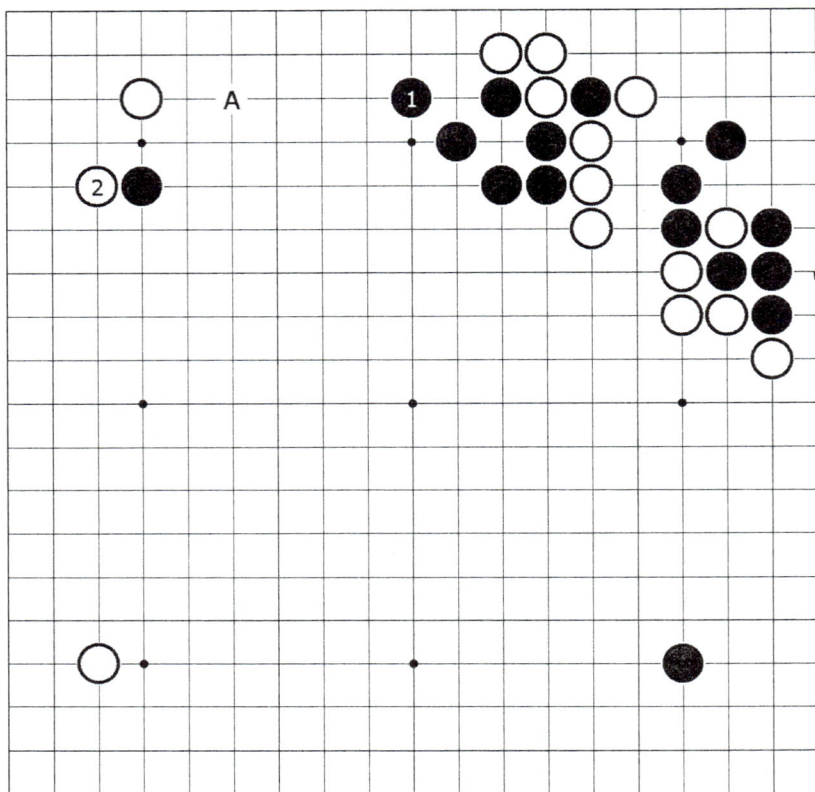

基本图：取材于王磊八段执黑与聂卫平九段在围甲联赛中的一盘棋。至黑1虎，是双方争夺实地的下法。白2托比较少见，在此局面下，普通是在A位拆一。

变化图1：白1若拆一，则黑2托，以下至黑6拆，白棋的目数并不多。而且从右上的配置来看，这块白棋的发展潜力也不大，因此实战没有这么下。

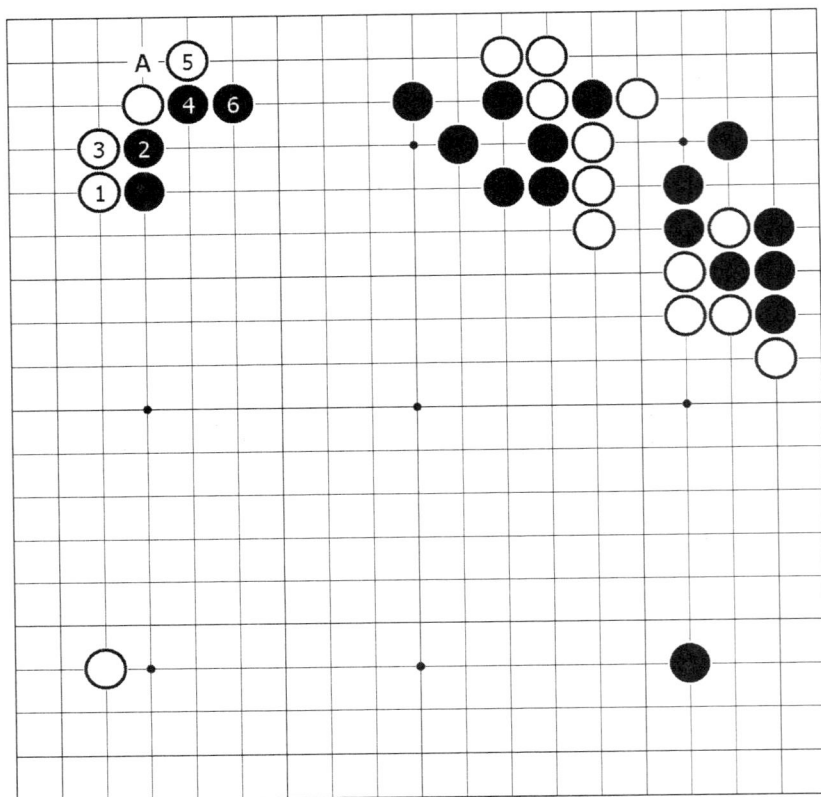

变化图2：白1托后，黑2顶，白5连扳不太常见，这手棋在20世纪30~40年代的日本棋坛比较流行。黑6如果在A位打吃，则……

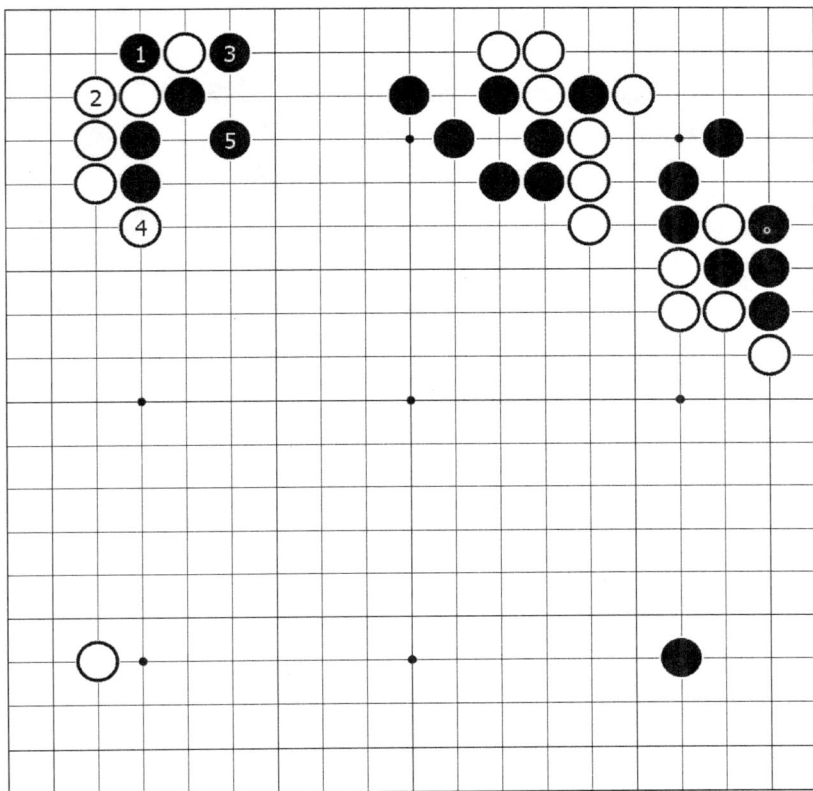

变化图3：黑1若打吃，白2接上，以下至黑5虎，局部告一段落，在这一局部白棋虽然目数稍损，但是抢到了4位的扳头，同时考虑到黑棋上方的子力配置显得重复，所以黑棋没有选择打吃的下法。

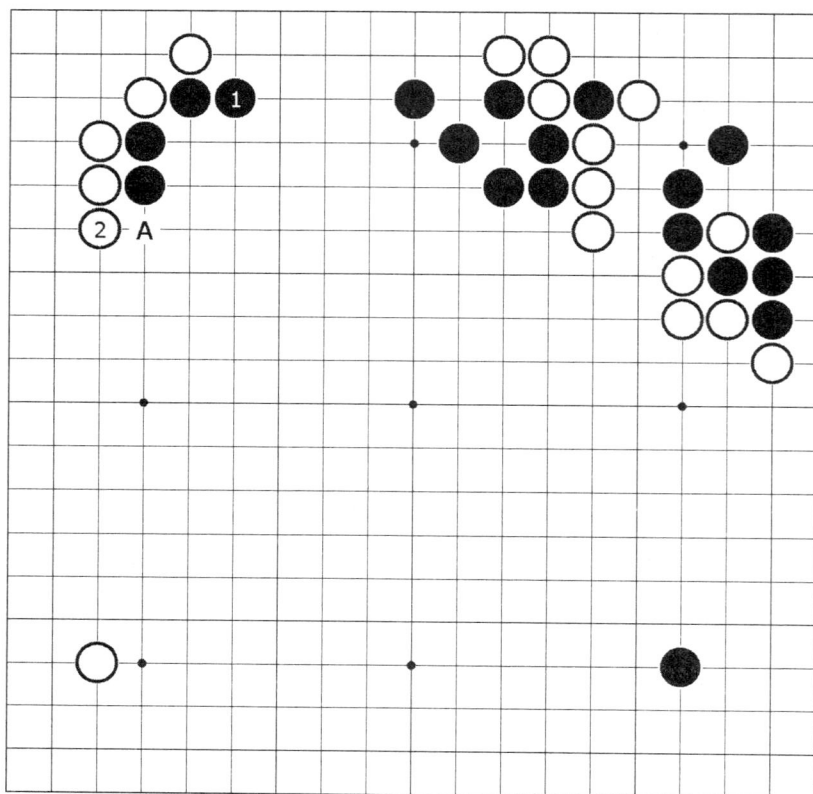

变化图4：黑1长后，白2冷静地退，这手棋若在A位扳，则会形成……

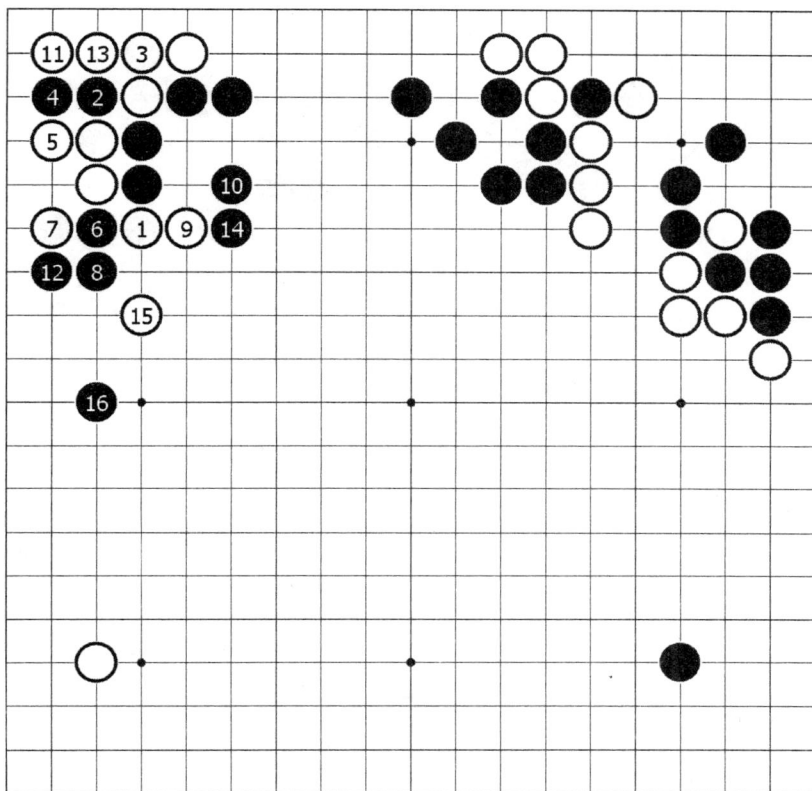

变化图 5：白 1 若扳起，则黑 2 打吃后形成"小雪崩"的变化，至黑 16 拆，形成黑棋明显有利的局面，白棋不能接受。

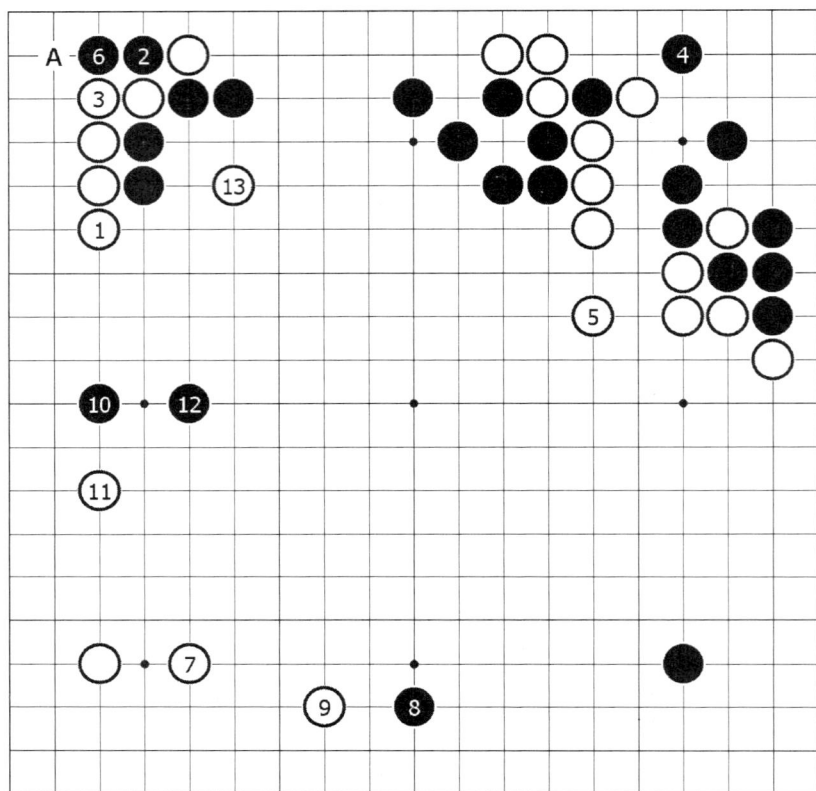

变化图 6：实战白 1 退，黑 2 打吃与白 3 接交换后，黑 4 飞是棋形的要点。黑 6 爬是价值很大的逆收官子，以下至黑 12 跳，双方都下得比较平稳。白 13 点方是不太容易想到的一手棋，在此局面下，白棋在 A 位扳就地做活是比较正常的下法。

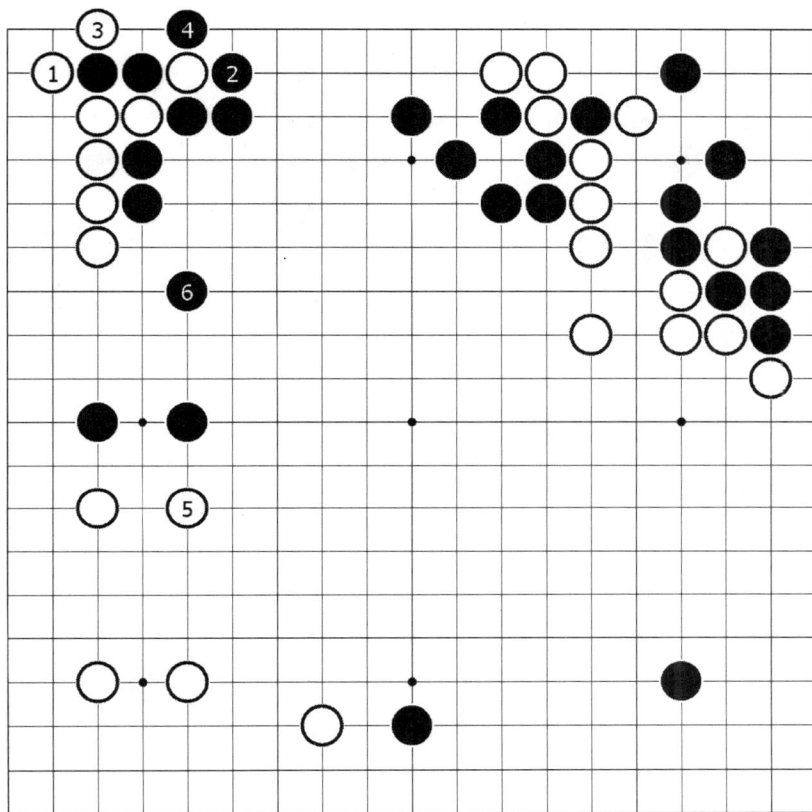

变化图 7：白 1 扳，黑 2、4 吃一子后，白 5 跳起，当黑 6 飞后，黑棋上方的模样比较可观，白棋不太满意。

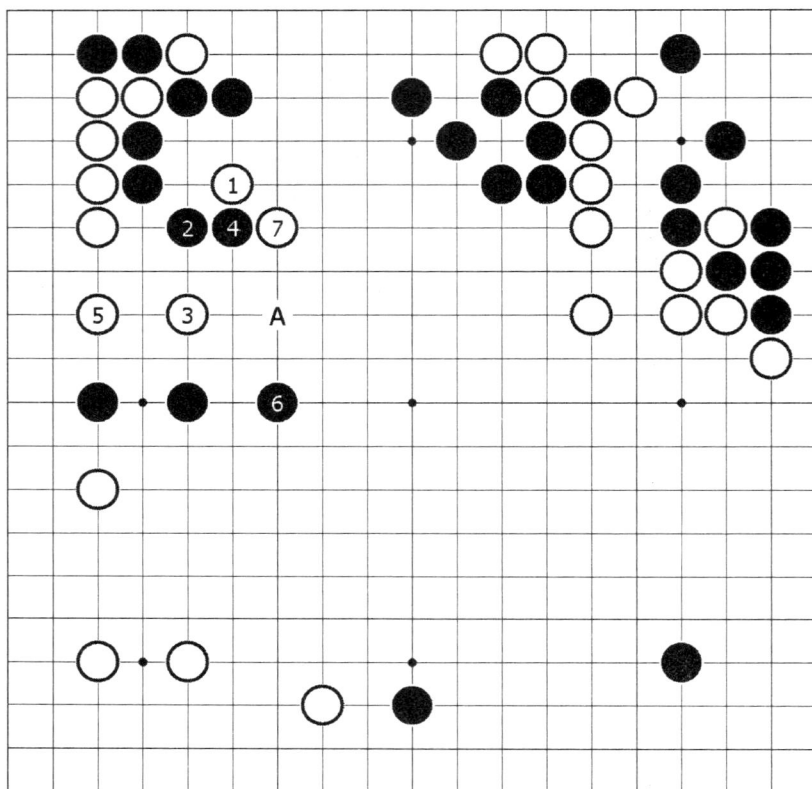

变化图 8：实战白 1 点，黑 2 尖反击，白 3 是弃子的好手。黑 6 走畅自身后，白 7 扳是令人吃惊的一手，此时白棋在 A 位跳出是普遍的下法。

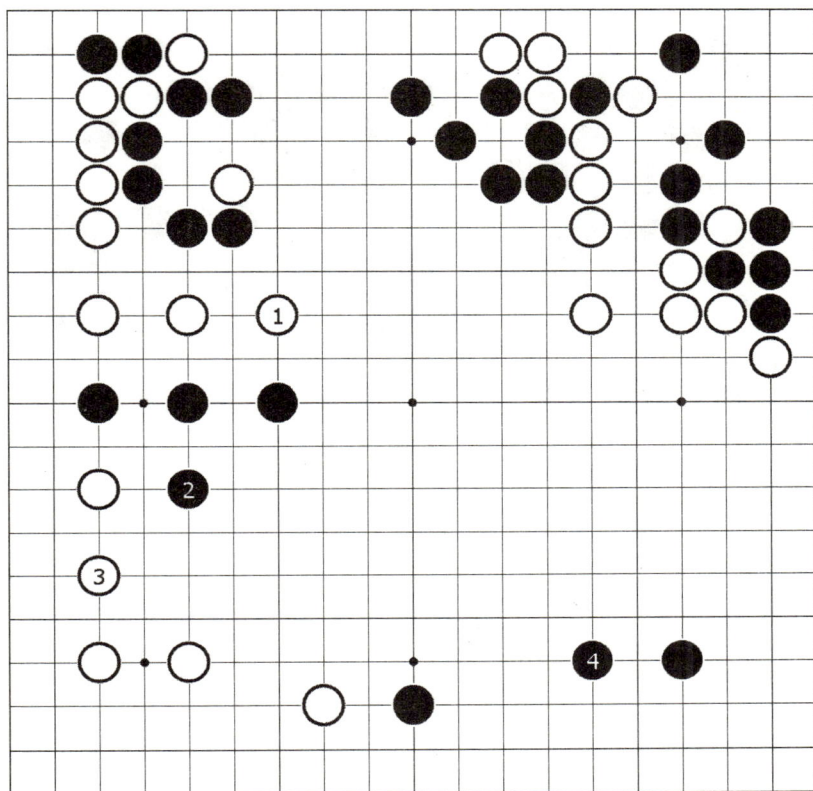

变化图9：白1跳出，黑2镇与白3守交换后，黑4单关守角，此时白棋无法对左边黑棋四子形成有效的攻击。

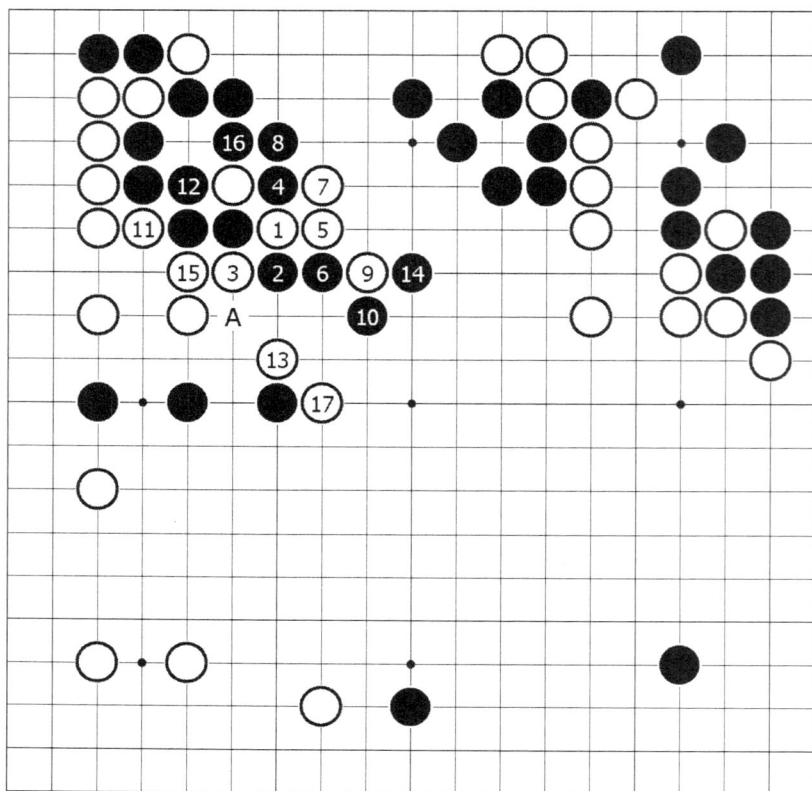

变化图 10：白 1 扳后，实战黑 2 也扳，以下至白 17 扳，白棋通过弃子成功地取得了全局的主动。当白 1 扳时，黑 2 若在 A 位靠，则……

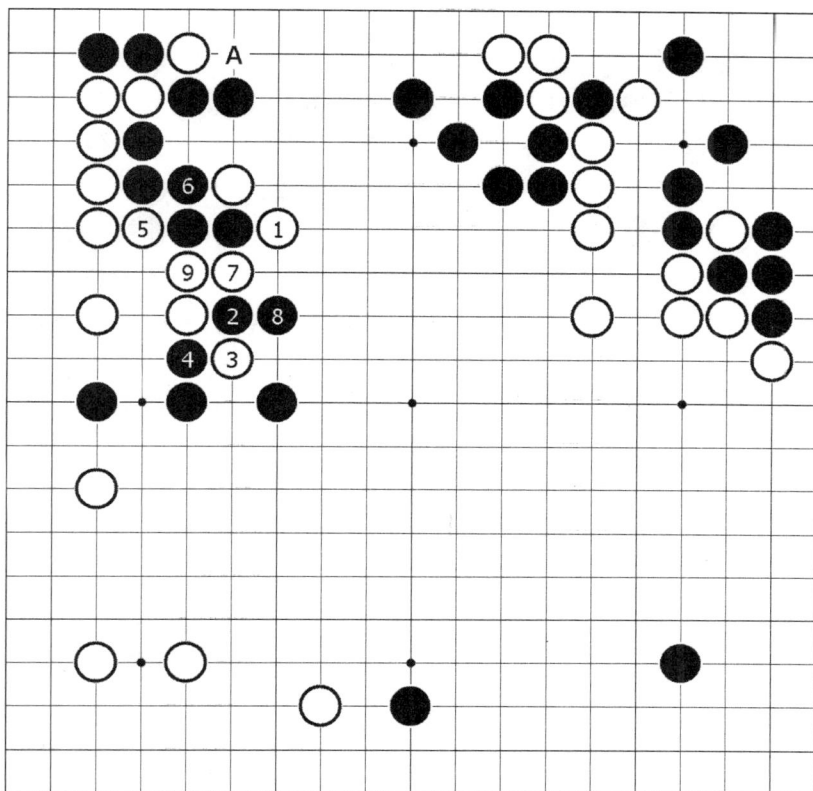

变化图11：白1扳时，黑2若靠，以下白3扳，黑4断，由于白棋始终留有A位爬的手段，因此至白9打吃，黑棋明显不行。当白1扳时，黑2若在7位侯，则……

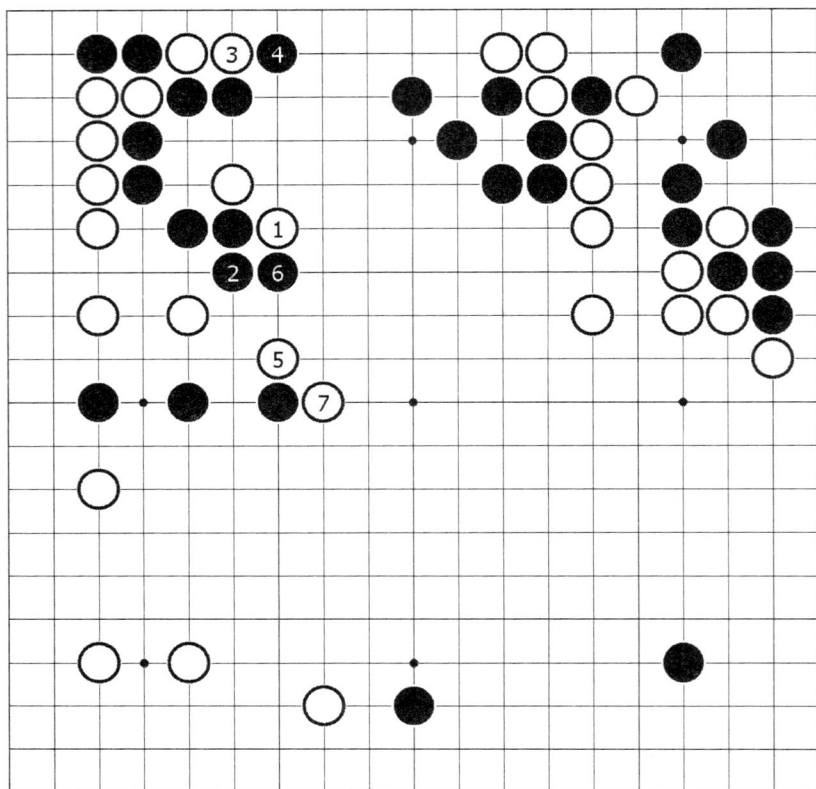

变化图 12：当白 1 扳时，黑 2 侯是退缩的下法，白 3 爬与黑 4 扳交换一手后，白 5 再靠住，由于黑上边棋形存在缺陷，黑 6 只得拐住，被白 7 扳头以后，黑棋依然不行。

小结：这盘棋聂卫平九段通过巧妙地弃子，获得了全局的主动，其中的奥妙值得广大围棋爱好者细细品味。

6. 舍小就大

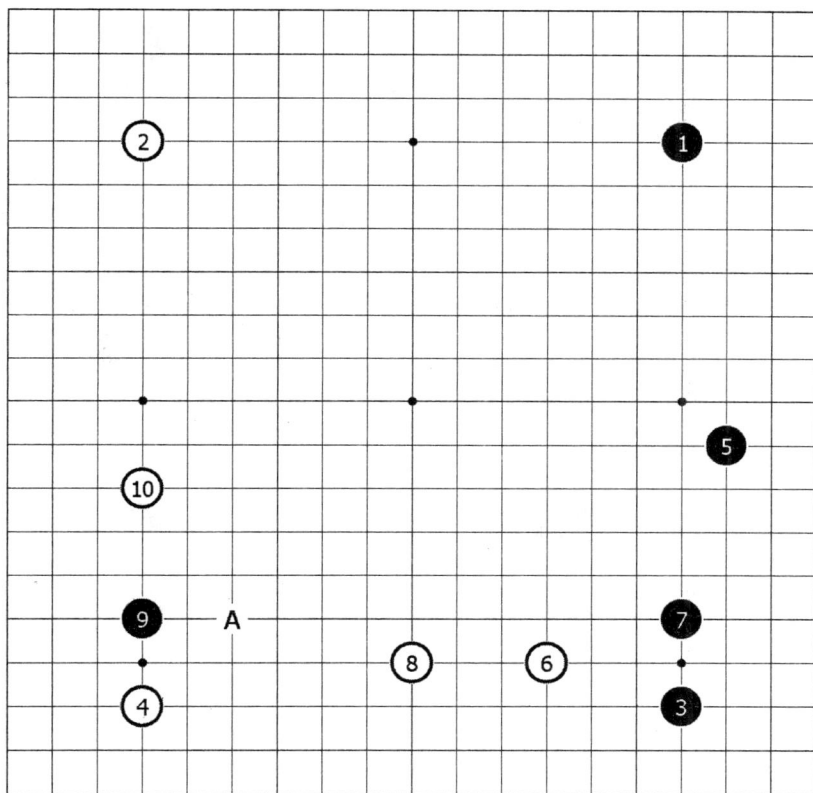

基本图：取材于周鹤洋九段执白与张欣五段在围甲联赛中的一盘对局。
进行至白 10 二间高夹，黑若在 A 位跳的话，则会形成……

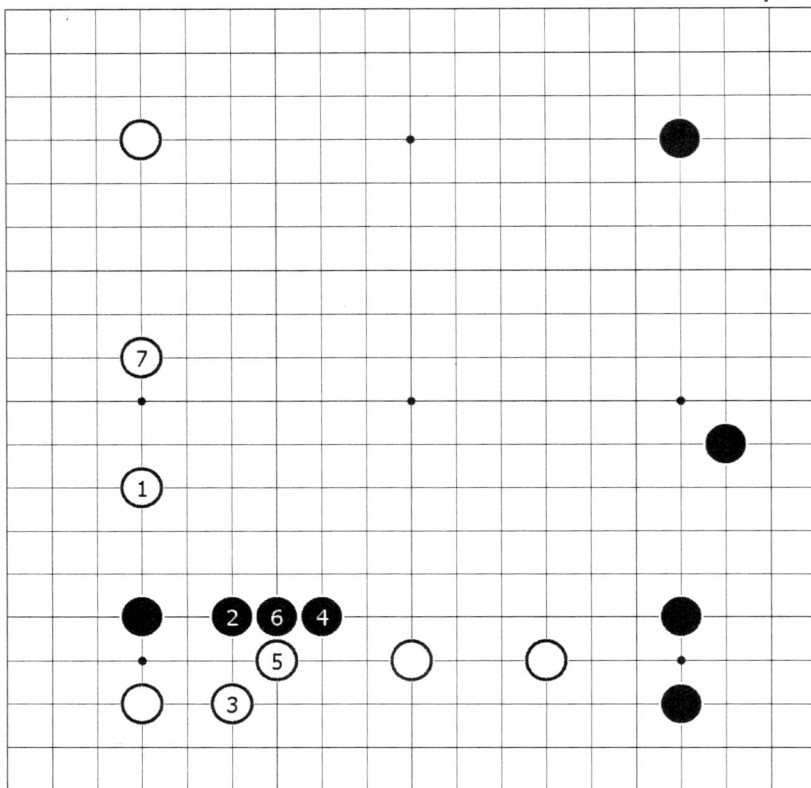

变化图1：白1夹时，黑2若跳，则白3拆一，白5刺与黑6接交换后，白7再拆边，黑棋棋形显得局促。

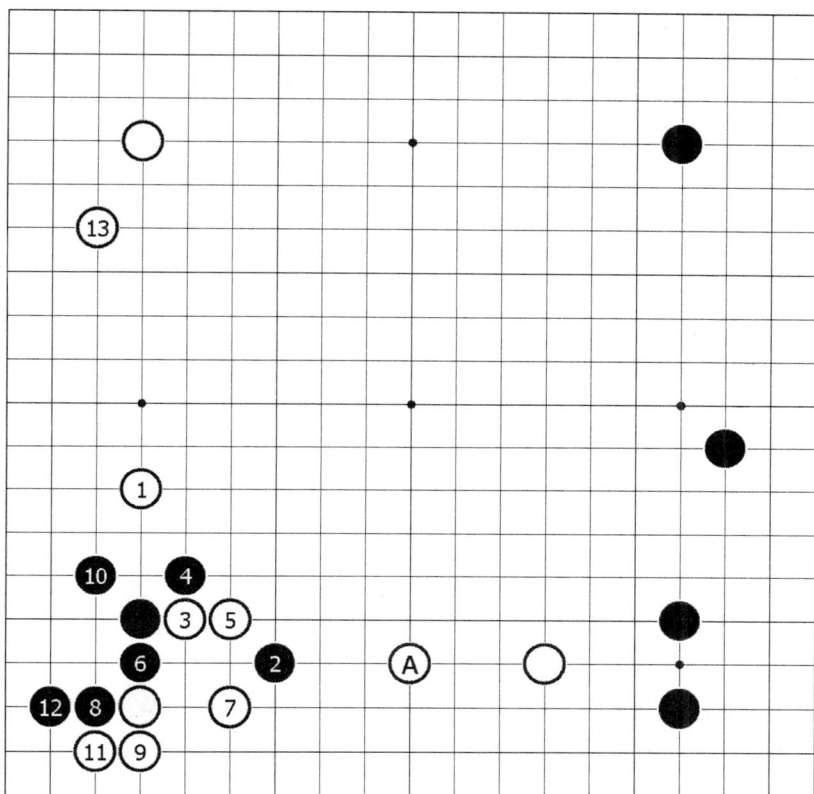

变化图 2：白 1 夹时，黑 2 若大飞选择"妖刀"定式，以下至白 13 守角是双方正常的下法，其中白 9 立是重视实地的下法。此局面下，白 A 起到了一子两用的效果，白棋明显满意。

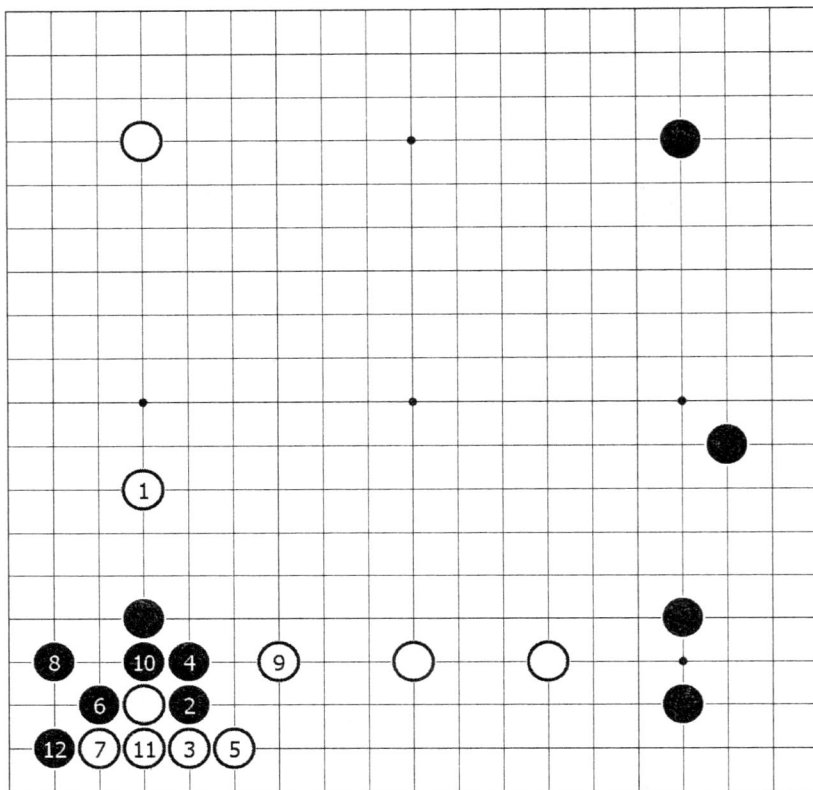

变化图 3：在此局面下，黑 2 靠也是一种下法，以下至黑 12 虎的局面曾经在围甲联赛聂卫平九段与余平六段的对局中出现过。

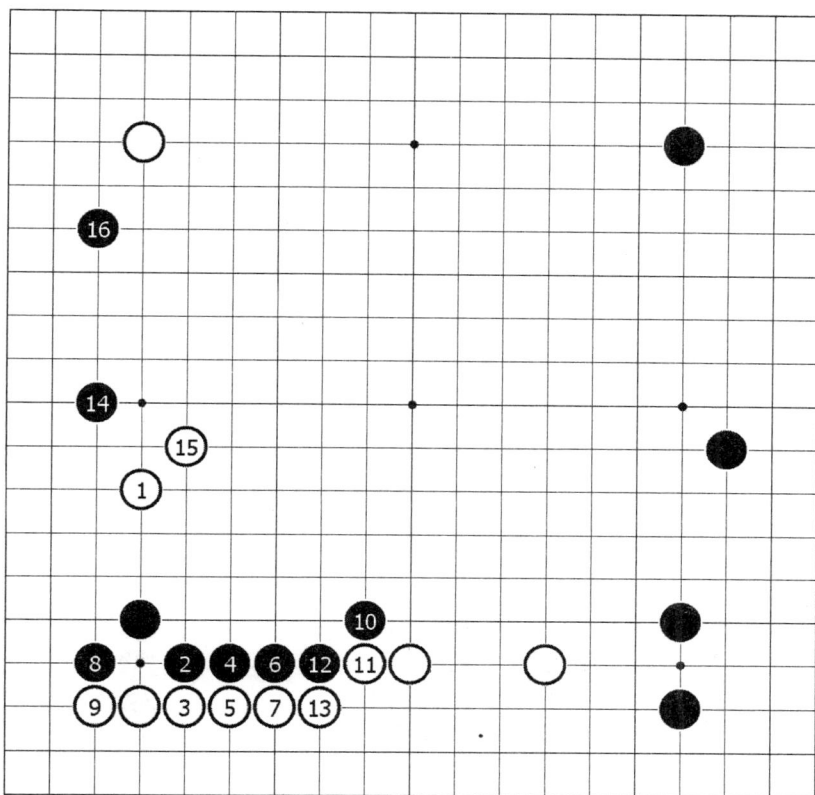

变化图4：白1二间高夹时，黑2尖选择了一个不太常见的下法，以下至黑10挂角是双方实战的进程。此时白11、13若在局部纠缠落得后手，被黑14抢到逼攻和黑16挂的好点，是黑棋的预想图。

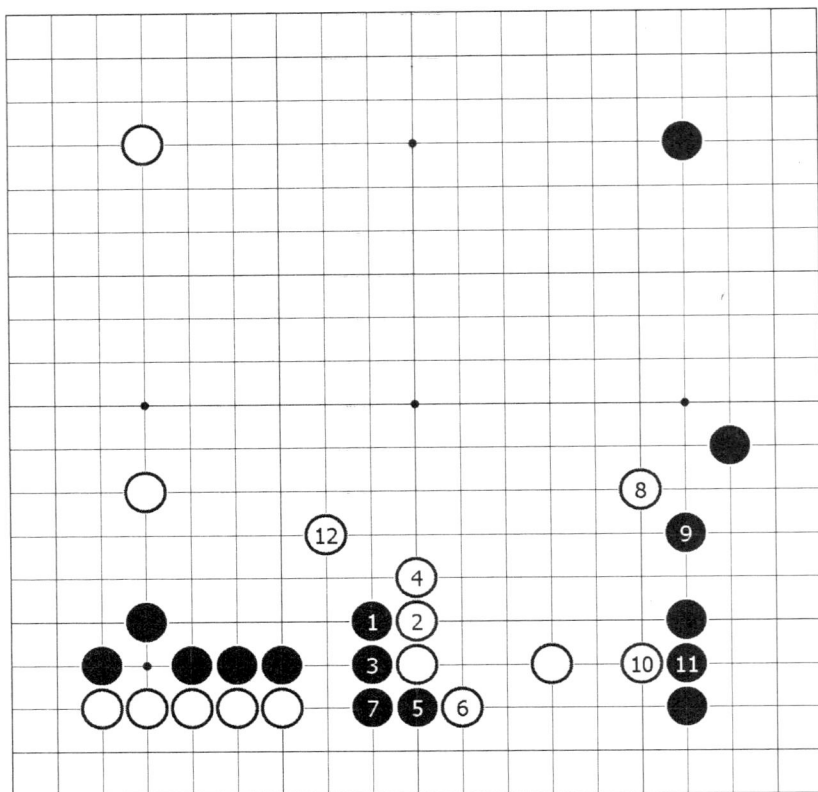

变化图 5：实战当黑 1 飞时，白 2 选择了贴起的下法来破坏黑棋意图。黑 3 下贴是明显的缓手，这手棋是希望白棋在 7 位扳住，这样就会留有 5 位的断和 4 位的扳头。实战白 4 长起是注重大局的一手，黑 5、7 扳、接以后迎来了局面的分水岭。白 8、白 10 两手虽然有损空的嫌疑，实则是为了补强自身，白 12 飞以后，白棋开始占据全局的主动。

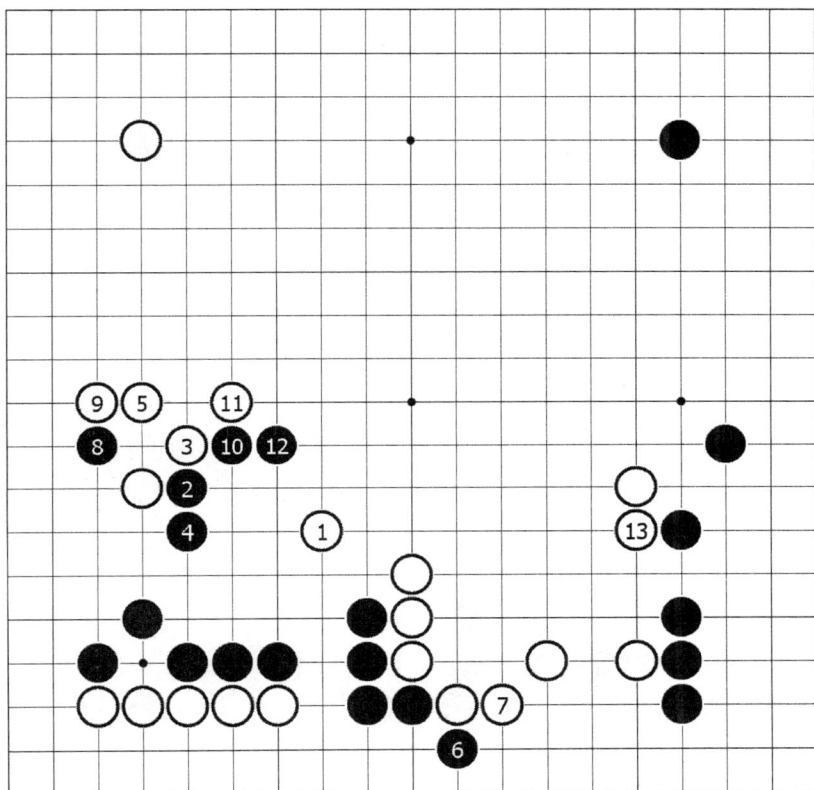

续变化图5：白1飞后，黑2靠选择紧凑的出头方式。黑8点刺时，白9挡是注重大局的一手。以下至白13贴，黑棋除了右边的实空得以加强以外几无所得，而白棋不仅走厚了自身，还取得了不少实地，双方的优劣一目了然。那么黑棋有没有什么其他下法呢？

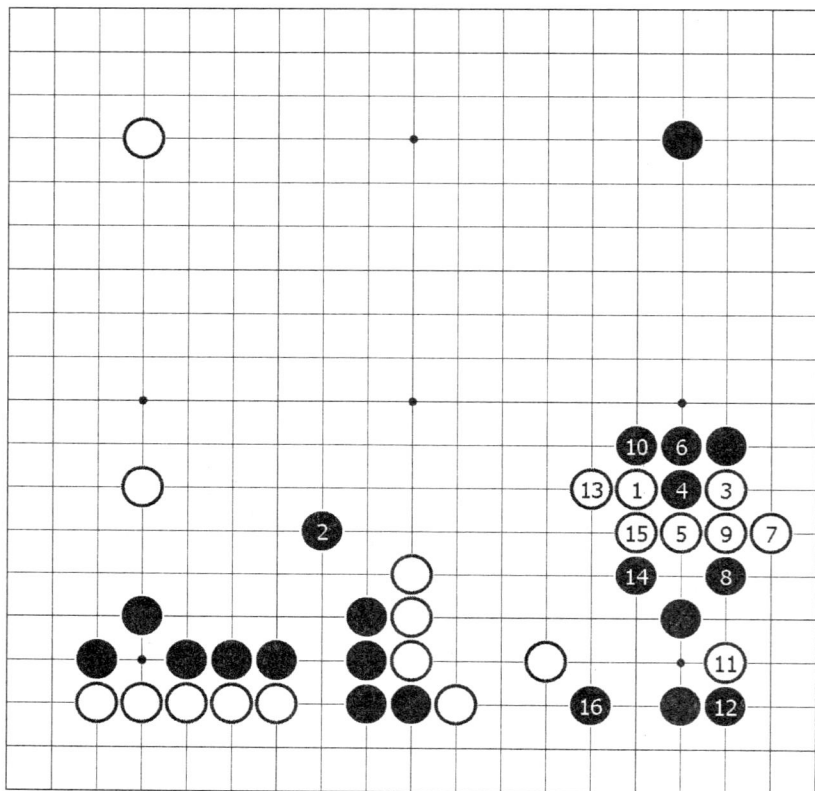

变化图 6：当白 1 吊时，黑 2 飞脱先抢占制高点，白 3 若靠下，则黑 4 挖。以下至黑 16 拆一，白棋虽然破掉了黑棋右边的实地，但是黑棋通过牺牲局部利益换取了全局的平衡。

小结：本局周鹤洋九段通过牺牲一定局部利益来换取全局主动的下法值得业余棋友借鉴。

7. 整体构思

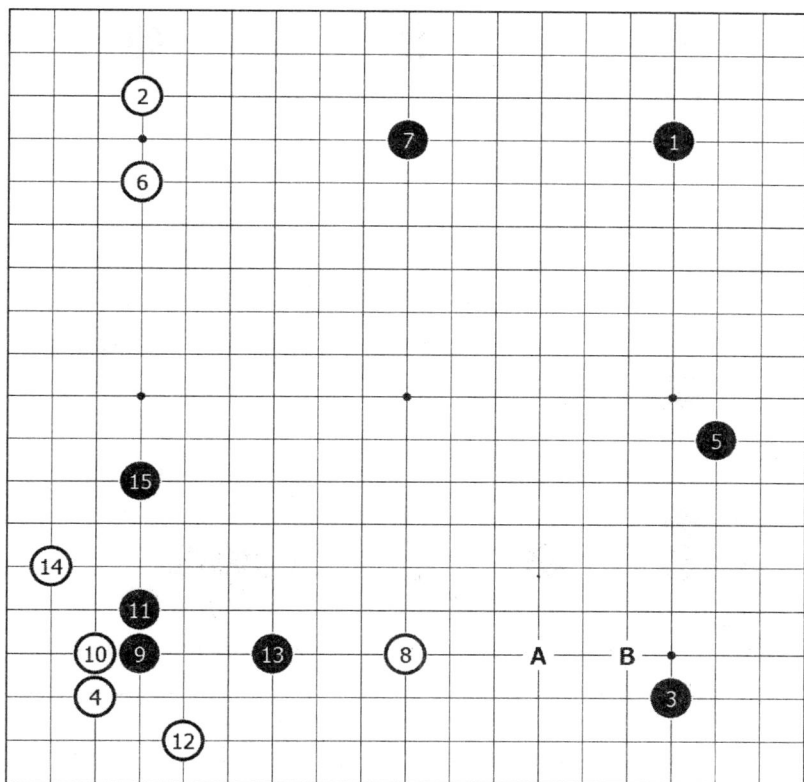

基本图：本局取材于聂卫平九段执白在 20 世纪 70 年代与日本九段的一盘对局，这虽然是一盘 30 多年前的对局，但其中的构思对我们今天的棋友仍然具有很深刻的借鉴意义。至黑 15 拆，双方下得都很平稳，此时白若在下边脱先，被黑在 A 位逼住，白 8 将会变为孤棋，白若在 A 位开拆，黑在 B 位尖后，白棋也显得效率不高。那么白棋在此局面下该如何行棋呢？

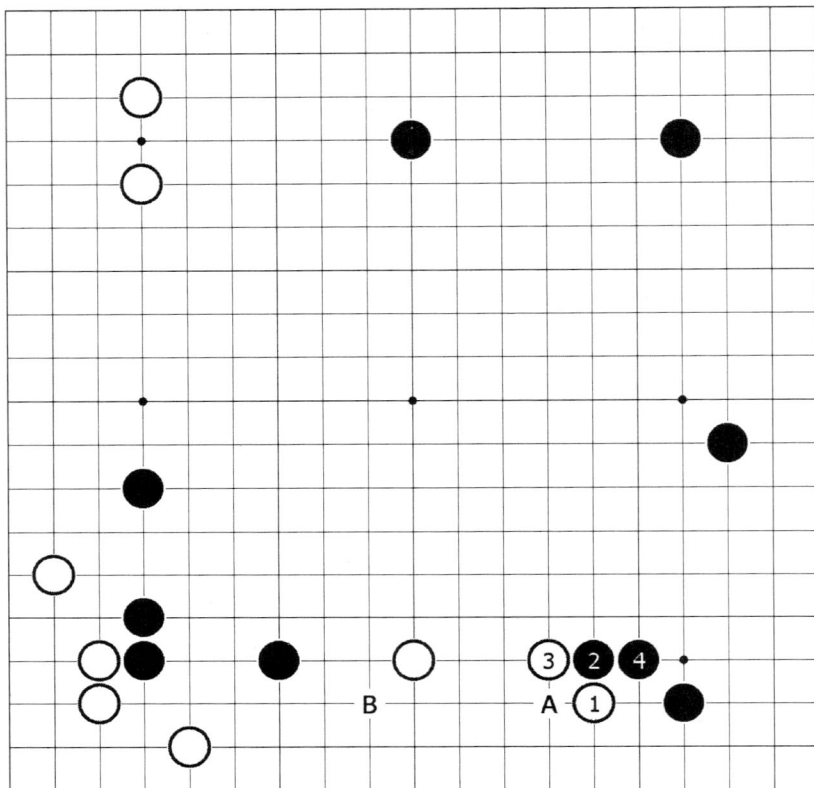

变化图1：白1拆是一种常见的思路，黑2靠压是当然的一手，黑4退后，黑棋留有在 A 位断的手段，以后也可以在 B 位飞攻击白棋。

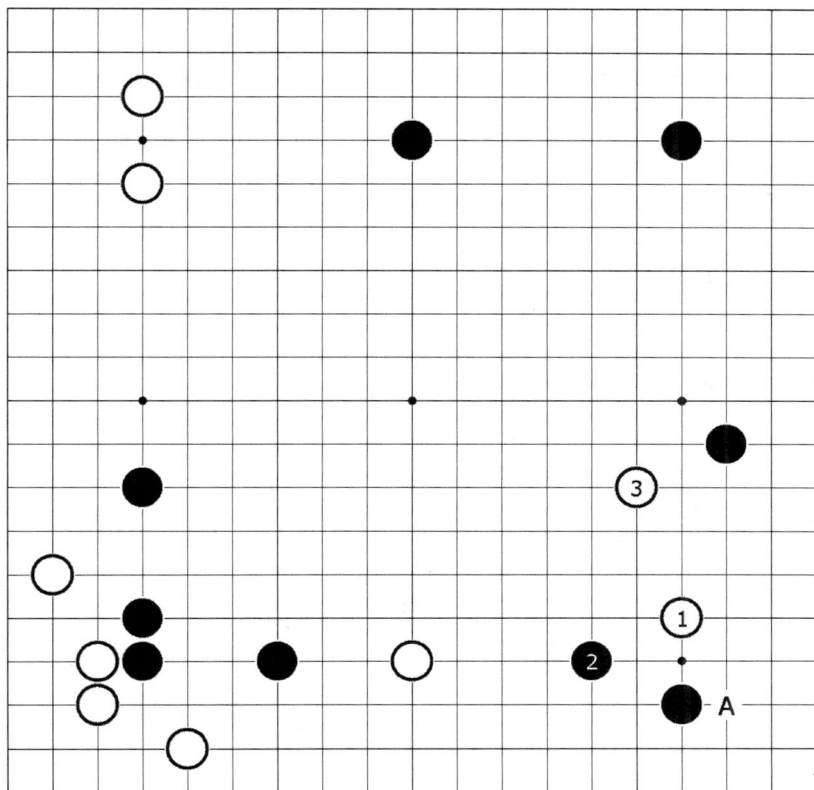

变化图 2：白 1 挂也是一种下法，以下白 3 轻灵地飞出，或者在 A 位托退均可。但是这种下法没有兼顾到下边的孤棋，不太可取。下边这颗白子，脱先、拆边、挂角三种方式都不行，那么应该怎么处理呢？

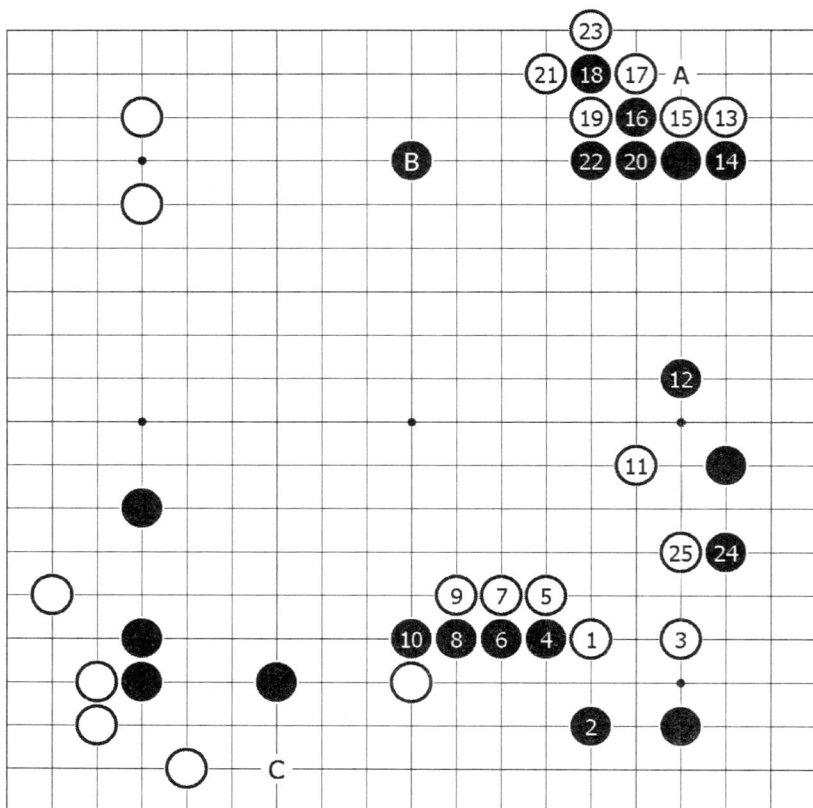

变化图 3（实战图）：白 1 是飘逸的一手，有一子两用的效果，黑 2 若在 3 位守角，则白在 2 位跳下，构成好形。因此，实战黑棋在 2 位拆一，破坏白棋意图，白 3 跳下必然，黑 4 靠起后，以下白棋连压，以下至黑 12 飞，虽然让黑棋在五路围空看似很损，但白 13 争得先手点角，是相关联的下法，至白 25 靠压，布局告一段落。值得注意的是，黑 22 不能在 A 位打吃去取角空，否则白在 22 位贴起后将会伤害黑 B 一子。在此局面下，由于 C 位漏风，因此黑棋下边的实空没有想象中的那么大，而白棋在中腹有一定的厚味，因此是白棋成功的局面。

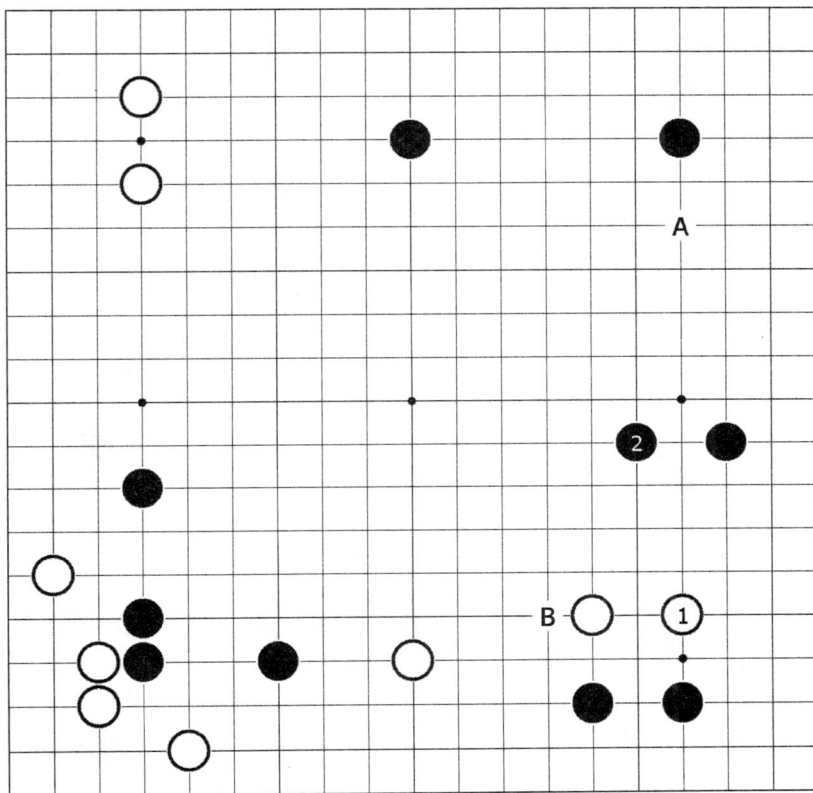

变化图4：当白1跳下时，黑2跳起是重视大局的一手，此时留有A位单关守角和B位靠起的两个好点，白棋不能满意。

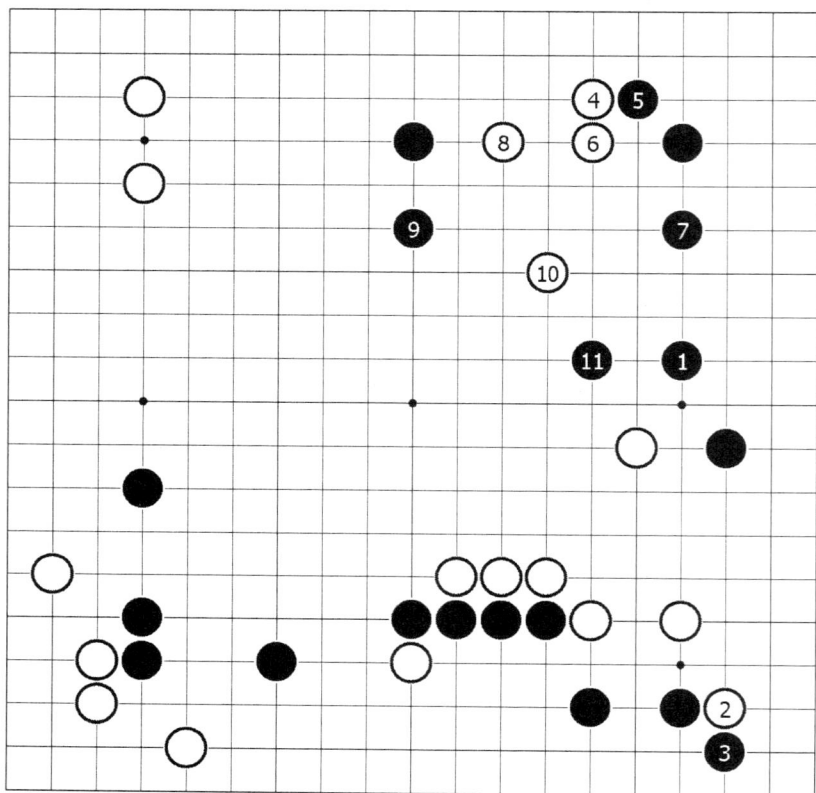

变化图5：黑1飞后，白2托与黑3扳交换一手后，在4位挂角是另外一种思路，黑5尖顶后至黑11跳起分断白棋，白棋下边显出薄味，上边黑棋通过压迫白棋也消除了点角的手段，因此白棋不能满意。

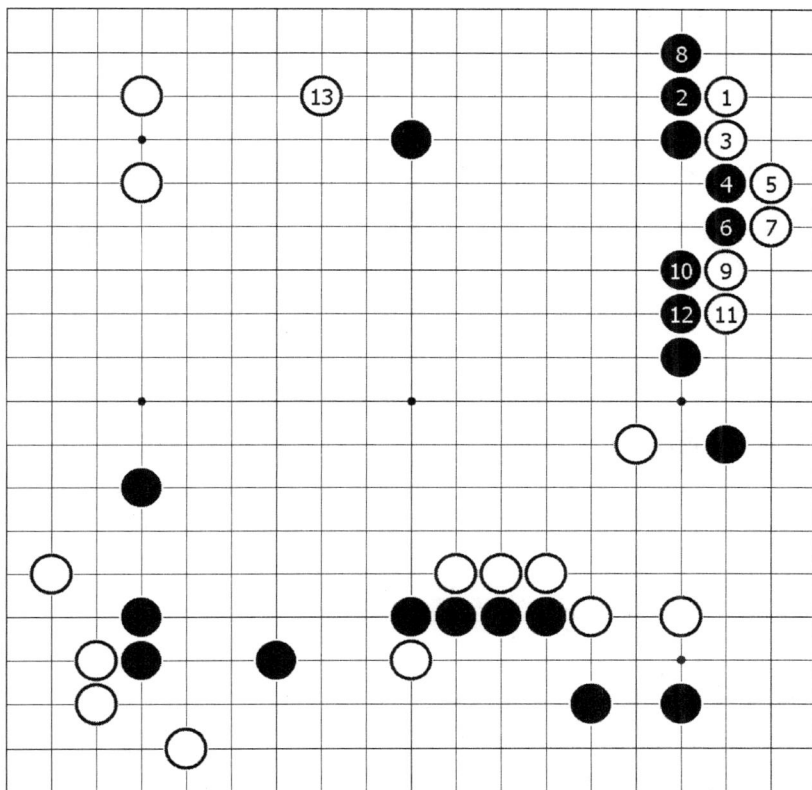

变化图 6：白 1 点角后，黑 2 如果从另一个方向挡，以下至黑 12，白棋先手得到角地后，抢到白 13 拆的好点，黑棋明显不能接受。

小结：本局白棋通过全局的判断和连贯的整体构思，一举取得优势。

8. 转化概念

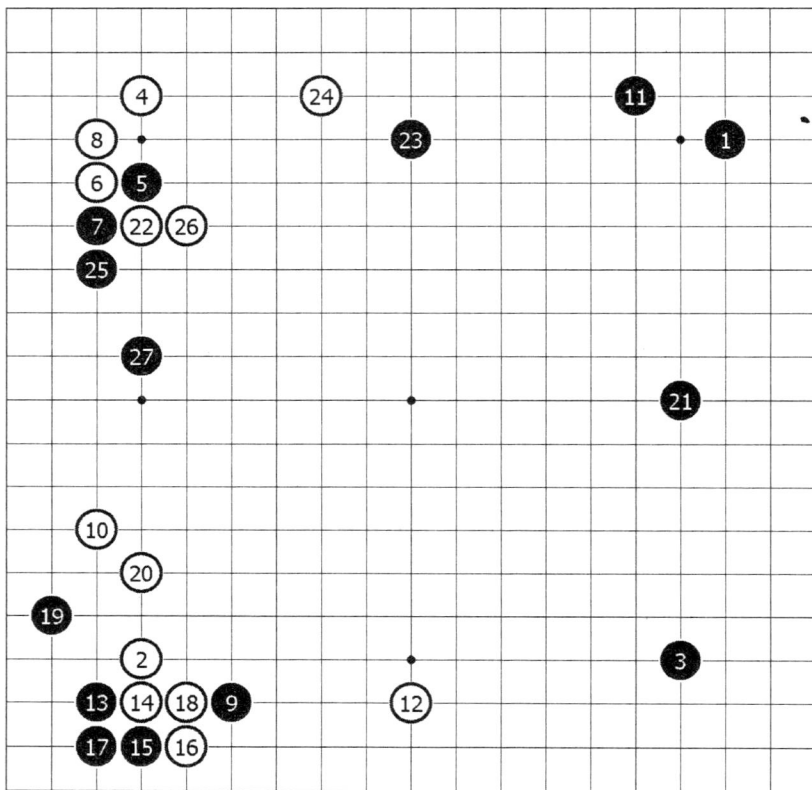

基本图：这是依田纪基九段与王磊八段在世界大赛中的一盘棋。这盘棋执黑的依田纪基开局快速抢占实地，而白棋则下得非常坚实。以下至黑27飞，白棋要通过对左边3颗黑子的有效攻击来占据主动，而黑棋则需要通过轻灵地处理左边3颗黑子来取得全局的优势。

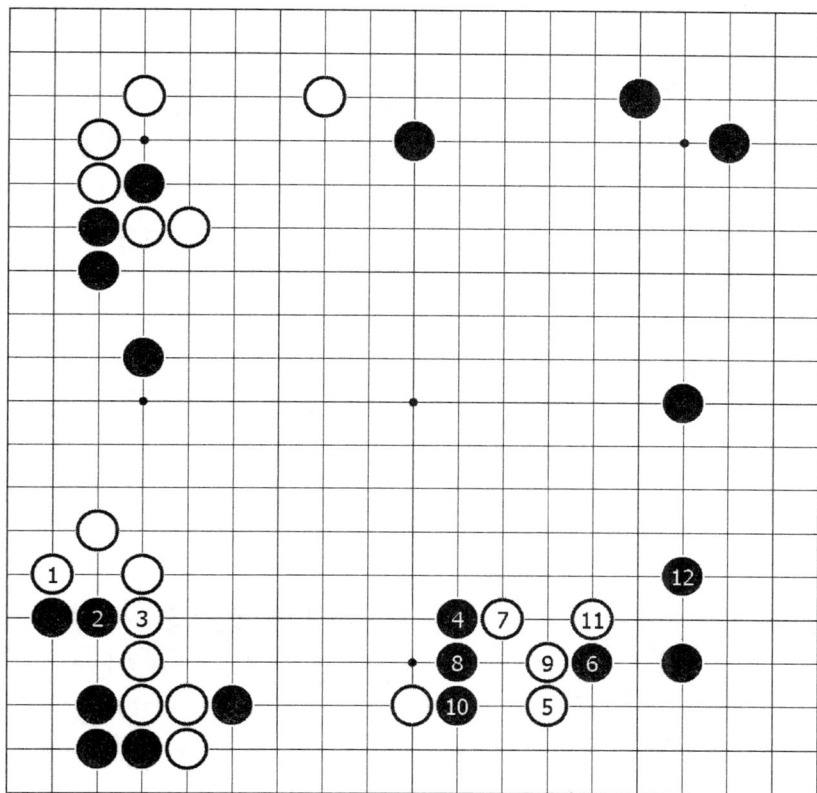

变化图 1：白 1 尖顶是王磊八段预想的下法。黑 2 长，白 3 接住虽然是先手，但黑 4 没有补角而是脱先飞镇是机敏的下法。白 5 若简单拆二，则黑 6 尖冲，白 7 靠出至黑 12 单关守角，双方在局部形成转换。在此局面下，黑棋右边的模样未受太大影响，而白棋的大本营却受到重创，因此这个下法白棋不可行。

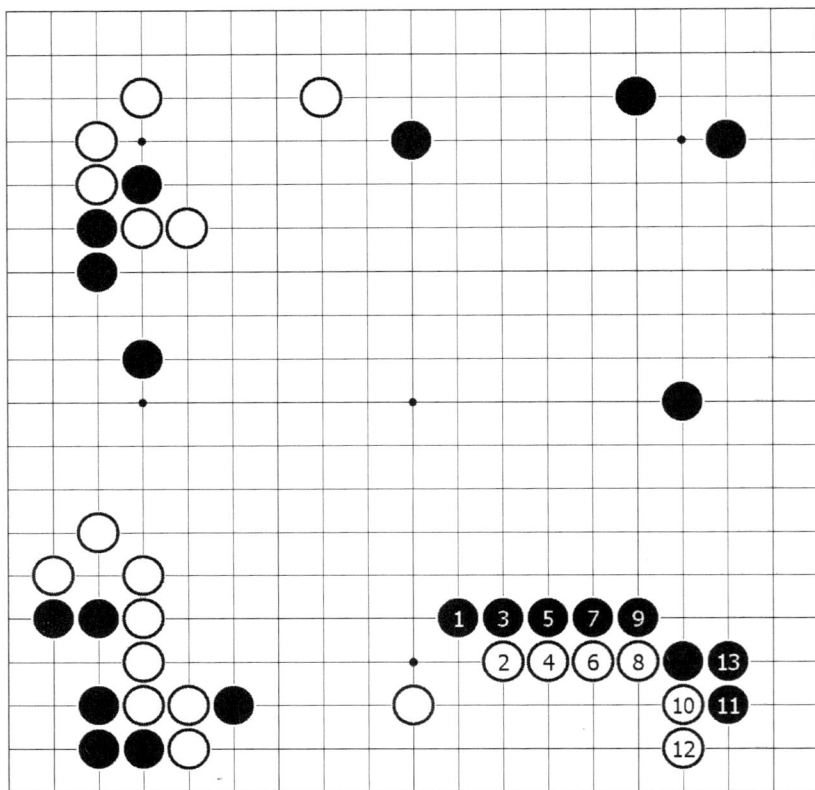

变化图2：白2若飞，则黑3以下连压至黑13接，白棋在下边所得实空非常有限，而黑棋右边的模样非常可观，这种下法白棋明显不可取。

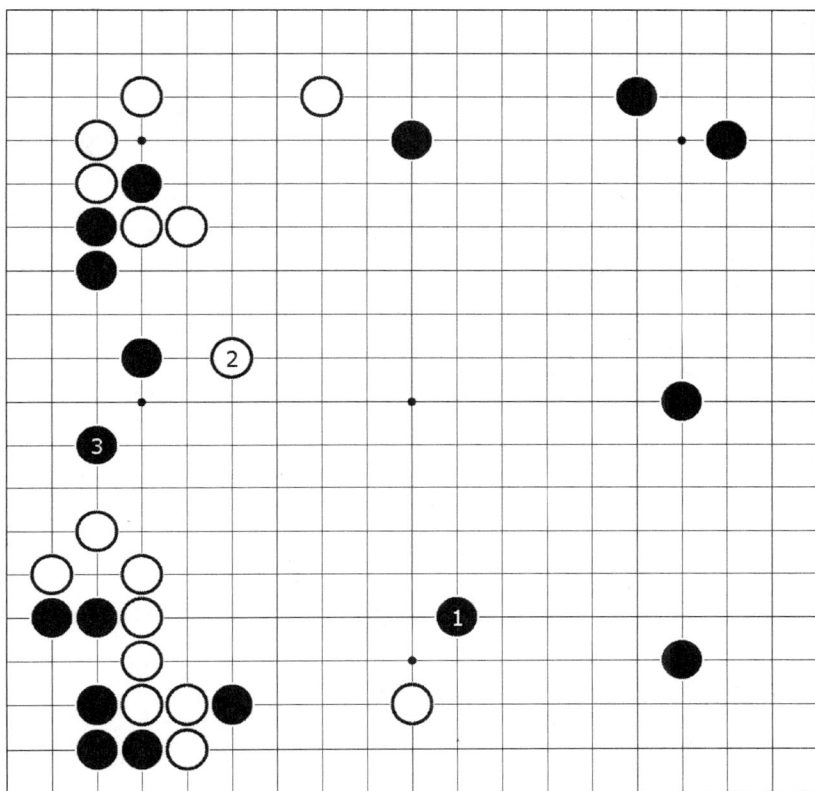

变化图3：黑1斜飞镇时，白2若通过在上方镇的方式攻击左边黑棋，黑3飞后简单成活，而白棋没有走到实际的目数，因此不能满意。

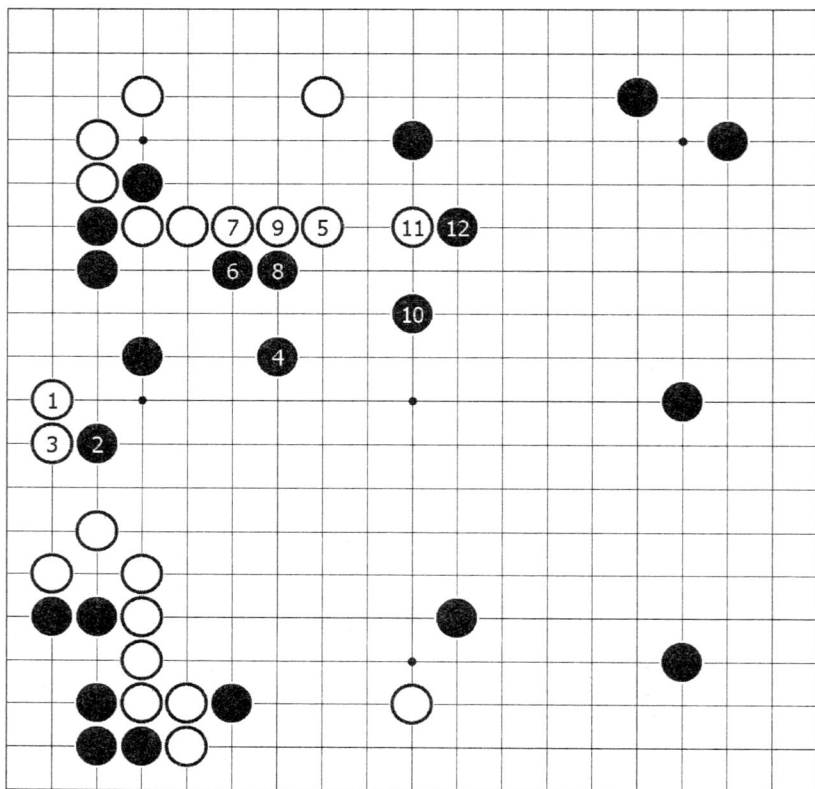

变化图4：由于白棋在局部暂时没有好的应手，因此白1选择飞攻击上方黑棋。黑2飞压与白3爬交换后，黑4从轻处理，以下至黑12靠住，黑棋完成了自己全局的战略部署，取得了布局的优势，并最终中盘获胜。

小结：这盘棋的精髓就在于目的概念的转化，依田纪基九段整体的构思值得围棋爱好者细细体会。

9. 着眼大局

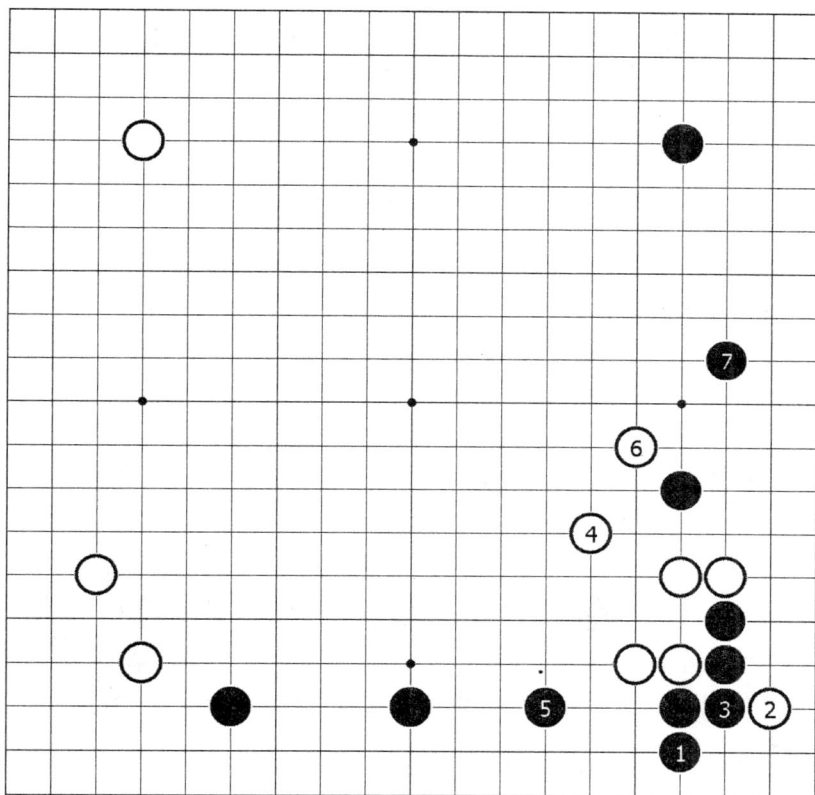

基本图：取材于曹薰铉九段的对局。黑1立是实战的下法。白2点试应手，黑3粘，白4飞补断，黑5拆二，以下至黑7拆是曹薰铉九段在实战中的下法，此时白棋的棋形很轻灵飘逸，可以满意。

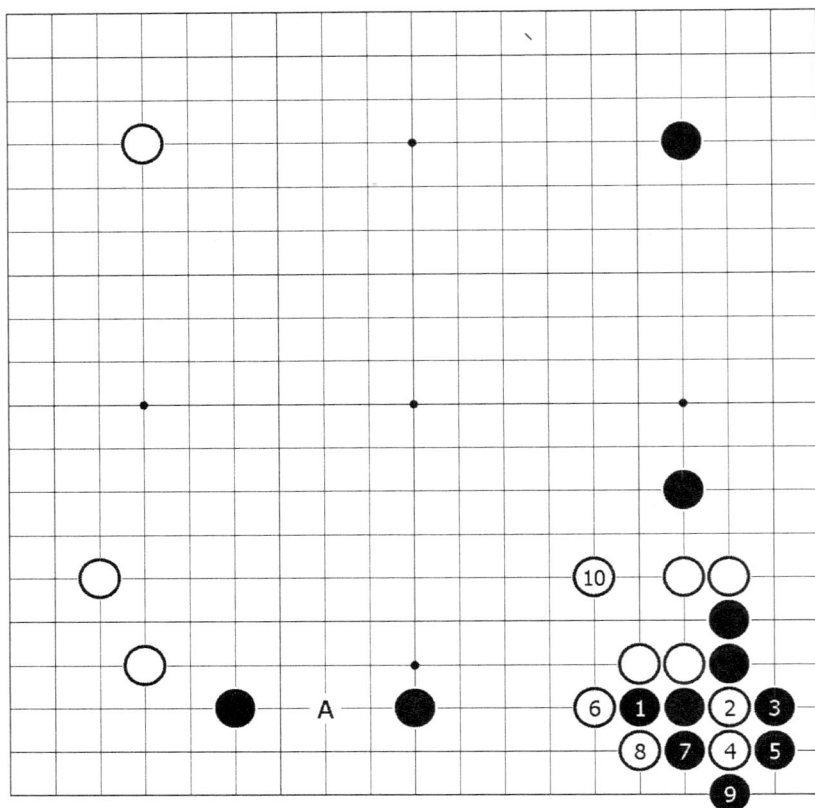

变化图 1：如果黑棋不满意前图在 1 位爬，那么白 2 断，以下至白 10 跳，黑棋被封在角上，A 位的打入依然严厉，局面的优劣一目了然。

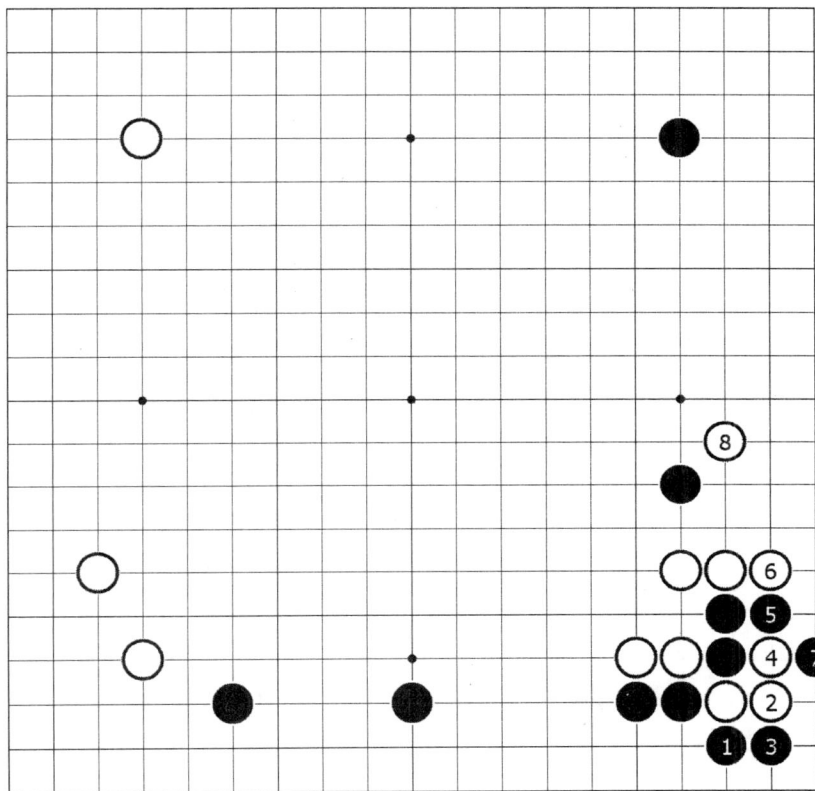

变化图2：如果黑1换一个方向打吃，以下至白8，白棋通过弃子走厚外边，黑棋仍然以失败告终。

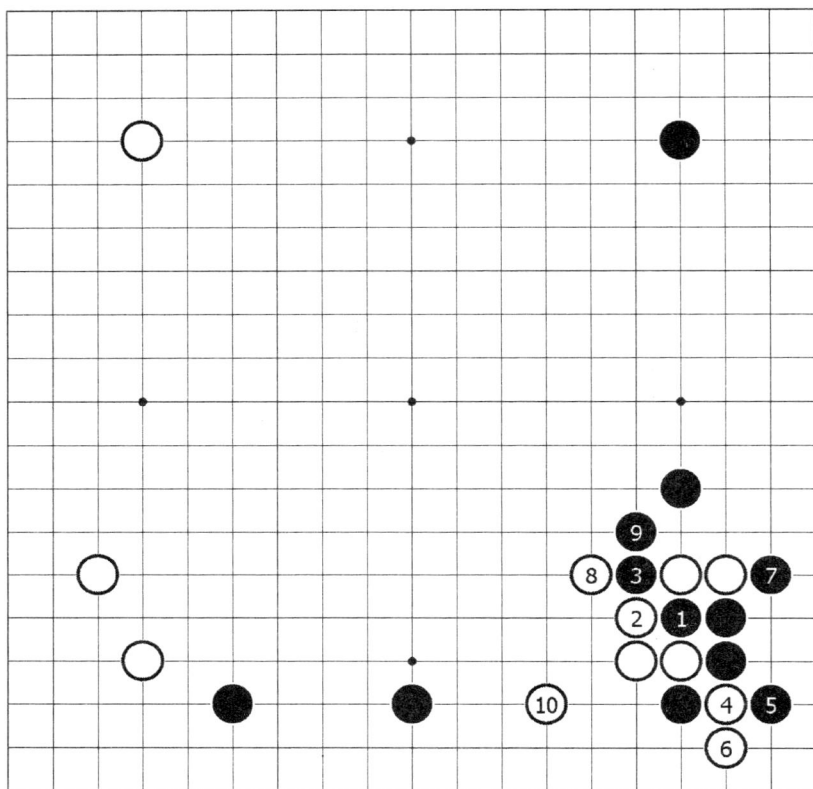

变化图 3：由于黑棋不满意前面几图的变化，黑 1、3 直接冲断奋力反击。但是在此局面下白棋自有高着从容应对。白 4 断，以下至白 10 飞，黑棋虽然在局部获得不少实空，但是白棋也取得了安定，而且黑棋下方两子拆三的弱点暴露无遗。因此在此局面下，白棋也是通过全局的观念化解了黑棋的意图。

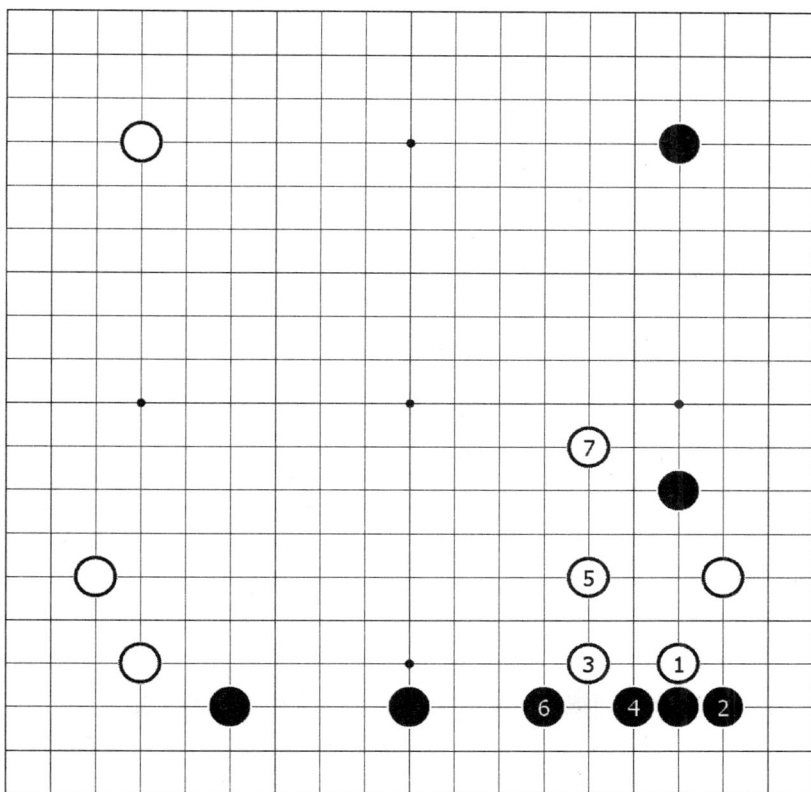

变化图 4：当白 1 碰时，黑 2 长进角也是一种下法。白 3 轻灵地跳，黑 4 长，以下至白 7，黑棋全部被压制在三路，子效明显不高，因此黑棋的布局完全失败。

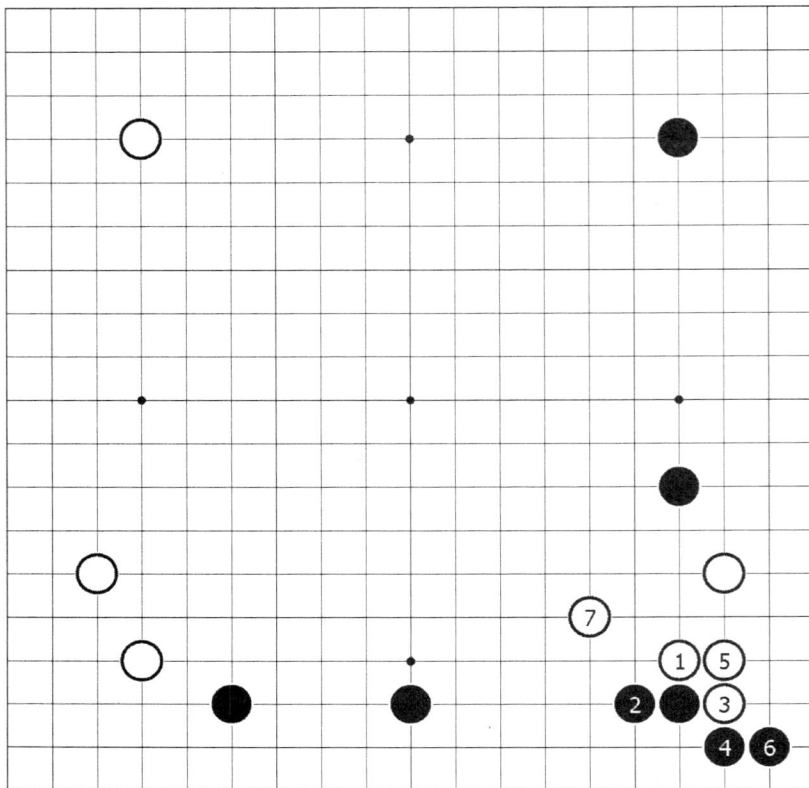

变化图 5：当白 1 碰时，如果黑 2 退，白 3、5 扳、接，至白 7 飞也是轻松化解。

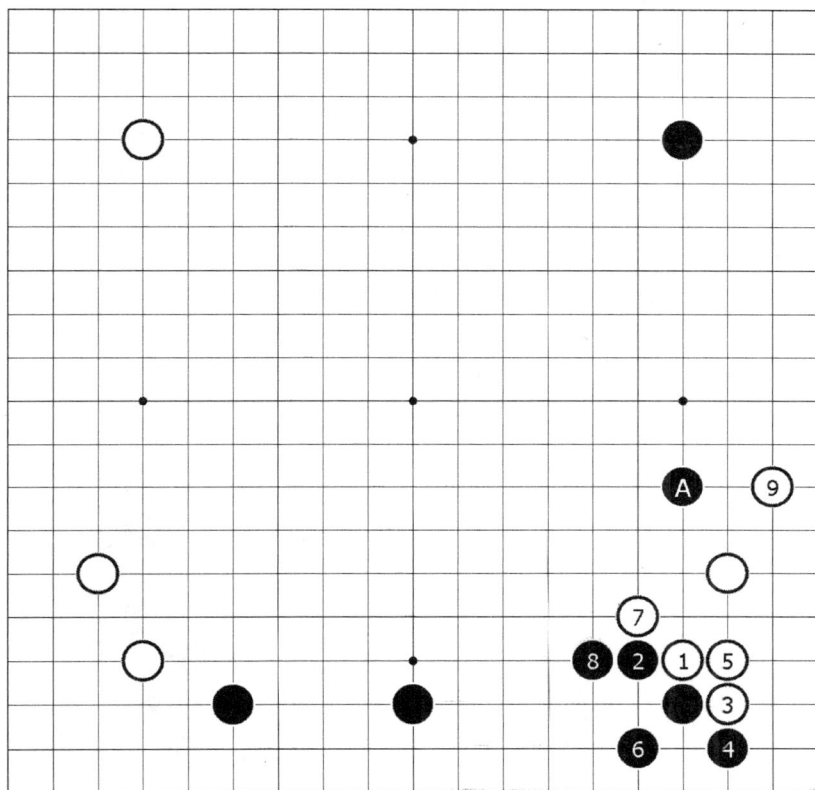

变化图 6：白 1 碰时，黑 2 扳是最严厉的下法。白 3 扳是正常的下法，黑 4 扳是一个基本的手法，但是暴露出黑棋的弱点。以下至白 9 飞，黑 A 一子在高位的效率显得不充分。

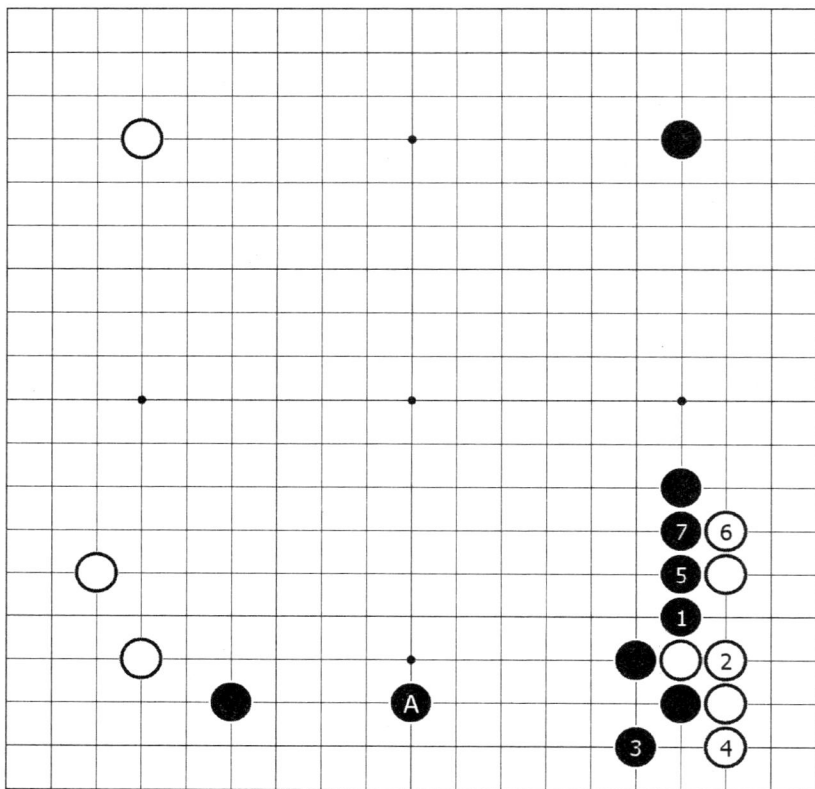

变化图 7：黑 1 打吃是另外一种变化，以下至黑 7 接，形成黑取外势，白取实地的格局。但是在此局面下，黑 A 一子在低位的效率明显不高。

小结：通过以上种种变化，我们不难得出这样的结论，那就是：当白棋大飞挂小目角的时候，黑棋选择一间高夹并不有利。很多业余棋手在选择变化时，往往只局限于局部，没有着眼于大局。

10. 超一流的局面理解

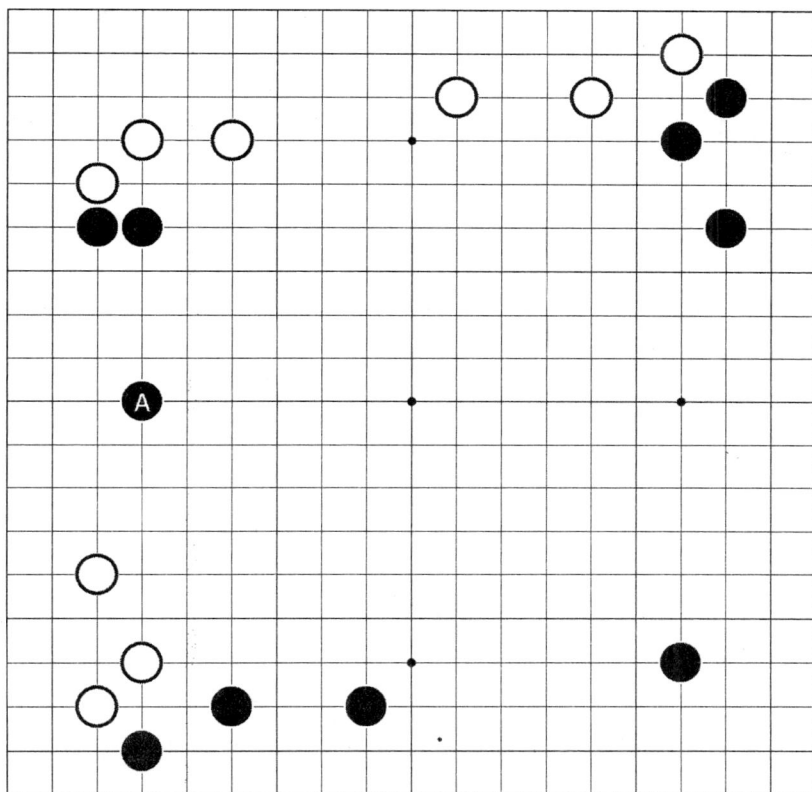

基本图：取材于李昌镐九段与刘昌赫九段的对局。在此局面下，黑在 A
位高拆是在国内比赛中经常出现的一种下法。本节就围绕着黑高拆后的种种
变化展开。

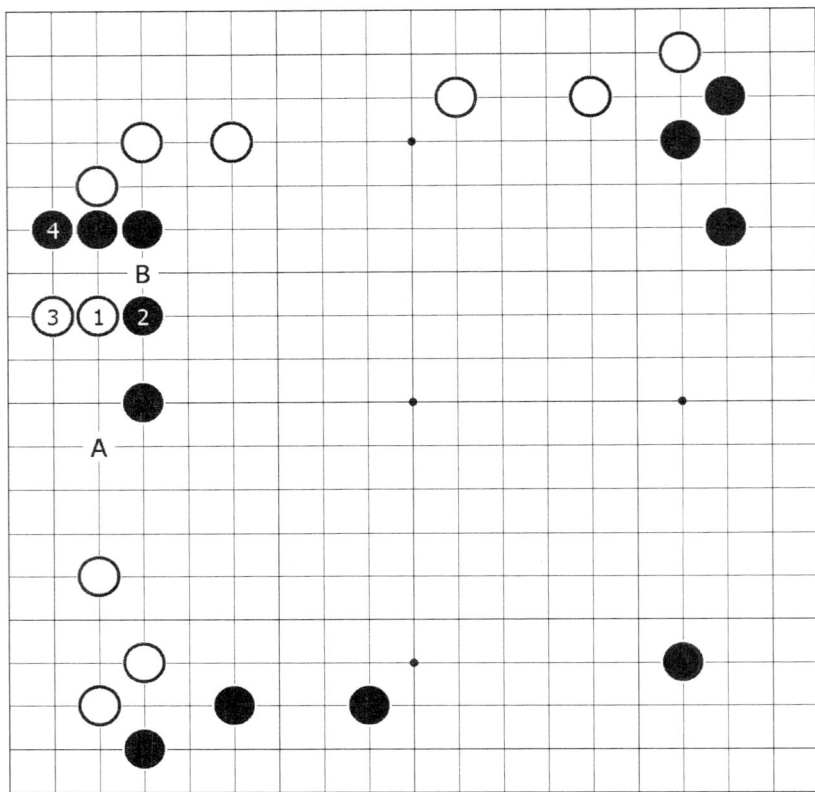

变化图1：白1如果打入，黑2盖住后，白若3立，则黑4下立后，白棋有无从发力之感。此时白棋无论是从A位逃回还是在B位挖都没有太大意义。

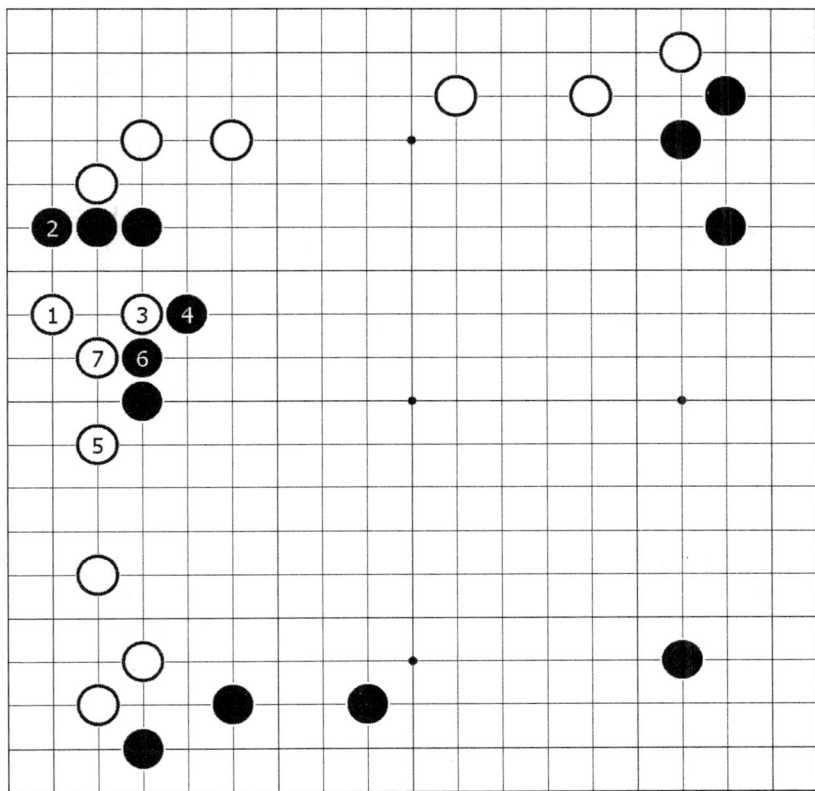

变化图2：此时白1在二路漏也是比较容易想到的一手。黑2如果还是下立，则白3跳出，黑4若盖住，白5连回后，黑棋陷入苦战。黑6如顶，则白7连回。此时黑棋的棋形恶劣，不能满意。

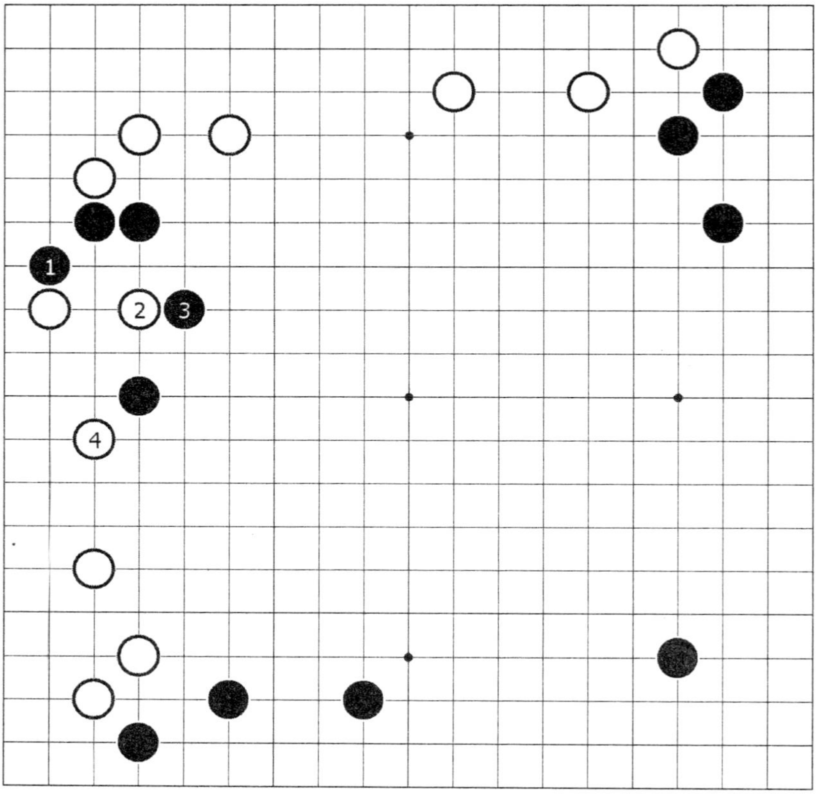

变化图 3：黑 1 如果尖顶，则白 2 跳，黑 3 靠住，则白 4 连回，跟上图大同小异。黑棋依然不能接受。

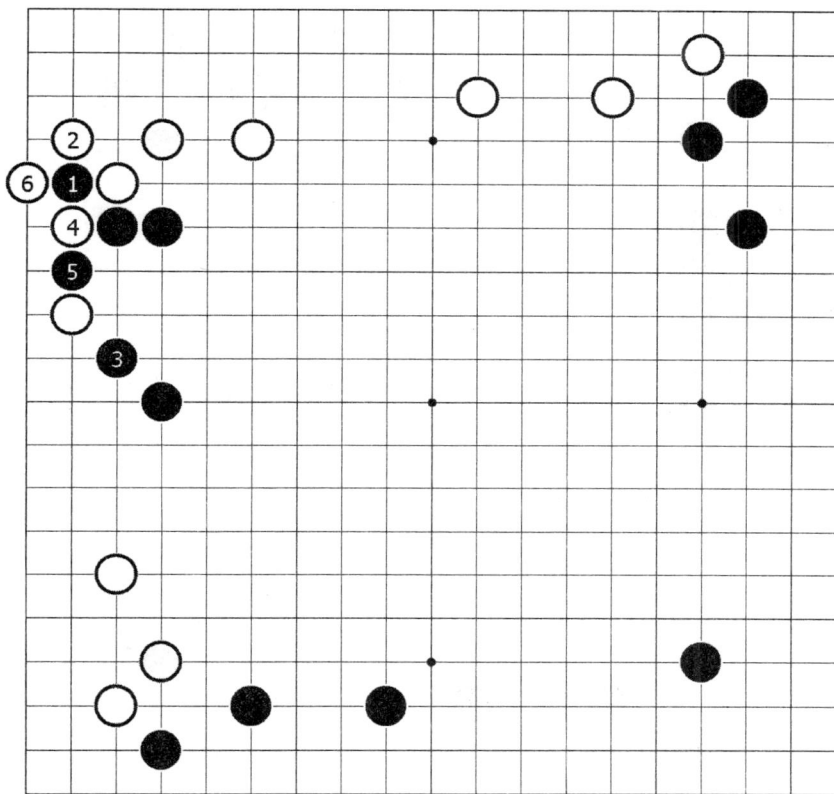

变化图 4：黑 1 先扳是一种比较实惠的下法。白 2 挡住后，黑 3 如果尖住阻渡，白 4 以下打拔后，黑棋不好处理。

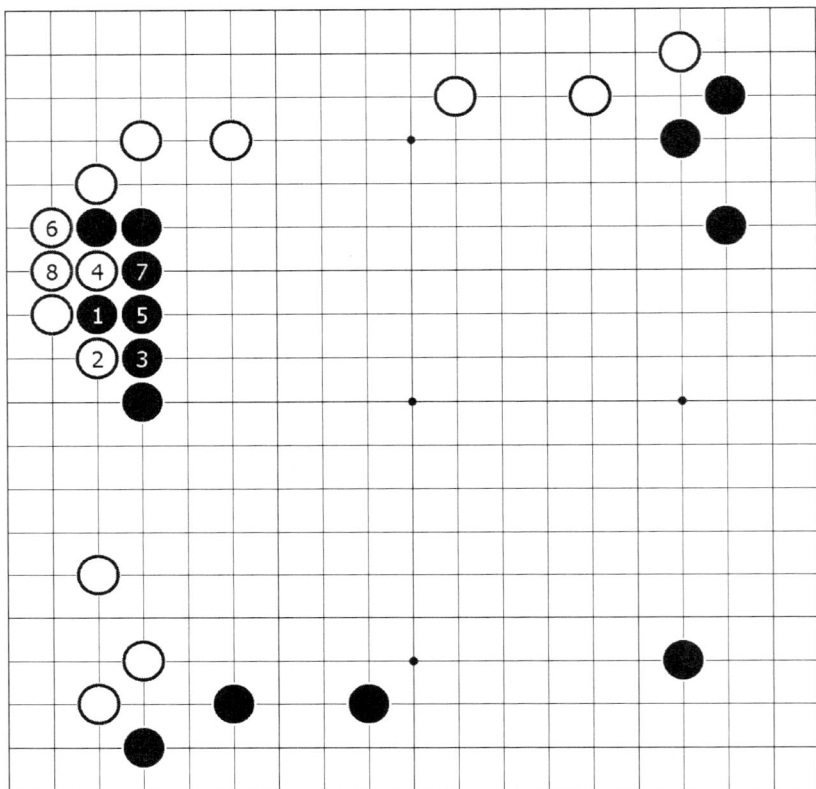

变化图5：黑1压住也是一种下法。笔者在全国比赛中曾经采用过。以下至白8接是实战进程。当时笔者对此局面的理解存在误区，认为黑棋可以接受，但事后看来，此局面白棋明显得利。白棋不仅获得了实地，而且消除了点角的手段，而外围的黑棋并不能看作厚势，反而有孤棋之嫌。

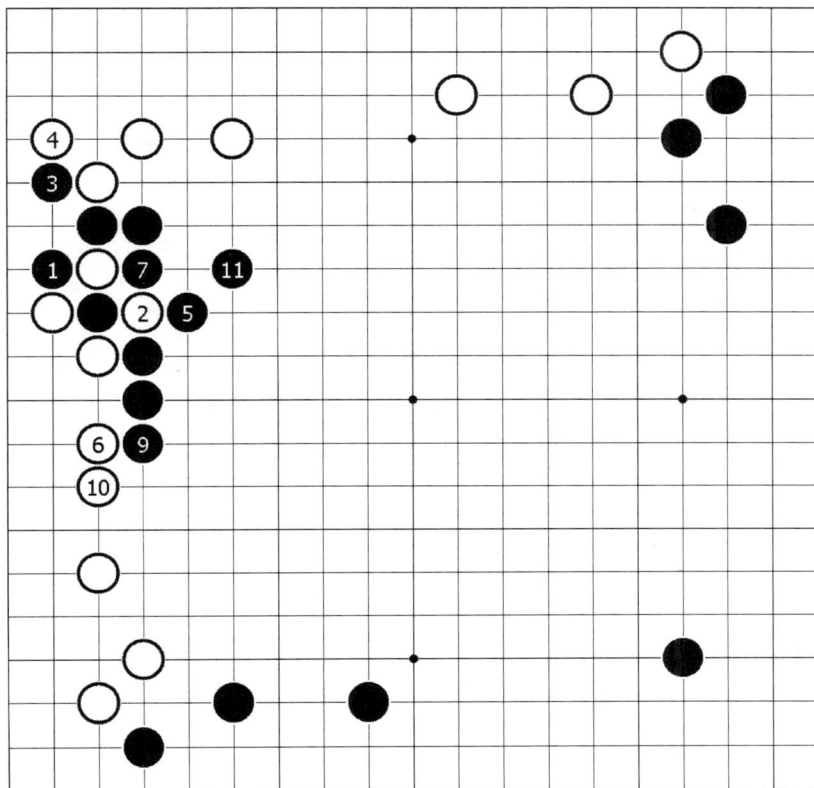

⑧C12

变化图6：黑1打吃是此局面下的变着。以下至黑11虎是双方正常的
应对。在此局面下，白棋获得了实利，而黑棋的外围并不是很厚，所以黑棋
同样不能接受。

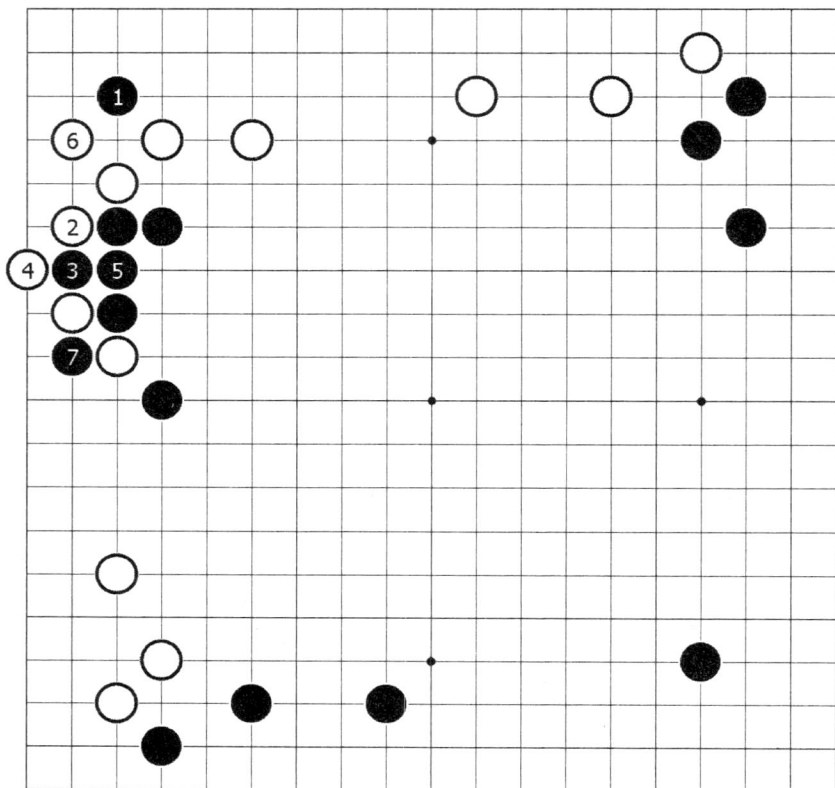

变化图 7：在此局面下，黑 1 点角是李昌镐和刘昌赫两位超一流棋手在韩国国内比赛中下出的变化。白 2 扳住是很容易想到的一手。黑 3、5 冷静地挖、粘。白 6 如果补角，则黑 7 打吃在外面后，形成厚势。而且白棋角部还残留种种手段，这个变化白棋不能满意。

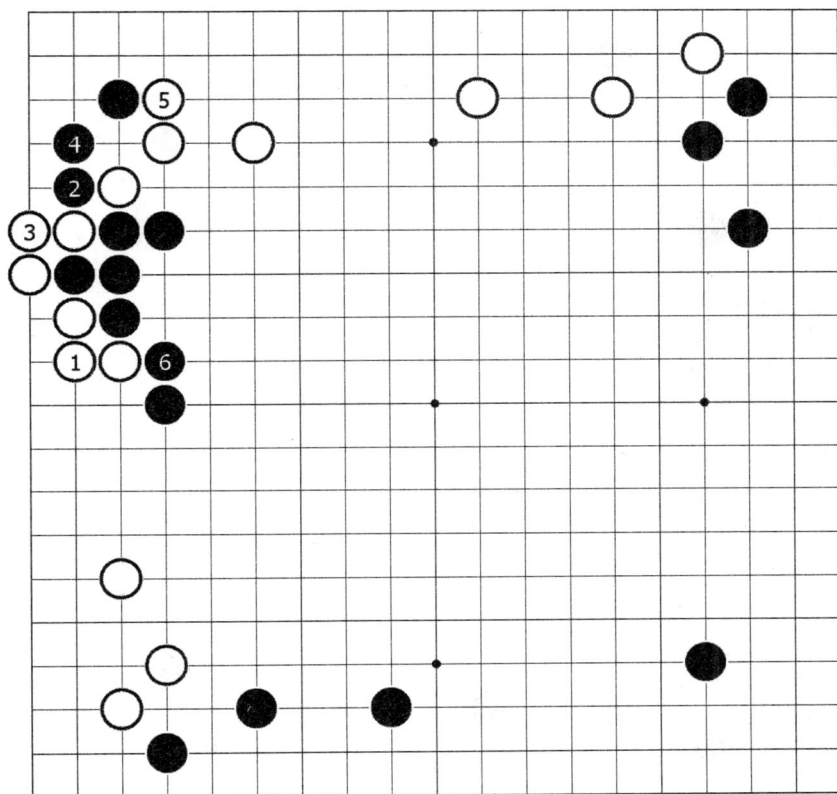

变化图 8：白 1 如果接在外面，则黑 2 在里面打吃，以下至黑 6 挡，白棋明显不行。

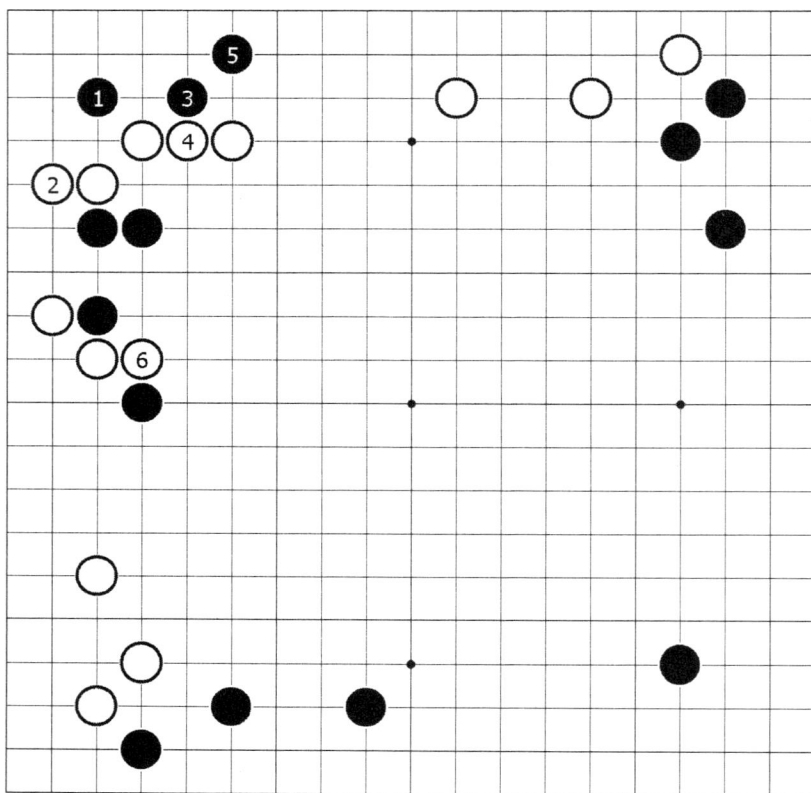

变化图9：当黑1点角时，白2立下也是一种下法。如果黑棋简单地活角，被白6冲出，肯定不行。

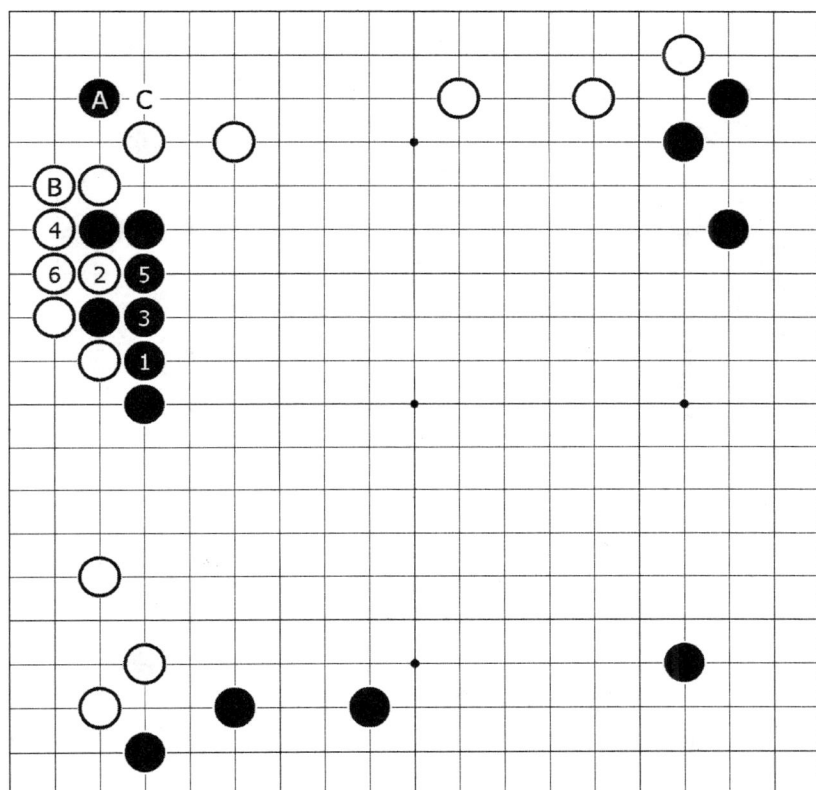

变化图10：此时黑1挡回到主题。以下至白6接还原到变化图5时的局面，但此时白棋亏了，理由是黑 A 和白 B 的交换，黑棋得利。因为正常的情况下，当黑 A 点角时，白肯定是会在 C 位挡的。本图黑棋还留有活角的余味。

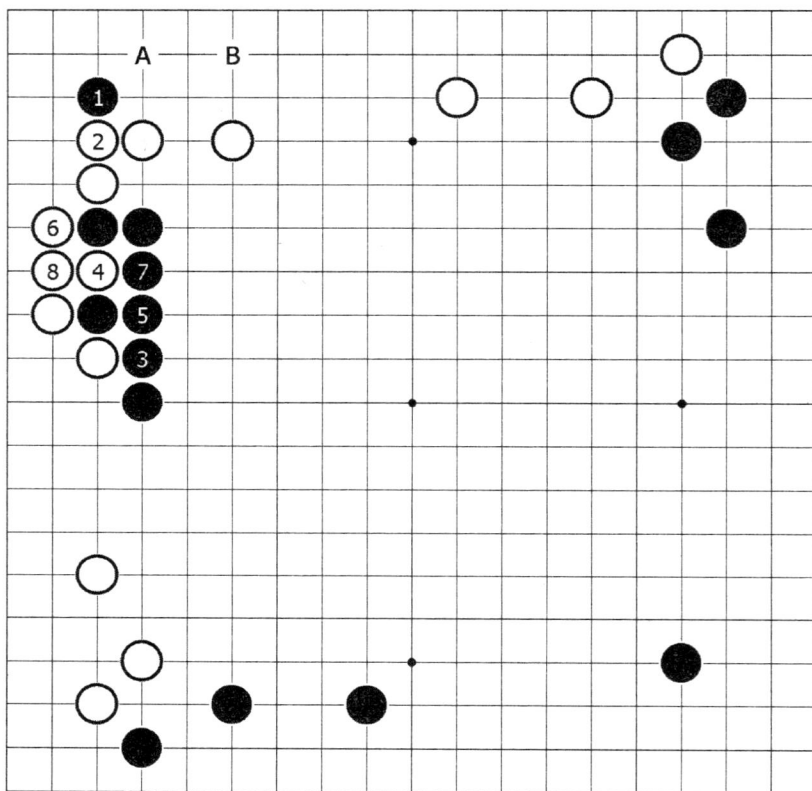

变化图11：当黑1点角时，白2如果团住，则黑3依然可以挡住。以下至白8，黑棋还是留有A位活棋和B位破空的手段。

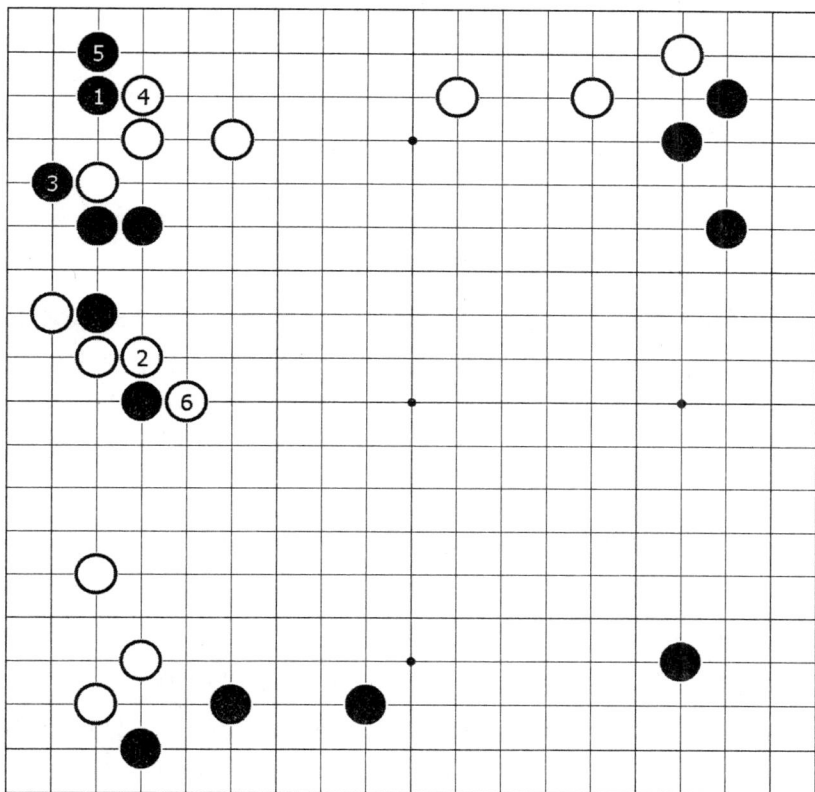

变化图 12：由于以上种种变化白棋都不是太有利，所以当黑 1 点角时，白 2 冲出进行合理的转换。以下至白 6 扳是一个两分的下法，也是李昌镐和刘昌赫的实战下法。这一局部的下法充分展示出两位超一流棋手对局面的理解能力。

小结：在对局面充分理解和对形势准确判断的基础上，灵活运用转换，是保持局面均势，进而取得全局主动的关键。

棋友的话

刘帆老师的讲解，对业余棋手来说最接地气：不仅演绎了招法变化，更重要的是展示出了高手的思考方法。可以说，刘帆老师讲棋，是真正的内功心法，是授人以渔。

贵阳 陶鑫

刘帆老师是我极其敬重的一位围棋工作者，不但职业功底深厚，课也讲得非常好，能把复杂的变法描述得简单明了，抓到围棋的要害和规律，基本上听一遍就能理解和记住，日后使用也很方便且有实效。听过刘老师几节课以后，对围棋的兴趣大大增加。更加难得的是刘帆老师讲课时深入浅出，能从业余棋手的心理出发，帮助我们从自己的角度提出问题、分析和解决问题，犹如相声之抖出一个个包袱，扣人心弦。每次听他的课，都觉得时间太短，绝对不会有半分钟的走神，可以说是最高效率的课堂。个人感觉听刘帆老师的课是众多小棋手和成年棋手提高棋力的捷径。

广州 王骏

对业余爱好者来说，死活计算可以通过训练逐渐提高，而形势判断和选择是最令人困惑且不易自学的。刘老师以明快的大局观和浅显的语言，条理清晰、深入浅出地给爱好者展示了职业棋手的思考方法，读后令人茅塞顿开，回味无穷……

柳州 董明

刘帆于我，亦师亦友！刘帆2001年创办清风围棋培训中心，普及推广围棋，成效显著。成立清风棋友会，爱好者得以聆听职业棋手的复盘和棋评；清风手谈社里，或对坐沉思，或欢声笑语，那是老友的相逢。作为贵州天元围棋频道主持人，《局面的理解与判断》和《摆谱》深受广大爱好者的好评！其内容几乎涉及所有与围棋相关的领域。性格热诚率真的刘帆深受围棋爱好者的喜爱。刘帆认为，围棋是思维的技艺，思维方式的转变和突破对提高棋艺至关重要。本书收录的是棋友们的实战对局，刘帆将为您一一剖析。那些看似完美的胜利，其实孕藏着无尽风险；思维迸发的火花，让棋局闪耀着智慧的神彩。顺境、逆境、坚持，是多么刻骨铭心，对奕的人或陌生或熟悉，棋局却是那么亲切。这是刘帆的心语心愿，是为我们爱好者共同谱写的棋书！既然是对奕，终会有胜负，输棋的痛苦只有棋友自知。对于在棋海困惑的棋友们，本书会是很好的帮助。您的选择，没错！

孝感 左军

局面理解和判断是围棋的难点，也是围棋的妙趣所在。对棋局的理解和判断，反映的是棋手对棋局独特的体会，展现的是棋手的个性和棋艺。

新余 任国安

刘老师的学生里不乏职业棋手，甚至世界冠军。以这样专业的视角剖析业余棋手的棋，刘老师做了十几年，局面的理解与判断、摆谱等已成为棋友心中的经典，以至于出现刘老师讲座内容的伪书。棋迷喜爱的原因很简单，刘老师懂业余棋手，总以我辈能理解的方式答疑解惑，抽丝剥茧，深入浅出地指点迷津。这样的书，棋友等得太久了。

北京 甘淳

我的人生价值观的形成大多源自围棋带给我的感悟，人生规划的方向和大小的取舍取决于对一个阶段局面的理解和判断。在这本书里刘帆老师用他多年的积累对此作了详细的讲述。棋如人生！让我们一起跟随刘帆老师来感悟围棋，感悟人生吧！

武汉 徐之勤

关于刘老师大作之感言：围棋理义与禅宗相通之处颇多。禅宗之派别大致南顿北渐。在没接触刘老师之前，我是不大相信围棋上有所谓顿悟的，毕竟自己下几十年棋不曾有过顿悟的感觉。在通过《局面的理解与判断》结识刘老师之后才知道原来自己几十年所下的围棋其实离围棋本意很远，顿觉醍醐灌顶！从此便相信围棋与禅宗都可顿悟修成！尤其是刘老师所说的围棋就是比大小的游戏更是让我如梦方醒，正应了"道不远人"的真理，看似复杂的事情原本很简单。

天津 吴炎

刘帆老师既是令人尊敬的职业棋士，也是我可亲可爱的兄长。想起刘帆老师对我的悉心教诲，那恨铁不成钢的神态，那看到我走出好棋后爽朗的笑声，至今历历在目。我在八小时繁忙工作之余打上了弈城网8段。多年来，刘老师一直至力于围棋的普及工作，和棋迷结下了深厚的友谊。这次刘帆老师将多年的心血著书出版，无疑是件大好事。开卷有益，这是一份职业棋士给你的最珍贵的礼物。

洛阳 郭正浩